本成果由四川大學中國俗文化研究所資助

《大莊嚴論》校注

張鑫媛 著

四川大學出版社
SICHUAN UNIVERSITY PRESS

圖書在版編目（CIP）數據

《大莊嚴論》校注 / 張鑫媛著. — 成都：四川大學出版社，2024.6

（中國俗文化研究大系. 俗文學與俗文獻研究叢書）

ISBN 978-7-5690-6902-0

Ⅰ．①大… Ⅱ．①張… Ⅲ．①佛經②《大莊嚴經論》—注釋③《大莊嚴經論》—譯文 Ⅳ．①B942

中國國家版本館 CIP 數據核字（2024）第 101207 號

書　　名：《大莊嚴論》校注

　　　　　《Dazhuangyanlun》Jiaozhu

著　　者：張鑫媛

叢 書 名：中國俗文化研究大系·俗文學與俗文獻研究叢書

出 版 人：侯宏虹

總 策 劃：張宏輝

叢書策劃：張宏輝　王　冰

選題策劃：毛張琳

責任編輯：毛張琳

責任校對：張宇琛

裝幀設計：墨創文化

責任印製：王　燁

出版發行：四川大學出版社有限責任公司

　　　　　地址：成都市一環路南一段 24 號（610065）

　　　　　電話：（028）85408311（發行部）、85400276（總編室）

　　　　　電子郵箱：scupress@vip.163.com

　　　　　網址：https://press.scu.edu.cn

印前製作：四川勝翔數碼印務設計有限公司

印刷裝訂：成都金龍印務有限責任公司

成品尺寸：170 mm×240 mm

印　　張：25

插　　頁：2

字　　數：423 千字

版　　次：2024 年 6 月　第 1 版

印　　次：2024 年 6 月　第 1 次印刷

定　　價：108.00 圓

掃碼獲取數字資源

四川大學出版社
微信公眾號

總　序

項　楚

　　四川大學中國俗文化研究所，作爲教育部人文社會科學重點研究基地，已經走過了二十年的歷程。不忘初心，重新出發，是我們編輯這套叢書的目的。

　　俗文化是中國傳統文化的重要部分，與雅文化共同形成中國文化的兩翼。俗文化集中反映了中華民族獨特的思維模式、風俗習慣、宗教信仰、語言風格、審美趣味等，在構建民族精神、塑造國民心理方面，曾經起過並正在起着重要的作用。因此，俗文化研究不僅在認知傳統的中華民族文化方面具有重大的學術價值，而且在促進社會主義精神文明建設方面具有傳統雅文化研究不可替代的意義。不過，俗文化和雅文化一樣，都是極其廣泛的概念，猶如大海一樣，汪洋恣肆，浩渺無際，包羅萬象，我們的研究祇不過是在海邊飲一瓢水，略知其味而已。在本所成立之初，我們確立了三個研究方向：俗語言研究、俗文學研究、俗信仰研究，後來又增加了民族和民俗的研究。同時，我們也開展了相關領域的研究，如敦煌文化研究、佛教文化研究等。在歷史上，雅文化主要是士大夫階級的意識形態，俗文化則更多地代表了下層民衆的意識形態。它們是兩個對立的範疇，有各自的研究領域和研究路數，不過在實踐中，它們之間又是互相影響、互相滲透、互相轉化的。當我們的研究越來越深入的時候，我們就會發現它們在對立中的同一性。雖然它們看起來是那樣的不同，然而它們都是我們民族心理素質的深刻表現，都是我們民族性格的外化，都是我們民族的魂。

　　二十年來，本所的研究成果陸續問世，已經在學界產生了廣泛的影響。本套叢書收入的祇是本所最近五年來的部分研究成果，正如前面所説，是俗文化研究大海中的一瓢水的奉獻。

目　録

緒　論

一、作者與譯者

（一）馬鳴菩薩生平與著述

馬鳴（Aśvaghoṣa）菩薩，又名法善現（Dharmasubhūti）、勇（Vīra）[①]，約爲公元 2 世紀初人，與迦膩色迦王的時代相當[②]。根據《法苑珠林》卷五三所引《馬鳴菩薩傳》，馬鳴爲東天竺桑歧多國人，爲婆羅門種，擅長文談，爲時俗所稱道。馬鳴按照俗法，以利刀冠杖，銘曰：“天下智士，其有能以一理見屈，一文見勝者，當以此刀自刎其首。”[③] 此後常執此刀而遊走諸國，文論之士無能與之抗衡者。當時韻陀山中有一名爲富樓那的阿羅漢，於諸外道之名理無不精通。馬鳴至富樓那之處所，見其端坐於林下，志氣深渺若不可測，然而神色謙恭又似乎可以屈服。馬鳴以言語相試探，言己勢在使其屈服，如果不勝當自刎相謝。如此者四，富樓那皆默然不應，馬鳴便知己負而彼勝。後馬鳴改投富樓那爲弟子，受具足戒，闡揚佛法，作諸論百餘萬言，大行於天竺之地，爲後世所推崇。

《大藏經》中所收鳩摩羅什譯《馬鳴菩薩傳》與《法苑珠林》所引內容稍有不同。傳文載馬鳴爲長老脅之弟子。馬鳴起初爲中天竺的外道，“世智聰辯，善通論議”，使諸比丘不能依法鳴犍椎而受世人供養。後長老

---

① 釋印順：《印度佛教思想史》，北京：中華書局，2010 年版，第 180 頁。

② 釋印順：《説一切有部爲主的論書與論師之研究》，臺北：正聞出版社，1992 年版，第291 頁。

③ 〔唐〕道世：《法苑珠林校注》，周叔迦、蘇晋仁校注，北京：中華書局，2003 年版，第1578 頁。

脇從北天竺來到中天竺，乃設奇問難倒馬鳴，又現種種神通變化，終使馬鳴心悦誠服，受戒爲弟子。後來長老脇還歸本國，馬鳴於中天竺繼續宣揚佛法，爲四輩之衆所敬伏，國王亦甚珍視之。其後北天竺小月氏國侵伐中天竺國，圍困多日，言若送三億金方當解圍。中天竺國王説："舉此一國無一億金，如何三億而可得耶？"月氏國王言可送國内二大寶，即佛鉢與辯才比丘，以此可抵二億金。中天竺王聽從馬鳴之言，即將其送予月氏王。然而北天竺國内諸臣認爲比丘天下皆有，以一比丘而抵一億金不免太過。月氏王欲使諸臣曉悟，乃餓七匹馬，至第六日早上，普集内外沙門異學，請馬鳴前來説法，與會聽法者莫不開悟。王又將諸馬繫於衆前，與之以草，然而馬垂淚聽法而無念食之想。以馬解音之故，遂號爲馬鳴菩薩。最後馬鳴於北天竺廣宣佛法，爲世所重，咸稱之爲功德日。①

　　據日本學者落合俊典考證，《大藏經》中所收《馬鳴菩薩傳》乃僞作，真本《馬鳴菩薩傳》收入"12 世紀後半期日本尾張（現在的名古屋市）書寫收藏的一切經"中，發現於 20 世紀。唐代道世所編《法苑珠林》以及玄應、慧琳所撰的《一切經音義》等著作中所引用的《馬鳴菩薩傳》皆與七寺本的《馬鳴菩薩傳》内容一致，而與僞本的内容完全不同。這説明七寺本《馬鳴菩薩傳》應該爲日本奈良寫經系統中的佛典，而且與唐代中原地區的寫經對應，屬於流行於唐代的資料。七寺本應是鳩摩羅什的弟子僧叡依據羅什平時的講論所整理編集而成的本子。至於僞本，根據五代後晋可洪編撰的《新集藏經音義隨函録》中所載録的二十條摘録語，與七寺本的《馬鳴菩薩傳》内容完全一致，並没有發現有引述僞本的文字，"可以認爲僞本《馬鳴菩薩傳》編纂於北宋敕一切經雕印前後的可能性是很大的"②。因此，《法苑珠林》卷五三所引《馬鳴菩薩傳》應該屬於七寺本，《大藏經》所收署名羅什譯的《馬鳴菩薩傳》與《法苑珠林》中所引相比，在故事情節方面是相似的，但於馬鳴之師則有富樓那和長老脇之別。若前者果真屬於後人僞托，其關鍵之處則在於將馬鳴之師由富樓那替換爲長老脇。

---

　　① 〔後秦〕鳩摩羅什譯：《馬鳴菩薩傳》，《大正藏》第 1 册，第 183 頁上。
　　② 〔日〕落合俊典：《"三菩薩傳"羅什譯質疑》，楊曾文譯，《佛學研究》，2004 年第 1 期，第 53 頁。

　　馬鳴之佛學屬於薩婆多部，即説一切有部。僧祐《出三藏記集》卷十三《薩婆多部師資記目録序》載薩婆多部師資承傳次序：

> 長老脇羅漢第十
>
> 馬鳴菩薩第十一
>
> ……………
>
> 富樓那羅漢第十五
>
> 後馬鳴菩薩第十六①

　　馬鳴菩薩與後馬鳴菩薩既分列第十一與十六位，顯然並非一人，而長老脇與富樓那分別爲其師，可見今本《馬鳴菩薩傳》與《法苑珠林》所引《馬鳴菩薩傳》並非毫無根據。印度佛教史上的馬鳴本就不止一人。儘管《薩婆多部師資記》載有兩位馬鳴菩薩，但在中國佛教話語體系中僅有一位。這在中土早期佛教著述中皆有體現，如後秦僧叡《大智釋論序》曰：

> 是以馬鳴起於正法之餘，龍樹生於像法之末。②

　　蕭齊曇景譯《摩訶摩耶經》卷下曰：

> 正法衰微，六百歲已，九十六種諸外道等，邪見競興，破滅佛法。有一比丘，名曰馬鳴，善説法要，降服一切諸外道輩。七百歲已，有一比丘，名曰龍樹……③

　　誠如印順法師所説："中國佛教所傳，馬鳴爲龍樹以前的大德。"④

　　大多數佛教著述中所載的馬鳴之師是富樓那。北魏吉迦夜、曇曜譯《付法藏因緣傳》闡述了佛涅槃後由摩訶迦葉至師子比丘共二十三代、二十四人的佛法傳承。此傳對隋唐佛教宗派影響極大，"天台宗創始人智顗在《摩訶止觀》卷一所説的天台宗西宗二十四祖，就是根據它確定的；屬於三論宗系統的隋代碩法師在《三論遊意義》中所説的始自迦葉，終於師

---

①〔南朝梁〕釋僧祐：《出三藏記集》，蘇晉仁、蕭錬子點校，北京：中華書局，1995 年版，第 467 頁。

②〔南朝梁〕釋僧祐：《出三藏記集》，蘇晉仁、蕭錬子點校，北京：中華書局，1995 年版，第 386 頁。

③〔蕭齊〕曇景譯：《摩訶摩耶經》卷二，《大正藏》第 12 册，第 1013 頁下。

④釋印順：《説一切有部爲主的論書與論師之研究》，北京：中華書局，2011 年版，第 287 頁。

子比丘的法藏傳持者，和禪宗六祖慧能在《壇經》（敦煌本）中所説的始自七佛，終於慧能本人的禪宗四十代傳人，也都是以《付法藏因緣傳》的記載爲基礎，稍作增減而排定的"①。在《付法藏因緣傳》中，脇比丘、富那奢（即富樓那）與馬鳴次第相承，相當於將《薩婆多部師資記》中的馬鳴菩薩與後馬鳴菩薩合而爲一。智顗《摩訶止觀》中所載次序與此相同，這也説明《法苑珠林》中所引《馬鳴菩薩傳》以富樓那爲馬鳴之師是當時比較流行的觀點。南宋嘉熙元年（1237），天台宗沙門宗鑒撰《釋門正統》，是現存最早的天台宗史，卷一中所列"西天二十四祖"同樣以脇比丘、富那奢、馬鳴爲次第。南宋咸淳五年（1269）天台宗弟子志磐所撰《佛祖統紀》借鑒了宗鑒的《釋門正統》，所列次序相同。在禪宗中，約撰於唐大曆十年（775）至大曆十四年（779）之間②的《歷代法寶記》，在《付法藏因緣傳》所列二十四代傳法世系的基礎上新增五代，建立了"西天二十九祖"法統，其中關於脇比丘、富那奢和馬鳴的相傳次序，自與《付法藏因緣傳》相同。其後唐智炬《寶林傳》、南唐静筠《祖堂集》、北宋道原《景德傳燈録》、北宋契嵩《傳法正宗記》，以及明瞿汝稷《指月録》等皆如此。今本《馬鳴菩薩傳》中以馬鳴爲脇比丘弟子，可以説是一種比較罕見的説法。如果此本果真爲後世僞托，在當時普遍以富那奢、脇比丘、馬鳴爲相承次序的情況下，僞撰者何以會有如此與傳統相違的觀點，且在傳文開頭即點明馬鳴爲長老脇弟子，確是令人比較費解的一點。馬鳴造、鳩摩羅什譯《大莊嚴論·序》中説：

> 富那脇比丘，彌織諸論師，薩婆室婆衆，牛王正道者，是等諸論師，我等皆敬順。③

富那即指富那奢，馬鳴將脇比丘置於富那奢之後，可能也説明脇比丘爲富那奢之後輩。此或爲今本《馬鳴菩薩傳》僞撰的依據之一。

馬鳴著述豐富，《馬鳴菩薩傳》言其作諸論百餘萬言，今可考見的主要有：《佛所行讚》五卷，《分別業報略經》一卷，《十不善業道經》一卷，

---

① 陳士强：《佛教宗派史上的譜系》，《復旦學報（社會科學版）》1991年第1期，第58頁。

② 陳士强：《大藏經總目提要·文史藏一》，上海：上海古籍出版社，2008年版，第487頁。

③ 馬鳴菩薩造，〔後秦〕鳩摩羅什譯：《大莊嚴論經》，《大正藏》第4册，第257頁上。

《大莊嚴論》十五卷，《禪集》，"三啓"。此外，《一百五十讚佛誦》《金剛針論》《事師五十法頌》《尼乾子問無我義經》《大乘起信論》《大宗地玄文本論》等，皆傳説爲馬鳴所撰。[①] 在印度佛教中，馬鳴不僅是一位佛化的文藝大師，還是著名的禪師和擅長摧邪顯正的雄辯家，更是在説一切有部中有着重要地位的菩薩，在中國佛教歷史上也有着舉足輕重的地位。

（二）鳩摩羅什生平與譯經

鳩摩羅什（Kumārajīva）（343—413），又作究摩羅什、鳩摩羅耆婆、拘摩羅耆婆、耆婆等，意譯曰童壽。其生平事迹主要載於僧祐《出三藏記集》卷十四、慧皎《高僧傳》卷二、《晋書》卷九五等，各傳所載大致相同。

鳩摩羅什祖籍天竺，祖上世代任國相一職。祖父名達多，在國内甚有名望。父名鳩摩炎，將繼承相位之時，避而出家，龜兹王迎之以爲國師，並以妹妻之。羅什七歲出家，日能誦經千偈。九歲時隨母至罽賓，師名德法師槃頭達多，從之受《雜藏》《中阿含經》《長阿含經》，總共四百萬言。罽賓王聞羅什之名，將其請入宫中與諸外道論難，終使外道折服，王益敬之，待之甚厚。羅什年十二時，與母還歸於龜兹，諸國皆欲以重爵聘請，羅什皆不從。途中於沙勒國停留一年，通曉諸論，又於説法之暇遍訪外道之經典。當時莎車王子、參軍王子兄弟二人弃一國之重而請從羅什爲弟子，弟名須耶利蘇摩，專修大乘教法，其兄及諸學者皆共師之，羅什也宗奉之。蘇摩爲羅什説《阿耨達經》，並解其疑惑，羅什方才明白佛理有所歸，從此專務大乘方等佛法，廣求義要，受誦《中論》《百論》《十二門論》等。羅什回歸龜兹後，廣説大乘法要。二十歲時乃於王宫中受戒，又跟隨卑摩羅叉學習《十誦律》。其後羅什母回到天竺，臨走時勉勵羅什應將方等深法宣揚傳播於真丹，使之流於東土。羅什遂留在龜兹，止於新寺，後來在寺院旁邊的故宫中得到《放光經》。羅什留在龜兹兩年，廣誦大乘經論，洞曉其秘奥，並以大乘佛法度化其師槃頭達多。當時西域諸國都敬服羅什之神俊，每年講法之時，"諸王長跪高座之側，令什踐其膝以

---

① 釋印順：《説一切有部爲主的論書與論師之研究》，北京：中華書局，2011 年版，第 279～286 頁。

登焉"①。

　　苻堅建立前秦之後，外國前部王和龜兹王弟前來朝見，並勸他平定西域。建元十三年（377）正月，太史奏有星見於外國分野，當有大德智人前來爲輔。苻堅以羅什當此之兆，即遣使求之。建元十七年（381）二月，善善王、前部王等又請求派兵西伐。翌年九月，苻堅即遣驍騎將軍呂光、陵江將軍姜飛等率兵七萬，西伐龜兹及烏耆諸國。臨行時，苻堅囑之曰："朕聞西國有鳩摩羅什，深解法相，善閑陰陽，爲後學之宗，朕甚思之。賢哲者，國之大寶，若剋龜兹，即馳驛送什。"② 建元二十年（384），呂光攻破龜兹，獲鳩摩羅什，因不測其智量，且見其尚年幼，便視爲凡人而戲弄之，强迫他娶龜兹王之女。羅什拒不接受，呂光乃以醇酒飲之，又將二人同閉於密室之中，羅什終不得已而虧節。此後呂光又數次折辱羅什，羅什常懷忍辱，始終沒有異色，光終心感慚愧而止。前秦覆滅後，呂光乃竊號於關外，史稱後凉。羅什居凉州多年，雖時常於軍政之事出謀劃策，然而呂光父子不信佛教，"只是把他當作能占卜吉凶、預言禍福的方士"③，故始終難以宣講佛法。

　　姚萇在關中建立後秦後，久聞羅什高名，乃虛心邀請，而後凉諸呂以羅什多智謀，恐爲姚氏所用而不利於己，故不許其東行。姚萇卒後，其子姚興即位，復遣使敦請，再次被拒。弘始三年（401）三月，有連理樹生於廟庭，逍遥園中葱變爲茝，當時以爲祥瑞，當有智人前來。五月，姚興遣隴西公碩德帶兵西伐呂隆。九月，呂隆上表歸降，方才得以迎羅什入關。十二月二十日，羅什到達長安，姚興待之以國師之禮。姚興"少崇三寶，銳志講集"④，在羅什到達後，將其請入西明閣及逍遥園，譯出衆經。又使沙門僧䂮、僧遷、法欽、道流、道恒、道標、僧叡、僧肇等八百餘人，協助羅什更出《大品》。城中諸權貴也屢次請羅什於長安大寺講説新

　　① 〔南朝梁〕釋僧祐：《出三藏記集》，蘇晉仁、蕭鍊子點校，北京：中華書局，1995 年版，第 531 頁。

　　② 〔南朝梁〕釋慧皎：《高僧傳》，湯用彤校注，湯一介整理，北京：中華書局，1992 年版，第 50 頁。

　　③ 任繼愈主編《中國佛教史》（第二卷），北京：中國社會科學出版社，2014 年版，第 271 頁。

　　④ 〔南朝梁〕釋僧祐：《出三藏記集》，蘇晉仁、蕭鍊子點校，北京：中華書局，1995 年版，第 533 頁。

經。臨終之時，與衆弟子別曰："因法相遇，殊未盡伊心，方復異世，惻愴何言！自以暗昧，謬充傳譯，若所傳無謬，使焚身之後，舌不焦爛。"① 後卒於長安，在逍遙園中按外國之法以火焚屍，薪滅之後，餘形皆化，唯舌不變。

羅什學識宏富，在其卒後，有外國沙門來，云："羅什所諳，十不出一。"② 關於羅什譯經之數量，《出三藏記集》卷二《新集撰出經律論録》謂有三十五部，凡二百九十四卷③；卷十四《鳩摩羅什傳》載羅什譯出《大品》後，續出《小品》《金剛般若》《十住》《法華》《維摩》等三十三部，三百餘卷④。兩處所言並不一致。費長房《歷代三寶紀》卷八"前後二秦録"譯著共九十八部，凡四百二十五卷（其中《實相論》一卷，爲羅什自著）⑤，道宣《大唐內典録》卷三所載與之相同。智昇《開元釋教録》卷四"總括群經録上"謂羅什所出經律論共七十四部，三百八十四卷⑥。呂澂謂羅什譯經"現存三十九部，三一三卷。這與僧祐、慧皎最初的記録（三十多部）比較接近"⑦，這三十九部譯經，在呂澂所編《新編漢文大藏經目録》中皆可檢索到相關信息。羅什之譯經，不僅文辭斐然，而且又能準確傳達佛教義理，合理地解決了早期佛典翻譯中"文"與"質"的問題。中土之譯經，從羅什入關，才真正地開啓了一個新紀元。

二、《大莊嚴論》

（一）《大莊嚴論》在隋唐經録中的著録

現存最早的佛經目録是南朝梁釋僧祐所編的《出三藏記集》，但其中没有著録《大莊嚴論》，最早著録《大莊嚴論》的是隋代法經的《衆經目

---

①　〔南朝梁〕釋僧祐：《出三藏記集》，蘇晉仁、蕭鍊子點校，北京：中華書局，1995 年版，第 535 頁。

②　〔南朝梁〕釋僧祐：《出三藏記集》，蘇晉仁、蕭鍊子點校，北京：中華書局，1995 年版，第 535 頁。

③　〔南朝梁〕釋僧祐：《出三藏記集》，蘇晉仁、蕭鍊子點校，北京：中華書局，1995 年版，第 51 頁。

④　〔南朝梁〕釋僧祐：《出三藏記集》，蘇晉仁、蕭鍊子點校，北京：中華書局，1995 年版，第 534 頁。

⑤　〔隋〕費長房：《歷代三寶紀》，《大正藏》第 49 册，第 79 頁上。

⑥　〔唐〕智昇：《開元釋教録》，《大正藏》第 55 册，第 511 頁下。

⑦　呂澂：《中國佛學源流略講》，北京：中華書局，1979 年版，第 88 頁。

録》，此後歷代經録中皆有著録。隋唐是佛教經録的成熟時期，後世之經
録大率承襲之。

表 1

作者	經録名	卷次	經名	目録	歸類	卷數	備注
隋·法經	衆經目録	5	大莊嚴論	大乘阿毗曇藏録	衆論一譯	十五卷	
隋·費長房	歷代三寶紀	8	大莊嚴論	前後二秦苻姚世録		十卷	
		13	大莊嚴論	大乘録	大乘阿毗曇有譯録	十卷	
隋·彦琮	衆經目録	1	大莊嚴論	單本	大乘論單本	十卷	或十五卷
唐·道宣	大唐内典録	3	大莊嚴論	歷代衆經傳譯所從録	後秦傳譯佛經録	十卷	
		6	大莊嚴論	歷代大乘藏經翻本單重傳譯有無録	大乘論單重翻本并譯有無録	十五卷	或十卷
		8	大莊嚴論	歷代衆經見入藏録	大乘論	十五卷	
		9	大莊嚴論	歷代衆經舉要轉讀録	大乘論	十五卷	或十卷
唐·靜泰	衆經目録	1	大莊嚴論	單本	大乘論單本	十五卷	或十卷
唐·靖邁	古今譯經圖紀	3	大莊嚴論			十五卷	
唐·明佺	大周刊定衆經目録	6	大莊嚴論	大乘律大乘論目	大乘論	十五卷	或十卷
		13	大莊嚴論	大小乘三藏及賢聖集傳等	大乘阿毗達摩藏	十卷	
唐·智昇	開元釋教録	4	大莊嚴經論	總括群經録上	秦姚氏	十五卷	或無經字或十卷見《長房録》
		12	大莊嚴論經	有譯有本録中菩薩三藏録	大乘集義論	十五卷	或十卷
		19	大莊嚴論經	大乘入藏録	大乘論	十五卷	或無經字或十卷
唐·圓照	貞元新定釋教目録	6	大莊嚴論	總集群經録上	秦姚氏	十五卷	或無論字或十卷見《長房録》
		22	大莊嚴論	有譯有本録中菩薩三藏録	大乘集義論	十五卷	或十卷
唐·釋玄逸	大唐開元釋教廣品歷章	17	大莊嚴論經		大乘集義論	十五卷	或無經字或十卷

（二）《大莊嚴論》的名稱

在隋唐經録中，《大莊嚴論》屬於大乘論部，但對其名稱的記載並不
一致。從法經《衆經目録》至《大周刊定衆經目録》，其名稱統一爲《大
莊嚴論》，智昇《開元釋教録》始載異説。《開元釋教録》中應該只有《大

莊嚴論經》和《大莊嚴論》兩種名稱，卷四《總括群經錄上》中所載，只有《高麗藏》本作“《大莊嚴經論》”，其餘版本皆作“《大莊嚴論經》”，而且卷十二“有譯有本錄中菩薩三藏錄”、卷十九“大乘入藏錄”中也都記錄爲《大莊嚴論經》，這可以説明智昇比較認可的是《大莊嚴論經》這一名稱，故卷四《總括群經錄上》中所記載的很有可能也是《大莊嚴論經》。智昇在後面又注明“或無經字”，這是對《法經錄》等經錄中所記錄的《大莊嚴論》這一名稱的回應。玄逸《大唐開元釋教廣品歷章》本就是在《開元釋教錄》中“入藏錄”的基礎上編撰而成，故也使用了《大莊嚴論經》這一名稱。

　　道世在唐高宗顯慶四年（659）撰《諸經要集》二十卷，其中卷四引述《大莊嚴論》故事五五，卷九引述《大莊嚴論》故事一〇，卷十引述《大莊嚴論》故事四和故事三四，都是使用《大莊嚴論》這一名稱。至總章元年（668），道世又在《諸經要集》的基礎上編成《法苑珠林》一百卷。《諸經要集》中引述《大莊嚴論》的内容也被援引，同時又新增十六處《大莊嚴論》中的内容，其中有十三處稱出自《大莊嚴論》，另外三處則用了《大莊嚴經論》這一名稱。具體情況見表2：

表 2

所屬《法苑珠林》卷次	名稱	所在《大莊嚴論》位置
卷五	《大莊嚴論》	故事六
卷二〇	《大莊嚴論》	故事一一
卷二一	《大莊嚴論》	故事三
卷二三	《大莊嚴論》	故事三八
卷三六	《大莊嚴論》	故事五五
卷四五	《大莊嚴論》	故事一七
卷五一	《大莊嚴論》	故事一〇
卷五五	《大莊嚴論》	故事二
卷七二	《大莊嚴論》	故事六五
卷七七	《大莊嚴論》	故事三四
卷七九	《大莊嚴論》	故事八
卷八一	《大莊嚴論》	故事四

續表2

所屬《法苑珠林》卷次	名稱	所在《大莊嚴論》位置
卷八二	《大莊嚴論》	故事七六
卷八二	《大莊嚴論》	故事一二
卷八二	《大莊嚴論》	故事一一
卷八六	《大莊嚴經論》	故事三二
卷八七	《大莊嚴經論》	故事四〇
卷八七	《大莊嚴經論》	故事四六
卷九〇	《大莊嚴經論》	故事一一
卷九二	《大莊嚴論》	故事四一

道世在《諸經要集》以及《法苑珠林》絕大部分篇幅中皆使用《大莊嚴論》，爲何在《法苑珠林》的後半部分又稱之爲《大莊嚴經論》，而且此後又重複使用《大莊嚴論》這一名稱，其中緣由值得深思。

在《法苑珠林》所引述的佛典中，除了鳩摩羅什譯的《大莊嚴論》，還有一部以《大莊嚴論》爲名的著述，這就是由無著菩薩造、波羅頗蜜多羅譯於貞觀四年（630）的《大乘莊嚴經論》，引文分別見於《法苑珠林》卷一、卷一五、卷一六、卷二三和卷三〇，皆注明出自《大莊嚴論》。這部佛典在道宣《大唐內典錄》、靜泰《衆經目錄》和明佺《大周刊定衆經目錄》中都著錄爲《大乘莊嚴論》，《法苑珠林》卷十七中也稱之爲《大乘莊嚴論》。《法苑珠林》卷帙浩繁，從《諸經要集》撰成至《法苑珠林》成書，中間相隔十年之久，而且徵引內外典籍浩繁，道世將《大乘莊嚴經論》稱爲《大莊嚴論》，可能只是出於文字上的簡略，却造成兩部不同的佛典名字重複，而經名前又沒有冠以譯者，這就很容易給讀者造成誤解。《法苑珠林》卷一〇〇《傳記篇》著錄有玄應的《大唐衆經音義》，而在後者中鳩摩羅什所譯《大莊嚴論》正是被稱爲《大莊嚴經論》，道世在後期將《大莊嚴論》改稱爲《大莊嚴經論》，可能就是受玄應的影響。然而修改得並不徹底，是以在《法苑珠林》最後幾卷出現《大莊嚴論》與《大莊嚴經論》兩種經名交替使用的情形。

在《開元釋教錄》中，《大莊嚴經論》這一名稱應該是用來指波羅頗蜜多羅譯《大乘莊嚴論》的。玄應《一切經音義》首先把《大乘莊嚴論》

改爲《大乘莊嚴經論》①，這點也影響了智昇。《開元釋教録》中除了把彥
琮《衆經目録》和《大唐内典録》中的《大乘莊嚴論》條目改爲《大乘莊
嚴經論》，譯經下的波羅頗蜜多羅小傳曰：

> 　　至四年四月，譯《寶星經》訖。後移勝光，又譯《般若燈論》
> 《大莊嚴經論》。②

此傳的材料來源於道宣《續高僧傳》卷三《唐京師勝光寺中天竺沙門
波頗傳》，但《續高僧傳》中説"又譯《般若燈》《大莊嚴論》"③，可見將
《大莊嚴論》改爲《大莊嚴經論》是智昇有意爲之，而不是一時之誤。這
是因爲此前經録中已著録了鳩摩羅什譯《大莊嚴論》，若再將波羅頗蜜多
羅所譯稱爲《大莊嚴論》，容易造成混淆。智昇所説的《大莊嚴經論》正
是《大乘莊嚴經論》的簡稱。

《開元釋教録》中將"菩薩對法藏"即大乘論部，分爲"大乘釋經論"
和"大乘集義論"兩種，其小序説：

> 　　菩薩阿毗達磨有其二類：一者解釋契經，二者詮法體相。舊録所
> 載和雜編之，今所集者分爲二例。釋契經者列之於前，詮法性者編之
> 於後。庶無糅雜，覽者易知。④

此前諸經録僅將衆論按大小乘和翻譯次數區分，智昇按内容性質分成
兩類："大乘釋經論"是專門解釋契經的，如《大智度論》，"龍樹菩薩造。
釋《摩訶般若波羅蜜經》"，爲龍樹菩薩所造，是解釋《摩訶般若波羅蜜
經》的；《十地經論》，"天親菩薩造。釋《十地經》，即《華嚴十地品》
是"，爲天親菩薩造，是解釋《十地經》，也就是《華嚴十地品》的。其餘
都是如此。"大乘集義論"是用來闡釋法性的，並不是針對某一部經典的。
"大乘釋經論"類下諸論著名稱多以"經論"結束，智昇在大多數下面都
會注明所闡釋的佛典。"大乘集義論"類下的論著名稱多以"論"結束。
鳩摩羅什譯《大莊嚴論》和波羅頗蜜多羅譯《大乘莊嚴論》皆屬"大乘集
義論"，其名稱分別爲《大莊嚴論經》和《大乘莊嚴經論》，這與智昇所要

① 〔唐〕玄應：《一切經音義》，《中華藏》第56册，第969頁上。
② 〔唐〕智昇：《開元釋教録》，《大正藏》第55册，第553頁下。
③ 〔唐〕道宣：《續高僧傳》，《大正藏》第50册，第439頁下。
④ 〔唐〕智昇：《開元釋教録》，《大正藏》第55册，第606頁下。

求的"庶無糅雜"是相違背的。

玄應《一切經音義》與道世《法苑珠林》中已將《大莊嚴論》稱爲《大莊嚴經論》，而《開元釋教錄》則傾向於將波羅頗蜜多羅譯《大乘莊嚴論》稱爲《大莊嚴經論》，智昇將鳩摩羅什譯《大莊嚴論》稱爲《大莊嚴論經》，或許正是爲了與《衆經音義》《法苑珠林》所載相區別。但《大莊嚴論經》這一名稱與其"論"的性質是不一致的，圓照在《貞元新定釋教目錄》中將之改爲《大莊嚴論》，可能也是這一原因。

《大莊嚴經論》這一名稱在後世使用的並不多。慧琳《一切經音義》卷四九目錄中稱《大莊嚴論》，而正文中則稱爲《大莊嚴經論》，應該是承襲玄應《一切經音義》。明代智旭《閱藏知津》卷一《西土大乘宗經論》、卷三八《大乘論藏》中也都是記作《大莊嚴經論》。而《大莊嚴論》這一名稱在後世著述中的使用頗爲頻繁。但必須注意的是，無論是《大莊嚴經論》還是《大莊嚴論》，都不一定指鳩摩羅什所譯的《大莊嚴論》，還有可能指波羅頗蜜多羅所譯《大乘莊嚴論》。如宋代延壽集《宗鏡錄》卷一一說：

> 《大莊嚴論》偈云：譬如工畫師，畫平起凹凸。如是虛分別，於無見能所。①

這首偈頌出自《大乘莊嚴論》卷六《隨修品》②。又如清代智一雪墩《妙法蓮華經科拾》卷一曰：

> 大乘經者，《大莊嚴經論》有七種大義：一者緣大，謂菩薩修行大乘之法，以無量契經大法義，而爲所緣故。二行大，謂菩薩修行大乘，能行二利大行故。三智大，謂菩薩修行大乘，能達二無我理，於諸境界，善能分別故。……③

此七種大義即出自《大乘莊嚴論》卷一二《功德品》④。

---

① 〔宋〕延壽集：《宗鏡錄》，《大正藏》第 48 冊，第 478 頁中。
② 無著菩薩造，〔唐〕波羅頗蜜多羅譯：《大乘莊嚴經論》，《大正藏》第 31 冊，第 622 頁下。
③ 〔清〕智一雪墩拾遺：《妙法蓮華經科拾》，《卍續藏》第 33 冊，第 342 頁中。
④ 無著菩薩造，〔唐〕波羅頗蜜多羅譯：《大乘莊嚴經論》，《大正藏》第 31 冊，第 654 頁下。

綜上所述，到智昇《開元釋教録》的時候，《大莊嚴論》已經有三個名稱，即《大莊嚴論》《大莊嚴經論》《大莊嚴論經》。《大莊嚴論》始自法經《衆經目録》，此後費長房《歷代三寶紀》、彦琮《衆經目録》、智昇《大唐内典録》、静泰《衆經目録》等經録都使用這個名稱。《大莊嚴經論》這一名稱較早出現在玄應《一切經音義》中，《法苑珠林》則是兼有《大莊嚴論》與《大莊嚴經論》兩種名稱。《大莊嚴論經》這一名稱始見於《開元釋教録》。由於《開元釋教録》對後世的影響很大，《大莊嚴論經》一名雖然在佛教著述中不常使用，却依然有着深遠的影響。現知敦煌遺書中保存的《大莊嚴論》寫本共有 10 件①，均以《大莊嚴論經》爲名。又如《磧砂藏》本，正文題爲《大莊嚴經論》，目録却著録爲《大莊嚴論經》。到了近代，日本學界在編纂《大正藏》時，雖然在脚注中也注明了"或作《大莊嚴經論》"，但題目依然採用了《大莊嚴論經》這一名稱。從佛教界對佛經的定義來看，佛所説才能稱爲"經"，其他人著的典籍一般是不能稱爲"經"的。隋唐諸多經録也都將《大莊嚴論》劃歸爲"論"。將其稱爲《大莊嚴論經》是非常不合適的。正因如此，丁敏認爲："就本書的性質而言，其是佛滅後部派佛教時的佛教大師所造，因此稱《大莊嚴（經）論》是較妥的。"② 但根據《開元釋教録》中對"菩薩對法藏"的兩種分類，《大莊嚴論》屬於"大乘集義論"，並不是專門解釋某部經的，稱爲《大莊嚴經論》也稍顯不妥。因此，基於以上考量，本書將研究對象定名爲《大莊嚴論》。

（三）《大莊嚴論》的卷數

關於《大莊嚴論》的卷數，法經《衆經目録》載爲十五卷，至《歷代三寶紀》則變爲十卷，彦琮《衆經目録》謂十卷，又言"或十五卷"，説明及至彦琮之時，《大莊嚴論》流行的還是十卷本，十五卷本只在法經《衆經目録》中有記載，故又加以注明。《大唐内典録》僅在"後秦傳譯佛

---

① 分别爲：國家圖書館藏 BD07701《大莊嚴論經》卷一三、BD08559《大莊嚴論經》卷一四、BD09668《大莊嚴論經》卷八及背面《大莊嚴論經》卷一三，英國國家圖書館藏 S. 06830《大莊嚴論經》卷一四，Дx00415《大莊嚴論經》卷第十三，Дx03638《大莊嚴論經》卷第十一，Дx07132《大莊嚴論經》卷第七，Дx18498《大莊嚴論經》卷第六，Дx18574《大莊嚴論經》卷第五。

② 丁敏：《佛教譬喻文學研究》，臺北：東初出版社，1996 年版，第 201 頁。

經錄"中記録爲十卷，"歷代大乘藏經翻本單重傳譯有無録""歷代衆經見入藏録"和"歷代衆經舉要轉讀録"等都著録爲十五卷，當時應該是兩種版本都存在，然當以十五卷本更爲流行。此後，除《大周刊定衆經目録》卷一三"大乘阿毗達摩藏"中載爲十卷外，其餘都以十五卷爲主。

雖然《大莊嚴論》有十卷本和十五卷本兩種，但其内容應該是相同的，只是分卷不同罷了。同一著述在前後經録中所著録的卷數不同很常見。如鳩摩羅什譯《十住毗婆沙論》，法經《衆經目録》卷五"大乘阿毗曇藏録"中著録爲十四卷①，《歷代三寶紀》卷一三"大乘阿毗曇有譯録"却著録爲十二卷②，《大周刊定衆經目録》卷六"大乘論"中著録爲十五卷，又注曰："或十四卷。"③《開元釋教録》卷四"總括群經録"中重新定爲十四卷，注曰："或十二卷，或十五卷，見《長房録》。"④

又如姚秦曇摩耶舍譯《舍利弗阿毗曇論》，《出三藏記集》卷二"新集撰出經律論録"中著録爲二十二卷，注曰："或二十卷。"⑤法經《衆經目録》卷五"小乘阿毗曇藏録"著録爲二十二卷⑥。《歷代三寶紀》卷八"姚世録"著録爲三十卷，注曰："或二十卷。"⑦《開元録》卷一三"聲聞對法藏"又著録爲二十二卷，注曰："或二十卷，或三十卷。"⑧

再如北涼佛陀跋摩譯《阿毗曇毗婆沙論》，法經《衆經目録》卷五"小乘阿毗曇藏録"著録爲八十四卷⑨，《歷代三寶紀》卷九"北涼録"著録爲六十卷⑩，彥琮《衆經目録》卷一"小乘論單本"爲八十四卷，注曰："或一百九卷。"⑪《開元釋教録》卷四"總括群經録"著録爲六十卷，注曰：

---

① 〔隋〕法經：《衆經目録》，《大正藏》第55册，第141頁上。
② 〔隋〕費長房：《歷代三寶紀》，《大正藏》第49册，第114頁下。
③ 〔唐〕明佺：《大周刊定衆經目録》，《大正藏》第55册，第405頁下。
④ 〔唐〕智昇：《開元釋教録》，《大正藏》第55册，第512頁上。
⑤ 〔南朝梁〕釋僧祐：《出三藏記集》，蘇晉仁、蕭鍊子點校，北京：中華書局，1995年版，第52頁。
⑥ 〔隋〕法經：《衆經目録》，《大正藏》第55册，第142頁上。
⑦ 〔隋〕費長房：《歷代三寶紀》，《大正藏》第49册，第77頁中。
⑧ 〔唐〕智昇：《開元釋教録》，《大正藏》第55册，第621頁中。
⑨ 〔隋〕法經：《衆經目録》，《大正藏》第55册，第142頁上。
⑩ 〔隋〕費長房：《歷代三寶紀》，《大正藏》第49册，第84頁下。
⑪ 〔隋〕彥琮：《衆經目録》，《大正藏》第55册，第155頁下。

或加八捷度字，初出與唐譯《大毗婆沙論》同本。或分成八十四卷，或一百九卷。佛後六百餘年，五百應真造，見僧祐、寶唱二録。①

《阿毗曇毗婆沙論》有六十卷本、八十四卷本、一百九十卷本，只是所劃分的卷數不同，而不是原典的內容有所增減。上述《十住毗婆沙論》《舍利弗阿毗曇論》，以及《大莊嚴論》，應該都屬於這種情況。

因此，《大莊嚴論》的十卷本和十五卷本，只是不同時期的分卷不同，內容方面並不存在增減，十卷本由《歷代三寶紀》首先提出，在彦琮編撰《衆經目録》時應該還比較流行，從《大唐內典録》開始逐漸以十五卷本爲主。在敦煌遺書中的 10 件《大莊嚴論》寫本中，BD07701、BD09668 背面、Дx00415 所抄爲《大莊嚴論》第十三卷中的內容，BD08559、S.06830 所抄爲第十四卷中的內容，Дx03638 所抄爲第十一卷中的內容，這說明當時敦煌地區流行的也是十五卷本的《大莊嚴論》，這與隋唐經録中所載録的《大莊嚴論》的卷數也是一致的。十卷本或許因爲分卷不合理，每卷內容過多，而漸漸被捨弃，其具體分卷情形如何今已不可得知。

（四）《大莊嚴論》的影響及價值

僧祐《出三藏記集》載録鳩摩羅什譯經三十五部，凡二百九十四卷②，其中並沒有《大莊嚴論》。此後梁寶唱所編《經律異相》中也沒有引用《大莊嚴論》中的內容，《經律異相》中引用了幾種《雜譬喻經》，也沒有道略集、鳩摩羅什譯《雜譬喻經》，但徵引了鳩摩羅什所譯《大智度論》，這說明鳩摩羅什譯經在南朝已有流傳，但還不是全部。現存最早提到《大莊嚴論》的佛教著述依然還是法經《衆經目録》，此後才開始在佛教經録和其他著述中被廣泛著録和徵引。《歷代三寶紀》首次設立“入藏録”，《大莊嚴論》作爲大乘佛教論典也被收録在內，此後歷代“入藏録”皆是如此。

《大莊嚴論》中的 90 則故事，均爲通過譬喻的方式爲讀者講解佛法義理。每一則往往以“復次”開頭，點出所要宣講的法理，之後附録故事，

① 〔唐〕智昇：《開元釋教録》，《大正藏》第 55 册，第 521 頁上。
② 〔南朝梁〕釋僧祐：《出三藏記集》，蘇晉仁、蕭鍊子點校，北京：中華書局，1995 年版，第 51 頁。

講述具有各種善行、功德的人物故事，憑借明白易懂的語言和鮮明生動的形象，闡釋深奥晦澀的佛法。可見，《大莊嚴論》不僅富於故事性，而且説理透徹，可以説是難得的集形象與義理於一體的經典。印順法師稱讚此經爲"文藝化的勸善的譬喻集"①。因此，《大莊嚴論》在後世學者著述中常被頻繁徵引，頗受歡迎。

唐代徵引《大莊嚴論》較多者還是道世所編《諸經要集》和《法苑珠林》。《法苑珠林》中所引，有時僅是《大莊嚴論》故事中的一首偈頌，或一段話，此類語言短小而藴含深意。如卷七二《十使篇·會名部》中"第七明瞋使過者"，曰："《大莊嚴論》云：身如乾薪，瞋恚如火。未能燒他，先自焦身。"②此爲《大莊嚴論》故事六五中尊者迦旃延教化娑羅那的一段話，道世引述之以説明"瞋使過"。又如卷七九《邪見部·引證部》説：

> 不謗四諦迷聖道者，不知理道從自心生，唯常苦身以求解脱。如犬逐塊，不知尋本。故《大莊嚴論》云："譬如師子打射時，而彼師子尋逐人來。譬如癡犬，有人打擲，便逐瓦石，不知尋本。言師子者，喻智慧人，解求其本而滅煩惱。言癡犬者，即是外道，五熱炙身，不識心本。"③

此爲《大莊嚴論》故事八中比丘尼所説偈頌中的一段，引之以譬喻"迷聖道者"。除此之外，《法苑珠林》中往往還徵引《大莊嚴論》中的譬喻故事，借以説明佛理。如卷二三《慚愧篇·引證部》引《大莊嚴論》故事三八"盲龜值浮木孔，其事甚難"之事，以説明人身難得，應當精勤修習。卷三六《華香篇·引證部》引《大莊嚴論》故事五五法師因讚迦葉佛而口中常有妙香之事，以説明讚佛之功德。而卷二一《福田篇·平等部》通篇只徵引了《大莊嚴論》故事六五檀越請衆僧但求老大不用年少之事。

相較於《大莊嚴論》，波羅頗蜜多羅譯《大乘莊嚴經論》在唐代影響較大。這應該與法相宗在唐代的興盛有關。《大乘莊嚴經論》屬於瑜伽部，

---

① 釋印順：《説一切有部爲主的論書與論師之研究》，北京：中華書局，2011 年版，第 314 頁。

② 〔唐〕釋道世：《法苑珠林校注》，周叔迦、蘇晉仁校注，北京：中華書局，2003 年版，第 2146 頁。

③ 〔唐〕釋道世：《法苑珠林校注》，周叔迦、蘇晉仁校注，北京：中華書局，2003 年版，第 2302~2303 頁。

而瑜伽之學正是法相宗的主要修習内容，玄奘西遊，更是“旨在取《瑜伽》大論”①。在法相宗弟子的著述中，《大乘莊嚴經論》是徵引較多的材料之一，如窺基所著《妙法蓮華經玄贊》《金剛般若論會釋》，澄觀所著《大方廣佛華嚴經疏》，慧沼所著《金光明最勝王經疏》，以及遁倫《瑜伽論記》等，而且所使用的都是《大莊嚴論》這一名稱。相反，鳩摩羅什譯《大莊嚴論》在隋唐經疏中少有徵引。在《續高僧傳·釋智藏傳》中的一個情節可以説明這種情形。在智藏卒後，“又徵士廬江何胤，居吴郡虎丘，遇一神僧，捉一函書，云有人來寄語，頃失之。及開函視，全不識其文詞。後訪魏僧，云是《大莊嚴論》中間兩紙也。時人咸謂藏之所致。……凡講大小品、《涅槃》《般若》《法華》《十地》《金光明》《成實》《百論》《阿毗曇心》等，各著義疏行世”②。《續高僧傳》卷三《唐京師勝光寺中天竺沙門波頗傳》説“又譯《般若燈》《大莊嚴論》”③，將波羅頗蜜多羅所譯《大乘莊嚴經論》簡稱爲《大莊嚴論》。那麼《釋智藏傳》中所説的《大莊嚴論》應該指的也是《大乘莊嚴經論》。智藏卒後又使人寄來《大乘莊嚴經論》，可見該論在當時的影響。

　　唐代以後，佛教著述中對《大莊嚴論》的徵引逐漸增多。如宋代道誠所集《釋氏要覽》卷三“擇友”類引《大莊嚴論》故事二三開頭的論點“若人親近有智善友，能令身心内外俱净，斯則名爲真善丈夫”④。延壽集《宗鏡録》卷六六徵引《大莊嚴論》故事二中婆羅門憍尸迦與其親友關於“縛”與“解”的問答⑤，卷七九徵引《大莊嚴論》故事二九“幻師以此陰身作種種戲，能令智者見即解悟”的故事⑥，以及善卿所編《祖庭事苑》，明朝袾宏述《阿彌陀經疏抄》，清代續法集《楞嚴經勢至念佛圓通章疏鈔》等，都有引述《大莊嚴論》的内容，其應用範圍也不再限於類書，在佛經注疏中也被頻繁引用，這與《大莊嚴論》既具故事性又蘊含深刻義理是分不開的。

　　在鳩摩羅什的譯著中，僅有兩部譬喻經，其一爲道略集《雜譬喻經》，

① 湯用彤：《隋唐佛教史稿》，北京：中華書局，2016 年版，第 142 頁。
② 〔唐〕道宣：《續高僧傳》，《大正藏》第 50 册，第 466 頁上。
③ 〔唐〕道宣：《續高僧傳》，《大正藏》第 50 册，第 439 頁下。
④ 〔宋〕道誠集：《釋氏要覽》，《大正藏》第 54 册，第 300 頁下。
⑤ 〔宋〕延壽集：《宗鏡録》，《大正藏》第 48 册，第 787 頁中。
⑥ 〔宋〕延壽集：《宗鏡録》，《大正藏》第 48 册，第 854 頁上。

其二便是《大莊嚴論》。但《大莊嚴論》無論在卷數上，還是在説理方式與文學色彩上，都是《雜譬喻經》所不能相比的。在今天看來，依舊有着重要的研究價值。

首先，《大莊嚴論》具有很高的佛學研究價值，這也是它的第一研究價值。《大莊嚴論》撰於大乘佛教興起之時，其中不僅充斥着小乘佛教思想，如"四諦""十二因緣"等，還蘊含着豐富的大乘佛教思想，隋唐佛教經録皆將之歸爲"大乘論"，即説明了這點。通過《大莊嚴論》，不僅有助於了解小乘佛教嚮大乘佛教轉變時期的思想特點，而且對研究馬鳴菩薩的思想也有重要的借鑒意義。

其次，《大莊嚴論》具有文學研究價值。譬喻，梵文爲 Avadāna，音譯爲阿波陀那，是佛教"十二分教"之一，通常指借助佛教聖賢的事迹以及其他因緣故事等所作的各種比喻，用來闡述幽深難解的佛教義理，在宣講佛法的過程中有着極爲重要的作用。借助譬喻，不僅深奥的佛教義理可以通過直觀形象的故事有效傳達，而且故事本身所蘊含的豐富的想象、極具文采的語言、曲折動人的情節以及生動飽滿的人物形象等也使譬喻經典具有豐富的文學色彩。常任俠選注《佛經文學故事選》序言説："'大莊嚴論經'的馬鳴菩薩與鳩摩羅什三藏，撰者與譯者俱臻上乘，文采茂美，蜚聲藝林，可以稱爲雙璧。至今讀起這種譯文，還使人歡喜讚嘆……"[①] 其着眼點亦主要在於此種文學價值。

最後，《大莊嚴論》還具有一定的語言學研究價值。中古時期是社會劇烈變動的時期，也是語言發生重大變革的時期，因而也是漢語發展史上的一個重要時期。這時明顯可見的是"新詞大量出現；大多數舊詞的意義發生了類型各異的演變，産生出了許多新義項和新用法；同義詞顯著增加，提高了漢語的表達精度和修辭能力。與此同時，詞彙雙音化真正成爲一種歷史的必然，並迅速得以實現"[②]。魏晋時期出現的漢譯佛典翻譯工作，推動了漢語復音化的進程，佛典的詞彙系統從一開始就表現出了異常強烈的雙音化乃至多音化趨向，其雙音節形式遠遠超過同時期中土文獻語

---

① 常任俠選注：《佛經文學故事選》，上海：上海古典文學出版社，1982 年版，序言第 5 頁。

② 朱慶之：《佛典與中古漢語詞彙研究》，臺北：文津出版社，1992 年版，前言。

言甚至口語的詞彙系統，因此佛經文獻在漢語詞彙研究中具有非常廣闊的前景。從語言學研究的角度來看，《大莊嚴論》作爲中古漢譯佛典文獻，具有其他中土文獻所不能替代的重要而特殊的價值，是研究漢語語音、詞彙和語法史的寶貴材料。鳩摩羅什的譯經以貼近當時的口語而被稱爲"新譯"，《大莊嚴論》更是堪稱典範，其 90 則故事記載了從佛到魔、從天到人、自國王至平民等各類人物的故事，一定程度上反映了當時社會生活面貌；故事生動有趣，引人入勝，語言淺顯易懂，富有生活氣息，具有重要的語言學研究價值。

　　鳩摩羅什作爲著名佛經翻譯家，其譯經對後秦乃至整個中國佛教的發展意義深遠。然前輩學者更多地將注意力放在鳩摩羅什所譯的一些重要經典上，而對於影響較小的羅什譯經則少有涉及。在這種情況下，《大莊嚴論》在學術界並不受重視，相關研究也相當少見。基於此，筆者不揣固陋，對《大莊嚴論》進行校勘、注釋，希望能有助於學界對該經的認識和了解，推動對羅什譯經的研究。校注過程中如有不盡人意之處，還望方家指正。

校注凡例

　　一、本次整理，以《高麗藏》本爲底本，以《資福藏》《趙城金藏》《磧砂藏》《普寧藏》《洪武南藏》《永樂南藏》《永樂北藏》《徑山藏》《清藏》《頻伽藏》等藏經爲校本。

　　二、除對原文進行點校外，還對部分名詞作出注釋，凡同時進行校、注者，遵從先校後注的原則。

　　三、凡缺筆字、俗體字、異體字，均改作通行規範字。

　　四、校記中之大藏經本，均使用簡稱，即《高麗藏》本簡稱“麗本”，《資福藏》本簡稱“資本”，《趙城金藏》本簡稱“金本”，《磧砂藏》本簡稱“磧本”，《普寧藏》本簡稱“普本”，《洪武南藏》本簡稱“洪本”，《永樂南藏》本簡稱“南本”，《永樂北藏》本簡稱“北本”，《徑山藏》本簡稱“徑本”，《清藏》本簡稱“清本”，《頻伽藏》本簡稱“頻本”。

　　五、本書所引佛經中的例句，經名后標出卷次，其後的阿拉伯數字爲《大正藏》的卷頁數，英文字母 abc 各表示每頁的上中下欄，不取其標點（凡括號內没有標明經名的均指《大莊嚴論》）。

大莊嚴論經(1)卷第一

馬鳴菩薩造　後秦三藏(2)鳩摩羅什譯

> 前禮最勝尊(一)，離欲邁三有(二)，
>
> 亦敬一切智，甘露微妙法，
>
> 并及八輩(三)衆，無垢清净僧，
>
> 富那(四)脇比丘(五)，彌織(六)諸論師，
>
> 薩婆室婆(七)衆，牛王正道者(八)，
>
> 是等諸論師，我等皆敬順。
>
> 我今當次説，顯示莊嚴論，
>
> 聞者得滿足，衆善從是生。
>
> 可歸不可歸，可供不可供，
>
> 於中善惡相，宜應分別説。

【校記】

(1) 論經：資本、磧本、普本、洪本、南本、北本、徑本、清本作"經論"。下同。

(2) 後秦三藏：資本、磧本、普本、洪本、南本、北本、徑本、清本作"姚秦三藏法師"。下同。

【注釋】

(一) 最勝尊：指佛陀，爲佛號之一，取尊中之至的含義。三國吳·支謙譯《菩薩本業經》中列舉了佛的十號："或有名佛爲大聖人，或有名佛爲大沙門，或號衆佑，或號神人，或稱勇智，或稱世尊，或謂能儒，或謂昇仙，或呼天師，或呼最勝，如是十方諸天人民，所稱名佛億萬無數。"

（卷一，10/447a）三國魏・康僧鎧譯《佛説無量壽經》："願我功德力，等此最勝尊。"（卷一，12/269b）

（二）三有：即三界。東漢・安世高譯《陰持入經》："彼受因緣有爲三有：一欲界，二色界，三無色界，是名爲三有。"（卷一，15/174c）

（三）八輩：指獲得四向四果的聖者。三國吳・支謙譯《齋經》："恭敬親附依受慧教，佛弟子衆，有得溝港受、溝港證者，有得頻來受、頻來證者，有得不還受、不還證者，有得應真受、應真證者，是爲四雙之八輩丈夫。"（卷一，01/911b）

（四）富那：人名。梵文 Puṇyayaśas，又作富那奢、富那夜奢、夜奢，爲脅尊者弟子，馬鳴之師。

（五）脅比丘：人名。梵文 Pārśva，又作波奢，即脅尊者。唐・玄應《一切經音義》云："脅尊者，虛業反，即《付法藏》中波奢比丘，常坐者也。此人曾誓脅不著地，因以名焉。"（卷七一，54/772a）佛典多載其出生有異象①。其所以稱"脅"者，大約有兩種意見：《景德傳燈録》謂其服侍佛陀尊者左右，不曾睡眠，脅不至席②；《付法藏因緣傳》《傳法正宗記》及唐・玄奘《大唐西域記》則云脅尊者因精進修行，日夜兼顧，從未以脅至地而卧③。

---

① 《付法藏因緣傳》云："彼脅比丘由昔業故，在母胎中六十餘年。既生之後鬚髮皓白。"（卷五，50/313b）《景德傳燈録》載："初尊者將誕，父夢一白象，背有寶坐，坐上安一明珠，從門而入，光照四衆。既覺遂生。"（卷一，51/209a）《傳法正宗記》作："本名難生，以其久處胎故也。初尊者將生，而其父香蓋遂夢。一白象背負寶座，座之上寘一明珠，從其門而出至一法會，其光照曜於衆，既而忽然不見。及誕果光燭於室，體有奇香。"（卷二，51/724a）

② "後值伏馱尊者，（脅尊者）執侍左右未嘗睡眠。謂其脅不至席，遂號脅尊者焉。"（卷一，51/209a）

③ 《付法藏因緣傳》："勤修苦行精進勇猛，未曾以脅至地而卧，時人即號爲脅比丘。"（卷五，50/313b）《傳法正宗記》："然尊者修行精苦，未嘗寢寐，雖晝夜而脅不至席，以故得號脅尊者。"（卷二，51/724a）《大唐西域記》："第三重閣有波栗濕縛（唐言脅）尊者室，久已傾頓，尚立旌表。初，尊者之爲梵志師也，年垂八十，捨家染衣。城中少年便誚之曰：'愚夫朽老，一何淺智！夫出家者，有二業焉，一則習定，二乃誦經。而今衰耄無所進取，濫迹清流，徒知飽食。'時脅尊者聞諸譏議，因謝時人而自誓曰：'我若不通三藏理，不斷三界欲，得六神通，具八解脱，終不以脅而至於席！'自爾之後，唯日不足，經行宴坐，住立思惟，晝則研習理教，夜乃静慮凝神，綿歷三歲，學通三藏，斷三界欲，得三明智，時人敬仰，因號脅尊者焉。"（〔唐〕玄奘撰《大唐西域記》，章撰點校，上海：上海人民出版社，1977年，第50～51頁。）

（六）彌織：彌遮迦，《付法藏因緣傳》①《摩訶止觀》②《景德傳燈錄》③《傳法正宗記》④中第六祖，中印度人，爲第五祖提多迦之弟子。彌遮迦多聞博達有大辯才⑤。

"富那脇比丘，彌織諸論師"兩句，爲講述師承之句。

（七）薩婆室婆：一切有部的論師。

薩婆：即薩婆多部、根本說一切有部，爲小乘二十部派之一。此部主張三世一切法皆是實有，故名。唐·窺基《異部宗輪論疏述記》云："說一切有者，一切有二：一有爲，二無爲。有爲三世，無爲離世。其體皆有，名一切有。因言所以，此部說義皆出所以廣分別之，從所立爲名。"（卷一，53/576b）宋·法雲編《翻譯名義集》釋"薩婆多"曰："薩婆多，此云一切有。此部計三世有實，三性悉得受戒。大集云：而復讀誦書寫外典，受有三世，及以內外。破壞外道，善能論義，說一切性悉得受戒。凡所問難，悉能答對，是故名爲薩婆多，法名七誦。"（卷四，54/1113b）

佛涅槃之初，佛教教團統一，但隨着佛教的發展，以及佛教內部對佛教戒律和教義的不同理解，佛教分裂爲上座部及大衆部，成爲佛教根本之二部。後又從上座部分出分別說系，形成上座系、上座分別說系、大衆系三系，富那、脇、彌織諸論師屬於分別說系⑥。後"上座系之沿恒河北岸及雪山麓而東進者，別出犢子部。其在西北印者，自稱說一切有部以別之"⑦。"有部後來構成了印度佛家四大宗之一的婆沙宗，具有很大的勢

---

① "昔提多迦臨滅度時，以法付囑最大弟子，名彌遮迦。"（卷五，50/313b）

② （提迦多）法付彌遮迦。"（卷一，46/001a）

③ 《景德傳燈錄》卷一載："第五祖提多迦，第六祖彌遮迦。"

④ 《傳法正宗記》卷二載："第五祖提多迦尊者傳，第六祖彌遮迦尊者傳。"

⑤ 見《付法藏因緣傳》卷五。

⑥ 釋迦逝世百年之後，佛教教團出現了明顯的分裂。這段時間大約從公元前370年到大乘佛學開始流行的公元150年前後止，總計有五百年左右的時間（呂澂《印度佛學源流略講》，上海：上海人民出版社，1982年版，第23頁）。分裂的原因除了佛學理解的分歧等內部因素，還有戰爭、王朝更替等社會背景。據世友菩薩造，唐·玄奘譯《異部宗輪論》所述，佛教分裂爲上座、大衆二部，更由大衆部分出一說部、說出世部、雞胤部、多聞部、說假部、制多山部、西山住部、北山住部八部。由上座部分出一切有部、雪山部、犢子部、法上部、賢胄部、正量部、密林山部、化地部、法藏部、飲光部、經量部十一部。佛教僧團分裂在各經論中所載，其分裂次第及年序等各不一致。

⑦ 釋印順：《印度之佛教》，北京：中華書局，2011年版，第97頁。

力，同時並促成了它的反對者中觀宗的建立。"①

（八）牛王正道者：爲犢子部論師。

唐·窺基著《成唯識論述記》："筏蹉氏外道名犢子外道，男聲中呼，歸佛出家，名犢子部、皤雌子部。女聲中呼，即是一也。上古有仙居山寂處，貪心不已，遂染母牛因遂生男，流諸苗裔。此後種類皆言犢子，即婆羅門之一姓也。《涅槃經》説：犢子外道歸佛出家，此後門徒相傳不絶。今時此部是彼苗裔，遠襲爲名，名犢子部。"（卷一，43/247a）易知，"牛王正道"應屬犢子部。

犢子部：梵文 vātsīputrīyāh，從説一切有部中流出，是小乘二十部之一，爲附佛之外道。唐·窺基《異部宗輪論疏述記》："後即於此第三百年，從説一切有部流出一部，名犢子部。""有犢子部本宗同義，謂補特伽羅非即蘊離蘊，依蘊處界假施設名。"（卷一，49/015a）犢子的本名，存在"跋蹉弗多羅""跋耆子""可住子"等説法②。唐·玄應《一切經音義》釋作："婆雌子部，婆音蒲賀反，此云犢子部。舊名跋私弗多羅，上古仙人名。跋私，其母是此仙人種，故姓跋；私，有羅漢是此女人子，從母作名，説一切有部中出也。"（卷七一，54/771a）

（一）

説曰：我昔曾聞，乾陁羅⑴國⁽一⁾有商賈客，到摩突羅⁽二⁾國。至彼國已，時彼國中有一佛塔，衆賈客中有一優婆塞，日至彼塔恭敬禮拜。向塔中路有諸婆羅門，見優婆塞禮拜佛塔，皆共嗤笑。更於餘日，天甚烝⑵熱，此諸婆羅門等食訖遊行，而自放散，或在路中，或立門側，有洗浴者，有塗香⑶者，或行或坐。時優婆塞禮塔回還，諸婆羅門見已喚言："來，優婆塞，就此坐。"語優婆塞言："爾今云何不識知⑶彼摩醯首羅⁽四⁾、毗紐天⁽五⁾等而爲致敬，乃禮佛塔，得無

---

① 吕澂：《印度佛學源流略講》，上海：上海人民出版社，1982年版，第56頁。
② 吕澂在《印度佛學源流略講》第二講"部派佛學"專門開闢一節闡述犢子系學説的要點，其間談到犢子本名的問題：跋蹉弗多羅（Vasta-Putra）者，前爲犢義，後爲子義。犢是種族名，梵音爲跋蹉 Vasta，蓋因部主跋是蹉族人。在南傳的小乘分部里，則稱"跋耆子"。跋耆也是種族名，梵文爲 Vrji，玄奘音譯爲"弗利特"。真諦則譯作"可住子"（Vasa，住義）。書中，吕澂對上述名稱背後的含義也作了分析：作"犢子部"，是因它流傳的地點偏西；稱"跋耆子"，因它與化地對抗，表示它是反對派；謂其"可住子弟子部"，是因它信奉《舍利弗毗曇》（吕澂《印度佛學源流略講》，上海：上海人民出版社，1982年版，第57~58頁）。

煩耶?"時優婆塞即答之曰:"我知世尊功德少分,是故欽仰,恭敬爲禮。未知汝天有何道德,而欲令我向彼禮乎?"諸婆羅門聞是語已,瞋目呵叱:"愚癡之人!汝云何不知我天所有神德,而作是言?"諸婆羅門即説偈言:

> 阿修羅城郭,高顯周三重,
> 懸處於虛空,男女悉充滿,
> 我天彎弓矢,遠中彼城郭,
> 一念^(六)盡燒滅,如火焚⁽⁴⁾乾草。

時優婆塞聞是偈已,大笑而言:"如斯之事,吾之鄙薄,所不敬尚。"以偈答言:

> 命如葉上露,有生會當滅,
> 云何有智者,弓矢加殘害?

時諸婆羅門等聞是偈已,咸共同聲呵優婆塞言:"是癡人,彼阿修羅有大勢力,好爲惡事,我天神德力能殺害,云何乃言非有智耶?"時優婆塞被呵責已,喟然長嘆,而説偈言:

> 美惡諦觀察,智者修善業,
> 能獲大果報,後則轉受樂,
> 云何於過惡,反生功德想?
> 邪見既增長,嘆惡以爲善,
> 以是惡業故,後獲大苦報。

諸婆羅門聞是語已,豎目舉手,懷瘯⁽⁵⁾袂⁽⁶⁾瞋忿戰⁽⁷⁾動,而作是言:"汝甚愚癡不吉之人,此等諸天不加恭敬,而恭敬誰?"時優婆塞意志閑裕,而語之言:"吾雖單獨,貴申道理,不應以力,朋黨競説。"時優婆塞復説偈言:

> 汝等所供養,兇惡好殘害,
> 汝若奉事彼,以爲功德者,
> 亦應生恭敬,師子及虎狼,
> 觸惱生殘害,惡鬼羅刹^(七)等,
> 愚人以畏故,於彼生恭敬。
> 諸有智慧者,宜應深觀察。
> 若不爲殘害,乃可生恭敬。

諸有功德者，終無殘害心。

修行諸惡者，無不壞[8]殘害，

不能善分別，功德及過惡。[9]

功德起惡心，過生功德想，

殘害逼迫者，凡愚增敬順，

於善功德者，反生輕賤心，

世間皆顛倒，不別可敬者。

乾陀羅生者，解知別善惡，

是故信如來，不敬自在天(八)。

彼時婆羅門聞是語已，即作是言：“咄！乾陀羅！出何種姓、有何道德而名佛乎？”時優婆塞，說偈答言：

出於釋氏(九)宮，具足一切智，

衆過悉耘[10]除(一〇)，諸善皆普備，

於諸[11]衆生中，未始不饒益，

覺了諸法相(一一)，一切悉明解，

如是之大仙，故稱號爲佛。

時諸婆羅門復說偈言：

汝言佛大仙，應[12]作[13]逼惱事，

此閻浮提(一二)中，瞻默[14]監持陁[15]，

婆塞婆私吒，提釋阿坻[16]耶，

如是諸大仙，名稱世所聞，

能結大神咒(一三)，殘滅諸國土。

汝名佛大仙，亦應作斯咒，

汝佛有大德，應作逼惱事，

若不作咒害，云何名大仙？

時優婆塞不忍聞彼誹謗之言，以手掩耳，而說偈言：

咄莫出惡語，謗言佛有咒，

毀謗最勝尊，後獲大苦報。

時婆羅門復說偈言：

佛若無咒術，不名有大力，

若無惱害者，云何名大仙？

我但説實語，何故稱誹謗。

時諸婆羅門，撫掌大笑言：

是故汝癡人，定墮於負處。

時優婆塞語婆羅門言："汝莫怪笑！汝言如來無大功德亦無大力，斯是妄語如來實有大功德力，永斷咒根，終不復作惱害之事。汝今諦聽！當爲汝説。"即説偈言：

以貪瞋癡故，則作大惡咒，

當結惡咒時，惡鬼取其語，

於諸罪衆生，而行惱害事。

佛斷貪瞋癡，慈悲廣饒益，

永除惡咒根，但有衆善事，

是故佛世尊，都無有惱害，

以大功德力，拔濟無量苦，

汝今何故言，佛無大勢力？

時諸婆羅門聞是偈已，瞋恚心息，語優婆塞言："我於今者，欲問少事，勿見瞋也。咄！優婆塞，佛若無惡咒，云何而得受他供養？既不爲損，又不能益，云何而得稱爲大仙？"優婆塞言："如來大慈悲，終無惡咒，損減衆生，亦復不爲利養之事，但爲饒益，故受供養。"而説偈言：

大悲愍群生，常欲爲拔苦，

見諸受惱者，過於己自處，

云何結惡咒，而作惱害事？

衆生體性⁽一四⁾苦，生老病死逼⁽17⁾，

如癩著燥灰，云何更加惡？

常以清涼法，休息諸熱惱。

諸婆羅門聞是語已，即便低頭，思惟斯語："此是好事，心欲生信。汝健陀羅⁽一五⁾善别勝處，汝能信此，甚爲希有，是故嘆汝。健陀羅者，名不虚設，言健陀者，名爲⁽18⁾持也⁽一六⁾，持善去惡，故得斯號。"而説偈言：

能持此地者，是名善丈夫⁽一七⁾，

善丈夫中勝，實是健陀羅。

時優婆塞作是思惟："此婆羅門，心欲信解，皆可成器，我今當更爲分別説佛之功德。"時優婆塞顏貌熙[19]怡，而作是言："見汝信佛，我甚歡喜。汝今幸可少聽我語，功德過惡，汝宜觀察。"而説偈言：

> 觀察佛功德，一見皆滿足，
> 戒聞及定慧，無與佛等者。
> 諸山須彌[一八]最，衆流海第一，
> 世間天人中，無有及佛者[20]。
> 能爲諸衆生，具受一切苦，
> 必令得解脱，終不放捨離。
> 誰有歸依佛，不得利益者？
> 誰有歸依佛，而不解脱者？
> 誰隨佛教旨，而不斷煩惱？
> 佛以神足力[一九]，降伏諸外道[二〇]，
> 名稱普遠聞，遍滿十方刹[二一]。
> 唯佛師子吼[二二]，説諸行無我，
> 所説恒處中，不著於二邊[二三]。
> 天上及人中，皆作如是説，
> 不能善分別，結使諸業報。
> 如來涅槃後，諸國造塔廟，
> 莊嚴於世間，猶虛空星宿。
> 以是故當知，佛爲最勝尊。

諸婆羅門聞是語已，有生信心者，有出家者，得道者。

【校記】

（1）乹陁羅：資本、磧本、普本、洪本、南本、北本、徑本、清本、頻本作"乾陀羅"。

（2）烝：資本、磧本、普本、洪本、南本、北本、徑本、清本作"蒸"。

（3）識知：資本、金本、磧本、普本、洪本、南本、北本、徑本、清本作"識"。

（4）焚：頻本作"梵"。

（5）癇：金本、北本、清本作"廣"，徑本作"厲"。

（6）袂：資本、磧本、普本、南本、北本、徑本、清本作“簸”，洪本作“歈”。

（7）戰：資本、磧本、普本、洪本、南本、北本、徑本、清本作“顫”。

（8）壞：資本、磧本、普本、南本、北本、徑本、清本作“懷”，洪本作“懹”，金本無此句。

（9）修行諸惡者，無不懷殘害，不能善分別，功德及過惡：金本脱。

（10）耘：資本、磧本、普本、洪本、南本、北本、徑本、清本作“雲”。

（11）於諸：磧本、普本、洪本、南本、北本、徑本、清本作“諸於”。

（12）應：頻本作“往”。

（13）作：資本、金本、磧本、普本、洪本、南本、北本、徑本、清本作“是”。

（14）默：磧本、洪本、南本、北本、清本作“嘿”。

（15）陁：頻本作“陀”，資本、磧本、普本、洪本、南本、北本、徑本、清本作“地”。

（16）坻：資本、磧本、普本、洪本、南本、北本、徑本、清本作“極”。

（17）遍：資本、金本、磧本、普本、洪本、南本、北本、徑本、清本作“道”。

（18）名爲：資本、磧本、普本、洪本、南本、北本、徑本、清本作“名”。

（19）熙：資本、金本、磧本、普本、洪本、南本、北本、徑本、清本作“憘”。

（20）佛者：金本作“諸佛”。

【注釋】

（一）乾陁羅国：西域古國名，梵文 Gandhāra[①]。唐·慧琳《一切經音義》云：“乾陀羅國，此云持地國。昔此國多有道果聖賢，住持其境，不爲他國侵害也。又云：乾陀是香，羅謂陀羅，此云遍也。言遍此國内多生香氣之花，故名香遍國。其國在中印度北，北印度南，二界中間也。”（卷二二，54/447c）唐·玄應《一切經音義》曰：“乾陁越國，字或作揵。

① 《洛陽伽藍記》之“乾陀羅國”和《大唐西域記》中“健馱羅國”皆梵語 Gandhāra 的音譯；《法顯傳》之“犍陀衛國”則爲梵語 Gandhavat 的音譯。

應云乾陁婆那，此譯云香林。《明度經》云香净國，《阿闍世女經》云香潔，一云香風，皆一也。"（卷三，56/860b）東晉·法顯《法顯傳》稱此國爲犍陀衛國①，元魏·楊衒之撰《洛陽伽藍記》呼其乾陀羅國②，《大唐西域記》載爲健馱邏國③，唐·道宣《續高僧傳》爲香行國④。犍陀羅北面接壤烏杖那，西方與那揭國相隔，是"絲綢之路的貿易中心和佛教世界的信仰中心"⑤。

（二）摩突羅：印度古國名，梵文 Mathurā。唐·法藏述《華嚴經探玄記》云："摩偷羅者，正云秣菟羅，此云孔雀，或云密，並是古世因事爲名。是中印度。"（卷一五，35/391a）此國即《法顯傳》之"摩頭羅國"⑥，《大唐西域記》卷四之"秣菟羅國"⑦。"該國和都城的核心區域，在今印度北方邦馬圖拉（Mathurā）區亞穆納（Yamuna，古稱閻牟那）河流域、德里東南約一百四十公里處"⑧，位於印度古代交通要道上。其土地肥沃，庵没羅果種植成林，出産黄金、細布等。此地盛産橘紅色砂岩，於貴霜王朝時興起佛教造像活動⑨。

（三）塗香：指用香塗身體，梵文 vilepana。這種習俗與印度的地理環境有關。印度氣候炎熱，人體容易出汗散發臭氣，當地盛行催搗旃檀等

---

① 見"犍陀衛國"條，〔東晉〕法顯撰《法顯傳校注》，章撰校注，上海：上海古籍出版社，1985 年版，第 36 頁。

② 〔北魏〕楊衒之撰：《洛陽伽藍記》，范祥雍校注，上海：上海古籍出版社，1958 年版，第 317 頁："（道榮）至正光元年四月中旬入乾陀羅國。"

③ 〔唐〕玄奘撰：《大唐西域記》，章撰點校，上海：上海人民出版社，1977 年版，第 47 頁："健馱邏國，舊曰乾陀衛，訛也。北印度境。"

④ 《大唐西域記》卷二"闍那崛多傳"：（揵陀囉）隋言香行國焉。其有此稱，蓋因梵語 Gandha 之義爲香。

⑤ 孫英剛、何平：《犍陀羅文明史》，北京：生活·讀書·新知三聯書店，2018 年版，緒論。另據《法顯傳校注》，此國疆域時有變動，當時犍陀羅故地大概在今斯瓦脱河流入喀布爾河附近一帶。

⑥ 見〔東晉〕法顯撰《法顯傳校注》，章撰校注，上海：上海古籍出版社，1985 年版，第 54 頁"摩頭羅國"條："過是諸處已，到一國，國名摩頭羅。有遥捕那河，河邊左右有二十僧伽藍，可有三千僧，佛法轉盛。"

⑦ 見〔唐〕玄奘撰《大唐西域記》，章撰點校，上海：上海人民出版社，1977 年版，第 91 頁卷四"秣菟羅國"："秣菟羅國，周五千餘里。國大都城周二十餘里，土地膏腴，稼穡是務。庵没羅果家植成林……出細班氈及黄金。"

⑧ 屈大成：《漢譯〈雜阿含〉地名考》，《中國佛學》2018 年第 2 期，第 46 頁。

⑨ 公元 1 世紀，塞種人（斯基泰人，又作西古提人、西徐亞人或賽西亞人、塞西亞人）成立貴霜王朝。佛教造像在貴霜王朝前後出現。

香木爲粉末，後和以水，塗在身上，用以消暑祛臭。此事見失譯《毗尼母經》："天竺土法，貴勝男女皆和種種好香，用塗其身，上著妙服。"（卷五，24/828b）另外，佛教認爲以塗香供養佛，能獲大功德，所以此亦爲佛教六種供具之一①。唐·一行述記《大日經義釋》曰："塗香是净義，如世間塗香，能净垢穢息除熱惱。"（卷五，23/357c）佛教中，依據不同的法門，有不同的塗香方式②。

（四）摩醯首羅：色界頂上的天神——大自在天，梵文 Maheśvara。唐·慧琳《一切經音義》云："摩醯首羅，醯音馨奚反。梵語上界天王名也，唐云大自在。即色究竟天主，住色界之最上頂。"（卷四二，54/584b）關於其形象，《大智度論》有云："摩醯首羅天，秦言大自在，八臂三眼騎白牛。"（卷二，25/073a）大自在天本爲婆羅門教和印度教主神之一，後成爲佛教中居住在阿迦膩吒天的神，更被視爲密教十二天③之一。

（五）毗紐天：梵文 Visnu。唐·玄應《一切經音義》云："毗瑟笯，奴故反，天名也，舊毗紐天，亦言毗搜紐天，訛也。"（卷七一，54/769a）其爲婆羅門教和印度教三主神④之一。宋·宗曉述《金光明經照解》描述毗紐天的形象爲："毗紐天臍中生千葉蓮華，《觀音義疏》云韋紐天，此翻'遍聞'，身有四臂，捉具持輪，騎金翅鳥。"（卷二，20/522a）

（六）一念：形容時間的短促。對於這個時間單位的時限，佛典中有

---

① 密教以閼伽、華鬘、塗香、燒香、飲食、燈明並稱爲六種供養。

② 〔唐〕輸波迦羅譯《蘇悉地羯羅經》卷上《塗香藥品》依佛、蓮華、金剛三部，息灾、增益、降伏三種法，以及上、中、下三種悉地，而揭示了不同的塗香方式："佛部供養諸香樹皮及堅香木，所謂栴檀沉水天木等類，并以香果如前分別和爲塗香。蓮花部用諸香草根花果葉等和爲塗香。金剛部用或有塗香具諸根果。先人所合成者，香氣勝者，通於三部。或唯用沉水和少龍腦以爲塗香。佛部供養唯用白檀和少龍腦以爲塗香。蓮花部用，唯用欝金和少龍腦以爲塗香。金剛部用紫檀塗香，通於一切金剛等用。肉豆蔻腳句羅惹底蘇末那或濕沙蜜蘇澁咩羅鉢孕寶，通於一切女使者天塗香供養。甘松濕沙蜜肉豆蔻用爲塗香獻明王。用諸香樹皮用爲塗香獻諸使者。隨所得香用爲塗香獻地居天。唯用沉水以爲塗香，通於三部九種法等及明王妃一切處用。或有別作扇底迦法用白色香，補瑟徵迦法用黃色香，阿毗遮嚕迦法用以紫色無氣之香。若欲成就大悉地者，用前汁香及以香果。若中悉地，用堅木香及以香花。若下悉地，根皮花果用爲塗香，而供養之。"（卷一，18/609a）

③ 十二天指護持佛法的十二天尊，分別爲梵天、地天、月天、日天、帝釋天、火天、焰摩天、羅刹天、水天、風天、毗沙門天、大自在天。

④ 婆羅門教和印度教的三大主神爲梵天、毗濕奴和濕婆。

不同的説法。後秦・鳩摩羅什譯《佛説仁王般若波羅蜜經》云九十刹那①
爲一念；北魏・曇鸞注解《無量壽經優婆提捨願生偈》曰六十刹那名爲
一念。

（七）羅刹：梵文 Rākṣasa，惡鬼名。原爲當時印度土著之稱。羅刹
中女人容貌絶美，羅刹男則相貌醜陋。唐・慧琳《一切經音義》：“囉刹
婆，梵語惡鬼神也。上邏字，轉舌呼引聲；次刹，音察，下蘇何反。此類
諸鬼多居海島，或住砂磧，皆有俱生通力，飛行人間，能變美妙容儀，魅
惑於人，詐相親輔方便誆誘而啖食之。”（卷三，54/326b）另，《佛本行
集經》中有羅刹女國的記載：“時諸人輩，至其海内，忽值惡風，吹其船
舫，至羅刹國。時羅刹國，其國多有羅刹之女。”（卷四九，03/879a）《大
唐西域記》“僧伽羅國”條下：“佛法所記，則曰：昔此寶洲大鐵城中，五
百羅刹女之所居也。”（卷一一，51/933a）“羅刹”也爲地獄的獄卒，懲罰
罪人。見《大智度論》：“獄卒羅刹以大鐵椎，椎諸罪人，如鍛師打鐵，從
頭剥皮，乃至其足。”（卷一六，25/176b）

（八）自在天：梵文 Maheśvara。此處可參見前文注釋（四）“摩醯首
羅”條。

（九）釋氏：爲出家人、佛教徒或佛門的泛稱。佛法傳入中土時，來
華的外國沙門多以國家或種族名爲其名号的首字，如來自安息國的安世
高、來自月氏國的支謙等。中國本土僧衆則仍用其俗家姓氏，或依從師父
之姓。東晉時，道安提出佛陀以釋迦為姓氏，從而提倡出家僧尼以“釋”
爲氏，依從佛姓。及至《增壹阿含經》傳譯過來，果有此説，遂爲諸沙門
所信服。其後釋氏就成爲僧尼的通稱，後又逐漸引申爲佛教徒或佛門的
泛稱。

（一〇）耘除：資本、磧本、普本、洪本、南本、北本、徑本、清本
作“雲除”，麗本、金本、頻本作“耘除”。

“耘”有“除去”義，《史記・東越列傳》：“大行曰：‘所爲來者誅王。
今王頭至，謝罪，不戰而耘，利莫大焉。’”司馬貞索隱：“耘，除也。”②
另，《漢語大詞典》中可見“耘除”：鏟除。《華嚴經》卷十四：“見修園

---

① 一個心念起動的時間即刹那，刹那爲印度古代最小的計時單位。
② 〔漢〕司馬遷：《史記》，顧頡剛點校，北京：中華書局，1959 年版，第 2981 頁。

圃，當願衆生，五欲圃中，耘除愛草。"宋·黄庭堅《讀曹公傳》詩序：
"更黨錮之灾，義士忠臣，耘除略盡。"①

由上，此處作"耘除"更爲妥當，"雲"字當爲"耘"之訛誤。

（一一）法相：指諸法的相狀，包含體相（本質）與義相（意義）二者。《大乘義章》："一切世諦有爲無爲，通名法相。"（卷二，44/506c）姚秦·鳩摩羅什譯《成實論》："了義修多羅者謂是義趣不違法相，法相者隨順比尼。比尼名滅，如觀有爲法常樂我净則不滅貪等；若觀有爲法無常苦空無我則滅貪等，知無常等名爲法相。"（卷二，32/250a）

（一二）閻浮提：梵文 Jambudvipa，也作贍部提。《大智度論》："'閻浮'，樹名，其林茂盛，此樹於林中最大。'提' 名爲洲，此洲上有此樹林；林中有河，底有金沙，名爲閻浮檀金；以閻浮樹故，名爲'閻浮洲'。此洲有五百小洲圍繞，通名閻浮提。"（卷三五，25/320a）此洲爲須彌山四大洲之南洲，也稱南閻浮提。

（一三）神咒：指僧人、道士用以祈禱神仙消除灾患的咒語。其最早見於西晋·竺法護譯《生經》："體適困極，水漿不下，醫藥不治，神咒不行，假使解除無所復益。"（卷二，03/082c）

（一四）體性：指事物的實體。曇果共康孟詳譯《中本起經》："迦葉體性，亦慈如此。"（卷二，04/161a）

（一五）健陀羅：即乾陀羅國，見注釋（一）"軋陁羅国"條。此處婆羅門稱呼彼優婆塞爲"健陀羅"者，指優婆塞從健陀羅國來。

（一六）言健陀者，名爲持也：唐·慧琳《一切經音義》云："乾陀羅國，此云持地國。昔此國多有道果聖賢，住持其境，不爲他國侵害也。"（卷二二，54/447c）

（一七）善丈夫：丈夫，本義指成年男子，佛典中常用來指諸根圓具之男子。唐·湛然述《止觀輔行傳弘决》："此則指人中最勝者，方名丈夫。"（卷二，46/194b）善，有美好之義，善丈夫當指人中最勝者。此詞魏晋南北朝漢譯佛經中已見。

（一八）須彌：即須彌山，梵文 Sumeru。唐·慧琳《一切經音義》又

---

① 羅竹鳳主編：《漢語大詞典》，上海：漢語大詞典出版社，1994 年版，第 8 卷，第 592 頁。

作蘇迷嚧山①。僧肇《注維摩詰經》解釋：“須彌山，天帝釋所住金剛山也。秦言妙高。處大海之中，水上方高三百三十六萬里。”（卷一，38/332a）在佛教的傳說中，世界以須彌山爲中心，四周圍繞着八山八海。此山由黃金、白銀、琉璃、頗梨四寶組成。

（一九）神足力：即神通具足之力。佛菩薩度化衆生時，能以此力，現種種神變。在其他佛典中亦可找到此詞用例，如三國吳·支謙譯《私呵昧經》：“四者得神足力，五者得道力，六者得慧力。”（卷一，14/811a）

（二〇）外道：梵文 tīrthika，指佛教以外的宗教哲學派別。最初爲佛教稱其他教派之語，後来“外道”一詞被附加了邪法、邪説的意義，遂成爲一種貶稱。宋·元照撰《四分律行事鈔資持記上》云：“言外道者，不受佛化，別行邪法。”（卷一，40/164c）

（二一）十方刹：即十方國土的意思。此詞最早可見於三國吳·支謙譯《菩薩本業經》：“時十方刹，復來雲集，意菩薩、首意菩薩、賢意菩薩、勤意菩薩，思意、知意、審意、專意、重意、盡意菩薩等。”（卷一，10/449b）

（二二）師子吼：師子，即獅子。姚秦·鳩摩羅什譯《維摩詰所説經》：“演法無畏，猶師子吼。”（卷一，14/537a）形容佛菩薩在大衆之中宣講佛法一往直前而無所畏懼。

（二三）二邊：與“中道”相對的兩個極端。佛典中關於“二邊”的説法不盡相同：姚秦·佛陀耶舍共竺佛念等譯《四分律》有“苦樂二邊”；《瑜伽師地論》有“有無二邊”“增益損減二邊”；劉宋·求那跋陀羅譯《雜阿含經》提出“常見斷見二邊”等。

（二）

復次，應分別論。所謂論者，即是法也。夫於法所宜善思惟，若能思惟，則解其義。我昔曾聞有婆羅門名憍尸迦，善知僧佉論(一)、衛世師論(二)、若提碎摩論(三)，如是等論，解了分別。彼婆羅門住華(1)氏城(四)中，於其城外有一聚落。彼婆羅門有少因緣，詣彼聚落，到所親家。時其親友以緣事故餘行不在時憍尸迦婆羅門語其家人：

────────

① 蘇迷盧山，梵語寶山名。或云須彌山，或云彌樓山，皆是梵音聲轉不正也。（卷一，54/314c）

"汝家頗有經書以不？吾欲並讀，待彼行還。"時所親婦即爲取書，偶得《十二緣經》[五]而以與之。既得經已，至於林樹間閑靜之處而讀此經。聞無明緣行，行緣識，識緣名色，名色緣六入，六入緣觸，觸緣受，受緣愛，愛緣取，取緣有，有緣生，生緣老病死憂悲苦惱，是名集諦。[六]無明滅則行滅，行滅則識滅，識滅則名色滅，名色滅則六入滅，六入滅則觸滅，觸滅則受滅，受滅則愛滅，愛滅則取滅，取滅則有滅，有滅則生滅，生滅則老病死憂悲苦惱衆苦集聚滅。初讀一遍，猶未解了，至第二遍即解無我。外道之法著於二見：我見[七]、邊見[八]。於一切法，深知生滅無有常者，而自念言：一切外論皆悉無有出生死法，唯此經中有出生死解脱之法。心生歡喜，尋舉兩手，而作是言：我於今者，始得實論，始得實論。端坐思惟，深解其義，容貌熙怡，如花開敷，復作是言：我今始知生死繫縛，解出世法，乃悟外道所説諸論甚爲欺誑，不離生死。嘆言：佛法至真至實，説有因果，因滅則果滅。外道法中甚爲虛妄，説言有果而無其因，不解因果，不識解脱。自觀我昔[2]深生怪笑，云何乃欲外道法中度生死河？我昔外道求度生死，譬如有人没溺恒河波浪之中，懼失身命，值則攀緣，既不免[3]難，没水而死。我亦如是，遇[4]彼外道求度生死，然其法中都無解脱出世之法，没生死河，喪善身命，墮三惡道[九]。今見此論，當隨順行，得出生死。外道經論如愚狂語，九十六種道[5][一〇]悉皆虛僞，唯有佛道至真至正。六師之徒及餘智者，咸自稱爲一切智人，斯皆妄語。唯佛世尊是一切智，誠實不虛。時憍尸迦即説偈言：

> 外道[6]所爲作，虛妄不真實，
>
> 猶如小兒戲，聚土作城郭。
>
> 醉象[一一]踐蹈之，散壞無遺餘，
>
> 佛破諸外論，其事亦如是。

時憍尸迦婆羅門，深於佛法生信敬心，捨外道法除去邪見，晝夜常讀《十二緣經》。時其所親方[7]與諸婆羅門歸還其家，問其婦言：我聞憍尸迦來至於此，今何所在？婦語夫言："彼婆羅門向借經書，我取與之，不識何經。然其得已，披攬翻覆，彈指讚嘆，熙怡異常。"夫聞其言，即往其所，見憍尸迦端坐思惟，即問之言："汝於今者，何所思惟？"時憍尸迦説偈答曰[8]：

> 愚癡無智慧，周回三有中，
>
> 如彼陶家輪^(一二)，輪轉無窮已，
>
> 我思十二緣，解脫之方所。

爾時親友即語之言："汝於是經乃能深生希有之想，我釋種^(一三)邊而得此經，將欲洗却其字，以用書彼毗世師經^(一四)。"憍尸迦婆羅門聞是語已，呵責親友："汝愚癡人！云何乃欲水洗斯經？如是妙法宜用真金而以書寫，盛以寶函種種供養。"即說偈言：

> 設我有財寶，以真金造塔，
>
> 七珍用厠填，寶案妙巾裹⁽⁹⁾，
>
> 莊嚴極殊妙，而用以供養，
>
> 雖作如是事，尚不稱我意。

時其親友聞斯語已，甚懷忿恚，而作是言："今此經中有何深妙未曾有事，何必勝彼毗世師經，欲以真金種種珍寶而爲供養？"時憍尸迦聞是語已，愀然作色，而作是言："今何故輕蔑佛經至於是乎？彼毗世師論極有過患，云何乃用比於佛語？如毗世師論，不知法相，錯亂因果，於瓶因果淺近之法，尚無慧解分別能知，況解人身身根^(一五)覺慧因果之義？"爾時其親友語憍尸迦言："汝今何故言毗世師論不解因果？彼論中說破瓦以爲瓶因，云何而言不解因果？"憍尸迦言："汝毗世師論實有是語，然無道理。汝今且觀，如因於縷以爲經緯，然後有疊⁽¹⁰⁾，瓶瓨⁽¹¹⁾亦爾，先有瓶故，然後有瓦，若先無瓶云何有瓦？復次破瓦無用⁽¹²⁾，瓶瓨有用，是以破瓦不得爲因。現見陶師取泥成瓶，不用破瓦，又見瓶壞後有破瓦，瓶⁽¹³⁾若未壞，云何有破？"時親友言："汝意謂若毗世師論都無道理，我等寧可徒勞其功而自辛苦。"時親友徒黨諸婆羅門，聞是語已，心生愁惱："若如其言，毗世師論即於今日不可信耶？"憍尸迦言："毗世師論非但不可取信，於昔已來善觀察者久不可信。所以然者，昔佛十力^(一六)未出世時，一切衆生皆爲無明之所覆蔽⁽¹⁴⁾，盲無目故，於毗世師論生於明想。佛日既出，慧明照了，毗世師論無所知曉，都應弃捨。譬如鵄鵂^(一七)，夜則遊行，能有力用，晝則藏竄，無有力用。毗世師論亦復如是，佛日既出，彼論無用。"

親友復言："若如汝言，毗世師論不如佛經，然此佛經寧可得比

僧佉論耶?"憍尸迦言:"如僧佉經説有五分,論義得盡。第一言誓,第二因,第三喻,第四等同,第五決定。汝僧佉經中無有譬喻可得明了如牛羒[15][一八]者,況辯法相而能明了,何以故?汝僧佉經中説鉢羅陀那不生如常[16],遍一切處亦處處去,如僧佉經中説鉢羅陁那[17]不從他生而體是常,能生一切,遍一切處去至處處。説如是事,多有慼過,何以故?於三有中無有一法但能生物不從他生,是故有過。復次遍一切處能至處處,此亦有過,何以故?若先遍者,去何所至?若去至者,遍則不遍。二理相違,其義自破。若如是者,是則無常。如其所言,不從他生而能生物,遍一切處去至處處。是語非也。"

親友婆羅門聞是語已,語憍尸迦言:"汝與釋種便爲朋黨,故作是説。然佛經中亦有大過,説言生死無有本際[一九],又復説言一切法中悉無有我。"時憍尸迦語親友言:"我見佛法生死無際,一切無我,故吾今者敬信情篤。若人計我,終不能得解脱之道。若知無我則無貪欲,無貪欲故便得解脱。若計有我,則有貪愛;既有貪愛,遍於生死,云何能得解脱之道?復次,若言生死有初始者,此初身[18]者爲從善惡而得此身?爲不從善惡自然有耶?若從善惡而得身者,則不得名初始有身。若不從善惡得此身者,此善惡法云何而有?若如是者,汝法則爲半從因生,半不從因,如是説者有大過失。我佛法無始[二〇],故無罪咎。"

于時親友語憍尸迦:"有縛則有解,汝説無我則無有縛,若無有縛誰得解脱?"憍尸迦言:"雖無有我,猶有縛解。何以故?煩惱覆故,則爲所縛。若斷煩惱,則得解脱。是故雖復無我,猶有縛解。"

諸婆羅門復作是言:"若無我者,誰至後世?"時憍尸迦語諸人言:"汝等善聽!從於過去煩惱諸業,得現在身及以諸根,從今現在復造諸業,以是因緣得未來身及以諸根。我於今者,樂説譬喻以明斯義。譬如穀子,衆緣和合,故得生芽。然此種子實不生芽,種子滅故芽便增長,子滅故不常,芽生故不斷。佛説受身亦復如是,雖復無我,業報不失。"

諸婆羅門言:"我聞汝説無我之法,洗我心垢,猶有少疑,今欲諮問。若無我者,先所作事云何故憶而不忘失?"答曰:"以有念覺與心相應,便能憶念三世之事而不忘失。"又問:"若無我者,過去已滅，現在心生，生滅既異，云何而得憶念不忘?”答曰：“一切受生，識爲種子，入母胎田，愛水潤漬，身樹得生，如胡桃子隨類而生。此陰造業，能感後陰，然此前陰不生後陰，以業因緣故便受後陰，生滅雖異相續不斷。如嬰兒病，與乳母藥，兒患得愈，母雖非兒，藥之力勢能及於[19]兒。陰亦如是，以有業力便受後陰，憶念不忘。”

諸婆羅門復作是言：“汝所讀經中但説無我法，今[20]汝解悟，生歡喜耶?”時憍尸迦即爲誦[21]《十二緣經》而語之言：“無明緣行，行緣識，乃至生緣老死憂悲苦惱。無明滅則行滅，乃至老死滅，故憂悲苦惱滅。以從衆緣，無有宰主，便於其中解悟無我，非經文中但説無我。復次，以有身故則便有心，以有身心，諸根[22]有用，識解分別，我悟斯事，便解無我。”又問：“若如汝言，生死受身，相續不斷，設有身見，有何過咎?”答曰：“以身見故造作諸業，於五趣[二一]中受善惡身形，得惡形時，受諸苦惱。若斷身見，不起諸業[23]；不起諸業故，則不受身；不受身故，衆患永息，則得涅槃。云何説言身見非過? 復次，若身見非過咎者，應無生死，不於三有受生死苦，是故有過。”時婆羅門逆順觀察十二緣義，深生信解，心懷慶幸，略讚佛法，而説偈言：

> 如來在世時，説法摧諸論，
> 佛日照世間，群邪皆隱蔽[24]。
> 我今遇遺法，如在世尊前，
> 釋種中勝[25]妙，深達諸法相。
> 所言如來者，真實而不虛，
> 逆順觀諸法，名聞普遍滿。
> 向佛涅槃方，恭敬合掌禮，
> 嘆言佛世尊，實有大悲[26]心。
> 諸仙中最勝，世間無倫疋，
> 我今歸依彼，無等[二二]戒定慧。

憍尸迦言：“汝今云何乃爾深解佛之功德?”親友答言：“我聞此法，是故知佛無量功德，如沉水香，黑重[27]津膩，以是因緣，燒之甚香，遠[28]近皆聞。如是我見如來定慧身故，便知世尊有大功德。我於今者雖不覩佛，見佛聖迹則知最勝，亦如有人於花池邊見象足迹則知其大，覩因緣論，雖不見佛，知佛聖迹功德最大。"見其親友深生信解，嘆未曾有，而作是言："汝於昔來讀誦外典亦甚衆多，今聞佛經，須臾之頃，解其義趣，悉捨外⁽²⁹⁾典，極爲希有。"即説偈言：

> 除去邪見論，信解正真法，
>
> 如是人難得，是故嘆希有。
>
> 不但嘆於汝，亦嘆外諸論，
>
> 因其理鄙淺，我等悉捨離。

以彼諸論有過咎故，令我等輩得生厭離，生信解心。佛實大人，無與等者，名稱普聞遍十方刹。外諸邪論，前後有過，猶如詔⁽³⁰⁾語，不可辯了。由彼有過，令我弃捨，得入佛法，猶如春夏之時，人患日熱，皆欲離之，既至冬寒，人皆思念。外道諸論，亦復如是，誠應捨離如夏時日，然由此論得生信心，亦宜思念，猶如寒時思念彼日。于時親友問憍尸迦："我等今者當作何事?"憍尸迦言："今宜捨弃一切邪論，於佛法中出家學道。所以者何? 如夜暗中然大炬火，一切鵄鳥皆悉墮落，佛智慧燈既出於世，一切外道悉應顛墜，是故今欲出家學道。"於是憍尸迦從親友家即詣僧坊求索出家，出家已後得阿羅漢。何因緣故説是事耶? 以諸外道常⁽³¹⁾爲邪論之所幻惑故，説十二因緣經論而破析之。

【校記】

(1) 華：資本、磧本、普本、洪本、南本、北本、徑本、清本作"業"。

(2) 昔：清本作"音"。

(3) 免：金本作"勉"。

(4) 遇：資本、磧本、普本、洪本、南本、北本、徑本、清本作"過"。

(5) 道：資本、磧本、普本、洪本、南本、北本、徑本、清本作"外道"。

(6) 外道：金本作"分道"。

(7) 方：資本、磧本、普本、洪本、南本、北本、徑本、清本作"眷"。

(8) 曰：徑本作"言"。

(9) 衮：資本、磧本、普本、洪本、南本、北本、徑本、清本作"袂"。

(10) 疊：南本、北本、徑本、清本作"氎"。

(11) 瓨：資本、磧本、普本、洪本、南本、北本、徑本、清本作"瓮"。

（12）用：資本、磧本、普本、洪本、南本、北本、徑本、清本作"有"。

（13）瓶：資本、金本、磧本、普本、洪本、南本、北本、徑本、清本作"瓶瓦"。

（14）蔽：資本、磧本、普本、洪本、南本、北本、徑本、清本作"弊"。

（15）犎：資本、磧本、普本、洪本、南本、北本、徑本、清本作"鋒"。

（16）如常：金本作"而常"。

（17）鉢羅陁那：金本作"鉢施那"，資本、磧本、普本、洪本、南本、北本、徑本、清本、頻本作"鉢羅陀那"。

（18）初身：資本、金本、磧本、普本、洪本、南本、北本、徑本、清本作"身初"。

（19）於：資本、金本、磧本、普本、洪本、南本、北本、徑本、清本作"其"。

（20）今：資本、金本、磧本、普本、洪本、南本、北本、徑本、清本作"令"。

（21）誦：金本、磧本、洪本、南本、北本、清本作"讀"，資本、普本、徑本作"讚"。

（22）根：資本、磧本、普本、洪本、南本、北本、徑本、清本作"相"。

（23）諸業：資本、金本、磧本、普本、洪本、南本、北本、徑本、清本作"業"。

（24）蔽：資本、磧本、普本、洪本、南本、北本、徑本、清本作"弊"。

（25）勝：磧本、洪本、南本、北本、清本作"殊"，資本、普本、徑本作"珠"。

（26）悲：資本、磧本、普本、洪本、南本、北本、徑本、清本作"慈"。

（27）重：資本、磧本、普本、洪本、南本、北本、徑本、清本作"種"。

（28）遠：徑本作"達"。

（29）外：資本、磧本、普本、洪本、南本、北本、徑本、清本作"衆"。

（30）諂：資本、金本、磧本、普本、洪本、南本、北本、徑本作"謟"，清本作"調"。

（31）常：金本作"當"。

【注釋】

（一）僧佉論：即《數論經》。唐·窺基撰《成唯識論述記》云："梵云僧佉，此翻爲數，即智惠數。數度諸法，根本立名。從數起論，名爲數論。論能生數，亦名數論。"（卷一，43/252a）數論哲學是印度古代宗教哲學派別之一，持二元論和二十五諦思想。其創始人迦毗羅①説十萬偈言，取名《僧佉論》。此論以二十五根爲宗，説明因中有果②。學術界一般認爲此書是 14 至 15 世紀的産物③，也有學者認爲《僧佉論》是否爲《數論經》還需進一步研究確定。

（二）衛世師論：即《勝論經》。衛世師，是印度古代宗教哲學派別勝論派 Vaiśeṣika 在漢譯佛經中的音譯。譯作勝論，自玄奘法師始。《成唯識論述記》對此譯法有解釋："吠世史迦，此翻爲勝。造六句論，諸論罕匹，故云勝也。或勝人所造，故名勝論。舊云衛世師，或云鞞世師，皆訛略也。"（卷一，43/255b）《勝論經》是勝論派的創始人迦那陀（Kaṇāda）所作，爲該派的根本經典。該經共分十卷 370 偈頌，旨在區別實句義、德句義、業句義的不同之處，並對苦樂問題以及因果律進行了論述。對於《勝論經》出現的年代，學術界還未有定論，大體推測應在佛教之前。

（三）若提碎摩論：關於若提碎摩，學界未有明確認定。宇井伯壽認爲"若提碎摩"即《順中論》中的"若耶須摩"，推測其爲專門研究正理學却不屬於正統正理派的另一個派別的名稱④。由此可知，若提碎摩論應爲這一派別的理論經典，其内容與正理學相似。

（四）華氏城：又作花氏城，梵文 Pāṭaliputra。《大唐西域記》："（摩揭陀國）殑伽河南有故城，周七十餘里，荒蕪雖久基址尚在。昔者，人壽無量歲時，號拘蘇摩補羅城（唐言香花宮城）。王宮多花，故以名焉。逮乎人壽數千歲，更名波吒釐子城（舊曰巴連弗邑，訛也）。"⑤ 其爲摩揭陀國故城，佛滅後阿育王遷都於此，位於恒河左岸，即現在的巴特納（Patna）市。

（五）《十二緣經》：即《十二因緣經》。又稱《貝多樹下思惟十二因緣經》《聞城十二因緣經》《思惟十二因緣經》等。這部經典的主旨爲佛陀在

---

① 根據《金七十論》記載，數論派的傳承自迦毗羅始。

② 〔唐〕慧琳《一切經音義》："僧佉，此言訛也。應言僧企耶，此言數也。其論以二十五根爲宗，舊云二十五諦。"（54/624b）

③ 參見孫晶：《印度六派哲學》，北京：中國社會科學出版社，2015 年版，第 216 頁。

④ 慧光：《〈順中論〉初探》，《佛學研究》2004 年第 1 期，第 302 頁。

⑤ 〔唐〕玄奘：《大唐西域記》，章撰點校，上海：上海人民出版社，1977 年版，第 171 頁。

貝多樹下觀十二因緣流轉還滅的真諦之語，是對佛教“緣起說”的講述。據《出三藏記集》《大唐內典錄》《開元釋教錄》等佛經目錄記載，該經有三國吳·支謙譯《貝多樹下思惟十二因緣經》、唐·玄奘譯《緣起聖道經》、北宋·法賢譯《佛說舊城喻經》三個譯本。

（六）聞無明緣行，行緣識，識緣名色，名色緣六入，六入緣觸，觸緣受，受緣愛，愛緣取，取緣有，有緣生，生緣老病死憂悲苦惱，是名集諦：這是對《十二因緣經》的具體解釋，即“緣起論”中人們從“無明”到“老死”這個過程的十二個環節。

無明：梵文 avidyā。指由於對萬事萬物沒有體悟到真理，人們因此形成的愚昧無智的認識。佛教各個宗派對無明的解釋不止一說，俱舍宗、唯識宗以其爲煩惱之一，天台宗以爲迷於非有非空之理而障中道之惑。

行：梵文 saṃskāra。指依無明而招感現世果報的過去世三業（身業、口業、意業），有善惡之別。隋·智顗《法界次第初門》曰：“造作之心，能趣於果，名爲行。”（卷一，46/665c）

識：梵文 vijñāna。指心的認識分別作用。《成唯識論》：“識謂了別。”（卷一，31/001a）《摩訶止觀》：“對境覺知，異乎木石名爲心。次心籌量，名爲意。了了別知名爲識。”（卷二，46/014b）

名色：梵文 nāma-rupa。是一切精神與物質的總稱。其中的“名”指心識，也就是精神；“色”爲形體，即物質。這裏“識”受過去業力的驅使，持善惡種子來投胎，精神與身體和合構成胚胎，即名色。

六入：梵文 ṣad-āyatana。《大乘義章》：“言六入者，生識之處，名之爲入。”（卷四，44/547a）《法界次第初門》：“從名色中，生眼等六情，是名六入。”（卷二，46/684b）此處指眼、耳、鼻、舌、身、意六根。

觸：梵文 spraśa。《阿毗達磨俱舍論》：“觸謂根境識和合生，能有觸對。”（卷四，29/019a）《大乘義章》：“令根塵識和合名觸。”（卷二，44/492a）指胚胎出生之後，眼、耳、鼻、舌、身、意六根與外界接觸。

受：梵文 vedanā。指眼、耳、鼻、舌、身、意六根與外界接觸時，所產生的苦樂等感受。

愛：梵文 trṣṇā。《大乘義章》云：“貪染名愛。”（卷五，44/580a）指對於事物產生的貪戀、貪著之心。

取：梵語 upādāna。《成唯識論》云：“取是著義。”（卷八，31/043b）

《勝鬘寶窟》作："取者，是其愛之別稱，愛心取著，故名爲取。"（卷二，37/043a）指因爲對事物產生的貪戀、貪著之心而引起的執著追求。

有：梵文 bhava。指生命的存在。

生：梵文 jāti 的意譯。指出生。

老死：梵文 jarāmaraṇam。即老去、死亡。

關於十二因緣，學界一般以生物學的胎生觀點來解釋，但也有學者從形而上的精神層面來理解。

（七）我見：與"無我"相對，指執著有實我，也作"身見"。《成唯識論》："我見者，謂我執。於非我法妄計爲我，故名我見。"（卷四，31/022a）《大乘起信論》："一切邪執，皆依我見，若離於我，則無邪執。"（卷一，32/579c）唯識家以其爲四根本煩惱之一。

（八）邊見：即"邊執見"，偏執一邊之見之意。《阿毗達磨俱舍論》云："於所執我我所事，執斷、執常，名邊執見。以妄執取斷常邊故。"（卷一九，29/100a）其包括"斷見"和"常見"兩種。

（九）三惡道：即地獄道、餓鬼道和畜生道。在佛教教義中，由因果報應之理，種惡因者在輪回中所去的地方。《妙法蓮華經》曰："以諸欲因緣，墜墮三惡道，輪回六趣中，備受諸苦毒。"（卷一，09/007c）

（一〇）九十六種道：即九十六種外道。指釋迦牟尼在世前後於印度出現的九十六種佛教之外的宗教流派。一般認爲六師外道即富蘭那迦葉、末伽梨拘賒梨子、刪闍夜毗羅胝子、阿耆多翅舍欽婆羅、迦羅鳩馱迦旃延、尼犍陀若提子，以及他們各自的十五弟子，爲九十六種外道。

（一一）醉象：指瘋狂如醉的大象。此處用醉象踐蹈小兒聚土所作城郭之事，來形容佛陀破外論，直接將其解體之形狀。值得指出的是，"醉象"一般在佛經中代指作惡多之人，如西晉·竺法護譯《修行道地經》卷一中行惡多者終墮入地獄①，宋·釋寶云譯《佛本行經》卷一偈言中用此詞形容鴦崛魔②，或形容機具危害的迷亂之心。而在這裏"醉象"用以指代佛陀，佛典中很少見，唯隋·闍那崛多譯《佛本行集經》卷二十八載菩

---

① 迷惑如醉象，違失聖法教。染濁如潦水，心潰亂如斯。（15/186b）
② 鴦崛魔醉象，佛以慈製伏。

薩向魔王波旬言降服其易如醉象踩踏乾枯之竹①，即以"醉象"喻佛陀，與此處所説一致。

（一二）陶家輪：指制作陶器時所用的車輪。宋·元照撰《四分律行事鈔資持記》："陶家謂土作家，輪即範土爲坯器之車，運之則轉，故以喻焉。"（卷二，40/267a）

（一三）釋種：即釋迦牟尼的種族。唐·窺基記《異部宗輪論疏述記》："釋種者，標是佛之種。佛，刹帝利姓，即是釋迦，此翻爲能。古仙姓能，能導世故，具德能故。"（卷一，53/569c）

（一四）毗世師：又作衛世師，爲外道之一，"此學派在龍樹以前便已相當興盛，其後與佛教之間曾常發生論争"②。

（一五）身根：梵文 kāyendriya。爲六根之一。《大乘法苑義林章》云："身者，積聚義、依止義。雖諸根大造，竝皆積集，身根爲彼多法依止，積集其中，獨得身稱。梵云迦耶，此云積聚。故瑜伽云：諸根所隨，周遍積集，故名爲身。雖復迦耶是積聚所依義，翻爲身者，體義相當，依唐言譯。"（卷三，45/298a）此處"身根"不是指肉體之身，而是生"識"之處。

（一六）十力：指如來所具有的十種非凡的力量。分別爲知覺處非處智力、知三世業報智力、知諸禪解脱三昧智力、知諸根勝劣智力、知種種解智力、知種種界智力、知一切至所道智力、知天眼無礙智力、知宿命無漏智力、知永斷習氣智力。

（一七）鴟鵂：即鷗鵂，指猫頭鷹一類的鳥。三國魏·張揖《廣雅·釋鳥》："鷗鵂，怪鷗。"王念孫疏證："鷗鵂，怪鷗，頭似猫，而夜飛，今揚州人謂之夜猫。"③

（一八）牛犎：即犎牛。一种頸肉凸起的野牛，産於西域。《爾雅·釋畜》"犦牛"條，晋·郭璞注："即犎牛也。領上肉犦胅起，高二尺許，狀

---

① 净居諸天是我衆，智力爲箭方便弓。我今降伏汝不難，猶如醉象蹋枯竹。（卷二八，03/786a）

② 藍吉富：《中國佛教百科全書》，臺南：中華佛教百科文獻基金會，1994 年版，第 4095 頁。

③ 〔清〕王念孫：《廣雅疏證》，北京：中華書局，1984 年版，第 375 頁。

如橐駝，肉鞍一邊，健行者日三百餘里。今交州合浦徐聞縣出此牛。"①

（一九）本際：指萬物的根本、開端。《瑜伽師地論》云："一切世間，從其本際，展轉傳來，想自分別，共所成立。"（卷三六，30/486b）印度大乘佛教站在破我執與法執的立場上，對"本際説"是破斥的。本經也借憍尸迦之口言"佛法無始"。

（二〇）無始：指世間之物皆没有開端。《勝鬘寶窟》曰："是以《攝論》云：無始者，即是顯因也，若有始則無因，以有始則有初，初則無因，以其無始，則是有因。所以明有因者，顯佛法是因緣義。"（卷二，37/043a）談"無始"，依舊是對"本際説"的破斥。

（二一）五趣：指世間有情衆生因所作善惡業的不同而導致的五種去處。分別爲地獄（naraka）、餓鬼（preta）、畜生（Tiryagyoni）、人間（manuṣya）、天（deva）。因爲所種因的善惡，所獲的果也不同，故此佛教常用五趣引導衆生向善。《佛説無量壽經》："開示五趣，度未度者，決正生死泥洹之道。"（卷二，12/275b）

（二二）無等：《大智度論》："婆伽婆，名有德，先已説。復名阿婆磨，秦言無等。"（卷二，25/073b）爲佛的尊號。《大日經義釋》："如來智慧，於一切法中無可譬類，亦無過上，故名無等。"（卷二，23/299a）

（三）

復次，夫取福田，當取其德，不應簡⁽¹⁾擇，少壯老⁽²⁾弊。

我昔曾聞，有檀越遣知識道人詣僧伽藍⁽⁻⁾請諸衆僧，但求老大，不用年少。後知識道人請諸衆僧，次到沙彌，然其不用。沙彌語言："何故不用我等沙彌?"答言："檀越不用，非是我也。"勸化道人即説偈言：

> 耆年有宿德，髮白而面皺，
> 秀眉齒缺落，背僂支⁽³⁾節緩，
> 檀越樂如是，不喜見幼小。

時寺中有諸沙彌，盡是羅漢，譬如有人觸惱師子，根⁽⁴⁾其腰⁽⁵⁾脉令其瞋恚，諸沙彌等皆作是語："彼之檀越，愚無智慧，不樂有德，

---

① 〔晉〕郭璞注，〔宋〕邢昺疏《爾雅注疏》，上海：上海古籍出版社，1990年版，第193頁。

唯貪耆老。"時諸沙彌，即説偈言：

> 所謂長老者，不必在白髮，
> 面皺牙齒落，愚癡無智慧。
> 所貴能修福，除滅去衆惡，
> 净修梵行者，是名爲長老。
> 我等於毀譽，不生增減心，
> 但令彼檀越，獲得於罪過，
> 又於僧福田，誹謗生增減。
> 我等應速往，起發彼檀越，
> 莫令墮惡趣。彼諸沙彌等，
> 尋以神通力，化作老人像，
> 髮白而面皺，秀眉牙齒落，
> 傴脊而柱杖，詣彼檀越家。
> 檀越既見已，心生大歡慶，
> 燒香散名花，速請令就坐。
> 既至須臾頃，還服[6]沙彌形，
> 檀越生驚愕，變化乃如是，
> 爲飲天甘露，容色忽鮮變。

爾時沙彌即作是言："我非夜叉[二]，亦非羅刹，先見[7]檀越選擇耆老，於僧福田生高下想[8]，壞汝善根，故作是化，令汝改悔。"即説偈言：

> 譬如蚊子喙，欲盡大海底，
> 世間無能測，衆僧功德者。
> 一切皆無能，籌量僧功德，
> 況汝獨一己，而欲測量彼？

沙彌復言："汝今不應校量衆僧耆少形相。夫求法者，不觀形相，唯在智慧。身雖幼稚，斷諸結漏，得於聖道。雖老放逸，是名幼小。汝所爲作，甚爲不是。若以爪[9]指，欲盡海底，無有是處。汝亦如是，欲以汝智測量福田而知高下，亦無是處。汝寧不聞如來所説四不輕經[10]？王子、蛇、火、沙彌等都不可輕。世尊所説庵羅果喻[三]，內生外熟，外生內熟，莫妄[11]稱量前人長短，一念之中亦可得道。

汝於今者極有大過，汝若有疑，今悉⁽¹²⁾可問，從今已後，更莫如是
於僧福田生分別想。”即説偈言⁽¹³⁾：

> 衆僧功德海，無能測量者，
> 佛尚生欣敬，自以百偈讚，
> 況餘一切人？而當不稱嘆，
> 廣大⁽¹⁴⁾良福田，種少獲大利。
> 釋迦和合衆^(四)，是名第三寶，
> 於諸大衆中，勿以貌取人。
> 不可以種族，威儀巧言説，
> 未測其内德，覩形生宗仰。
> 觀形雖幼弱，聰慧有高德，
> 不知内心行，乃更生輕蔑。
> 譬如大叢林，蒼蔔^(五)雜伊蘭^(六)，
> 衆樹⁽¹⁵⁾雖參差，語林則不異。
> 僧雖有長幼，不應生分別。
> 迦葉^(七)欲出家，捨身上妙服，
> 取庫最下衣，猶直十萬金。
> 衆僧之福田，其事亦如是，
> 供養最下者，獲報十万⁽¹⁶⁾身。
> 譬如大海水，不宿於死屍，
> 僧海亦如是，不容毀禁者。
> 於諸凡夫僧，最下持少戒，
> 恭敬加供養，能獲大果報。
> 是故於衆僧，耆老及少年，
> 等心而供養，不應生分別。

爾時檀越，聞是語已，身毛爲豎，五體投地，求哀懺悔：“凡夫
愚人多有咎，願聽懺悔，所有疑惑幸爲解釋。”即説偈言：

> 汝有大智慧，以斷諸疑網，
> 我若不諮問，則非有智者。

爾時沙彌，即告之曰：“恣汝所問，當爲汝説。”檀越問言：“大
德^(八)！敬信佛僧，何者爲勝?”沙彌答曰：“汝寧不知有三寶乎?”檀

越言："復知有三寶，然三寶中豈可無有一最勝耶[17]？"沙彌答曰：
"我於佛僧[18]，不見增減。"即説偈言：

> 大姓婆羅門，厥名突羅闍，
>
> 毀譽佛不異，以食施如來。
>
> 如來既不受，三界無能消，
>
> 擲置於水中，烟炎同時起。
>
> 瞿曇彌[九]奉衣[19]，佛敕施衆僧，
>
> 以是因緣故，三寶等無異。

爾時檀越，聞是語已，即作是言："如其佛僧等無異者，何故以
食置于水中，不與衆僧？"沙彌答言："如來於食都無悋惜，爲欲顯示
衆僧德力，故爲是耳。所以者何？佛觀此食，三界之中無能消者，置
於水中水即炎起。然瞿曇彌故以衣奉佛，佛回與[20]僧，衆僧[21]受已，
無有變異。是故當知僧有大德，得大名稱，佛僧無異。"時彼檀越即
作是言："自今以[22]後，於衆僧所，若老若少，等心恭敬，不生分
別。"沙彌答言："汝若如是，不久當得見諦之道。"即説偈言：

> 多聞[一〇]與持戒，禪定及智慧，
>
> 趣向三乘[一一]人，得果并與向。
>
> 譬如辛頭河[一二]，流注入大海，
>
> 是等諸賢聖，悉入僧大海。
>
> 譬如雪山中，具足諸妙藥，
>
> 亦如好良田[23]，增長於種子，
>
> 賢善諸智人，悉從僧中出。

説是偈已，而作是言："檀越！汝寧不聞經中阿尼盧頭[一三]、難
提[一四]、黔毗羅此三族姓子，鬼神大將名曰伽扶白佛言：'世尊！一
切世界[24]，若天若人若魔若梵，若能心念此三族姓子者，皆能令其
得利安樂。'僧中三人尚能利益，況復大衆？"即説偈言：

> 三人不成僧，念則得利益，
>
> 如彼鬼將言，未得名念僧，
>
> 尚獲是大利，況復念僧者？
>
> 是故汝當知，功德諸善事，
>
> 皆從僧中出。譬如大龍雨，

> 　　唯海能堪受；衆僧亦如是，
>
> 　　能受大法雨。是故汝應當，
>
> 　　專心念衆僧。如是衆僧者，
>
> 　　是諸善之群，解脫之大衆，
>
> 　　僧猶⁽²⁵⁾勇健軍，能摧魔怨敵。
>
> 　　如是衆僧者，勝智之叢林，
>
> 　　一切諸善行，運集在其中，
>
> 　　趣三乘解脫，大勝之伴黨。

　　爾時沙彌說偈讚已，檀越眷屬心大歡喜，皆得須陀洹果^(一五)。

　　大莊嚴論經⁽²⁶⁾卷第一

【校记】

（1）簡：資本、磧本、普本、洪本、南本、北本、徑本、清本作"揀"。

（2）老：磧本、南本作"者"。

（3）支：資本、磧本、普本、洪本、南本、北本、徑本、清本作"肢"。

（4）根：資本、磧本、普本、洪本、南本、北本、徑本、清本作"敥"。

（5）腰：資本、金本、磧本、普本、洪本、南本、北本、徑本、清本作"要"。

（6）服：資本、磧本、普本、洪本、南本、北本、徑本、清本作"復"。

（7）先見：資本、磧本、普本、洪本、南本、北本、徑本、清本作"見"。

（8）想：資本、金本、磧本、普本、洪本、南本、北本、徑本、清本作"相"。

（9）爪：資本、磧本、普本、洪本、南本、北本、徑本、清本作"尒"。

（10）四不輕經：資本、磧本、普本、洪本、南本、北本、徑本、清本作"經中不輕"，金本作"四不輕經中不輕"。

（11）妄：資本、金本、磧本、普本、洪本、北本、徑本作"忘"。

（12）今悉：資本、磧本、普本、洪本、南本、北本、徑本、清本作"悉皆"。

（13）偈言：磧本作"偈"。

（14）大：磧本、洪本作"次"。

（15）樹：資本、磧本、普本、洪本、南本、北本、徑本、清本作"林"。

（16）万：南本、北本、徑本、清本作"力"。

（17）耶：資本、金本、磧本、普本、洪本、南本、北本、徑本、清本作"也"。

（18）佛僧：資本、金本、磧本、普本、洪本、南本、北本、徑本、清本作"僧佛"。

（19）衣：磧本、洪本、南本作"依"。

（20）與：資本、磧本、普本、洪本、南本、北本、徑本、清本作"向"。

（21）衆僧：資本、磧本、普本、洪本、南本、北本、徑本、清本作"僧"。

（22）以：資本、磧本、普本、洪本、南本、北本、徑本、清本作"已"。

（23）田：資本、金本、磧本、普本、洪本、南本、北本、徑本、清本作"地"。

（24）世界：資本、磧本、普本、洪本、南本、北本、徑本、清本作"界"。

（25）猶：資本、金本、磧本、普本、洪本、南本、北本、徑本、清本作"猛"。

（26）論經：洪本、南本、北本、徑本、清本作"經論"。

【注释】

（一）僧伽藍：指僧衆居住的園林，梵文 saṅghārāma。玄應《一切經音義》："僧伽藍，舊譯云村，正言僧伽羅磨，云衆園也。"（卷一，56/821a）

（二）夜叉：梵文 yakṣāḥ的音譯。指住於地上或者空中，危害人類或守護正法的一類鬼。通常與"羅刹"並稱，爲八部衆之一。《注維摩詰經》云："什曰：夜叉，秦言貴人，亦言輕捷。有三種：一在地，二在虛空，三天夜叉也。"（卷一，38/331c）唐·窺基撰《妙法蓮華經玄贊》曰："'夜叉'者，此云勇健，飛騰空中，攝地行類諸羅刹也。羅刹云暴惡，亦云可畏，彼皆訛音，梵語正云藥叉邏刹婆。"（卷二，34/680a）玄應《一切經音義》釋："閲叉，以拙反，或云夜叉，皆訛也。正言藥叉，此譯云能啗鬼，又云傷者，謂能傷害人也。"（卷三，56/855b）

（三）庵羅果喻：一種譬喻手法。佛教經典中常用庵羅樹成熟之果少，

來比喻信受佛法的艱難。《大智度論》："菩薩發大心，魚子庵樹華，三事因時多，成果時甚少！"（卷四，25/088a）

（四）和合衆：對比丘三人以上的稱呼，又稱和合僧。"和合"者，指佛教僧衆持戒和修行，和合一處。

（五）薔蔔：梵文 Campaka。早見於三國吳·支謙譯《大明度經》："池間陸地有薔蔔花、忍中花，琦華如是數百種。"（卷六，08/504b）

（六）伊蘭：樹名。花可愛，氣味惡臭。《翻譯名義集》引《觀佛三昧海經》："而伊蘭臭，臭若胖屍，熏四十由旬，其華紅色，甚可愛樂。若有食者，發狂而死。"（卷三，54/1102c）

（七）迦葉：佛陀十大弟子之一。全名大迦葉、摩訶迦葉。梵文 Mahākāśyapa，意譯作飲光。玄應《一切經音義》："梵言迦葉波。迦葉，此云光。波，此云飲。"（卷二四，57/120b）

（八）大德：梵文 bhadanta 的意譯。《釋氏要覽》："智度論云：梵語娑檀陀，秦言大德。"（卷一，54/260c）印度對佛菩薩、高僧或長老比丘敬稱爲"大德"。我國以"大德"專指高僧。此外，隋唐時期翻譯佛經者也被稱爲大德。唐·義净譯《根本説一切有部毗奈耶雜事》："年少苾芻應喚老者爲大德，老喚少年爲具壽，若不爾者得越法罪。"（卷一九，24/292c）近代以來，在家、出家之有德行的人均可尊稱爲"大德"；佛教界也將其作爲一般性的禮稱。

（九）瞿曇彌：梵文 Gautami。原爲對釋迦族女子的通稱，但是佛教經典中多用來稱呼釋尊的姨母摩訶波闍波提。

（一〇）多聞：梵語 bahu－sruta。指多聞佛法宣説而領會於心。唐·佛陀多羅譯《大方廣圓覺修多羅了義經》："末世衆生，希望成道。無令求悟，唯益多聞，增長我見。"（卷一，17/920a）佛十大弟子中，以阿難尊者爲多聞第一。

（一一）三乘：指聲聞乘、緣覺乘與菩薩乘。"乘"原義是交通工具，佛教用以比喻將衆生運載到涅槃彼岸的三種法門。

（一二）辛頭河：即現在的印度河。梵名 Sindh 或 Sindhu，又稱信度河、印度斯河等。藍吉富《中華佛教百科全書》："此河位於印度西北部，是瞻部洲四大河之一。全長約三七三六公里，流域寬廣。"《大唐西域記》卷三鉢露羅國記載："南渡信度河，河廣三四里，南流，澄清皎鏡，汩淴漂流。毒龍惡獸窟穴其中，若持貴寶、奇花果種及佛舍利渡者，船多飄没。"
（卷三，51/884b）

（一三）阿尼盧頭：梵文 Aniruddha，佛陀十大弟子之一。玄應《一切
經音義》云："阿泥律陁，舊言阿㝹律，或云阿㝹樓馱，亦言阿泥盧豆，皆
一也。此云无滅，亦云如意。……甘露飯王之子，佛堂弟也。"（卷二五，
57/127b）爲佛陀弟子中天眼第一，能見天上地下六道衆生。

（一四）難提：佛陀十大弟子之一。梵名 Nandi，意譯喜。於佛陀成道
歸鄉時，出家爲佛弟子。佛陀指示難提修常信、清净行和樂於布施，《增壹
阿含經》："乞食耐辱，不避寒暑，所謂難提比丘是。"（卷三，02/557b）因
其心常念定，故又稱禪難提。

（一五）須陀洹果：《翻譯名義集》："須陀洹，金剛疏云：此翻入流，
又曰逆流。斷三法者，約逆而言，即四流中逆見流也。得果證者，約人流
而説，即入八聖道之流也。"（卷一，54/1061a）是聲聞乘中初果之位。

大莊嚴論經卷第二

馬鳴菩薩造　後秦三藏鳩摩羅什譯

（四）

復次，夫聽法者有大利益，增廣智慧，能令心意悉皆調順。

我昔曾聞，師子諸國爾時有人得摩尼寶(一)，大如人膝，其珠殊妙，世所希有，以奉獻王。王得珠已，諦視此珠，而説偈言：

> 往古諸王(1)等，積寶求名稱，
>
> 聚會諸賓客，出寶自矜高。
>
> 捨位命終時，捐寶而獨往，
>
> 唯有善惡業，隨身不捨離。
>
> 譬如蜂作蜜，他得自不獲，
>
> 財寶亦如是，資他無隨己。
>
> 往昔諸國王，爲寶之所誑，
>
> 儲積已待他，無一隨己者。
>
> 吾今當自爲，必使寶隨己，
>
> 唯佛福田中，造作諸功德，
>
> 隨己至後世，善報不朽滅。
>
> 臨當命終時，一切皆捨離，
>
> 舉宮室親愛，大臣諸猛將，
>
> 悲戀送亡(2)者，至塚則還家。
>
> 象馬寶輦輿，珍玩及庫藏，
>
> 人民諸城郭，園苑快樂處，
>
> 飄然獨捨逝，都無隨從者。

王説偈已，即詣塔所，以此寶珠置塔根上，其明顯照猶如大星，若日出時，照[3]王宫殿，暉曜相映，倍於常明。珠之光明日日常爾，於一日中卒無光色，王怪其爾，即遣人看。既至彼已，不見寶珠，但見根下血流污地，尋逐血迹至迦陀羅林[二]。未到彼林，已見偷珠人竄伏樹間。偷珠之人當取珠時，墮根折䏶，故有是血，即執此人將詣王邊。王初見時，甚懷忿恚，見其傷毀，復生悲愍，慈[4]心[三]視之，而語之言："咄哉男子！汝甚愚癡，偷佛寶珠，將來之世，必墮[5]惡趣。"即説偈言：

> 怪哉甚愚癡，無智造大惡，
> 如人長杖捶，返受於斬害。
> 畏於貧窮苦，興此狂愚意，
> 不安少貧乏，長受無窮厄。

爾時，一臣聞是偈已，即白王言："如王所説，真實不虛。"即説偈言：

> 塔爲人中寶，愚癡輒盜竊，
> 斯人無量劫[四]，不得值三寶。
> 如昔有一人，信心歡喜故，
> 耳上須曼花[五]，以用奉佛塔，
> 人天百億劫，極受大快樂。
> 十力世尊塔，盜寶而自營，
> 以是業緣故，沈没於地獄。

復有[6]一臣懷忿而言："如此愚人，罪咎已彰，何須呵責，宜加刑戮。"王告臣言："莫出此語。彼人已死，何須更殺[7]。如人倒地，宜應扶起。"時王即説偈言：

> 此人已毀行，宜速拔濟之，
> 我當賜財寶，令懺悔修福，
> 使其得免離，將來大苦難。
> 我當與錢財，使彼供養佛，
> 若彼不向佛，罪過終不滅。
> 如人因地跌，還扶而得起，
> 因佛獲過罪[8]，亦因佛而滅。

　　時王即便大賜錢財，教令佛邊作諸功德。爾時偷者，即作是念：
"今者大王若非佛法中調順之人，計我罪應被斬害，此王能容，實是大
人赦我重罪。釋迦如來甚爲奇特，乃能調化邪見國王作如斯事。"説是
語已，還到塔所，匍匐向寺，合掌歸命(六)，而作是言："大悲世尊，世
間真濟，雖入涅槃，猶能以命賑賜於我，世間咸皆號爲真濟，名稱普
聞遍諸世界，及(9)於今者濟我生命，是故真濟名不虛設。"即説偈言：

　　　　世間(10)稱真濟，此名實不虛，

　　　　我今蒙救拔，知實真濟義。

　　　　世間皆熾然，多諸欝蒸惱，

　　　　慈悲清涼月(七)，照除熱惱苦。

　　　　如來在世時，於曠野鬼所，

　　　　拔濟首長者，是事未爲難。

　　　　於今涅槃後，遺法濟危厄，

　　　　令我脱苦惱，是乃爲甚難。

　　　　云何世工匠，奇巧合聖心，

　　　　圖像舉右手，示作安慰相，

　　　　怖者覩之已，尚能除恐懼，

　　　　況佛在世時，所濟甚弘多，

　　　　今遭大苦厄，形像免濟我。

【校記】

（1）王：資本、磧本、普本、洪本、南本作"正"。

（2）亡：資本、磧本、普本、洪本、南本、北本、徑本、清本作"之"。

（3）時照：資本、磧本、普本、洪本、南本、北本、徑本、清本作
"照時"。

（4）慈：資本、磧本、普本、洪本、南本、北本、徑本、清本作"慧"。

（5）墮：資本、磧本、普本、洪本、南本、北本、徑本、清本作"墜"。

（6）有：資本、金本、磧本、普本、洪本、南本、北本、徑本、清本
作"次"。

（7）殺：資本、磧本、普本、洪本、南本、北本、徑本、清本作"然"。

（8）罪：資本、磧本、普本、洪本、南本作"愆"，北本、徑本、清

本作“愈”。

（9）及：資本、金本、磧本、普本、洪本、南本、北本、徑本、清本作“乃”。

（10）間：資本、金本、磧本、普本、洪本、南本、北本、徑本、清本作“界”。

【注釋】

（1）摩尼寶：寶珠名，梵文 cintāmaṇi。據佛教經典記載，此珠爲海中龍王首飾，或出自摩竭魚腦中和佛舍利中。此珠有解毒、除愈熱病等功效。元魏·吉迦夜共曇曜譯《雜寶藏經》：“此珠磨竭大魚腦中出，魚身長二十八萬里，此珠名曰金剛堅也。”（卷七，04/480c）《無量壽經優婆提舍願生偈》：“諸佛入涅槃時，以方便力留碎身舍利，以福衆生。衆生福盡，此舍利變爲摩尼如意寶珠。此珠多在大海中，大龍王以爲首飾。若轉輪聖王出世，以慈悲方便能得此珠，於閻浮提作大饒益。”（卷二，40/836b）

（二）迦陀羅林：即迦陀羅樹林。迦陀羅：木名，亦名伽陀羅。宋·沈括《夢溪筆談·樂律一》載：“吳僧智和有一琴……腹有李陽冰篆數十字，其略云：‘南溟島上得一木，名伽陀羅，紋如銀屑，其堅如石，命工斲爲此琴。’”①

（三）慈心：指慈悲之心。

（四）無量劫：歷經無量之劫，形容極長的時間。劫：梵文 kalpa。最初爲古代印度婆羅門教的時間單位，表示梵天的一天，即人間的四億三仟二百萬年。後佛教用來形容時間之長不可計算，佛教典籍中常用草木、芥子等來表示劫的時間長度。《大智度論》：“劫簸，秦言分別時節。”（卷三八，25/339c）慧琳《一切經音義》：“劫，梵言也，具正云羯臘波，此翻長時也。”（卷二一，54/434c）

（五）須曼花：梵文 sumanas。此花爲肉豆蔻的一種，灌木屬，黃白色花，有香氣。慧琳《一切經音義》：“蘇摩那花，此云悦意花，其花形色俱媚，令見者心悦，故名也。”（卷二三，54/456b）

（六）合掌歸命：即歸命合掌。唐·一行記《大毗盧遮那成佛經疏》：

---

① 胡道靜：《夢溪筆談校證》，虞信棠、金良年整理，上海：上海人民出版社，2016 年版，第 214～215 頁。

"令十指頭相叉，皆以右手指加於左手指上，如金剛合掌也。此云歸命合掌，梵音名鉢囉拏摩合掌。"（卷一三，39/714b）

（七）清凉月：譬喻手法。用清凉之月來比喻菩薩的悲德。《大方廣佛華嚴經》："菩薩清凉月，遊於畢竟空。"（卷四三，09/669c）

（五）

復次，夫少欲者，雖有財物，心不愛著⁽一⁾，猶得稱之，名爲少欲⁽二⁾。

我昔曾聞有優婆塞，彼優婆塞時有親友信婆羅門法。時彼親友善信婆羅門，弊衣苦行，五熱⁽三⁾炙身，恒食惡食，卧糞穢中，即喚優婆塞言："汝可就此觀婆羅門，汝頗曾見清身自苦高行之士少欲知足如⁽¹⁾此人不？"優婆塞言："如此高行，可詑於汝。"即共親友問婆羅門："汝今苦行，爲何所求？"婆羅門曰："我今苦行，欲求爲王。"時優婆塞語親友言："此人今者方求大地庫藏珍寶，宰割自恣，貪嗜美味，宮人侍御，好樂女色，種種音樂，而以自娛。雖作大臣長者，有諸財寶，不適其意，乃欲希⁽²⁾求一切大地人民珍寶，何以稱之爲少欲耶？汝但見其身行苦行，便謂少欲，不知此人所求無厭，謂爲少欲？"即說偈言：

> 所謂少欲者，非必惡衣食，
> 無諸資生具，以之爲少欲。
> 此人於今者，心如大河海，
> 貪求無厭足，云何名少欲？
> 今修此苦行，貪渴⁽四⁾五欲⁽五⁾故，
> 此人實虛僞，詐現少欲相，
> 爲貪故自苦，實非少欲者。

說是偈已，優婆塞復作是言："今者此人具諸貪欲瞋恚愚癡，仙聖所行無有少分。是故當知，夫少欲者，不在錢財，多諸寶物。何以知之？如頻婆娑羅王⁽六⁾富有國土象馬七珍，猶名少欲。所以者何？雖有財寶，心不貪著，樂於聖道。以是之故，雖復富有七珍⁽七⁾盈溢，心無希求，名爲少欲。雖無財寶，希求無厭，不得名爲少欲知足。"即說偈言：

若以無衣食，倮形尼乾^(八)等，

造作諸勤苦，以爲苦行者；

餓鬼^(九)及畜生^(一○)，貧窮諸衰惱，

斯等處艱難，亦應名苦行。

彼⁽³⁾人亦如是，徒爲自疲勞，

形雖作苦行，而心懷貪著，

希求無厭足，不名爲少欲。

雖復具衆物，心無所染著^(一一)，

修行樂聖道，是乃名少欲。

譬如諸農夫，以穀種田中，

貪收多果實，不名爲少欲。

身如惡癰瘡，將適須衆具，

意求於道故，是名少欲者。

爲治惡癰瘡，少受⁽⁴⁾資生具，

心不貪後有^(一二)，是真名少欲。

心意不諂曲，亦不求名利，

雖有資生具，名聞具實德，

能有如斯事，是乃真少欲。

【校記】

(1) 如：資本、磧本、普本、洪本、南本、北本、徑本、清本作"知"。

(2) 希：金本、磧本、洪本、南本作"悕"。

(3) 彼：頻本作"此"。

(4) 受：徑本作"欲"。

【注釋】

(一) 愛著：梵文 rāga。此爲貪、嗔、癡三毒中貪欲所引起的煩惱。《大寶積經》："於聲香味觸，而生愛著心。"(卷九七，11/545a)

(二) 少欲：《瑜伽師地論》："云何少欲？謂雖成就善少欲等所有功德，而不於此欲求他知。謂他知我具足少欲，成就功德。是名少欲。"(卷二五，30/421c)

(三) 五熱：指在烈日下曝曬，並在身體四周燃火的修行方法。此爲古印度外道苦行的一種方式。

（四）貪渴：猶貪著渴求。蕭齊·求那毗地譯《百喻經》："愚人亦爾，不畏後世，貪渴現樂。"（卷一，04/545c）

（五）五欲：指貪戀色、聲、香、味、觸五境所起的五種欲望。

（六）頻婆娑羅王：梵名 Bimbisāra。其爲與釋尊同時代的摩揭陀國王，和夫人一起信受佛法，爲最初的擁護者。《根本説一切有部毗奈耶出家事》卷一載其本爲大蓮華王之太子，和釋尊於同日誕生，並記述其命名由來云："其大蓮華王，以誕子遇光，便謂子瑞，作是念言：'我子威德，如日出時。我子威光，能照世界。' 以其光影殊勝，用表休祥，因遂名爲影勝太子。"（參見藍吉富《中華佛教百科全書》）

（七）七珍：同 "七寶"。關於七寶所表示的珍寶，佛教典籍中所説不一。《法華經》以金、銀、琉璃、硨磲、瑪瑙、真珠、玫瑰爲七寶；《無量壽經》以金、銀、琉璃、珊瑚、琥珀、硨磲、瑪瑙爲七寶；《恒水經》以白銀、黃金、珊瑚、白珠、硨磲、明月珠、摩尼珠爲七寶。

（八）倮形尼乾：梵文 nirgrantha。指佛教外道之一的露形外道。《大唐西域記·三摩呾吒國》："天祠百所，異道雜居，露形尼乾，其徒甚盛。"（卷一〇，51/927c）

（九）餓鬼：梵文 preta。《大乘義章》："言餓鬼者，如雜心釋，以從他求故名餓鬼。又常飢虛，故名爲餓。恐怯多畏，故名爲鬼。"（卷八，44/624c）指由於前世作惡事，或者前世多貪欲、嫉妒之人，死後生爲餓鬼，常常爲飢渴所折磨。餓鬼中身形極大者身長一由旬，最小者如小兒，或身長三寸（參見《法苑珠林》卷六）。關於餓鬼的種類，佛教典籍中所説不一。

（一〇）畜生：也作傍生，梵文 tiryagyoni，指魚蟲鳥獸等所有動物。《大乘義章》云："言畜生者，從主畜養以爲名也。"（卷八，44/624c）唐·慧琳《一切經音義》："傍生，蒲忙反。案，傍生者，上從龍獸禽畜，下及水陸，蚰音昆。蟲，逐融反。業淪惡趣，非人天之正道，皆曰傍生是也。"（卷五，54/338b）

（一一）染著：唐·不空譯《仁王護國般若波羅蜜多經》："愚夫垢識，染著虛妄，爲相所縛。"（卷一，08/838c）指由於貪戀物境，心中產生染污和執著的情緒。此詞早見於《中本起經》："心意識行，因緣染著，決正分部，名曰教授示現。"（卷一，04/151c）

（一二）後有：梵文 punar－bhava。指因所作善惡業，於未來世所獲的果報，或者後世的身心。《阿毗達磨俱舍論》："我生已盡，梵行已立，所作已辦，不受後有。"（卷二六，29/135c）《大智度論》："後有愛種永已盡，我所既滅根亦除。"（卷一，25/057b）

（六）

復次，雖復持戒，爲人天樂，是名破戒。

我昔曾聞，有一沙門與婆羅門於空林中夏坐⁽⁻⁾安居。于時沙門數數往返婆羅門所，與其共事，不存親疎，正處其中⁽¹⁾。所以者何？若與親昵，恐其生憍慢；若與其疎，謂爲憎惡。即説偈言：

以杖置日中，竪卧俱無影，

執杖倚亞者，其影則修長。

彼人亦如是，親疎宜得中，

令⁽²⁾漸通泰已，然後爲説法。

此婆羅門無有智慧，不別賢愚，供事極苦，是以我今不宜親昵，亦不應疎。何以故？事愚人苦，不解供事亦名爲苦。種種方便，共相習近，漸相體信，得與言語。爾時，比丘問婆羅門："汝今何故舉手向日，卧灰土上，裸形噉草，晝夜不卧，翹足而立，行此苦行，爲何所求？"婆羅門答曰："我求國王。"此婆羅門於後少時身遇病患，往問醫師療疾之方。醫師報言："宜須食肉。"於是婆羅門語比丘言："汝可爲我至檀越家，乞索少肉以療我疾。"于時比丘作是思惟："我今化彼，正是其時。"作是念已，化爲一羊，繫著其邊。婆羅門問比丘言："汝爲索肉，今在何處？"比丘答言："羊即是肉。"婆羅門大生瞋恚，而作是言："我寧殺羊而食肉耶？"於是比丘，説偈答言：

汝今憐一羊，猶尚不欲殺，

後若爲國王，牛羊與猪豕，

鷄犬及野獸，殺害無有量，

汝在御座上，厨宰供汝食。

汝若瞋恚時，當言斬彼頭，

或言截手足，又時教挑目。

汝今憐一羊，方欲多殺害，

若實有悲心⁽二⁾，宜捨求王意。

如人臨刑⁽3⁾戮，畏苦多飲酒，
華林極敷榮，猛火將欲焚。

又如著金鏁⁽4⁾，雖好能繫縛，
王位亦如是，恒有恐懼心。

威力諸侍從，莊嚴以珍寶，
不見後過患，凡夫貪願求。

既得造諸惡，墜墮三惡道，
如蛾貪火色，投中自燋滅。

雖有五欲樂，名稱普聞知，
恒多懷恐懼，憂苦患極深。

猶如捉毒蛇，逆風持炬⁽5⁾火，
不捨危害至，亦如臨死苦。

王者遊出時，頂上戴天冠，
衆寶自瓔珞，上妙莊嚴服，
名馬衆寶車，乘之出遊巡，
道從數百千，威勢極熾盛。

若有寇敵時，寶鎧自嚴身，
勝則多殺害，負則失身命。

妙香以塗身，上服以香熏，
所食諸餚饍，百味恣其口。

所須皆隨意，無有違逆者，
行來若坐臥，舉動悉疑畏。

親友亦不信，雖復爲親友，
恒有危⁽6⁾懼心，云何名爲樂？

如魚吞鉤餌，如蜜塗利刀，
亦如網羅揖，魚獸貪其味。

不見後苦患，貴富亦如是，
終受地獄⁽三⁾苦，地獄垣牆壁，
屋地皆熾然，罪人在其中，
火出自燒身，受苦無有量。

汝當自思惟，所爲樂既少，

衆苦患甚多，是故應念苦。

莫求貴自在，捨汝願求心，

唯有求解脱，衆苦悉消除。

　　婆羅門聞是偈已，默然不答，合掌向比丘白言："尊者善有辯才，開悟我心，設使得彼三十二[7]天王者亦不甘樂。"即説偈言：

善意巧方便，明智能觀察，

爲我除邪願，示導正真路。

善友[四]當如是，世間所稱讚，

常應近是友，無有諍惱患。

善導我心意，回邪入正道，

示我善惡相，令得於解脱。

【校記】

（1）中：資本、金本、普本、洪本、南本、北本、徑本、清本作"衷"。

（2）令：徑本作"今"。

（3）刑：資本、磧本、普本、洪本作"形"。

（4）鑠：頻本作"鎖"，金本作"璪"。

（5）炬：金本作"烟"。

（6）危：資本、磧本、普本、洪本、南本、北本、徑本、清本作"厄"。

（7）二：資本、金本、磧本、普本、洪本、南本、北本、徑本、清本作"三"。

【注釋】

（一）夏坐：又曰坐夏、結夏安居。指印度佛教和尚於每年夏天的雨季在一處精進修行的行爲，因爲雨季草木、蟲蟻繁殖最盛，此時外出恐傷其類。東晉·法顯《高僧法顯傳》："（法顯）初發迹長安，度隴至乾歸國夏坐。"（卷一，51/857a）此詞早見於《撰集百緣經》："於彼法中，有諸比丘，夏坐三月，在於山林，坐禪行道，乞食處遠，妨廢行道，甚用疲勞。"（卷九，04/247a）

（二）悲心：對他人的苦難産生的悲憫之心。《摩訶止觀》："念者悲心徹骨，如母念子。"（卷四，46/048a）

（三）地獄：梵文 niraya。指衆生因所作惡業，死後去往的地下牢獄。

《大乘義章》："言地獄者，如雜心釋，不可樂故，名爲地獄。地持中釋，增上可厭，故名泥犁。泥犁胡語，此云地獄。不樂可厭，其義一也。此之兩釋皆對厭心，以彰其過，非是當相解其名義，若正解之言地獄者就處名也。地下牢獄，是其生處，故云地獄。"（卷八，44/624c）由衆生所作惡業原因的不同，地獄又可分爲根本地獄、近邊地獄和孤獨地獄三類。

（四）善友：梵文 Kalyānamitra。指隨順於我而起善行者，也指正直有德行的朋友。《華嚴經探玄記》："起我行，故名善友。"（卷六，35/219b）《般舟三昧經》："近善友；親明師，視如佛。"（卷一，13/898b）

（七）

復次，依邪道者得衆苦患，修正道者增長信心，及以名稱，有智之人應觀邪正。

我昔曾聞，有一人於行路側作小苦行。若有人時，臥棘刺上；若無人時，別居餘處^(一)。有人見已，而語之言："汝今亦可徐臥刺上，何必縱體傷毀甚多？"此人聞已，深生瞋忿，放身縱體投棘刺上，轉劇於前。時有一優婆塞在其傍立，是苦行者見已自擺，轉復增劇。優婆塞即語之言："汝於前者但以小刺，今復乃用瞋恚之棘而以自刺。先所刺者傷毀甚淺，貪瞋之刺乃爲深利⁽¹⁾。臥棘刺者苦止一世，貪瞋刺苦及無量身。以刺刺身此瘡易滅，貪瞋刺瘡歷劫不差。是故宜速除深毒刺。"即説偈言：

> 汝今應勤拔，心中深毒刺，
> 宜以利智刀，割斷貪瞋棘。
> 貪瞋深著人，世世不可袪，
> 愚小諸邪見，不識正真道。
> 苦身臥棘刺，以苦欲離苦，
> 人見臥棘刺，無不遠逃避。
> 唯汝⁽²⁾於斯苦，抱持不放捨，
> 我見如此事，乃知有邪正。
> 是故重自歸，十力之世尊，
> 大悲拔衆苦，開示正道者，
> 涉彼邪徑衆，導以八正道^(二)。
> 外道邪見等，爲苦所欺誑，

極爲信著苦，流轉無窮已。

諸有智慧者，見此倍增信，

外道甚愚惑，苦(3)盡得解脱。

出世大仙説，衆具(二)悉備足，

得修八正道，修道故解脱。

以是故當知，安樂獲解脱，

非如汝外道，受苦得涅槃。

依心(4)故造作，善惡等諸業，

汝當伏心意，何故横苦身？

身爲衆結使，妄修種種苦，

是苦修道者，地獄應是道。

然此地獄中，斬截及糞屎，

熾然燒炙等，具受衆苦毒(四)。

彼雖受諸苦，不得名苦行，

智慧袪三業，垢穢皆消除。

釋迦文(五)佛教，教諸一切人，

應求天甘露，又宣説止觀(六)，

亦莊餝智慧，是名真苦行。

何用徒勞身？造作無益苦，

此苦甚長遠，深廣無崖限。

譬如有惡子，不得其孝養，

但作諸罪累，由彼受衆苦。

是時彼外道，而作如是言：“諸仙修苦行，亦復得生天。”

優婆塞説偈，而答於彼言：

諸仙生天上，非因卧棘刺，

由施戒實語，而得生天上，

汝雖作苦行，都無有利益。

猶如春農夫，不下於種子，

至秋無果實，而可得收穫。

汝等亦如是，不種善根子(5)，

但修諸苦行(6)，畢竟無所獲。

夫欲修道者，當資於此身，

以美味飲食，充足於軀命。

氣力既充溢，能修戒定慧，

斷食甚飢渴，身心俱擾惱。

不令心專定，云何獲聖果⁽七⁾？

雖復食餚饍，不貪著美味，

但爲戒實語，施忍及禪定，

斯等爲種子，能獲善果報。

身雖受飢渴，而心望美味，

因時尚不甘，況當⁽7⁾獲美果？

若有殘害心，使他生畏怖；

若除殘害心，能施無畏者，

是則名行法。若復生殘害，

稱之爲非法。美味充足者，

終無害他意，以無害心故，

無有損於彼，設起大慈心，

然得大善⁽8⁾果。汝雖行自餓，

飢渴而睡眠，亦復無益事。

外道作是言：“如汝起慈心，不必能利益，而得大果報。自餓而睡眠，其事亦如是，雖無益於彼，亦得善果報。”

優婆塞答言：“慈心除瞋害，以除瞋害故，能獲善果報。汝法作苦行，增長於瞋故，便起身口惡⁽八⁾，云何得善果？慈心則不爾，若起慈心時，能除滅瞋害；以無瞋害故，則起身口善。無益而苦行，云何同慈善？譬如師子吼，諸獸無在前；如來無礙⁽九⁾辯，其事亦如是，一切諸外道，無敢抗對者。説法摧外道，默然無詶答。”

【校記】

（1）利：資本、磧本、普本、洪本、南本、北本、徑本、清本作“刺”。

（2）唯汝：資本、金本、磧本、普本、洪本、南本、北本、徑本、清本作“汝唯”。

（3）苦：資本、磧本、普本、洪本、南本、北本、徑本、清本作“若”。

（4）心：資本、金本、磧本、普本、洪本、南本、北本、徑本、清本作"止"。

（5）子：資本、磧本、普本、洪本、南本、北本、徑本、清本作"行"。

（6）但修諸苦行：資本、磧本、普本、洪本、南本、北本、徑本、清本脫。

（7）當：資本、金本、磧本、普本、洪本、南本、北本、徑本、清本作"復"。

（8）善：資本、金本、磧本、普本、洪本、南本、北本、徑本、清本作"美"。

【注釋】

（一）餘處：別處。《百喻經·破五通仙眼喻》："云何得使此人常在我國，不餘處去？"（卷二，04/548b）

（二）八正道：指八種通過修行而永斷煩惱，趨向解脫的正確道路。即正見、正思惟、正語、正業、正命、正精進、正念、正定。八正道是佛陀針對婆羅門教和耆那教的苦行主義和六師外道的享樂主義而提出的一種不苦不樂的中道。

（三）衆具：指菩薩所修行的智慧福德，乃得道成佛所需具備的條件。

（四）苦毒：指身體所遭受的諸種痛苦。《妙法蓮華經》："以諸欲因緣，墜墮三惡道，輪回六趣中，備受諸苦毒。"（卷一，09/007c）

（五）釋迦文：釋迦文佛，即釋迦牟尼。梁·寶亮等集《大般涅槃經集解》："釋迦爲能，文爲儒，義言能儒。"（卷一九，37/457c）

（六）止觀：梵文 śamathavipaśyanāḥ。其中，止爲停止，指精神統一而到達一種無念無想的寂靜狀態，屬於定學的範圍；觀即觀智通達，指以智慧思想去考察某一特定的事物或者佛教義理，屬於慧學的範疇。《大乘起信論》："所言止者，謂止一切境界相，隨順奢摩他觀義故。所言觀者，謂分別因緣生滅相，隨順毗鉢舍那觀義故。"（卷一，32/582a）"止觀"是印度佛教修行方法中的兩大支柱之一，後成爲我國天台宗的根本教義和禪定法門。

（七）聖果：指斷除煩惱障礙而得一切智。"聖"者，爲其從聖道所得。唐·般刺蜜帝譯《大佛頂如來密因修證了義諸菩薩萬行首楞嚴經》："是故汝今雖得多聞，不成聖果。"（卷一，19/109a）净住子曰："三乘聖果，十地功德。"也可用來指四種沙門果中的阿羅漢果。

（八）身口惡：即身、語、意三惡行中的身惡、語惡。

（九）無礙：梵文 apratihata。即無所掛礙，心中無所掛念而自在通達。《無量壽經優婆提舍願生偈》："無礙者，謂知生死即是涅槃，如是等入不二法門無礙相也。"（卷二，40/843c）《注維摩詰經》："心常安住無閡解脱。"（卷一，38/329a）

（八）

復次，夫身口業，不能自在，要由於意⁽⁻⁾。

我昔曾聞，有比丘尼至睒伽羅國。於彼國中，有婆羅門，五熱炙身，額上流水，胸腋懷中，悉皆流汗，咽喉乾燥，脣舌燋然，無有涎唾。四面置火，猶如融⁽¹⁾金。亦如黄髮，紅赤熾然。夏日盛熱，以炙其上，展轉反⁽²⁾側，無可避處，身體燋爛，如餅在鏊。此婆羅門，常著縷褐，五熱炙身，時人因名號縷褐炙。時比丘尼見是事已，而語之言："汝可炙者而不炙之，不可炙者而便炙之。"爾時縷褐聞是語已，極生瞋恚，而作是言："惡剃髮者，何者可炙？"比丘尼言："汝若欲知可炙處者，汝但炙汝瞋恚之心。若能炙心，是名真炙⁽³⁾。如牛駕車，車若不行，乃須策牛，不須打車。身猶如車，心如彼牛，以是義故，汝應炙心，云何暴身？又復身者，如林⁽⁴⁾如牆，雖復燒炙⁽⁵⁾，將何所補？"即説偈言："心如城主，城主瞋恚，乃欲求城，無所增益。譬如師子，有人或以，弓箭瓦石，而打射之。而彼師子，逐逐⁽⁶⁾彼人。譬如癡犬，有人打擲，便逐瓦石，不知尋本。言師子者，喻智慧人，能求其本，而滅煩惱。言癡犬者，即是外道，五熱炙身，不識心本。"

婆羅門言："何名炙心？"

比丘尼言："四諦⁽⁷⁾⁽²⁾之智，如四火聚，修道如日。夫智慧者，以四諦火，修道淨日，以此五法，而炙其心。而此身者，不得自在，何故苦身？若欲苦者，當苦於彼，能苦身本。行來坐卧，非身所爲，但爲心使；若非身作，過在於心，何故苦身？心若離身，身如木石。是以智者，宜責其心，不應苦身。又汝以此，五熱炙身，以爲苦行，而得道者，地獄衆生，受苦無量，種種楚毒，亦應得道。"

婆羅門曰："爲此苦行，發心造作，得名修道；地獄衆生，逼迫受苦，是故不應，説言修道。"

比丘尼曰："若自發心，而得福者，小兒把火，亦應得福，然實不得。以是推之，汝之所作，五熱炙身，亦無有福。"

婆羅門曰："嬰孩小兒，無有智慧，是以無福。我有智慧，造作如此，五熱炙身，是故有福。"

比丘尼言："若以有智，修於苦行，便有福者；採真珠人，刺身出血，珠乃可得，亦應有福。"

婆羅門曰："以貪心故，雖復出血，不名爲福。"

比丘尼言："汝爲苦行，貪天上樂，亦應無福。若以貪求，無果報者，遊獵之人，不應得報。若使魚獵，不得報者，汝今爲此，苦行之事，亦不應得，天上樂報。汝今何故，身心迴轉，欲以苦行，得於天樂(三)？我佛法中，無有如斯，五熱炙身，受苦行法，得彼天樂。欲得天樂，修實語等，諸善功德，雖復貪怖，得生天樂。譬如服藥，或貪或怖，既服之已，藥力必行。若住實語，諸功德者，或貪或怖，必得天樂。"

時婆羅門，辭窮理屈，不能加報，默然而住。時左右人，於佛法中，生清净信，深樂正法。各相謂言："善哉佛法，有大智力，甚深難測(8)。外道之智(9)，極爲淺薄。譬如爆火，若觸人身，人無不畏。佛法爆火，亦復如是，觸婆羅門，能令其怖。我等今者，得聞佛法，善勝之論，咸應歸向，佛涅槃處，恭敬禮拜，南無世尊，音聲善柔，敷演説法。女人智淺，飲佛甘露，能大衆中，説法無畏。誰於佛語，而不恭敬？斯比丘尼，智慧微淺，能用滅結，牟尼尊語。猶故能令，此婆羅門，不能加報，默然而住。"

【校記】

(1) 融：資本、磧本、普本、洪本、南本、北本、徑本、清本作"鎔"。

(2) 反：資本、磧本、普本、洪本作"恆"。

(3) 炙：資本、磧本、普本、洪本、南本、北本、徑本、清本作"心"。

(4) 林：資本、金本、磧本、普本、洪本、南本、北本、徑本、清本作"材"。

(5) 炙：金本作"火"。

(6) 逐：資本、金本、磧本、普本、洪本、南本、北本、徑本、清本作"逮"。

（7）四諦：金本作“諦四”。

（8）測：資本、金本、磧本、普本、洪本、南本作“惻”。

（9）智：資本、金本、磧本、普本、洪本、南本、北本、徑本、清本作“者”。

【注釋】

（一）意：梵文 manas。思量、思惟、思考之義，是一種精神心理作用，爲六根之一。《成唯識論》：“薄伽梵處處經中説心、意、識。三種別義，集起名心，思量名意，了別名識，是三別義。”（卷五，31/024b）心、意、識三者爲同體異名。唐·法藏撰《大乘起信論義記》：“故〈攝論〉云：意以能生依止爲義也。”（卷二，44/264c）

（二）四諦：指佛教中苦諦、集諦、滅諦、道諦四種真理。諦，梵文 satya。苦諦：即衆生皆苦。集諦：指積聚苦之因。集指積聚。滅諦：指斷盡煩惱，寂滅涅槃，永遠都没有生死逼惱。道諦：通過修行戒定慧達到涅槃，即爲滅苦的方法。四諦爲佛教中的基本教義，是佛陀成道後在鹿野苑爲五比丘所説。《妙法蓮華經》：“昔於波羅捺，轉四諦法輪，分別説諸法，五衆之生滅。”（卷二，09/012a）與釋尊提出的内證法門的十二緣起説相比，四諦是爲了讓他人更好地理解緣起説而提出的一種法門。苦諦是四諦的根本，其最終是爲了滅苦，永斷煩惱，脱離生死（參見吕澂《印度佛學源流略講》第一章第三節）。

（三）天樂：《大寶積經》：“汝等天子依不放逸，則三種樂常不損減。何等爲三？一者天樂，二者禪樂，三者涅槃樂。”（卷一〇一，11/569c）指欲界諸天所得到的歡樂，屬三樂之一。修十善業者可生天感受此樂。

（九）

復次，欲如肉摶[1]，衆鳥競逐，有智之人深知財患而不貪著。

我昔曾聞，修婆多國時有比丘於壞垣壁見有伏藏，有大銅瓮滿中金錢，將一貧優婆塞而示之處，即語之言：“可取是寶，以爲資生。”時優婆塞問比丘言：“何時見此？”比丘答言：“今日始見。”優婆塞言：“我見是寶非適今日，久來見之，然我不用。爾今善聽！我當説寶所有過患。若取是寶，爲王所聞，或至於死，或被譴罰，或復繫閉，如斯等苦，不可稱數。”即説偈言：

我見是寶來，歷年甚久遠，

此寶毒螫害，劇彼黑毒蛇。

是故於此寶，都無有貪心，

觀之如毒蛇，不生財寶想。

繫閉被譴罰，或時至死亡，

一切諸灾害，皆由是寶生。

能招種種苦，爲害甚可怖，

故我於寶所，不生貪近想。

群生^(一)迷著寶，謂之爲珍玩，

寶是危害物，妄生安善想，

有如斯過患，何用⁽²⁾是寶爲？

如是膿污身，趣自支軀命，

會當捨敗滅，何用⁽³⁾珍寶爲？

譬如火投薪，無有厭足時，

人心亦如是，希求無厭足。

汝若憐愍我，教我少欲法，

云何以財寶，而以見示語？

夫少欲知足，能生大利樂；

若其多欲者，諸根恒散亂，

貪求無厭足，希望增苦惱。

然此多欲人，常生於欲想，

貪利無有極，如摩竭魚^(二)口。

而彼少欲⁽⁴⁾人，無貪求苦故，

心恒懷悦豫，歡慶同節會。

時優婆塞讚嘆少欲知足之法，彼比丘生希有想而讚之言："善哉！善哉！真是丈夫。雖無法服^(三)，心已出家，能順佛語知少欲法。而此少欲，諸佛所讚。"比丘言："汝之所説，總而言之，深見譏呵，令我愧踖。汝今處家，妻子眷屬僮僕使人，正應貪求以用自營，能隨佛語讚嘆少欲。假使有人以鐵爲舌，無有能呵少欲知足。我今雖復剃除鬚髮，身服法衣，相同沙門，然實不知沙門之法，而方教汝多欲之事，不能稱述法王^{(5)(四)}所讚少欲之法，是諸善源，如佛修多羅^(五)中亦説少欲爲沙門本。如來昔日乞食訖，若有餘食，或時施與諸比丘

等，或復置於水中用與諸虫。爾時有二比丘乞食不足而有飢色，從外來入，佛既見已而語之言：'今有餘食，汝能食不？'一比丘言：'如來世尊說於少欲有大功德，我今云何貪於此食而噉之耶？'一比丘言：'如來世尊所有餘食難可值遇，梵釋天王等皆悉頂戴而恭敬之。我今若食，當益色力，安樂辯才。如是之食(6)甚難值遇，云何不食？'於時世尊讚不食者：'善哉比丘！能修佛教，行少欲法。'此一比丘雖順佛語，食佛餘食，佛不讚嘆。是故當知，少欲之法，佛所印可，教戒之本。"即說偈言：

欲得法利(六)者，應當解少(7)欲，
如此少欲法，聖莊嚴瓔珞。
今世除重擔，無憂而快樂，
乃是大涅槃，宅室之初門。
關制魔軍(七)衆，要防之隘路，
度於魔境界，無上之印封。
持戒如巨海，少欲如海潮，
能爲衆功德，密緻之覆蓋，
貪求疲勞者，憩駕止息處。
親近少欲者，□如似牛乳，
酪酥醍醐(八)等，因之而得出，
少欲亦如是，出生諸功德。
能展手施者，此手名嚴勝，
受者能縮手，嚴勝復過彼。
若(8)人言施與，是語價難量，
受者言我足，難量復過彼。
若欲得法者，應親近少欲，
十力說少欲，即是聖種法。
少欲無財物，增長戒聞慧，
如此少欲法，出家之法食(九)。
雖有渴愛等，終不能擾惱，
且置後世樂，現在獲安隱。

【校記】

（1）搏：金本作“揣”。

（2）用：資本、磧本、普本、洪本、南本、北本、徑本、清本作“物”。

（3）用：資本、金本、磧本、普本、洪本、南本、北本、徑本、清本作“爲”。

（4）少欲：資本、金本、磧本、普本、洪本、南本、北本、徑本、清本作“欲少”。

（5）王：資本、金本、磧本、普本、洪本、南本、北本、徑本、清本作“主”。

（6）食：頻本作“難”。

（7）少：頻本作“小”。

（8）若：頻本作“菩”。

【注釋】

（一）群生：指衆生。《維摩詰所説經》：“法王法力超群生，常以法財施一切。”（卷一，14/537b）《妙法蓮華經》：“又諸大聖主，知一切世間天人群生類深心之所欲。”（卷一，09/007c）

（二）摩竭魚：佛教經籍中記載與鯊魚、海豚等同類的大魚，或者指假想中的大魚。唐·玄應《一切經音義》：“摩伽羅魚，亦云摩竭魚，正言麼迦羅魚，此云鯨魚，謂魚之王也。”（卷一，56/818c）梵文 makara。也可稱爲摩伽羅魚。

（三）法服：又稱法衣。《妙法蓮華經》：“剃除鬚髮，而被法服。”（卷一，09/002c）指佛教僧侶所穿的衣服，包括僧伽梨衣、鬱多羅衣和安陀會衣三種，此皆依佛法而制。此詞早見於《修行本起經》：“天復化作沙門，法服持鉢，行步安詳，目不離前。”（卷二，03/467a）

（四）法王：爲對佛的尊稱。《佛説無量壽經》：“佛爲法王，尊超衆聖，普爲一切天人之師，隨心所願皆令得道。”（卷二，12/275b）《維摩義記》：“佛於諸法得勝自在，故名法王。”（卷一，38/427b）

（五）修多羅：指經律論三藏中的經藏，梵文 sutra。《華嚴經探玄記》：“修多羅，或云修妒路，或云素咀囕。此云契經。契有二義，謂契理故，合機故。經亦二義，謂貫穿法相故，攝持所化故。”（卷一，35/109a）

（六）法利：《妙法蓮華經》：“無數諸佛子，聞世尊分別，説得法利者，歡喜充遍身。"（卷五，09/044b）指從佛法得到的功德利益。

（七）魔軍：即惡魔的軍隊。《大日經義釋》："猶如娑伽婆，樹王下時慶，以慈心力故，破無量魔軍。此中言魔軍者，梵本正音博吃蒭，是羽翼黨援之義，今依古譯會意言耳。"（卷六，23/367b）

（八）醍醐：梵文 maṇḍaḥ。指由牛乳精心製作而成的最精純的酥酪。此爲乳、酪、生酥、熟酥、醍醐五味中的第五種味。因其爲牛乳中最精純最美味者，所以佛教典籍中經常用來比喻佛性、頓悟等。《大般涅槃經》："如諸藥中，醍醐第一；善治眾生熱惱亂心。"（卷三，12/385a）

（九）法食：唐·道宣《四分律刪繁補闕行事鈔》："次釋名者，《增一》云：'如來所著衣名曰袈裟，所食者名爲法食。'"（卷三，40/104c）指按照佛法中所制定的食物。

（一〇）

復次，夫知足者，雖貧名富；不知足者，雖富是貧。若聖智[一]滿，乃名大富。

我昔曾聞有優婆塞，有人譏呵云最貧窮，而優婆塞樂佛所讚知足之法，即順法相，而說偈言：

> 無病第一利，知足第一富，
> 善友第一親，涅槃第一樂。

時優婆塞說偈已，語彼人言："如佛所說，知足則富，汝今何故稱我貧窮？"復說偈言：

> 雖有諸珍寶，豐饒資生具，
> 不信三寶者，說彼最貧窮。
> 雖無諸珍寶，及以資生具，
> 能信三寶者，是名第一富。
> 我今敬三寶，以信爲珍玩，
> 汝以何因緣，說我爲貧窮？
> 帝釋[二]毗沙門[三]，雖富眾珍寶，
> 如其布施時，不能一切捨。
> 我心愛[一]知足，於諸財寶物，
> 無有貪著意，一切悉能捨。
> 富貴者庫藏，多有眾珍寶，

水火及盜賊，悉皆能侵奪。

彼若喪失時，則生大苦惱，

良醫及妙藥，不能治彼苦。

我以信爲寶，無能侵奪者，

心意坦然樂，無諸憂患苦。

説是偈已，復作是言："是故當知，雖有庫藏、象馬、七寶資生之具，不知足者猶名爲貧，是以佛説知足最富。"衆人聞是語已，皆嘆善哉，真是正説，有大智慧名大丈夫。各相語言："自今已後，雖無財寶，但有信心，我等見之，稱爲富者。苦集錢財，皆爲樂故，爲欲供給室家眷屬，令無乏故，如斯之樂，正爲現身。信心之寶爲於累世，於人天中財寶自恣，是故知信爲第一財寶。如此信財，於生死中極受快樂，無諸苦惱。金銀珍寶能生災患，晝夜憂懼，畏他劫掠。然有八危，以貪著故，累世受苦。以有信故，能得戒財、施財、定財、慧財。若無信者，云何得有如是等財？是以信財爲最第一。我有是財，故於人前自言大富。我於往昔，深積善業，是以今者，因信心⁽²⁾知足。"而説偈言：

因有信心故，則不造諸惡，

一切諸功德，以信爲使命。

信亦如河箭，駛流甚迅速，

能令於心意，速疾至善法。

誰有多財寶，能勝信巨富？⁽³⁾

雖有財富者，失財則貧窮，

若其命終時，捨之而獨逝。

無隨至後世，信財不喪失，

恒常自隨逐，累劫受快樂。

世人積財寶，能生彼貪欲⁽⁴⁾，

信財則不爾，見則生歡喜。⁽⁵⁾

於諸財寶中，信財最爲上，

顯示此義者，牟尼之所説。

是故我非貧，信財最⁽⁶⁾爲勝，

餘者不名財，唯信是實財。

> 以信布施者，財物得增長，
>
> 不信施彼者，果報轉尠少。

大莊嚴論經[7]卷第二

【校記】

(1) 愛：資本、磧本、普本、洪本、南本、北本、徑本、清本作"受"。

(2) 信心：資本、金本、磧本、普本、洪本、南本、北本、徑本、清本作"心信"。

(3) 誰有多財寶，能勝信巨富：金本作"誰勝信巨富"。

(4) 欲：資本、金本、磧本、普本、洪本、南本、北本、徑本、清本、頻本作"嫉"。

(5) 見則生歡喜：金本脫此句。

(6) 最：金本作"寶"。

(7) 論經：洪本、南本、北本、徑本、清本作"經論"。

【注釋】

(一) 聖智：取理智正照真諦之義。《注維摩詰經》："聖智無知而萬品俱照，法身無象而殊形並應。"（卷一，38/327a）《無量壽經優婆提舍願生偈》："法性無相，故聖智無知也。"（卷二，40/843c）

(二) 帝釋：即帝釋天。梵名釋迦提桓因陀羅、釋迦提婆因達羅，略稱釋提桓因。爲居住在須彌山（Sumeru）頂的忉利天之主。《法華義疏》："'釋提桓因'者，具足外國語應云釋迦提桓因陀羅，釋迦爲能，提桓爲天，因陀羅爲主，以其在善法堂治化稱會天心，故稱爲能天主。"（卷一，34/464a）

(三) 毗沙門：梵文 Vaiśravaṇa。又稱多聞天，爲四天王中毗沙門天之王。在佛教中衛護法的天神。

大莊嚴論經卷第三

馬鳴菩薩造　後秦三藏鳩摩羅什譯

（一一）

復次，若有弟子能堅持戒，爲人宗仰[1]，一切世人並敬其師。

我昔曾聞，有諸比丘曠野中行，爲賊剽掠，剝脱衣裳。時此群賊懼諸比丘往告聚落，盡欲殺害。賊中一人先曾出家，語同伴言：“今者何爲盡欲殺害？比丘之法不得傷草，今若以草繫諸比丘，彼畏傷故，終不能得四向馳告。”賊即以草而繫縛之，捨之而去。諸比丘等既被草縛，恐犯禁戒，不得挽絶。身無衣服，爲日所炙，蚊虻蠅蚤之所唼嬈。從旦被縛，至於日中[2]，轉到日没，晦冥大暗，夜行禽狩[3]，交橫馳走，野狐群鳴，鵃梟雛呼，惡聲啼叫，甚可怖畏。有老比丘語諸年少：“汝[4]等善聽！人命促短，如河駛流，設處天堂，不久磨滅，況人間命而可保乎？命既不久，云何爲命而毀禁戒？諸人當知，人身難得，佛法難值，諸根難具，信心難生，此一一事，皆難值遇，譬如盲龜值浮木孔[一]。佛之正道，不同於彼九十五種邪見倒惑無有果報，修行佛道，必獲正果，云何悋惜如此危脆不定之命毀佛聖教？若護佛語，現世名聞，具足功德，後受快樂。”如佛説偈：

若有智慧者，能堅持禁戒，

求人天涅槃，稱意而獲得。

名稱普聞知，一切咸供養，

必得人天樂，亦獲解脱果。

伊羅鉢龍王[二]，以其毀禁戒，

掐傷樹葉故，命終墮龍中，

諸佛悉不記，彼得出龍時。

能堅持禁戒，斯事爲甚難，

戒相⁽三⁾極衆多，分別曉了難。

如劍林棘聚，處中多傷毀，

愚劣不堪任⁽5⁾，護持如是戒。

是諸比丘爲苦所逼，不得屈申，及以動轉，恐絕於草，傷犯禁戒，自相謂言：“我等修行亦如彼稱⁽6⁾，均平處所不令增減，今在怖難恐懼之處，執志不虧始別儜健，以斯賤命當貿貴法、人天之樂及涅槃樂，我等今者更無所趣，唯當護戒至死不犯。”即說偈言：

我等往昔來，造作衆惡業，

或得生人道，竊盜婬他妻，

王法受刑戮，計算不能數；

復受地獄苦，如是亦難計；

或受畜生身，牛羊及雞犬，

麞鹿禽狩等，爲他所殺害，

喪身無涯⁽7⁾限，未曾有少利。

我等於今者，爲護聖戒故，

分捨是微命，必獲大利益。

我等今危厄，必定捨軀命，

若當命終後，生天受快樂。

若毀犯禁戒，現在惡名聞，

爲人所輕賤，命終墮惡道。

今當共立要，於此至没命，

假使此日光，曝我身命乾，

我要持佛戒，終不中毀犯。⁽8⁾

假使⁽9⁾諸惡狩，摑裂我手足，

終不敢毀犯，釋師子⁽四⁾禁戒。

我寧持戒死，不願犯禁生。

諸比丘等聞老比丘說是偈已，各正其身，不動不搖，譬如大樹，無風之時，枝葉不動。時彼國王遇出田⁽10⁾獵，漸漸遊行至諸比丘所繫之處。王遙見之，心生疑惑，作是思惟：“彼裸形者爲是尼揵⁽五⁾？

爲是沙門?"作是念已,遣人往看,諸比丘等深生慙愧,障蔽其身。使人審知釋子沙門。何故知[11]之?右肩黑故。使即還返白言:"大王!彼是沙門,非爲尼揵。"即説偈言:

> 王今應當知,彼爲賊所劫,
>
> 慙愧爲草繫,如鈎制大象。

于時大王聞是事已,深生疑怪,默作是念:我今宜往彼比丘所。作是念已,即説偈言:

> 青草所繫手,猶如鸚鵡翅,
>
> 又如祠天羊,不動亦不摇。
>
> 雖知處危難,默住不傷草,
>
> 如林爲火焚,犛牛爲尾死。

説是偈已,往至其所。以偈問曰:

> 身體極丁壯,無病似有力,
>
> 以何因緣故,草繫不動轉?
>
> 汝等豈不知,身自有力耶?
>
> 爲咒所迷惑,爲是苦行耶?
>
> 爲自厭身?願速説其意。

於是比丘以偈答曰:

> 此草甚脆弱,頓絶亦不難,
>
> 但爲佛世尊,金剛戒所縛,
>
> 守諸法禁故[12],不敢挽頓絶。
>
> 佛説諸草木,悉是鬼神村[六],
>
> 我等不敢違,是以不能絶。
>
> 如似咒場中,爲蛇畫境界,
>
> 以神咒力故,毒蛇不能度,
>
> 牟尼尊畫界,我等不敢越。
>
> 我等雖護命,會歸於磨滅,
>
> 願以持戒死,終不犯戒生。
>
> 有德及無德,俱共捨壽命,
>
> 有德慧命存,并復有名稱;
>
> 無德喪慧命,亦復失名譽。

我等諸沙門，以持戒爲力，

持戒爲良田，能生諸功德，

生天之梯隥⁽¹³⁾，名稱之種子^(七)，

得聖之橋津^(八)，諸利之首目。

誰有智慧者，欲壞戒德瓶？

爾時國王心甚歡喜，即爲比丘解草繫縛。而説偈言：

善哉能堅持，釋師子所説，

寧捨己身命，護法不毀犯⁽¹⁴⁾。

我今亦歸命，如是顯大法，

歸依離熱惱，牟尼解脱尊，

堅持禁戒者，我今亦歸命。

【校記】

（1）仰：資本、磧本、普本、洪本、南本、北本、徑本、清本作"仰者"。

（2）中：資本、金本、磧本、普本、洪本、南本、北本、徑本、清本作"夕"。

（3）狩：資本、磧本、普本、洪本、南本、北本、徑本、清本作"獸"。

（4）汝：資本、金本、磧本、普本、洪本、南本、北本、徑本、清本脱。

（5）任：洪本、南本、北本、徑本、清本作"住"。

（6）稱：資本、磧本、普本、洪本、南本、北本、徑本、清本作"秤"。

（7）涯：資本、金本、磧本、普本、洪本、南本、北本、徑本、清本作"崖"。

（8）假使此日光，曝我身命乾，我要持佛戒，終不中毀犯：此四句二十字，資本、磧本、普本、洪本、南本、北本、徑本、清本脱。

（9）使：資本、金本、磧本、普本、洪本、南本、北本、徑本、清本、頻本作"復"。

（10）田：北本、徑本、清本作"畋"。

（11）知：資本、普本、洪本、南本、北本、徑本、清本作"如"。

（12）故：資本、磧本、普本、洪本、南本、北本、徑本、清本作"戒"。

（13）隥：資本、金本、磧本、普本、洪本、南本、北本、徑本、清

本作"橙"。

（14）毀犯：徑本作"犯毀"。

【注釋】

（一）盲龜值浮木孔：形容目盲的烏龜在大海中遇到浮木的機會甚少，佛教經籍中常用此來比喻得人身、聽聞佛陀宣法不易。其中，盲龜，佛經中所講爲一眼盲而另一眼完好，也有一説此龜有一眼位於腹部。

（二）伊羅鉢龍王：梵文 Erāpattra。伊羅鉢龍王損傷樹葉，毀佛陀所制定的禁戒，因此死後而受龍身。（見《佛本行集經》卷三一）

（三）戒相：指受持戒律所表現出來的不同差別。如佛教典籍中"戒"有五戒、十戒甚至二百五十戒等諸種戒律，每種戒律内容不同，各有差別。而按照受持或觸犯戒律的輕重，相狀也是不同的。

（四）釋師子：指釋尊。《大日經義釋》："釋師子漫荼羅，即釋迦也。"（卷一二，23/466a）

（五）尼揵：此處與下文"沙門"相對，應爲尼揵陀外道之弟子。尼揵子論師：梵名 nirgrantha，爲耆那教的論師。耆那教爲外道四執之一，修苦行及離世間之衣食束縛。因其崇尚苦行，尼揵子論師常裸形不穿衣，所以佛教經籍中將其貶稱作裸形外道或無慚外道。

（六）鬼神村：唐·道宣撰《四分律刪繁補闕行事鈔》云："鬼者非人是；村者一切草木是（言草木爲非人所依，故具引諸部通解，恐無知者濫用）。十誦云：'村者，蚊蝱蛺蝶蟻子諸蟲以之爲舍也。'"（卷二，40/074b）

（七）種子：本義爲植物的種子。佛教將其借用過來比喻諸種現象得以生發的根據。佛陀提出世界萬事萬物的産生、變化和消亡皆是内外因共同作用結果的"緣起論"，並説明世界一切關係的基本理論是"因果"論。那麼世間種種行爲在發生過後仍然會影響到未來發生的行爲，這種善惡因緣果報的潛在功能被譬喻爲種子。

（八）橋津：此處義同"津橋"，指橋梁。"津橋"，《漢語大詞典》首例爲《史記·天官書》"旁一星，曰王良"。唐·張守節正義："王良五星，在奎北河中……客星守之，津橋不通。"① "橋津"，早見於《菩薩本緣經》："不依橋津而度惡道，受八戒者功德如是。"（卷三，03/069b）唐·杜佑《通典·兵典》卷一五七曰："右虞候既先發安營，踏行道路，修理泥溺、橋津，檢行水草。"②《漢語詞典》釋爲橋邊、津渡。唐·盧照鄰《咏史詩》四首之二："悠悠天下士，相送洛橋津。"似爲不盡當。應添"橋梁"義。

（一二）

復次，若人內心賢善，則多安隱⁽⁻⁾，利益一切，是故智者應修其心，恒令賢善。

我昔曾聞，有諸比丘與諸估客入海採寶。既至海中，船舫破壞，爾時有一年少比丘捉一枚板，上座⁽⁻⁾比丘不得板故，將没水中。于時上座恐怖惶悷，懼爲水漂，語年少言："汝寧不憶佛所制戒，當敬上座？汝所得板應以與我。"爾時年少即便思惟："如來世尊實有斯語，諸有利樂應先上座。"復作是念："我若以板用與上座，必没水中洄澓波浪，大海之難極爲深廣，我於今者命將不全；又我年少，初始出家，未得道果⁽⁻⁾，以此爲憂，我今捨身，用濟上座，正是其時。"作是念已，而說偈言：

我爲自全濟，爲隨佛語勝，
無量功德聚，名稱遍十方。
軀命極鄙賤，云何違聖教？
我今受佛戒，至死⁽¹⁾必堅持。
爲順佛語故，奉板遺身命，
若不爲難事，終不獲難果。
我若持此板，必渡大海難，
若不順聖旨，將没生死海。
我今没水死，雖死猶名勝，
若捨佛所教，失於人天利，

---

① 羅竹鳳主編：《漢語大詞典》，上海：漢語大詞典出版社，1994 年版，第 5 卷，第 1193 頁。

② 〔唐〕杜佑《通典》（下），顏品忠等校點，長沙：岳麓書社，1995 年版，第 2130 頁。

及以大涅槃，無上第一樂。

説是偈已，即便捨板，持與上座。既受板已，于[2]時海神感其精誠，即接年少比丘置於岸上。海神合掌，白比丘言：“我今歸依堅持戒者，汝今遭是危難之事能持佛戒。”海神説偈，讚比丘曰：

汝真是比丘，實是苦行者，

號爾爲沙門，汝實稱斯名。

由汝德力故，衆伴及財寶，

得免大艱難，一切安隱出。

汝言誓堅固，敬順佛所説，

汝是大勝人，能除衆患難。

我今當云何，而不加擁護？

見諦能持戒，斯事未爲難，

凡夫不毀禁，此乃名希有。

比丘處安隱，清净自謹慎，

能不毀禁戒，此亦未爲難；

未獲於道迹[四]，處於大怖畏，

捨己所愛命，護持佛教戒，

難爲而能爲，此最爲希有。

【校記】

（1）死：資本、金本、磧本、普本、洪本、南本、北本、徑本、清本作“心”。

（2）于：徑本作“於”。

【注釋】

（一）安隱：身心安穩義。宋·延壽集《宗鏡録》：“安隱快樂者，則寂静妙常。世事永息者，則攀緣已斷。”（卷三四，48/612b）此外，善業又稱安穩業，自利利他之道又稱安穩道。

（二）上座：指出家受戒時間長並且居上位的比丘、比丘尼，梵文sthavira。《四分律刪繁補闕行事鈔》：“《毗尼母》云：‘從無夏至九夏是下座，十夏至十九夏名中座，二十夏至四十九夏名上座。五十夏已去一切沙門國王之所尊敬，是耆舊長老。’”（卷三，40/131b）

（三）道果：指斷盡煩惱，趨向解脱。《妙法蓮華經》：“漸次修行，皆

得道果。"（卷三，09/019c）

（四）道迹：此處指佛教教義。《撰集百緣經》："聽佛說法，心開意解，各獲道迹，繞佛三匝，還詣天上。"（卷五，04/224c）唐·道世集《諸經要集》："梵志於是心即開解，遂得道迹。"（卷一三，54/128a）

（一三）

復次，若不見道迹，雖復多聞，不能得拔生死之苦，是故智者應求見諦。

我昔曾聞，兄弟二人俱共出家，兄得羅漢，弟誦三藏。時彼羅漢語⁽¹⁾三藏言："汝可坐禪⁽⁻⁾。"三藏報曰："我⁽²⁾當坐禪。"羅漢比丘復語之言："汝寧不聞佛之所說，夫⁽³⁾行道者如救頭然？"即說偈言：

今日造此事，未必到明旦，

人命不可保，宜速修善業，

死大軍來至，無可求請處。

若其命終時，不知從何道？

冥冥隨業緣，莫知路遠近。

命如風中燈⁽⁻⁻⁾，不知滅時節，

汝言明當作，斯⁽⁴⁾言甚虛妄。

死虎極暴急，都無有容縱，

一旦卒來到，不待至明日。

死王多殘害，汝應生怖畏，

當知身危脆，命速難可保。

應勤觀內身，捨弃多聞業，

求離世解脫，超拔生死根。

死若卒至時，悔熱無所及，

今若見道迹，後無悔熱患。

佛法中堅實，所謂得道迹，

多聞業虛僞，應捨莫愛惜。

雖多聞博達，不獲道迹者，

譬如盲執燈，照彼自不覩。

若欲求自利，必須見道迹，

處衆師子吼，言辭善巧妙，

敷演諸法相，分別釋疑難。

能令聽法衆，皆發歡喜心，

又使一切人，悉得於調順。

雖有如是事，臨終心錯亂，

墮於惡道中，智者所嗤笑。

汝之所説法，言詞[5]字句滿，

次第説因果，美味悦心意，

甜如甘蔗漿；雖能作斯事，

不能自調順，未斷三惡趣，

自求[6]得解脱，空用是事爲？

凡夫不可信，宜速求見諦。

汝有大名稱，咸[7]云善説法，

雖有空名譽，於汝將何益？

當觀察内身，嘿然修禪定。

昔來多聞者，其數甚衆多，

無常所遷謝，存者極尠少。

勤苦求名譽，雖得復散失，

佛説有爲法，一切悉無常。

過去恒沙佛[三]，成就三達[四]智，

除滅於三障[五]，一念觀三世，

斯等諸世尊，名聞滿十方，[8]

今皆般涅槃，名字亦隨滅。

是故汝今者[9]，應勤修精進[六]，

捨離於名稱，專求於解脱。

三藏答言："正爾當作。"未久之間，身遇重病，恐命將終，深生悔恨。而説偈言：

怪哉我今日，於佛聖法中，

戒聞雖具足，而不得見諦。

我今若死者，與狗亦無別，

洄流没生死，如彼陶家輪。

我今可哀愍，未得證道迹，

师長垂慈矜，勸我學禪思⁽七⁾。

我不奉法教，都不習少分，

是故於今者，不得見真⁽¹⁰⁾諦⁽八⁾。

我執釋迦文，大明之法燈，

而爲無明首，不能自照了，

以不能照故，永没生死苦。

其諸同學聞其病患，咸來瞻視，見其恐懼，皆悉驚愕，各作是言：“汝寧不聞佛之所說，多聞之人有智慧力能知無常？是故汝今不應憂怖。”時病比丘即便説偈，答同學言：

我先蒙教誨，當習坐禪法，

今日至明日，窳惰自欺誑。

令此一生中，空過無所獲，

是身如聚沫⁽九⁾，我不深觀察。

橫計爲堅實，不覺死卒至，

專著多聞法，生於最勝想，

忽爲死蟒吞，悔恨無所及。

如修多羅言，應當習坐禪，

專精莫懈倦，滅結之所説。

佛有如是教，不能隨順行，

悔熱火所燒，令我心燋惱。

我今甚暗劣，譬如瓔愚者，

於彼六道⁽一〇⁾中，不知趣何道？

未⁽¹¹⁾知將來世，得聞佛語不？

周回三有中，爲遇何等人？

亦不知未來，爲作何事業？

或能喪本心⁽一一⁾，興起於三毒，

不修諸善事，但造於衆惡。

嗚呼大苦哉，我爲自欺誑，

已得離諸難，應獲出世道。

云何爲癡愯，放逸而自恣？

時諸同學聞説偈已，重安慰言：“汝既多聞，又堅持戒，宜應自寬，何爲憂怖乃至如是？"病比丘言："我今病困，諸賢見捨，必死無疑。"涕泣流淚，而白兄曰："願少近我，由我愚惑，不奉兄教，今者病篤，必就後世。願兄垂愍，當見拔濟，令離大苦。"即説偈言：

> 同處佛法中，汝稱沙門寶，
>
> 數數教誡我，愚劣不承順。
>
> 我以斯事故，倍復生悔熱，
>
> 盛夏欝蒸氣(13)，猛焰燒燋然。
>
> 我之背恩教，(12)悔熱復過彼，
>
> 我今(14)無所恃，唯當歸依汝(15)。
>
> 於後受身時，觀察莫忘我，
>
> 令(16)後值佛法，復還得出家。
>
> 不虛著法服，願必(17)獲道果，
>
> 學問諸餘業，捨之不復爲，
>
> 專精求解脱，更無餘志(18)求。
>
> 假使將來世，求於見諦者，
>
> 皮肉及筋骨，髓脈消乾竭，
>
> 身命趣自在(一二)，終不捨解脱。
>
> 又願未來身，常勤修善法，
>
> 晝夜六時(一三)中，精進初不廢。

時病比丘説是偈已，心懷惶悸。其兄見之，生大憂愍，而作是言："善哉！善哉！子今乃能深生悔恨，發于誓願，但先教汝，不用我語，驚悔於後，將何所及？"而説偈言：

> 疾病以困篤，大命不云遠，
>
> 支節皆舒緩，刀風(一四)解其形。
>
> 湯藥所不療，醫師捨之去，
>
> 左右咸稱言，怪哉決定死。
>
> 諸親婦女等，對而悲啼哭，
>
> 臨終大恐怖，驚畏苦難喻。
>
> 設當平健時，知死有斯苦，
>
> 誰不發道意(一五)，克獲解脱果？
>
> 盛年無患時，懈怠不精進，

但營衆事務，不修施戒禪。

後遭重病疾，諸根如火然，

臨爲死所吞，方悔求修善。

彼病比丘即便命終，還生人中。時阿羅漢以天眼[一六]觀，知其生處，數到其家。此兒漸大，乳母抱持將詣僧坊至羅漢所，捉兒不堅，失手撲地，頭打石上，兒大瞋恚，捨身命終，墮地獄中。時阿羅漢復以天眼而觀察之，見在地獄生苦難處，即[19]說偈言：

嗚呼大毀[20]敗，生處難可救，

佛力尚難拔，況我能救濟？

繫心慧無漏，非苦所能修，

地獄中苦惱，無有暫樂心，

尚無暫樂心，云何得繫念[21]？

以無繫念故，不得慧無漏。

如是之難處，云何可救拔？

地獄受大苦，不可以方喻。

設復強爲譬，人中死爲苦，

少可得爲喻，彼苦恒過此。

如火著乾薪，無有暫冷時，

地獄苦亦爾，無有暫憩息。

地獄中陰身[一七]，皆如融鐵聚，

熱惱燒然苦，不可得稱計。

宜應除懈怠，晝夜不休息，

勤修於正道，必使盡苦際。

是故先修道，克[22]獲解脫果，

然後以多聞，而作妙瓔珞。

【校記】

（1）語：金本作“説”。

（2）我：資本、磧本、普本、洪本、南本、北本、徑本、清本作“我明”。

（3）夫：資本、磧本、普本、洪本、南本、北本、徑本、清木作“未”。

（4）斯：資本、金本、磧本、普本、洪本、南本、北本、徑本、清本、頻本作"期"。

（5）詞：金本作"雖"，資本、磧本、普本、洪本、南本、北本、徑本、清本作"辭"。

（6）求：資本、金本、磧本、普本、洪本、南本、北本、徑本、清本作"未"。

（7）咸：資本、磧本、普本、洪本、南本、北本、徑本、清本作"或"。

（8）除滅於三障，一念觀三世，斯等諸世尊，名聞滿十方：此四句二十字，資本、磧本、普本、洪本、南本、北本、徑本、清本脱。

（9）汝今者：資本、金本、磧本、普本、洪本、南本、北本、徑本、清本作"亦隨滅"。

（10）真：資本、普本、洪本、南本、北本、徑本、清本作"其"。

（11）未：磧本、普本、洪本、南本、北本、徑本、清本作"本"。

（12）同處佛法中，汝稱沙門寶，數數教誡我，愚劣不承順。我以斯事故，倍復生悔熱，盛夏欝蒸氣，猛焰燒燋然。我之背恩教：此九句四十五字，在資本"獲道果"之後。

（13）氣：資本、金本作"無"，磧本、普本、洪本、南本、北本、徑本、清本作"熱"。

（14）今：資本作"令"。

（15）汝：資本、金本、磧本、普本、洪本、南本、北本、徑本、清本作"法"。

（16）令：資本、磧本、普本、洪本、南本、北本、徑本、清本作"今"。

（17）必：頻本作"心"。

（18）志：資本、金本、磧本、普本、洪本、南本、北本、徑本、清本作"事"。

（19）即：北本、徑本、清本作"而"。

（20）毀：資本、金本、磧本、普本、洪本、南本、北本、徑本、清本作"數"。

（21）念：資本、金本、磧本、普本、洪本、南本、北本、徑本、清本作"心"。

（22）克：資本、磧本、普本、洪本、南本、北本、徑本、清本作"剋"。

另：北本中，"云何得繫念"至"猶如星中月"在其中 164 頁下部至

165 頁。"寶蓋覆頂上"至"進止自不由"在 165 頁下部至 164 頁上部。即故事一三和一四嵌在故事一五中。

【注釋】

（一）坐禪：指以打坐的方法來修習禪定。坐禪原爲印度宗教自古以來所修行之法，後被佛教引用。我國自菩提達摩東渡之後，禪宗漸興，專以修禪爲悟道之要法。《阿閦佛國經》："其刹須陀洹不復七上下生死，便於人間坐禪得三昧。"（卷一，11/757a）古來也有"坐禪辦道"之説，以坐禪爲究盡諸佛無上妙道的辦法。

（二）風中燈：《大智度論》："世間轉壞，如風中燈，如險岸樹，如漏器盛水，不久空竭。"（卷二三，25/229a）以風中燈火隨時可能熄滅，來譬喻世間的轉換和生命的無常。

（三）恒沙佛：即如恒河沙數的諸佛，形容數量不可勝數。

（四）三達：即天眼、宿命、漏盡也。"達"者，謂知之而窮盡也。

（五）三障：指煩惱障、業障、報障三重妨礙聖道以及行善的障礙。

（六）精進：指在修善去惡、斷盡煩惱、獲得證果的修行過程中，勤奮不怠地努力上進，修習善法。梵文 vīrya。《成唯識論》："勤謂精進，於善惡品修斷事中勇悍爲性，對治懈怠滿善爲業。"（卷六，31/029b）精進爲修道的根本，是八正道之一。

（七）禪思：即禪定。元·德輝重編《敕修百丈清規》："非時不食，非法不言，精勤思義，温故知新，坐則禪思，起則諷誦。"（卷五，48/1138a）

（八）真諦：指正確的道理道義。"真"者，真實無妄，正確無誤也。爲二諦之一。

（九）聚沫：沫，水泡。聚沫，指聚集的水泡。佛教典籍中用來比喻有爲法的無常。《注維摩詰經》："是身如聚沫，不可撮摩。"（卷二，38/341a）

（一〇）六道：又作六趣。《妙法蓮華經》："六道衆生，生死所趣。"（卷一，09/002c）指衆生因爲所作善惡業死後所去的地方。此六道分別爲地獄道、餓鬼道、畜生道、阿修羅道、人間道、天道。前三者爲惡道，後三者爲善道。佛典中亦有五道之説，皆因部派不同。

（一一）本心：指自己本來的真心、本性。元·宗寶編《六祖大師法寶壇經》："祖知悟本性，謂惠能曰：'不識本心，學法無益；若識自本心，見自本性，即名丈夫、天人師、佛。'"（卷一，48/349a）

（一二）自在：指脫離煩惱的繫縛，梵文 iśvaraḥ。《妙法蓮華經》："盡諸有結，心得自在。"（卷一，09/001c）

（一三）六時：即畫三時與夜三時。畫三時爲晨朝、日中、日没，夜三時爲初夜、中夜、後夜。《大唐西域記》："六時合成一日一夜（畫三夜三）。"（卷二，51/875c）

（一四）刀風：元魏·般若流支《正法念處經》："命終時刀風皆動，皮肉筋骨脂髓精血一切解截。"（卷六六，17/392c）在人類壽命將盡之時，有風氣可如刀般分解肢節，故名刀風。

（一五）道意：《佛説無量壽經》："顯現道意無量功德。"（卷一，12/265c）指求取無上道的心，也即菩提心。

（一六）天眼：《大智度論》："於眼得色界四大造清净色，是名天眼。天眼所見，自地及下地六道中衆生諸物，若近若遠，若覆若細諸色，無不能照。見天眼有二種：一者、從報得，二者、從修得。"（卷五，25/098a）爲五眼之一。

（一七）中陰身：指人死亡後尚未投胎之前的化生身。其由微細物質組成，經過七七四十九天之後，隨業緣而去投胎輪迴。

（一四）

復次，見此事已，應生⁽¹⁾驚悟，尊豪榮位，無得常者。

我昔曾聞，栴檀罽尼吒王^(一)將欲往詣罽尼吒城，於其中路見五百乞兒，同聲乞匃^(二)言："施如我。"王聞是語，便生悟解，即作是念："彼覺⁽²⁾痛我，我於往日曾更貧苦，今若不施，後亦如彼。"即說偈言：

由其先世時，多饒錢財寶，

説言無可施，今獲斯貧賤，

設我今言無，後亦同於彼。

時有輔相名曰天法，下馬合掌而白王言："此諸乞兒，咸言如我。"王答臣言："我聞其語，然我所解與汝有異。汝之所解，謂爲乞索錢財雜物。我所解者當爲汝説，汝今善聽！"即說偈言：

此諸乞兒等，故來覺痛我，

以斯貧賤形，示我令得見。

自言受此身，慳不惠施故，

放逸所欺誑，受是苦惱形，

愚劣諸乞兒，示我如此義。

自言曾爲王，猶如星中月，

寶蓋覆頂上，左右衆妓(3)直，

侍從悉莊嚴，聞者皆避路。

雖有如此等，種種衆妙事，

由不布施故，今受貧賤苦。

福樂迷汝心，不覺後有苦，

人帝應當知，我今甚毒苦，

宜當修布施，莫使後如我。

輔相天法聞是偈已，深生歡喜，合掌白王：“如佛言曰：‘見他受苦，當自觀察。’王於今者實合佛意，見彼乞兒則能覺寤(4)。善哉大王！意細乃爾，能覺是事，善解分別佛所説義。大王稱實(5)，能持大地，真是地主，不虛妄也。”所以者何？能善分別佛法深義，聰慧明達，是故稱王爲大地主。即説偈言：

地主常應爾，此意爲無上，

此意難可恒，能自利亦難。

人身極難得，信心亦難生，

財寶難可足，福田復難遇。

如是一一事，極難得聚會，

譬如大海中，盲龜值浮孔。

如斯之難事，大王盡具有，

是故於今者，不應恣心意。

人身如電光，暫發不久停，

雖復得人身，危脆不可保。

臨終兩肩垂，諸節皆舒緩，

雖有四威儀(三)，進止不自(6)由。

眼目已上眴，將爲死毒中，

親屬在其側，覩之咸悲泣。

以手觸其身，安慰言勿懼，

既見親慰喻，益更增悲感。

決定知已去，涉於死長途，

雖有衆財物[7]，不可爲資糧[四]。

諸脈斷絕時，顏色皆變異，

命來催促已，如油盡燈滅。

當於如斯時[8]，誰能修布施，

持戒及忍辱，精進禪智等？

如斯時未至，宜應勤用心。

【校記】

(1) 生：資本、磧本、普本、洪本、南本、北本、徑本、清本此字脱。

(2) 覺：資本、金本、磧本、普本、洪本、南本、北本、徑本、清本作"瘔"。

(3) 妓：金本、磧本、洪本、南本、北本、清本作"伎"。

(4) 瘔：資本、磧本、普本、洪本、南本、北本、徑本、清本作"悟"。

(5) 實：資本、普本、洪本、南本、徑本、清本作"寶"。

(6) 不自：資本、金本、磧本、普本、洪本、南本、北本、徑本、清本作"自不"。

(7) 物：徑本作"寶"。

(8) 時：金本作"事"。

【注释】

(一) 栴檀罽尼吒王：古代北印度貴霜王朝第三代國王，是與阿育王並稱的佛教護法名王。梵文 Canda-kaniṭa。佛教經籍中也用迦膩色迦王、罽賓王等稱呼其人。由於栴檀罽尼吒王的護法行爲，其時佛菩薩的刻像之風特別發達。這個時期的刻像製作帶有濃厚的希臘風格，被稱爲"犍陀羅藝術"。同樣，由於迦王的護法，也出現了馬鳴這樣的在佛教史上有着重要地位的學者。

(二) 乞匃：猶乞求。匃：乞求。《左傳·昭公六年》"不强匃"孔穎達疏：“匃，乞也。”①

（三）四威儀：指比丘、比丘尼必須遵守的行、住、坐、卧的儀則。劉宋·求那跋摩譯《菩薩善戒經》：“威儀苦者名身四威儀：一者行，二者住，三者坐，四者卧。菩薩若行若坐，晝夜常調惡業之心。忍行坐苦，非時不卧，非時不住，所住内外若床若地若草若葉，於是四處常念供養佛法僧寶。”（卷五，30/985b）因爲這四種儀則使衆僧尼得以遠離放逸和懈怠，不損威德，故名。

（四）資糧：取糧食爲人類生存之本的意義，佛教用來比喻善根功德。只有以善根功德這種糧食資助自己，才能最後得到三乘的證果。

（一五）

復次，若命終時，欲齎財寶至於後世，無有是處，唯除布施作諸功德，若懼後世得貧窮者，應修惠施。

我昔曾聞，有一國王名曰難陀，是時此王聚積珍寶，規⑴至後世，嘿自思惟：“我今當⑵集一國珍寶，使外無餘。”貪聚財故，以自己女置婬女⑴樓上，敕侍人言：“若有人齎寶來求女者，其人并寶將至我邊。”如是集斂⑶，一國錢寶悉皆蕩盡，聚於王庫。時有寡婦，唯有一子，心甚敬愛，而其此子見於王女，儀容瓌瑋，姿貌非凡，心甚耽⑷著。家無財物，無以自通，遂至結病，身體羸瘦，氣息微惙。母問子言：“何患乃爾？”子具以狀，啓白於母：“我若不得與彼交往，定死不疑。”母語子言：“國内所有一切錢寶，盡無遺餘，何處得寶？”復更思惟：“汝父死時，口中有一金錢，汝若發冢，可得彼錢，以用自通。”即隨母言，往發父冢，開⑸口取錢。既得錢已，至王女邊。爾時王女遺送此人并所與錢，以示於王。王見之已，語此人言：“國内金寶一切⑹蕩盡，除我庫中，汝於何處得是錢來？汝於今者，必得伏藏。”種種拷楚，徵得錢處。此人白王：“我實不得地中伏藏。我母示我，亡父死時置錢口中⑺，我發冢取，故得是錢。”時⑻王遣人往撿虛實。使人既到，果見死父口中錢處，然後方信。王聞是已，而自思忖：“我先聚集一切寶物，望持此寶至于後世，彼父一錢尚不能得

---

① 〔漢〕杜預注，〔唐〕孔穎達等正義：《春秋左傳正義》，上海：上海古籍出版社，1990年版，第743頁。

齎持而去⁽⁹⁾，況復多也？”即說偈言：

> 我先勤聚集，一切眾珍寶，
> 望齎諸錢物，隨己至後世。
> 今觀發冢者，還奪金錢取，
> 一錢尚不隨，況復多珍寶？
> 復作是思惟：當設何方便，
> 得使諸珍寶，隨我至後世？
> 昔者頂生王⁽二⁾，將從諸軍眾，
> 並象馬七寶，悉到於⁽¹⁰⁾天上；
> 羅摩造草橋，得至楞伽城。⁽三⁾
> 吾今欲昇天，無有諸梯隥；
> 欲⁽¹¹⁾詣楞伽城，又復無津梁；
> 我今無方計，持寶至後世。

時有⁽¹²⁾輔相，聰慧知機，已知王意，而作是言：“王所說者正是其理，若受後身，必須財寶，然今珍寶及以象馬，不可齎持至於後世，何以故？王今此身尚自⁽¹³⁾不能至於後世，況復財寶象馬者乎！當設何方令此珍寶得至後身？唯有施與沙門婆羅門、貧窮乞兒，福報資人，必至後世。”即說偈言：

> 莊嚴面目者，臨水見勝好，
> 好醜隨其面，影悉現水中。
> 莊嚴則影⁽¹⁴⁾好，垢穢則影醜，
> 今身如面貌，後受形如⁽¹⁵⁾影。
> 莊嚴形戒慧，後得可愛果，
> 若作惡行者，後受報甚苦。
> 信心以財⁽¹⁶⁾物，供養父母師，
> 沙門婆羅門，貧窮困厄者，
> 即是後有水，於中見面像，
> 施戒慧業影，亦復彼中現。
> 王有眾營從，官人諸婇女，
> 臣佐及吏民，音⁽¹⁷⁾樂等倡妓。
> 如其命終時，悲戀送冢間，

到已便還家，無一隨從者。

後宮[18]侍直等，庫藏衆珍寶，

象馬寶輦輿，一切娛樂具，

國邑諸人民，苑園遊戲處，

悉捨而獨逝[19]，亦無隨去者。

唯有善惡業，隨逐終不放。

若人臨終，喘氣粗出，喉舌乾燋，不能下水，言語不了，瞻視不端，筋脈斷絕，刀風解形，支節舒緩，機關止廢，不能動轉，舉體酸痛，如被針刺。命盡終時，見大黑暗，如墜深坑[20]，獨遊曠野，無有黨侶，唯有修福，爲作親伴，而擁護之。若爲後世，宜速修福。即說偈言：

若人命終時，獨往無伴黨，

畢定當捨離，所愛諸親友，

獨遊黑暗中，可畏恐怖處，

親愛[21]皆別離，孤煢無徒伴，

是故應莊嚴，善法之資糧。

爲滿此義故，婆羅留支[四]以六偈讚王，即說偈言：

雖有諸珍寶，積聚如雪山，

象馬衆寶車，謀臣及咒術，

專念[22]死時至，不可以救免，

宜修諸善業，爲己得利樂。

目如青蓮[五]者，應勤行戒施，

死爲大恐畏，聞者皆恐懼。

一切諸世間，無不終没者，

以是故大王，宜應觀死苦。

目如青蓮者，應當修善業，

爲己得利樂，宜勤行戒施。

人命壽終時，財寶不隨逐，

壯色及盛年，終不還[23]重至。

目如青蓮者，應當修善業，

爲己得利樂，宜勤行戒施。

彌力那侯沙，耶耶帝大王，
及屯豆摩羅，娑⁽²⁴⁾伽趺⁽²⁵⁾利不，
翹離奢勢夫，踰越頻世波，
如是人中上，衆勝大王等，
軍衆及群官⁽²⁶⁾，悉皆滅沒去⁽²⁷⁾，
欣感相續生，意念次第起。
目如青蓮者，應當修善業，
使己受快樂，宜勤行戒施。
財寶及榮貴，此事難可遇，
福祿非恒有，身力有增損。
一切無定相，地主亦非常，
如此最難事，今悉具足得。
目⁽²⁸⁾如青蓮者，應具修諸善，
使己受快樂，宜勤修戒施。
勁⁽²⁹⁾勇有力者，能越渡大海，
專念健丈夫，能超度諸山。
設作如斯事，未足名爲難，
能利益後世，是事乃爲難。

【校記】

（1）規：資本、金本、磧本、普本、洪本、南本、北本、徑本、清本作“願”。

（2）當：金本脫。

（3）歈：資本、金本、磧本、普本、洪本、南本、北本、徑本、清本作“敨”。

（4）魷：磧本、洪本、南本、北本、清本、頻本作“耽”。

（5）開：北本、徑本、清本作“門”。

（6）切：資本、普本、洪本、北本、徑本、清本作“物”。

（7）我庫中，汝於何處得是錢來？汝於今者，必得伏藏。種種拷楚，徵得錢處。此人白王：“我實不得地中伏藏。我母示我，亡父死時置錢口中：此五十一字，資本、磧本、普本、洪本、南本、北本、徑本、清本脫。

（8）時：資本、金本、磧本、普本、洪本、南本、北本、徑本、清本

作“財”。

（9）而去：資本、金本、磧本、普本、洪本、南本、北本、徑本、清本脱。

（10）到於：資本、金本作“于道”，磧本、普本、洪本、南本、北本、徑本、清本作“到于”。

（11）欲：資本、磧本、普本、洪本、南本、北本、徑本、清本作“次”。

（12）有：資本、磧本、普本、洪本、南本、北本、徑本、清本作“諸”。

（13）自：資本、金本、磧本、普本、洪本、南本、北本、徑本、清本脱。

（14）則影：資本、金本、磧本、普本、洪本、南本、北本、徑本、清本作“影則”。

（15）如：資本、金本、磧本、普本、洪本、南本、北本、徑本、清本作“好”。

（16）以財：資本、金本、磧本、普本、洪本、南本、北本、徑本、清本作“財以”。

（17）音：資本、磧本、普本、洪本、南本、北本、徑本、清本作“意”。

（18）後宮：資本、金本、磧本、普本、洪本、南本、北本、徑本、清本作“宮後”。

（19）逝：資本、金本、普本、洪本、南本、北本、徑本、清本作“遊”。

（20）坑：資本、金本、磧本、普本、洪本、南本、北本、徑本、清本作“岸”。

（21）愛：資本、金本、磧本、普本、洪本、南本、北本、徑本、清本作“友”。

（22）專念：金本作“壽盡”。

（23）還：金本作“遷”。

（24）娑：資本、磧本、普本、洪本、南本、北本、徑本、清本作“婆”。

（25）趺：資本、磧本、普本、洪本、南本、北本、徑本、清本作“跌”。

（26）官：頻本作“宮”。

（27）去：資本、金本、磧本、普本、洪本、南本、北本、徑本、清本作“生”。

（28）目：資本作“身”。

(29) 勁：資本、磧本、普本、洪本、南本、北本、徑本、清本作"勤"。

【注釋】

（一）婬女：《大明三藏法數》載："婬女家者，行止不潔，聲名不正，色欲因緣，障道根本。比丘若行乞食此處不可往也。"（卷一六，182/095a）佛教經籍中常用其作爲妨礙修道的一種方式。

（二）頂生王：乃古印度的轉輪聖王。言"頂生"者，《俱舍論記》："曼馱多，是王名。唐云我養，從布殺陀王頂皰而生，顏貌端正。王抱入宮告誰能養？諸宮各言我養也。故以標名。舊云頂生王，此義翻也。然非正目。此王長大爲金輪王。"（卷八，41/155c）關於其事迹，西晉·竺法護譯《頂生王故事經》、北涼·曇無讖譯《文陀竭王經》、元魏·慧覺等譯《賢愚經》、宋·施護等譯《頂生王因緣經》等皆有記載。

（三）羅摩造草橋，得至楞伽城：此即印度史詩《羅摩衍那》中爲了幫助羅摩渡海，海神派工巧大神的兒子、猿猴那羅修造大橋，入楞伽國的故事。1930 年，陳寅恪發表《〈西遊記〉玄奘弟子故事之演變》[①]，文章討論了唐僧三個徒弟的形象和名號來源等問題。其中孫悟空的形象，陳寅恪舉出兩個故事，一個是《賢愚經》第十三《頂生王緣品》第六十四所述故事，另一個則是本條。

（四）婆羅留支：即阿闍世王。梵文 Balaruci，意譯作折指。據佛教典籍記載，阿闍世王出生之時，相師言凶，其父就讓人將其從樓下拋下，但阿闍世王只是斷掉一指，名稱由此而來。

（五）青蓮：梵文 Utpala，指青色的蓮花。這種蓮花葉子長而廣闊，青白分明，很像人的眼睛，所以佛經中常用來比喻佛陀和菩薩之目。如《妙法蓮華經》言："是菩薩目如廣大青蓮華葉。"（卷七，09/055c）

（一六）

復次，此身不堅，是故智者應當分別供養尊長，是[(1)]則名爲以不堅法易堅固法。

我昔曾聞，牟尼種中有王名曰阿育，信樂三寶，若於靜處見佛弟子，不問長幼，必爲下馬接足而禮[(一)]。爾時彼王有一大臣，號名耶賒，邪見不信，見王禮敬諸比丘等，深生謗毀，而白王言："此諸沙

---

① 陳寅恪《金明館叢稿二編》，上海：上海古籍出版社，1980 年版，第 192—197 頁。

門皆是雜種而得出家，非諸刹利及婆羅門，亦雜毗舍、首陀羅等。又諸皮作，及能織者，巧作塼瓦，剃鬚髮師，亦有下賤旃陀羅⁽二⁾等。大王何故而爲作？”王聞是語，默然不報。別於後時，集諸大臣，敕諸人言：“我於今者須種種頭，不聽殺害，仰汝等輩得自死者。”即語諸臣：“汝今某甲仰得是頭，復告某甲仰得彼頭。”如是展轉，遍敕諸臣仰得異頭，不聽共同。別告耶賒：“今又仰汝，取自死人頭。”各各皆使於市中賣。如是頭等，餘頭皆售，唯有人頭，見者惡賤，遠避而去，無肯⁽2⁾買者。衆人見之，咸皆罵辱，而語之言：“汝非旃陀羅、夜叉、羅刹，云何乃捉死人頭行？”被罵辱已，還詣王邊，而白王言：“我賣人頭，不能令售，返被呵罵。”王復語言：“若不得價，但當虛與。”時彼耶賒尋奉王教，入市唱告，欲虛與人。市人見已，復加罵辱，無肯取者。耶賒慚愧，還至王所，向王合掌，而說偈言：

牛驢及象馬，豬羊諸畜頭，

一切悉獲價，競共諍買取。

諸頭盡有用，唯人頭穢惡，

無有一可用，虛與不肯取，

而返被呵罵，況復有買者？

王問耶賒：“汝賣人頭，何故不售？”耶賒白王：“人所惡賤，無肯買者。”王復問言：“唯此一頭爲可憎⁽3⁾惡？一切人頭悉可惡乎？”耶賒答王：“一切人頭悉可惡賤，非獨此一。”王復問言：“如是⁽4⁾我頭亦復如是爲人惡耶？”耶賒聞已，懼不敢對，默然而住。王復語言：“我於今者施汝無畏，以實而說。我今此頭亦可惡耶？”耶賒對曰：“王頭亦爾。”王復語言：“爲審爾不？”耶賒復言：“審爾。大王！”王告耶賒：“若此人頭貴賤等同，皆可惡者，汝今云何自恃豪貴種姓色智以自矜高，而欲遮我禮敬沙門諸釋種子？”即說偈言：

唯有此人頭，見者咸譏呵，

賣⁽5⁾之無所直，虛與惡不近。

遥見皆生瞋，言不祥鄙惡，

此頭膿血污，鄙賤⁽6⁾甚可惡。

以斯下賤頭，貿易功德首，

雖向彼屈申，毫釐無損減。

王告耶賖言："汝雖見比丘，雜種而卑賤，不能視其內，真實有道德。汝愚癡邪見，迷惑錯亂心，計己婆羅門，獨有解脫分，自餘諸種姓，無得解脫者。若欲爲婚姻。當求於種族；若求善法者，安用種族爲？若其求法者，不應觀種姓，雖生上族中，造作極惡行，眾人皆呵責，是則名下賤。種族雖卑微，內有實道行，爲人所尊奉，是則名尊貴。德行既充滿，云何不禮敬？心惡使形賤，意善令身貴，沙門修諸善，信戒施聞具，是故可尊尚，宜應深恭敬。造作惡行者，汝今寧不聞，釋種具大悲，牛王正道者，所説之法耶？以三危脆法，貿易三堅法，佛無有異語，故我不敢違，若違世尊教，不名爲親善。譬如壓甘蔗，取汁弃其滓，人身亦如是，爲死之所壓[7]。屍骸委在地，不能復進止，供[8]敬修諸善，是故應當知。以此敗壞身，貿易堅牢法，猶如火燒舍，智者出財物，如水没伏藏，亦應速出寶，此身終敗壞，宜貿易堅法。愚人不分別，堅與不堅法，死軍卒來至，如入摩竭口，當於如是時，驚恐大怖畏。如酪取生酥，及以於醍醐，取已酪瓶破，不生大苦惱。此身亦如是，取其堅實善，於後命盡時，終不生悔恨。不修諸善行，憍慢而縱逸，死法卒來至，破身之瓶器，其心極燋熱，猶爲火所燒。憂結喻如火，酪瓶喻如身，汝不應遮我，修善取堅法。愚癡黑暗者，自言我尊貴。我執十力尊，言説之燈炬，照察己身中，貴賤無差別，皮肉筋骨等，三十六種物，貴賤悉同等，有何差別相？名衣及上服，眾具有別異。智者宜勤身，作恭敬禮拜，伇[9]使行諸善，是名取堅法。何故説斯者？此身如電㵍[10]，泡沫及沙聚，芭蕉[三]無堅實。如此危脆身，修善百劫住，堅於須彌山，及以於大地。智者應如是，貿易堅實法。"

大莊嚴論經[11]卷第三

【校記】

（1）是：資本、金本、磧本、普本、洪本、南本、北本、徑本、清本作"者"。

（2）肯：磧本、洪本、南本、北本、徑本、清本作"有"。

（3）憎：資本、金本、磧本、普本、洪本、南本、北本、徑本、清本作"增"。

（4）如是：資本、金本、磧本、普本、洪本、南本、北本、徑本、清本作“今”。

（5）賣：資本、磧本、普本、洪本、南本、北本、徑本、清本作“責”。

（6）賤：資本、金本、磧本、普本、洪本、南本、北本、徑本、清本作“頭”。

（7）壓：資本、金本、磧本、普本、洪本、南本、北本、徑本、清本作“中”。

（8）供：資本、磧本、普本、洪本、南本、北本、徑本、清本作“恭”。

（9）伇：資本、磧本、普本、洪本、南本、北本、徑本、清本作“設”。

（10）遄：磧本、洪本、南本、北本、清本作“揣”。

（11）論經：資本、磧本、普本、洪本、南本、北本、徑本、清本作“經論”。

【注釋】

（一）接足而禮：指仰掌承接尊者的雙足而作禮，是一種表達恭敬的禮儀。

（二）旃陀羅：指印度社會中在婆羅門、刹帝利、吠舍、首陀羅四種姓之外以屠殺爲業的人，其中男性爲旃陀羅，又作旃荼羅。據《高僧法顯傳》所載：“旃荼羅名爲惡人。與人別居，若入城市則擊木以自異。人則識而避之，不相搪挨。國中不養猪雞，不賣生口。市無屠店及沽酒者，貨易則用貝齒。唯旃荼羅、漁獵師賣肉耳。”（卷一，51/858a）在印度，旃陀羅被認爲是極惡卑賤的種族，自古以來最被輕視。如《佛説觀無量壽經》：“未曾聞有無道害母。王今爲此殺逆之事，污刹利種，臣不忍聞！是栴陀羅，我等不宜復住於此。”（卷一，12/341a）

（三）芭蕉：多年生草本植物。葉廣長，白色花，果實跟香蕉相似，但不能食用，是一種觀賞植物。佛經中多以芭蕉譬喻危脆無堅之身。東漢漢譯佛經中已見，安世高譯《五陰譬喻經》：“人求良材擔斧入林，見大芭蕉鴻直不曲，因斷其本、斬其末。”（卷一，02/501a）

大莊嚴論經卷第四

馬鳴菩薩造　後秦三藏鳩摩羅什譯

（一七）

復次，若諍競者聞斷結名，所諍事解；若人欲得供養恭敬，應斷諸使。

我昔曾聞，有差老母，入於林中採波羅樹^(一)葉賣以自活，路由關邏^(二)，邏人稅之。于時老母不欲令稅，而語之言：“汝能將我至王邊者，稅乃可得；若不爾者，終不與汝。”於是邏人遂共紛紜⁽¹⁾往至王所。王問老母：“汝今何故不輸關稅？”老母白王：“王頗識彼某比丘不？”王言：“我識，是大羅漢。”又問：“第二比丘王復識不？”王言：“我識，彼亦羅漢。”又問：“第三比丘王復識不？”王答言：“識，彼亦羅漢。”老母抗⁽²⁾聲而白王言：“是三羅漢皆是我子。此諸子等受王供養，能使大王受無量福，是即名爲與王稅物。云何更欲稅奪於我？”王聞是已，嘆未曾有：“善哉老母！能生聖子。我實不知。知彼羅漢是汝子者，應加供養恭敬於汝。”於是老母，即説偈言：

吾生育三子，勇健超三界，

悉皆證羅漢，爲世作福田。

王若供養時，獲福當稅物，

云何而方便⁽³⁾，稅奪我所有？

王聞是偈已，身毛皆豎，於三寶所生信敬心，流淚而言：“如此老母宜加供養，況稅其物？”王説偈言：

自從今已後，如斯老母比，

生子度三有，器什受供養，

> 不聽稅財物，咸應加恭敬，
>
> 設有同伴侶，駝驢及車乘，
>
> 多載眾珍寶，為此老母故，
>
> 不應格稅彼。況此一母人，
>
> 單己賣樹葉，更無餘錢物，
>
> 而當有稅奪？設我山巖窟，
>
> 經行修道處，行人於彼中，
>
> 滅結斷諸漏，尚應敬彼處，
>
> 尊重而供養。況如此老母，
>
> 能生聖子者，而當不修敬？

【校記】

（1）絃：資本作“絃”。

（2）抗：金本作“亢”。

（3）便：資本、金本、磧本、普本、洪本、南本、北本、徑本、清本作“欲”。

【注釋】

（一）波羅樹：一種野生的木本棉花。《增壹阿含經》：“毗舍羅婆如來坐波羅樹下而成佛道。”（卷四五，02/790c）《新唐書·南蠻傳上·南詔上》：“大和、祁鮮而西，人不鹽，剖波羅樹實，狀若絮，紐縷而幅之。”①

（二）關邏：即關口，指關的出入口或來往必經的處所。東晉·佛陀跋陀羅共法顯譯《摩訶僧祇律》：“世尊制戒，不聽我持應稅物過關邏處。”（卷三，22/252b）

（一八）

復次，示放逸果，欲令眾生不放逸故。

我昔曾聞，有大商主子名曰億耳，入海採寶。既得回還，與伴別宿，失伴悼惶，飢渴所逼。遙見一城，謂為有水，往至城邊，欲索水飲。然此城者是餓鬼城（一），到彼城中，四衢道頭眾人集處，空無所見，飢渴所逼，唱言水水。諸餓鬼輩聞是水聲，皆來雲集：“誰慈悲

---

① 〔宋〕歐陽修、宋祁：《新唐書》，北京：中華書局，1975 年版，第 6269 頁。

者欲與我水?"此諸餓鬼身如燋柱,以髮自纏,皆來合掌,作如是言:"願乞我水。"億耳語言:"我渴所逼,故來求水。"爾時餓鬼聞億耳爲渴所逼自行求水,希⁽¹⁾望都息,皆各長嘆,作如是言:"汝可不知此餓鬼城,云何此中而索水耶?"即説偈言:

> 我等處此城,百千萬歲中,
> 尚不聞水名,況復得飲者?
> 譬如多羅^(二)林,熾然被火焚,
> 我等亦如是,支⁽²⁾節皆火⁽³⁾然。
> 頭髮悉蓬亂,形體皆毀破,
> 晝夜念飲食,悼惶走十方。
> 飢渴所逼切,張口馳求索,
> 有人執杖隨,尋逐加楚撻。
> 耳常聞惡音,未曾有善語,
> 況與一渧⁽⁴⁾水,漬我喉舌者。
> 若於山谷間,天龍降甘露,
> 皆變成沸火,而注我身上。
> 若見諸渠河,皆變成流火,
> 池沼及河泉,悉見其乾竭,
> 或變成濃⁽⁵⁾血,臭穢極可惡。
> 設欲往馳趣,夜叉捉鐵搥⁽⁶⁾,
> 搥打不得近。我等受此苦,
> 云何能得水,以用惠施汝?
> 我等先身時,慳貪極嫉妒,
> 不曾施一人,將水及飲食。
> 自物不與他,抑彼令不施,
> 以是重業故,今受是苦惱。
> 施得大果報,春種秋獲子,
> 我等不種子,今日受是苦。
> 放逸慳貪惜,受是苦無窮,
> 一切苦種子,無過於貪嫉,
> 應當勤方便,除去如是患。

施爲善種子，能生諸利樂，
是故應修施，莫如我受苦。
等同在人中，身形無差別，
造業既不同，受報亦復異。
富貴饒財寶，貧者來請求，
諸天同器食，飯色各有異。
若墮畜生中，業報亦不同，
有得受福樂，有受苦惱者。
以此貪毒(四)故，人天及畜生，
爲慳嫉所拵(7)，所在皆損減。
餓鬼熾然苦，支節煙焰起，
如似樹赤華，醉象以鼻端(8)，
遠擲虛空中，華下被身赤。
賢聖作是說，貪嫉最苦器，
見於乞求者，其心則惱濁，
惱濁剎那(三)中，則能作鄙漏。
愚癡慳不施，以種貧窮本，
貪心而積聚，即墮於惡道，
如此慳貪者，眾苦惱根本。
是故有智者，應斷除慳貪，
誰有欲自樂，名稱恭敬等，
而捨於正道，隨逐曲惡徑？
今(9)身得苦惱，來世亦復然，
世界結使業，能遮淨施報，
所謂是慳貪，眾怨中最大。
是身大臃腫，衣食及湯藥，
一切眾樂具，貪嫉所遮斷(四)。
貪嫉極微細，細入難遮制，
當以施牢門，心屋使緻密。
莫聽彼貪嫉，而得進入中，
貪嫉設入心，渠河及大海。

能遮使不飲。億耳見放逸，

乃[(10)]有是過惡，即厭惡生死，

還歸求出家。既得出家已，

精勤修定慧，逮證羅漢果。

【校記】

(1) 希：金本、磧本、洪本、南本作"悕"。

(2) 支：資本、磧本、普本、洪本、南本、北本、徑本、清本作"肢"。

(3) 火：金本作"煙"。

(4) 渧：資本、磧本、普本、洪本、南本、北本、徑本、清本作"滴"。

(5) 濃：磧本、洪本、南本、北本、徑本、清本作"膿"。

(6) 捶：金本作"錘"，資本、磧本、普本、洪本、南本、北本、徑本、清本作"棒"。

(7) 抃：資本、磧本、普本、洪本、南本、北本、徑本、清本作"抙"。

(8) 端：資本、磧本、普本、洪本、南本、北本、徑本、清本作"掣"，金本作"捆"。

(9) 今：資本、磧本、普本、洪本、南本、北本、徑本、清本作"貪"。

(10) 乃：資本、磧本、普本、洪本、南本、北本、徑本、清本作"及"。

【注釋】

(一) 餓鬼城：指餓鬼居住的地方。唐·玄奘譯《阿毗達磨順正理論》："贍部洲西，有五百渚，於中有二，唯鬼所居。渚各有城二百五十，有威德鬼，住一渚城。一渚城居無威德鬼。"（卷三一，29/516c）

(二) 多羅：即多羅樹，梵文 Tāla。唐·玄應《一切經音義》："多羅，案《西域記》云：其樹形如棕櫚，極高者七八十尺，果熟則赤如大石榴，人多食之。東印度界其樹最多。"（卷二，56/832a）其樹葉寬闊且長，堅韌平滑，易於書寫，故印度古代常在其上書寫經文，稱爲貝多羅葉。因爲此樹如果當中折斷，則不再生芽，所以佛教典籍中常用此來比喻比丘所犯重罪。如《阿毗達磨俱舍論》："大師此中立如是喻，如多羅樹，若被斷頭，必不復能生長廣大，諸苾芻等犯重亦然。"（卷一五，29/079a）

(三) 刹那：《勝鬘寶窟》："外國稱刹那，此云念也。"（卷二，37/043a）《華嚴經探玄記》："刹那者，此云念頃，於一彈指頃有六十刹那。"（卷一八，35/458b）梵文 Ksana。指心念起動的時間，用來形容極短的時間，是表示時間的最小單位。與"須臾""念頃"義同。

（四）遮斷：攔阻。《成實論》："若説斷貪或是遮斷，或畢竟斷。若不生真智，則是遮斷；隨生真智，是畢竟斷。"（卷一五，32/358a）

（一九）

復次，若無過者，得譏呵人；若自有過，呵於彼者，他反蚩笑。

我昔曾聞，倮形婆羅門與諸沙門同道而行，有一年少比丘笑彼倮形以無慚愧。時彼倮形衆中有婆羅門少解佛法，語比丘言："長老！不可以汝出家幖⁽¹⁾幟⁽²⁾輕慢欺人，不可以汝出家形貌能斷煩惱。若未能斷生死流轉^(一)，未有出期^(二)，汝於後身未脱倮形，何故見笑？汝於今者生死之中，如兜羅^(三)樹華，隨風東西，未有定時。汝應自笑，不應笑他。知汝後時，爲趣何道？如灰覆火，結使在心，未必可保。汝今莫自謂有慚愧，覩汝所爲，未得脱於諸見^(四)之網。夫慚愧者，定不入於諸見之網。若不起惡覺^(五)，是名慚愧。汝自不入決定數^(六)中，云何笑他？"時諸比丘聞倮形婆羅門如法而説，默無所答。餘比丘聞已，嘆言正説："能斷結者名有⁽³⁾慚愧，若不斷結名比丘者，伎人剃髮應是比丘。然諸伎人雖復剃髮不名比丘，當知得見四真諦法名真沙門。何以故？如經中説：'不見四諦，邪正不定；邪正不定，所見錯謬。'是故應當勤修四諦。若見諦者，所見真正，永離邪趣。"

【校記】

（1）幖：金本作"標"。

（2）幟：金本作"式"。

（3）有：資本、金本、磧本、普本、洪本、南本、北本、徑本、清本作"爲"。

【注釋】

（一）流轉：謂相續不斷。《瑜伽師地論》："諸行因果相續不斷性，是謂流轉。"（卷五二，30/587c）《俱舍論頌疏論本》："言流轉者，以識爲體，於生死中流轉故也。"（卷三，41/835a）

（二）出期：即出離生死大苦的期限。《佛説無量壽經》："數千億劫無有出期，痛不可言。"（卷二，12/275a）

（三）兜羅：樹名，梵文 Tūla。《俱舍論記》："姤羅綿，姤羅是樹名，

綿從樹果中出，名妬羅綿，如言柳絮。"（卷一一，41/189b）

（四）見：《摩訶止觀》："一切凡夫未階聖道，介爾起計，悉皆是見。"（卷五，46/062a）梵文 darśana。指由眼睛所見或者推想，而產生的對事物的見解。其有正見、邪見之分。

（五）惡覺：《大乘義章》："邪心思想，名之爲覺。覺違正理，故稱爲惡。惡覺不同。離分有八。"（卷五，44/574c）指違背正理的思想，有八種分類。

（六）決定數：指所見真正，無有邪見。決定，指心志堅定而不爲外物所動。數，指智慧。唐代惠沼述《成唯識論了義燈》卷二曰："數是智慧。"（卷二，43/688b）此處指保形婆羅門嘲諷年少比丘雖是比丘，然而不見四諦之義，未離邪趣。

（二〇）

復次，善觀察者，見於好色，無有欲意，多生厭惡；見好色時，不起愛瞋。

我昔曾聞，有一寺廟⁽⁻⁾，多諸比丘。中有法師，三明六通，言辭巧妙，具足辯才，知自他論，善能問答，應機説法，悦適衆心，能然法燈照除愚冥，使城内外所有人民於日日中皆來聽法。既聽受已，乃至少年，皆不放逸。時彼城中有舊婬女，咸皆嘆息，作如是言："我等今者，無人往返，受若斯苦，爲當久近？"彼婬女女盛年端正，聰慧非凡，善知世論⁽⁼⁾，女人所有六十四藝⁽三⁾悉皆明達。見母憂慘，即問母言："今者何故憂苦乃爾？"母告女言："今此城中一切人民悉樂聽法，更無往返至我邊者，資財空匱，無由而得，我以此事，是故愁耳。"女聞是已，自恃端正，語其母言："我今自嚴往至彼會，能令彼會一切衆人悉隨我來。"作是語已，尋自沐浴，衆香塗身，瓔珞上服，首戴華鬘，足所著履，衆寶莊校，右手執杖，行步妖嬈⁽一⁾，逶迤拱姿，種種莊嚴，如華樹行，猶如天人，將諸侍從，華鬘瓔珞，嚴身上服，亦皆殊妙。此諸從者，或執金瓶，或持拂扇，或捉香花，侍衞彼女。將⁽²⁾諸妓人，而自圍繞，並語並笑，或舉右手，指麾道徑。復有黃公，耳插衆華，玄黃朱紫，綵⁽³⁾畫其身，歡笑戲謔，種種巧嘲，亦復舉手，指前指後。於其路中，香氣四塞，鼓樂弦⁽⁴⁾歌。往至寺所，處一空室，待衆集會。説法時到，無數千人皆來聚集。爾時法師，頭髮極白，秀眉覆目，善調諸根，其心無畏，如師子王，即昇高座，而說偈言：

> 我觀淺智者，莫由昇此座，
> 怯弱如野干[四]，戰[5]懼不自寧。
> 吾今昇此座，處衆無所畏，
> 喻如狩[6]中王，哮吼摧邪論。

爾時法師，即爲大衆次第說法。時彼婬女，爲欲擾動時衆心故，即於門中，而現其身，其所將從散入人間[7]，各指婬女語衆人言："此女端嚴，姿容可愛，汝等且觀，用聽法爲？"時彼諸人，聞是語已，即便顧眄，心意不安。爾時法師未解其意，怪其所以，即問衆人："汝等何故視瞻改常，心意錯亂？汝豈不知，死來迅速，猶如奔馬，是故宜勤修諸善行。"即說偈言：

> 十力大法炬，普照於世界，
> 慧明未潛隱，宜速修善業。
> 堅意集善[8]行，晝夜勿懈倦，
> 一切智語燈，不久當隱没。
> 若其隱没後，衆生盡黑暗，
> 雖有日光照，猶名爲大暝。

爾時衆會聞是偈已，敬奉法教，攝意聽法。時彼婬女，見衆人等攝心斂意，復作姿態，衆會親已，心還散亂。爾時法師，復說偈言：

> 彼女作姿態，令會生渴愛，
> 爲欲情所牽，奪其專念心。
> 用敬吾教故，遮制[五]令還止，
> 如何彼妖孽，惑亂衆人目？
> 譬如青蓮鬘，漂鼓隨波動，
> 衆心亦如是，熠燿不暫停。

爾時衆人情既耽惑，觀此妙色，失慚愧心，更相指示，而說偈言：

> 斯女美姿容，今來甚爲吉，
> 如彼月初生，墜落在于地，
> 容貌超時倫，淨目極美妙，

　　　　　　將非藍婆⁽六⁾女，爲帝釋所遣，

　　　　　　或是功德天⁽七⁾，然手不執花。

　　復有一人，而説偈言：

　　　　　　咄哉此女人，儀容甚奇妙，

　　　　　　目如青蓮花，鼻脯眉如畫，

　　　　　　兩頰悉平滿，丹脣齒齊密，

　　　　　　凝膚極軟懦，莊麗甚殊特，

　　　　　　威相可悦樂，煒耀如金山。

　　時諸優婆塞，愛其容貌，心意錯亂。時彼婬女左右侍從，見斯事
已，深自慶幸，叱叱而言：“我等今者所作甚善，能使衆會注意乃
爾。”彼時法師怪諸四衆搔擾改常，以手搴眉，顧瞻時會，見是婬女
儀容端正，及其侍從皆悉莊嚴，婬女處中，曒若明星，奪愚人心，令
失正念⁽八⁾。時彼法師觀女人意，爲以何事而來此耶⁽九⁾？即默入定，
知其邪惑，不爲聽法。然此法師雖斷瞋恚，外現忿色，發聲高唱，語
婬女言：“汝如蟻封，而欲與彼須彌山王比其高下，豈可不聞昔佛在
世，第六天王⁽九⁾不自量力，敢於佛所現⁽一〇⁾作遍嬈⁽一一⁾，世尊神力乃以
死屍而繫其頸，慚耻無顏，人天所笑。汝意便謂佛法教學以爲滅耶？
專精聲聞豈可無耶？諸勝丈夫都没盡耶？汝若如是，宜堅自持。”時
彼法師即以神通變此婬女，膚肉墮落，唯有白骨，五内諸藏悉皆露
現。即於衆前，唤此婬女：“汝於向者興起惡心，敢與佛法而共諍
競。”時此婬女以此骨身在衆前立。爾時法師，即説偈言：

　　　　　　汝向妙容色，挺特衆所觀，

　　　　　　今膚肉盡變，唯有空骸骨。

　　　　　　汝先悦素白，今始見實相，

　　　　　　頂骨類白珂⁽一二⁾，形色如藕根，

　　　　　　眼匡骨䫌⁽一三⁾頄⁽一四⁾，兩頰如深溝，

　　　　　　機關悉解落，筋脉粗相綴，

　　　　　　在内諸藏等，懸空而露現。

　　　　　　其所將從者，自見生厭惡，

　　　　　　況復餘大衆？而當樂見之。

　　爾時骨人爲彼法師變其形已，身心俱困，不能自申⁽一五⁾，即叉骨

手，歸向法師。爾時法師告骨人言："汝之容色瓔珞嚴身種種校飾，
但惑凡夫，令其深著，没三有池。汝今若能除去姿態，捨莊嚴具，吾
當示汝寂净妙身，令汝得知不净市肆。而此身者，薄肉覆上，穢惡充
溢，外假脂粉，以惑愚⁽¹⁶⁾目，凡夫耽惑，爲欲所盲，故生染著。何
有智者諦觀察已當愛翫之？"時諸會者觀斯事已，咸生厭患，各相謂
言："世尊所説信實不虛，一切諸法如幻如化如水聚沫如金塗錢，但
誑惑人。向者女人所有美色容止可觀，於今忽然但見骨聚，儀容端正
作諸姿⁽¹⁷⁾態，狀若蠱道，如是之事，今何所在？"

有一優婆塞，以指支頰，諦觀此⁽¹⁸⁾女，而説偈言：

> 牟尼説衆生，爲欲愛所盲，
> 盲無慧目故，不得趣涅槃。
> 譬如任婆^(一〇)葉，蜜著虫所唼，
> 爲貪之所惑，至死而不捨。
> 諸不放逸人，諦實觀身相，
> 而不起欲覺，喻⁽¹⁹⁾如白鶴王，
> 常處於清池，不樂於冢⁽²⁰⁾間。

復有優婆塞而作是言："見此姿容，便生欲想；觀彼白骨，即用
除滅。"而説偈言：

> 觀彼骸骨聚，能生人怖畏，
> 如似毗陀羅^(一一)，咒術之機關，
> 愚者謂之寶，便生樂著心。
> 如道深坑穽，以草覆其上，
> 此身亦如是，當作如是觀。
> 諦實知是已，誰當起欲想？

爾時惑著愚無智者聞是偈已，低頭避之，遂不喜聞。時彼女人自
見其身爲人所患，五體投地，即説偈言：

> 我先愚無識，不自量己力，
> 願回聽法衆，一切將歸家。
> 今始知釋子，勢力甚奇特，
> 變我妙姿貌，覩者生厭患。
> 我如攖愚者，所爲極輕躁，

敢以牛迹水，欲比于大海。

唯願垂[21]哀矜，聽我歸誠懺。

爾時大衆見彼女人諸骨相拄，猶如韋舍，甚生怪愕，彼骨聚中云何乃能作如是說？又見五藏悉皆露現，譬如屠架所懸五藏，蠢蠢蠕動，猶如狗肉，諸藏臭穢，劇於廁溷。我等云何乃見此事？即說偈言：

今觀女人身，唯筋連枯骨，

但見空骨聚，和合出言音。

女中有骨耶？骨中有女耶？

譬如曠澤中，蘆葦[一二]之叢林，

因風共相鼓，便出大音聲。

如斯因假法，不見女自體，

若無自體者，女相安所在？

遍推諸法中，昔來未曾有。

我諦[22]觀身相，去來及進止，

屈申與[23]俯仰，顧視並語言，

諸節相支拄，骨肋[24]甚稀[25]踈，

筋纏爲機關，假之而動轉。

如是一一中，都無有宰主，

而今此法者[26]，爲有爲無耶？

我爲狂癡惑，爲澹陰[27]亂目？

云何如是中，妄生有女相？

縛葦作機關，多用於縆[28]縷，

譬如融[29]真金，注水則發聲。

爾時法師知諸四衆皆生厭惡，告婬女言："汝於今者欲何所作？"

女白[30]法師："願捨舍不？"即說偈言：

大頭仙舍不？變天女藍婆，

使其作草馬，具滿十二年。

汝今作舍不？使我作冢間，

世間未曾見，如是之舍不？

善自在大德，愍我願除却。

爾時法師即便微笑，而説偈言：

> 善女汝但起，我無瞋恚心，
> 剃頭著袈裟^(一三)，終無舍不法。
> 有欲愛著彼，損彼生苦惱，
> 作好作惡者，便能生瞋恚。
> 瞋恚作舍不？我滅瞋恚結，
> 斷除於無明，體性是無結。⁽³¹⁾
> 我欲救衆生，云何作舍不？
> 生老病死等，苦惱諸衆生。
> 云何有智人？而當作舍不？
> 猶如惡毒瘡，加復燥⁽³²⁾惡灰，
> 薄皮覆機關，凡愚生愛惑，
> 我以神足力，開汝不淨^(一四)篋。

説是偈已，還攝神足，女服⁽³³⁾本形。爾時法師告衆會言：“汝等宜勤修善。”即説偈言：

> 顛倒欲想⁽³⁴⁾行，喻若風起塵，
> 正觀離欲面，洗濯欲塵埃。
> 有欲及離欲，處所未必定，
> 善觀得解脱，貪惑而增欲。
> 是故應常修，專精離欲想，
> 離欲衆善寂，獲剋諸禪樂^(一五)。
> 時彼聽法衆，或得不淨觀，
> 有得須陀洹，於修離欲想。
> 或得阿那含^(一六)，復有出家者，
> 勤修不懈怠，逮得阿羅漢。

【校記】

(1) 孆：磧本、普本、洪本、南本、北本、徑本、清本作“孆”。

(2) 將：資本、金本、磧本、普本、洪本、南本、北本、徑本、清本作“從”。

(3) 綵：資本、磧本、普本、洪本、南本、北本、徑本、清本作“彩”。

(4) 弦：資本、磧本、普本、洪本、南本、北本、徑本、清本作“絃”。

（5）戰：資本、磧本、普本、洪本、南本、北本、徑本、清本作“顫”。

（6）狩：資本、磧本、普本、洪本、南本、北本、徑本、清本作“獸”。

（7）間：北本、徑本作“聞”。

（8）善：資本、金本、磧本、普本、洪本、南本、北本、徑本、清本作“苦”。

（9）耶：資本、金本、磧本、普本、洪本、南本、北本、徑本、清本作“耳”。

（10）現：資本、磧本、普本、洪本、南本、北本、徑本、清本作“頑”。

（11）嬈：資本、磧本、普本、洪本、南本、北本、徑本、清本作“繞”。

（12）珂：資本、金本、磧本、普本、洪本、南本作“舸”。

（13）頷：資本、磧本、普本、洪本、南本、北本、徑本、清本作“陷”。

（14）頫：資本、普本、金本作“頭”，北本、徑本、清本作“頣”，磧本、洪本、南本作“頓”。

（15）申：磧本、洪本、南本、北本、清本作“伸”。

（16）愚：資本、磧本、普本、洪本、南本、北本、徑本、清本作“患”。

（17）姿：資本、磧本、普本、洪本、南本作“恣”。

（18）此：資本作“比”。

（19）喻：資本、金本、磧本、普本、洪本、南本、北本、徑本、清本作“踰”。

（20）冢：資本、磧本、普本、洪本、南本、北本、清本作“家”。

（21）垂：資本、磧本、普本、洪本、南本、北本、徑本、清本作“悉”。

（22）諦：資本、金本、磧本、普本、洪本、南本、北本、徑本、清本作“等”。

（23）與：北本、徑本、清本作“於”。

（24）肋：資本、磧本、普本、洪本、南本、北本、徑本、清本作“骼”，金本作“髀”。

（25）稀：金本、磧本、洪本作“悕”。

（26）者：資本、金本、磧本、普本、洪本、南本、北本、徑本、清本作“中”。

（27）澹陰：資本、磧本、普本、洪本、南本、北本、徑本、清本作

"痰癊"。

（28）綖：資本、普本、北本、徑本、清本作"線"。

（29）融：資本、磧本、普本、洪本、南本、北本、徑本、清本作"鎔"。

（30）白：頻本作"曰"。

（31）瞋恚作舍不？我滅瞋恚結，斷除於無明，體性是無結：此四句二十字，資本、磧本、普本、洪本、南本、北本、徑本、清本脱。

（32）燥：資本、磧本、普本、洪本、南本、北本、徑本、清本作"澡"。

（33）服：北本、徑本、清本作"復"。

（34）想：資本、金本、磧本、普本、洪本、南本、北本、徑本、清本作"相"。

【注釋】

（一）寺廟：指佛教寺院。晋·法炬共法立譯《法句譬喻經》："二者，興立寺廟，供養三尊。"（卷四，04/606b）《晋書·佛圖澄傳》中也描述了當時百姓因爲佛圖澄而多奉養佛陀、建造佛寺、出家修行的情況[1]。印度的寺廟因修行人數和地點的不同而存在僧伽藍摩（sangharama）與阿蘭若（aranya）兩種[2]。中國漢地的第一座佛寺，爲東漢明帝時洛陽的白馬寺。其時，印度僧人攝摩騰、竺法蘭以白馬負馱佛典和佛像至洛陽[3]。"寺"，原爲官吏辦公的地方，《漢書·元帝紀》："壞敗豲道縣城郭官寺及民室屋，壓殺人衆。"顔師古注曰："凡府庭所在皆謂之寺。"[4] 自白馬寺始，"寺"就有了佛寺之義。"廟"原爲宗廟，是祭祀先祖神位的場所，《詩·周頌·清廟序》："清廟，祀文王也。"漢·鄭玄箋："廟之言貌也。死者精神不可得而見，但以生時之居立宮室，象貌爲之耳。"[5] 也用於稱佛寺。此詞爲同義連用。另外，"寺院"亦表示佛教寺廟，亦爲同義連用。

（二）世論：即順世外道的言論。主要内容是認爲一切事物均是自由

---

[1] 《晋書》："百姓因澄故多奉佛，皆營造寺廟，競相出家。"

[2] 僧伽藍摩爲出家人共同修行的園林、道場；阿蘭若是一人或者兩三人隱居修行的簡陋之處。

[3] 〔宋〕趙元衛《雲麓漫鈔》卷六："漢明帝夢金人，而摩勝、竺法始以白馬馱經入中國，明帝處之鴻臚寺。後造白馬寺居之，取鴻臚寺之義。隋曰道場，唐曰寺。本朝則大曰寺，次曰院。"

[4] 〔漢〕班固：《漢書》，〔唐〕顔師古注，北京：中華書局，1962年版，第282頁。

[5] 〔漢〕毛亨傳、鄭玄箋，〔唐〕孔穎達等正義：《毛詩正義》，上海：上海古籍出版社，1990年版，第705頁。

發生滅亡，人死則形體精神皆滅亡，没有善惡因緣果報之説。提倡人生在世應及時享樂。順世外道與釋尊同時代。

（三）女人所有六十四藝：即古印度妓女必須研習的六十四藝。

（四）野干：獸名。唐·玄應《一切經音義》："野干，梵言'悉伽羅'。形色青黃，如狗群行，夜鳴，聲如狼也。字又作'射干'。"（卷七〇，54/763a）同書又載："野干，葛寒反。郭璞曰：'射干，能緣木也。'廣志云：'採果於危岩高木也。'集從犬作犴，非也。"（卷九九，54/921b）後秦·佛陀耶捨共竺佛念譯《長阿含經》："譬如野干疥癩衰病，死丘塚間，彼尼乾子亦復如是。"（卷一一，01/066c）《敦煌變文集·伍子胥變文》："狀似被趁野干，遂使狂夫莨菪。"①

（五）遮制：指對比丘所犯輕罪的禁戒。其中，遮爲制止之義。

（六）藍婆：梵名 Lambā。《妙法蓮華經》："爾時有羅刹女等，一名藍婆，二名毗藍婆，三名曲齒，四名華齒，五名黑齒，六名多髮，七名無厭足，八名持瓔珞，九名睪帝，十名奪一切衆生精氣，是十羅刹女。"（卷七，09/059a）唐·慧琳《一切經音義》："藍婆女，准《法華》中，十羅刹女有名藍婆，此云乘。"（卷二五，54/465a）其守護法華行者。

（七）功德天：即吉祥天女。其初爲婆羅門教與印度教的女神，後佛教將此神列爲四大天王之一毗沙門天之妹。

（八）正念：指常常憶念正道而不忘失。爲八正道之一。

（九）第六天王：即他化自在天王。其居欲界六欲天的最上層，故有此稱。因爲此天王在佛陀即將成道時作妨害之事，所以也稱魔王。明·一如等編集《大明三藏法數》："此魔即欲界第六天也。若人勤修勝善欲超越三界生死，而此天魔爲作障礙，發起種種擾亂之事，令修行人不得成就出世善根，是名天魔。"（卷一二，181/840b）佛教故事中記載釋尊在修行時曾多次拒絶他的誘惑。

（一〇）任婆：樹名，又作絍婆、賃婆。梵文 Nimba。玄應《一切經音義》："絍婆，古文任同。女林如深二反，樹名也。葉苦可煮爲飲，治頭痛也。如此閒苦楝樹也。"（卷二，56/845c）

---

① 王重民、王慶菽、向達、周一良、啓功、曾毅公編：《敦煌變文集》，北京：人民文學出版社，1957 年版，第 10 頁。

（一一）毗陀羅：印度指使死尸去殺人的一種咒法。後秦·弗若多羅共羅什譯《十誦律》曾載："毗陀羅者，有比丘以二十九日，求全身死人。召鬼咒尸令起，水洗著衣著刀手中，若心念若口説：'我爲某故作毗陀羅。'即讀咒術，是名毗陀羅成。若所欲殺人，或入禪定，或入滅盡定，或入慈心三昧。若有大力咒師護念救解，若有大力天神守護，則不能害。是作咒比丘，先辦一羊。若得芭蕉樹，若不得殺前人者，當殺是羊若殺是樹。如是作者善，若不爾者，還殺是比丘，是名毗陀羅。"（卷二，23/009b）

（一二）蘆葦：草本植物名。生近水旁，葉形似披針。其莖可用於編席、造紙等，根莖可入藥。開紫色花。此詞早見於《正法華經》："如諸邪道，一切愚癡，長益繫縛，如象著絆，草刺棘樹，蘆葦褐褐，莖節枝葉，及諸華實。"（卷三，09/083c）

（一三）袈裟：梵文 kaṣāya。指佛教僧尼所穿的法衣。袈裟是用小片連綴而成，呈長方形，形制分爲五條、七條和九條（九條至二十五條爲一類，稱作祖衣）三種。因其色濁，又稱"淄衣""染衣"。唐宋時期以被賜紫衣爲沙門的榮譽。

（一四）不净：爲污穢、鄙陋、醜惡、過罪等的總稱。《七處三觀經》："四者不净爲净，爲思爲意爲見顛倒。"（卷一，02/876c）

（一五）禪樂：指修行之人入於禪定之後，所獲得的寂静安定的適悦之情。此爲三樂之一。

（一六）阿那含：梵文 anāgāmin。爲聲聞乘的第三果。《大乘義章》："阿那含者，此名不還。小乘法中，更不還未欲界受身，名阿那含。"（卷一一，44/676c）

（二一）

復次，無戀著心，一切能施，得大名稱，現世獲報，是故應施，不應悋著。

我昔曾聞，弗羯羅衛國有一畫師名曰羯那，有作因緣詣石室國⁽¹⁾。既至彼已，詣諸塔寺，爲畫一精舍，得三十兩金，還歸本國。會值諸人造般遮于瑟⁽²⁾，生信敬心，問知事比丘："明日誰作飲食？"答言⁽¹⁾："無有作者。"復問："彼比丘一日之食，須幾許物？"答言："須三十兩金。"時彼畫師即與知事比丘三十兩金。與彼金已，還歸于家。其婦問言："汝今客作，爲何所得？"夫答婦言："我得三十兩金，用施福會。"

其婦聞已，甚用忿恚，便語諸親，稱説夫過，所得作金盡用施會，無有遺餘用營家業。"爾時諸親，即將彼人詣斷事處，而告之曰："錢財叵得，役力所獲，不用營家及諸親里，盡用營設於諸福會。"時斷事官聞是事已，問彼人言："竟爲爾不?"答言："實爾。"時斷事官聞是事已，生希有想，即便讚言："善哉丈夫!"脱己衣服并諸瓔珞及以鞍馬，盡賜彼人，而説偈言：

> 久處貧窮苦，傭作得錢財，
>
> 不用營生業，以施甚爲難。
>
> 雖復有財富，資生極豐廣，
>
> 若不善觀察，不能速施與。
>
> 遠觀察後身，知施有果報，
>
> 勇猛能捨財，離於慳塵垢，
>
> 有是行法人，持施⁽²⁾使不没。

時彼畫師聞此偈已，歡喜踊⁽³⁾躍，著其衣服⁽⁴⁾，乘此鞍馬，便還其家。時彼家人見著盛服乘馬至門，謂是貴人，心懷畏懼，閉門藏避。畫師語言："我非他人，是汝夫主。"其婦語言："汝是貧人，於何得是鞍馬服乘?"爾時其夫以偈答言：

> 善女汝今聽，我當隨實説，
>
> 今⁽⁵⁾雖捨施僧，施設猶未食，
>
> 譬如未下種，芽莖今已生，
>
> 福田極良美，果報方在後。
>
> 此僧浄福田，誰不於中種?
>
> 意方欲下種⁽⁶⁾，芽生衆所見。

時婦聞已得浄信心，即説偈言：

> 如佛之所説，施僧得大果，
>
> 如今所布施，真得施處所。
>
> 敬心施少水，果報過大海，
>
> 一切諸衆中，佛僧最第一，
>
> 開意方欲施⁽⁸⁾，華應已在前。⁽⁷⁾

【校記】

(1) 言：頻本作"曰"。

（2）施：資本、普本、徑本作“持”，磧本、洪本、南本、北本、清本作“地”。

（3）踊：資本、磧本、普本、洪本、南本、北本、徑本作“勇”。

（4）衣服：資本、金本、磧本、普本、洪本、南本、北本、徑本、清本作“服衣”。

（5）今：資本、磧本、普本、洪本、南本、北本、徑本、清本作“金”。

（6）下種：資本、金本、磧本、普本、洪本、南本、北本、徑本、清本作“種下”。

（7）開意方欲施，華應已在前：此二句十字，金本脱。

（8）施：資本、金本、磧本、普本、洪本、南本、北本、徑本、清本作“死”。

【注釋】

（一）石室國：北印度古國名，梵文 Takshasilā。此國位於“今巴基斯坦首都伊斯蘭堡西北，地處印度河支流的哈囉河谷地帶”①，是古代南亞同東、西、中亞貿易往來的重要樞紐。其“在歷史上經歷了即波斯人、馬其頓人、孔雀王朝、大夏－希臘人、塞人、帕提亞人和貴霜人的統治”②。東晉·法顯《高僧法顯傳》中提到法顯曾於公元 400 年造訪該地，其時稱爲竺刹尸羅國，這是我國歷史上有關該國的第一次記載。③ 後北魏·楊衒之《洛陽伽藍記》亦有宋雲到達該國的記録。公元 7 世紀玄奘造訪該地，時記爲“呾叉始羅國”。

（二）般遮于瑟：梵名 Pañcavārṣika。指五年設立一次的容受一切人的大齋會。漢文記載多作“無遮大會”。又作般遮婆瑟、般遮跋瑟迦等。唐·慧琳《一切經音義》：“般闍于瑟，或作般遮于瑟，皆訛略也。應言般遮跋利沙，又言般遮婆栗史迦。般遮，此云五；婆栗史迦，此云年。謂五年一大會也。佛去世一百年後，阿瑜迦王設此會也。自兹以後，執見不

---

① 鄒飛：《塔克西拉佛教遺址發掘歷程述論》，《敦煌學輯刊》2017 年第 3 期，第 178～188 頁。

② 李崇峰：《犍陀羅、秣菟羅與中土早期佛像》，《佛教考古：從印度到中國》，上海：上海古籍出版社，2014 年版，第 737 頁。

③ 章巽《法顯傳校注》：“自此東行七日，有國名竺刹尸羅。竺刹尸羅，漢言截頭也。佛爲菩薩時，于此處以頭施人，故因以爲名。”

同，五師競分遂成五部或十八部也。"（卷六七，54/749c）

（二二）

復次，夫修施者，在勝信心，兩錢布施，果報難量。

我昔曾聞，有一女人至畫暗山，見衆人等於彼山中作般遮于瑟。時彼女人於會乞食，既覩衆僧，心懷歡喜，而讚嘆言："善哉聖僧！譬如大海衆寶窟宅，衆人供養，我獨貧窮，無物用施。"作是語已，遍身搜求，了無所有，復自思惟："先於糞中得二銅錢。"即持此錢奉施衆僧。時僧上座，得羅漢果，豫知人心。而彼上座常[1]自珍重，見彼女人有深信心，爲欲增長彼功德故，不待維那[一]，躬自慇懃，起爲咒願，即舉右手，高聲唱言："大德僧聽！"即說偈言：

大地及大海，所有諸寶物，

如此童女意，悉能施與僧。

留心善觀察，行道爲修福，

使得解脫道，離貧窮棘刺。

時彼童女極生大心[二]，如師所説，我作難作，便捨一切資財珍寶等無有異，悲欣交集，五體投地，歸命諸僧，以此兩錢，置上座前，涕泣不樂，即說偈言：

願我生死中，永離於貧窮，

常得歡慶集[2]，親戚莫別離。

我今施僧果，唯佛能分別，

由此功德故，速成所願果，

所種微善心，身根願速出。

時彼女人出彼山[3]已，坐一樹下，樹蔭不移，上有雲蓋。時彼國王適喪夫人，出外遊行，見彼雲蓋，往至樹下，見此童女，心生染著，將還宮內，用爲第一最大夫人。即作是念："我先發願，今已稱心。"即白國王："多齎寶物，施設供具，詣畫暗山，供養衆僧，寶珠瓔珞，種種財物，持用奉施。"彼時上座，不爲咒願。爾時大衆疑怪所以，而作是言："先者貧賤，兩錢施時起爲咒願，今者乃爲王之夫人，珍寶瓔珞種種財物而用布施，不爲咒願。"時彼上座語衆僧言："我先爲彼咒願之時，不爲財物，乃恐童女心意[4]錯亂，故爲咒願。"即說偈言：

不以錢財多，而獲大果報，

唯有勝善心，乃得大果[5]報。

彼女先施時，一切悉捨施，

佛智能分別，非我所能知。

今雖財寶多，不如彼時心，

十六分中一。若心擾濁施，

譬如諸商賈，少於諸財物，

心期於大報。所施物雖小，

心意勝廣大，以是故未來，

得報亦無量。如阿輸迦王[三]，

淨心用土施，亦如舍衛城[四]，

窮下之女人，飯漿施迦葉。

施土得大地，飯漿天中勝，

施少心淨廣，得報亦弘大。

譬如白淨衣，以油渧其上，

垢膩遂增長，亦猶油渧水。

油渧雖微小，遍於池水上，

以是故當知，心勝故報大。

大莊嚴論經[6]卷第四

【校記】

(1) 常：北本、徑本、清本作“當”。

(2) 集：資本作“得”。

(3) 山：資本作“者”。

(4) 意：資本、磧本、普本、洪本、南本、北本、徑本、清本作“重”。

(5) 果：頻本作“畏”。

(6) 論經：資本、磧本、普本、洪本、南本、北本、徑本、清本作“經論”。

【注釋】

(一) 維那：《南海寄歸內法傳》：“授事者，梵云羯磨陀那。陀那是授，羯磨是事。意道以眾雜事指授於人。舊云維那者，非也。維是唐語，

意道綱維。那是梵音，略去羯磨陀字。"（卷四，54/226b）指寺院中管理
衆僧生活雜事的職僧。"維"是統理管理之義；"那"是梵語 karmadāna
（音譯羯磨陀那）的略譯。此詞爲梵漢並舉。

（二）大心：指大菩提心。即求取大菩提的願心。

（三）阿輪迦王：即阿育王。是公元前 3 世紀的古代印度孔雀王朝國
主，梵文 Aśoka。其在位期間，統一全印度，以佛教治國，並將佛教積極
傳播至國外，是印度佛教發展史上有名的護法國王。《阿育王》與《阿育
王傳》① 詳細記載了他的身世。阿育王少年時期不受先王重視，與兄弟蘇
深摩爭奪王位。即位後前期對内暴政，對外擴張。後期認識到戰爭的殘
酷，開始推行佛法，利用佛法治國。

（四）舍衛城：爲拘薩羅國的都城。巴利文 Sāvatthī。"为今印度北方
邦首府 Lucknow 東北約 100 公里 Balrampur 市 Sahet、Mahet 二村。"②
"舍衛"原無城或國的意思，但佛教典籍中還有"舍衛國"之稱，這應該
是印度古代的小國大部分是以一個主要城市爲中心並結集周圍的村鎮而形
成的，這些小國就常常以中心城市之名爲國名（參見崔連仲：《從佛陀到
阿育王》，遼寧大學出版社，1991 年版，第 27 頁）。

---

① 花氏城頻頭莎羅子名宿尸魔時，瞻婆羅國有婆羅門生一女寶。相師占言："必爲王后爲
王寵愛。當生二寶子，一者當作轉輪聖王王四分之一，二者出家得阿羅漢。"婆羅門聞極大歡喜，
便將是女至花氏城，衆寶瓔珞以莊嚴之，嫁與頻頭莎羅王爲妻。王即納娶置於後宮。（《阿育王
傳》卷一，50/099c）

② 屈大成：《漢譯〈雜阿含〉地名考》，《中國佛學》2018 年第 2 期，第 30—53 頁。

大莊嚴論經卷第五

馬鳴菩薩造　後秦三藏鳩摩羅什譯

（二三）

復次，若人親近有智善友，能令身心内外俱净，斯則名爲真善丈夫。

我昔曾聞，有一比丘次第乞食至大婆羅門家。時彼家中遇比丘已，屋棟摧折，打破水瓮，牸牛絶靷，四向馳走。時婆羅門即作是言："斯何不祥？不吉之人來入吾家，有此變怪。"比丘聞已即答之言："汝頗見汝家内諸小兒等，瘦腹脹面目腫不？"婆羅門言："我先見之。"比丘復言："汝舍之中有夜叉鬼，依汝舍住，吸人精氣，故令汝家諸小兒等有斯疢[1]疾，今此夜叉以畏於我，恐怖逃避，以是令汝楝折瓮破，牸牛絶靷。"婆羅門言："汝有何力？"比丘答言："我以親近如來法教，有此威力，故令夜叉畏我如是。"婆羅門復作是言："云何名爲如來法教？"于時比丘次第爲説佛法教誡[2]，令婆羅門夫婦聞已心意解悟，俱得須陀洹果。時婆羅門，即説偈言：

> 善哉上德者，善説真實法，
> 佛教從耳聞，入我心屋宅，
> 使我家安隱，爲我作擁護。
> 唯願於今者，少聽我所説，
> 破我心意舍，折我愚癡楝。
> 善爲我驅遣，吸功德夜叉，
> 除諸見羅刹，惑[3]盗以爲瓮，
> 身見水盈滿，今者已破壞。

癡乳牛奔走，挽絶無明靷，
如向所見事，悉集我身中。
諸色猶如鏡，影像在中現，
無始生死中，未曾見斯事，
我今因於汝，始見四聖諦。
今值善知識，緣會故相遇，
除我心貪患，去我家中鬼。
世間久已傳，四圍陀⁽一⁾所説，
應作於大祀，莊嚴種種物，
備具祀場上，恒河等大濟，
洗浴除罪過，速疾得生天。
我昔來修行，未曾得果報，
然我未能知，爲定得不得？
祀祠及洗⁽⁴⁾浴，不如近善友。
我今近善友，已獲其果證。
不生又不死，解脱趣涅槃，
永離怖畏處，非是財寶求。
假王威勢力，投巖赴焰火，
嚴切寒冬月，凍冰儭⁽⁵⁾其體，
盛夏欝蒸時，五熱以炙身，
編椽及棘刺，寢卧於其上，
越山渡大海，祀火而咒説。
如是苦行等⁽⁶⁾，不能得涅槃，
唯有修禪智，戒⁽⁷⁾聞及專精。
如此法事等，爲何從而獲？⁽⁸⁾
必因善知識，然後能具得。

【校記】

（1）疹：普本作"痊"，北本、清本作"疹"，金本脱。

（2）誡：資本、金本、磧本、普本、洪本、南本、北本、徑本、清本
作"戒"。

（3）惑：資本、磧本、普本、洪本、南本、北本、徑本、清本作"或"。

（4）洗：資本、磧本、普本、洪本、南本、北本、徑本、清本作“澡”。

（5）儭：金本作“親”，資本、磧本、普本、洪本、南本、北本、徑本、清本作“襯”。

（6）等：資本、金本、磧本、普本、洪本、南本、北本、徑本、清本作“者”。

（7）戒：資本、磧本、普本、洪本、南本、北本、徑本、清本作“我”。

（8）如此法事等，爲何從而獲：此二句十字，資本、金本、磧本、普本、洪本、南本、北本、徑本、清本脱。

【注釋】

（一）四圍陀：指婆羅門所傳四種圍陀經。圍陀，梵名 Veda，意爲“知識”，爲古印度婆羅門所傳經典名。唐·玄應《一切經音義》：“毗陀，或言韋陀，皆訛之。應言鞞陀，此云分也，亦云知也。四名者，一名阿由，此云命，謂醫方諸事；二名夜殊，謂祭祀也；三名婆磨，此云等，謂國儀、卜相、音樂、戰法諸事；四名阿闥婆拏，謂咒術也。”（卷七二，54/777c）

（二四）

復次，若人爲惡，應墮地獄，遇善知識，能滅其罪，得生人天（一）。

我昔曾聞，有婆迦利人至中天竺（二），時天竺國王即用彼人爲聚落主。時聚落中多諸婆羅門，有親近者爲聚落主説羅摩延書（三），又婆羅他書（四），説陣戰死者，命終生天，投火死者，亦生天上，又説天上種種快樂。辤（1）章巧妙，而作是説，使聚落主心意駭動，謂必有是。即作火坑，聚香薪，作婆羅門會。諸人雲集，來至會所。時聚落主將欲投火。此聚落主與一釋種比丘先共相識，爾時比丘來至其家，見聚落主於其家中種種莊嚴，比丘問言：“欲作何等？”聚落主言：“我欲生天。”比丘問言：“汝云何去？”尋即答言：“我投火坑，便得生天。”比丘問言：“汝頗知天道不？”答言：“不知。”比丘問言：“汝若不知，云何得去？汝今行時，從一聚落至一聚落，尚須引導而知途路，況彼天上道路長遠？忉利天（五）上去此三百三十六萬里，無人引導，何由能得至彼天上？若天上樂者，彼上座婆羅門年既老大，貧於財物，其婦又老，面首醜惡，何所愛樂？何不將去共向天上？”時彼聚落主既聞語已，作是思惟："若投火坑得生天者，彼婆羅門應共我去。所以者何？彼婆羅門貧窮困苦無可⁽²⁾愛戀，應當捨苦就彼天樂；若其不去，徒作欺誑欲殺於我。"作是念已，即便前捉上座婆羅門手，欲共投火俱向天上。時婆羅門挌⁽³⁾不肯去。何以故？婆羅門等但爲錢財來至會所。時聚落主見婆羅門不欲入火，即説偈言：

> 如所聞上天，衆樂不可計，
> 觸物生貪著，視東而忘西。
> 計其家所有，一切衆樂具，
> 比方於天上，猶若以⁽⁴⁾芥子，
> 以方於太山，若其必少欲，
> 而無貪著者，我今觀察汝，
> 貪欲⁽⁵⁾劇熾火。若不用婦女，
> 看守醜老妻，而來至此會，
> 貪求於錢財，用供給其家。
> 若愛戀其子，不欲生天者，
> 計彼生天力，過足護汝子。
> 若不知天道，何故使我往？
> 設知天道者，何故格不去？
> 云何憙⁽⁶⁾教人，欲使我投火？
> 或貪我財物，欲得分取用？
> 云何無悲愍，苦酷乃如是？
> 或是先世怨，必是大欺誑，
> 與死作伴黨，勸令我生天。
> 勸弉⁽⁷⁾我令死，强逼我入火，
> 教人遠家居，修於苦行法。
> 投淵及赴火，自餓示⁽⁸⁾斷食，
> 觀其教旨意，欲令門斷絕。
> 斯諸婆羅門，樂爲殺害事，
> 是故我捨離，當入於佛法。
> 佛法大慈悲，終不傷害物，
> 大火焚山野，麋鹿皆避走。

　　　　由其愛性命，求覓清涼處，

　　　　我今亦應爾，歸誠求救護。

　　爾時比丘見婆迦利心已厭患諸婆羅門，於三寶所深生信敬，讚言："善哉善哉！慧命！汝於今者始在天道。"即說偈言：

　　　　佛語至天道，及以解脫道，

　　　　此語決定至，中間終無錯。

　　　　一切智說道，廣略之別相，

　　　　無害實語等，施及伏諸根。

　　　　是道與天道，斯非諸苦行，

　　　　投淵赴火等，之所能獲得。

　　　　此可作死緣，非天解脫因，

　　　　往古(9)人壽長，諸仙壽亦長。

　　　　厭患此身故，不欲久住世，

　　　　先習諸禪定，斷於欲界結，

　　　　自知捨是身，必生於梵天。

　　　　無由得喪命，投淵而赴火，

　　　　由此喪命故，得生梵天中。

　　　　禪定斷結故，而得生梵天(六)，

　　　　不由投巖火，得生於天上。

　　　　彼有同伴仙，以天眼觀察，

　　　　此死生何處？見生梵天中，

　　　　先見投淵死，謂以此生天。

　　　　餘者愚不見，謂爲投淵火，

　　　　得生梵天上，是故生倒見。

　　　　諸餘婆羅門，愚癡無智慧，

　　　　不觀修禪定，斷除諸結使，

　　　　但覩投淵火，謂得生天上。

　　　　由是倒惑故，遂生諸經論，

　　　　愚者皆信受，投淵而赴火。

　　　　智人善觀察，捨(10)弃而不爲，

　　　　修行諸善法，以爲天(11)道因。

投淵赴火等，非是修善行，

可得脱死緣，亦非生天因；

身心依佛法，是名寂滅道。

用是外道爲？無果徒受苦，

鑽水求醍醐⁽七⁾，雖勞永難得。

【校記】

(1) 辝：資本、磧本、普本、洪本、南本、北本、徑本、清本作“詞”，頻本作“辭”。

(2) 可：資本、金本、磧本、普本、洪本、南本、北本、徑本、清本作“所”。

(3) 挌：資本、金本、磧本、普本、洪本、南本、北本、徑本、清本作“格”。

(4) 以：磧本、普本、洪本、南本、北本、徑本、清本作“如”。

(5) 欲：資本、金本、磧本、普本、洪本、南本、北本、徑本、清本作“著”。

(6) 憙：磧本、洪本、南本、北本、清本作“喜”。

(7) 弊：資本、金本、磧本、普本、洪本、南本、北本、徑本、清本作“將”。

(8) 示：頻本作“亦”。

(9) 古：資本、金本、磧本、普本、洪本、南本、北本、徑本、清本作“故”。

(10) 捨：資本、磧本、普本、洪本、南本、北本、徑本、清本作“捐”。

(11) 天：磧本作“大”。

【注釋】

(一) 人天：指佛教六道輪回中的人道和天道。

(二) 中天竺：中古時期，印度全域依東西南北中劃爲五區，稱爲五天竺，其中央區域的國家，稱爲中天竺，也稱爲“中國”。東晉·法顯《高僧法顯傳》：“烏萇國是正北天竺也。盡作中天竺語，中天竺所謂中國。”（卷一，51/858a）“在我國古代文獻中稱印度也有作‘末睇提舍’，實爲梵語 Madhay—desa 的音譯，Madha 意爲‘中間的’、‘中部的’，desa 爲

'國家'，意譯即爲'中國'。"① 因此，"中天竺"有時也用於指全印度。

（三）羅摩延書：即印度古代史詩《羅摩衍那》。其用梵文寫成，在印度文学史上被稱作最初的诗，相傳作者爲伐爾伐吉（蟻垤仙人）。全書七篇（《童年篇》《阿逾陀篇》《森林篇》《猴國篇》《美妙篇》《戰鬥篇》《後篇》），叙述憍薩羅國王子羅摩遭受嫉妒而被放逐十四年，後爲拯救被魔王擄走的王妃息姐，遠赴楞迦島與魔王大戰，夫妻團圓並且返回國家稱王的故事。其故事早已隨佛經的翻譯而傳入中國。1980—1984 年人民文學出版社出版了季羡林从梵文翻譯的 8 卷《羅摩衍那》全譯本。

（四）婆羅他書：即印度古代史詩《摩訶婆羅多》，又稱"第五吠陀"。這部叙事诗講述了公元前 10 世紀左右，北印度持國族與般度族在俱盧之野展開十八天大會戰的經過。全诗共 18 篇。最後附有一部《訶利世系》。《摩訶婆羅多》内容宏富，宗教、哲學、歷史、政治、軍事、民族、語言、神話、寓言、習俗等無不涉及，被稱爲古代印度的百科全書，與《羅摩衍那》並稱爲印度兩大史詩。編集者相傳爲毗耶娑（广博仙人）。1993 年底，《摩訶婆羅多》第一篇《初篇》出版，譯者爲金克木、趙國華、席必莊。2005 年，漢譯 6 卷本由中國社會科學出版社出版。

（五）忉利天：爲欲界六天中的第二天，梵文 Trāyastriṁśa。唐·玄應《一切經音義》："忉利，此應訛略也。正言多羅夜登陵舍天，此譯云三十三也。"（卷二，56/833b）

（六）梵天：指色界的初禪天，梵文 Brahmadeva，意譯作清净、離欲。因此天脱離欲界的淫欲，寂静清净，故名梵天。

（七）鑽水求醍醐：即鑽水求酥。佛教典籍中以此比喻無理强求。出處爲《菩薩本緣經》："譬如鑽水求酥，是實難得。"（卷三，03/065c）

（二五）

復次，夫修施者當離八危，若積財寶，危難甚多，智人修施，是乃堅牢。

我昔曾聞，有一國王讁罰商賈，而告之言："汝所有財，悉疏示我。"佶⑴客至家，思惟先來所施之物，施諸乞兒一湌之食，乃至并施

---

① 張天博、王大偉、魏慶燕：《試辨析〈大般若經〉中"中國"一詞及其歷史淵源》，《大衆文藝》（理論）2008 年第 11 期，第 59~60 頁。

鳥獸所有穀草，悉疏示王。王見是已問言："如此之事，何故疏來？"
估客答言："王先約敕，所有財物，悉疏示我。我所有財，疏牒者是。"
即說偈言：

> 五家共有者，今悉在家中，
> 我今所牒者，無有能侵奪。
> 如此所牒者，王賊及水火(一)，
> 皆所不能侵。假設七日出，
> 須彌及巨海，一切悉融(2)消，
> 如此所施(3)物，不能燒一毫。
> 錢財寄父母，兄弟及姊妹(4)，
> 一切諸親友，悉皆有敗失；
> 唯有所施物，終不可敗衰。
> 施爲行寶藏，世世恒隨人，
> 施爲極親友，無有能壞者，
> 貧窮之巨海，極大可怖畏，
> 施是堅牢船，唯有惠施者，
> 能得度彼岸。我知施果報，
> 是故無畏說，所牒是我財。
> 家中有財寶，五家之所共，
> 是故不敢牒，言是我所有。

王聞是語，心生歡喜，讚言："善哉！汝是福(5)勝人，我今不用汝
所有物。如汝所說(6)，施是汝(7)財，餘財悉共。"爾時國王即說偈言：

> 若行惠施者，自手而過與，
> 應發歡喜心，勿生悔恨想，
> 是故未來世，人天受快樂。
> 所有資財物，眼見己財寶，
> 分散屬諸家，不能速疾施，
> 無能侵奪者。若人慳不施，
> 終爲他所奪，現在惡名聞，
> 來生(8)多貧乏，是爲最愚癡。
> 見他人屋宅，及以衆財寶，

死後衆家用，毫釐不逐己。
目覩如此事，不能生厭惡，
速疾捨財物，財不五家共，
唯有修惠施。死時一切捨，
無有隨己者，決定必捨離，
然不得施報。以見是事故，
智者必應施，二事俱名施，
應當自施與。檀越如大象，
津膩香常流，如是智檀越，
功德利充滿，世人所讚嘆。
饒財慳不施，爲世所嗤笑。
設復有財錢，見乞方背[9]去，
雖復饒財寶，名爲貧衰患。
施者雖貧窮，常名有財富，
慳貪雖多財，不脫貧衰患。
檀越以水施，洗除心貪垢，
慳無善樂報，趣於死徑路，
必墜深坑穽[二]。種種衆寶物，
象馬與牛羊，神逝氣絶時，
一切悉捨去，臨終生苦惱，
以是生眷戀，怖畏[10]大熱惱。
修施者臨終，歡樂無悔恨。
慳嫉智者譏，施者貧與富，
恒常受快樂。慳者如冢間，
人皆避遠離，慳貪者雖存，
其實同餓鬼。施者有名稱，
一切所欽仰，智者之所愛，
命終生天上。諸有愛己者，
云何不修施？施爲善好伴。
勝妙之資糧，不用車馬乘，
一切衆侍衛。施爲行寶藏，

> 後世之津梁，布施離衆難，
> 五家不能侵。何有愛己者，
> 而當不修施？若施百千萬，
> 後身得少許，尚應修布施，
> 況少修惠施，大獲於福報？
> 是故有智者，應當修布施。

【校記】

（1）估：資本、磧本、普本、洪本、南本、北本、徑本、清本作“賈”。

（2）融：資本、磧本、普本、洪本、南本、北本、徑本、清本作“鎔”。

（3）施：資本、金本、磧本、普本、洪本、南本、北本、徑本、清本作“設”。

（4）妹：資本作“姝”。

（5）福：資本、金本、磧本、普本、洪本、南本、北本、徑本、清本作“稱”。

（6）説：資本、金本、磧本、普本、洪本、南本、北本、徑本、清本脱。

（7）汝：資本、磧本、普本、洪本、南本、北本、徑本、清本作“汝己”。

（8）來生：資本、磧本、普本、洪本、南本、北本、徑本、清本作“未來”。

（9）背：金本、磧本、洪本、南本、北本、徑本、清本作“皆”。

（10）畏：資本、金本、磧本、普本、洪本、南本、北本、徑本、清本作“恐”。

【注釋】

（一）王賊及水火：王，國王；賊，盜賊；水，水災；火，火災。指令個人財物喪失的四種外在力量，即四怖。北涼·曇無讖譯《大般涅槃經》：“菩薩摩訶薩于財物中生四怖心，王、賊、水、火，歡喜施與，是則名爲檀波羅蜜。”（卷二一，12/492c）

（二）坑穽：泛指深坑。

(二六)

復次，若聞正説，能解於縛。

我昔曾聞，德叉尸羅國[一]有罪之人閉僧坊中。於其夜中，衆僧説法，其被閉者來至僧中，次坐聽法。有一比丘説於生死逆順之經，説言："佛告諸比丘：凡愚之人，不聞法者，不知色，不知色習，不知色味，不知色過患，不知色出要，不知色厭，一切衆生如實不知如是過患。若爲色縛，是名真縛。何謂色縛？視見端正，是名色縛。爲色縛者，内盡被縛，而此色者，於生死中不知其根，生死大河，無濟渡處，不知生死出要[二]，於生死中，被諸繫縛，從此身縛，乃至後身。"時被閉者聞説是法，思惟其義，憶持不忘，讀誦通利。時王遣人解其繫縛，所親知識，眷屬將從，欣其得脱，皆來問訊。時被縛者，即説偈言：

> 汝見我縛解，慰問生歡喜，
> 凡夫愚癡者，常縛未曾解。
> 色縛於凡夫，五陰[三]悉羈繫，
> 生能縛於物，死縛亦復然。
> 今身至後世，未始不繫縛，
> 輪[1]回羈縛中，數數受生死。
> 我從彼師所，聞[2]説如是言，
> 此語我耳聞，一切種智説。
> 一切諸結[3]使，繫縛於我心，
> 如牛軛[4]所縛。我有如斯縛，
> 於中未解脱，云何汝等輩，
> 言我從縛解。汝等於我所，
> 若實愛念者，當爲見啓王，
> 令我得出家。正見迹在前，
> 寂滅之彼岸，若獲如是事，
> 乃可名解脱。若得出家者，
> 便爲是離縛[5]，真實得解脱。

爾時眷屬聞是語已，啓白於王，便得出家。既出家已，精勤修道，得阿羅漢。而彼罪人閉繫僧坊，以聽法故尚得解脱，況故聽法！

是故行人於塔寺所，宜往聽法。

【校記】

（1）輪：磧本、洪本作“論”。

（2）聞：北本、徑本作“問”。

（3）結：資本、金本、磧本、普本、洪本、南本、北本、徑本、清本作“縛”。

（4）軛：資本、金本、磧本、普本、洪本、南本、北本、徑本、清本作“搹”。

（5）縛：資本、金本、磧本、普本、洪本、南本、北本、徑本、清本作“難”。

【注釋】

（一）德叉尸羅國：見卷四（二一）“石室國”條。

（二）出要：指出離生死要道。隋·慧遠撰《十地經論義記》：“出要者，謂果爲出，因爲要道。”（卷四，45/133a）

（三）五陰：即色蘊、受蘊、想蘊、行蘊、識蘊五蘊。

（二七）

復次，病苦篤時，言教不行，漫現強健，所可作事，宜應速作。

我昔曾聞，法王阿育身遇重患(1)，得諸財物，盡用施僧。又從諸臣索種種寶，時諸臣等不肯復與，唯得半庵摩勒(一)果，欲以奉僧，便集臣相而告之言：“即於今日，誰爲王者？誰言教行？”諸臣答言：“唯有大王，威(2)德所領(3)，遍閻浮提，言教得行。”王説偈言：

汝稱我爲王，教令得行者，

將順於我意，故作如是説。

汝等作斯言，悉皆是妄語，

我言教已壞，一切不自由。

唯有此半果，於中得自在，

富貴是凡鄙，咄哉可呵責。

譬如山頂河，瀑疾不暫停，

吾雖爲人帝，貧窮忽至我，

貧窮世所畏，速疾至我所。

說是偈已，又復讚嘆世尊所說真實不虛，復說偈言：

富貴雖熾盛，會必有衰滅，

富貴人希樂，衰滅世憎[4]惡，

此言不虛妄，瞿曇之所說。

我於往日時，設有諸言教，

心念而發言，言必不墜落，

鬼神奉承命，遍於四海內，

聞者咸受用，無有違逆者。

如河衝大山，激水還回流，

衰敗如大山，遮吾都不行。

我昔有言教，無敢有逆者，

未曾有姦惡，寇難見拒違，

覆蓋於大地，無能違逆者，

男女與大小，無敢不敬從，

設有違教者，我悉能摧伏。

諸有苦難者，安慰救濟之，

病苦及貧窮，無不療治者。

我今福德盡，貧窮忽然至，

困厄乃如斯。我是阿育王，

云何遭此苦？如阿輸伽樹[二]，

斫根令斷絕，花葉及枝莖，

一切皆萎乾，我今亦如是。

富貴幻化，不得久停。顧見傍醫，而作是言：“咄[5]可惡賤富貴暫有，猶如電光，如焰速滅，又如象耳動搖不停，亦如蛇舌鼓動不息，又如朝露見日則乾。”曾從他聞，說如是偈：

富貴利難止，輕躁不暫停，

智者應善知，無得憍放逸，

此身及後世，宜當求自利。

若得富貴者，雖復慳守護，

百方皆毀敗，富貴猶在行，

如蛇行不直。若善觀察者，

於其强健時，宜速作福德。
若復遭病苦，心應[6]常修福，
不必在形骸。其家親屬等，
若知必死者，己雖有財物，
不得自在施。安利獲錢財，
值遇福田處，便可速施與。
若於身强健，及己病苦時，
宜常修布施，等無有別異。
然此諸財物，唯有過患耳。
若當臨死時，親戚及婦兒，
雖是己財物，若欲用惠施，
護遮不肯與，危惙在須臾，
所願不自由。

爾時阿育王剃髮時過，著垢膩衣，參差不整，羸瘦戰悼[7]，喘息粗上，向於如來涅槃方所，自力合掌，憶佛功德，涕淚交流，而說偈言：

今合掌向佛，是我最後時，
佛說三不堅[三]，貿易於堅法。
我今合指掌，用易堅牢法，
如似融石山，求取於真金。
不堅財物中，日夜取堅法，
我今餘福利，持用奉最上。
今我此福業，不求帝釋處，
及與梵果報，況復閻浮王？
以此布施果，及恭敬信向，
願得心自在，無能割截者，
得聖淨無垢，永離衆苦患。

阿輸伽王以半庵摩勒捨施衆僧，喚一親近，而語之言："汝頗憶我先畜養不？取我今者最後之教，持此半果奉雞頭末寺衆僧，稱我名字，阿輸伽王最後頂禮[四]比丘僧足，如我辭曰：'於閻浮提得自在者，果報衰敗，失自在力，唯於半果而得自在，願僧憐愍，受我最後半果之供，令我來世得報廣大，願餘人等莫令如我，於最後時不得自在。'"爾時侍人即奉王命，齎此半果詣僧坊中，集一切僧，禮僧足已，叉手合掌，白眾僧言："阿輸伽王禮眾僧足。"作是語已，涕泣盈目，哽噎[8]氣塞，持此半果，示眾僧已，即說偈言：

> 一蓋覆天地，率土言教行，
> 譬如日中時，遍炙於大地。
> 福業既已消，崩落忽來至，
> 爲業所欺弄，敗壞失榮貴，
> 如日臨欲没。信心致禮敬，
> 又以此半果，用奉施眾僧，
> 以表無常相，示豪貴遷動。

爾時諸上座聞是偈已，慘恻不樂，生悲愍心，受其半果以示大眾，而作是言："我等今可生厭離心。佛婆伽婆[五]於修多羅作如是說：'見他衰患，應當深心生於厭離。諸有心者見如此事，誰不憐愍生厭患心?'"即說偈言：

> 勇猛能施者，諸王中最勝，
> 牟梨中大象，名曰阿輸伽。
> 富有閻浮提，一切皆自由，
> 今爲諸群臣，遮制不自從。
> 一切皆制止，唯半庵摩勒，
> 於此得自在，用施於眾僧。
> 富有極廣大，一切得自在，
> 生於自高心，今日安所在?
> 凡愚應觀此，速疾改易心，
> 富利都敗失，唯有此半果，
> 令諸比丘僧，皆生厭患心。

時僧上座言："末此半果，著僧羹中。"而作是言："大檀越阿育王最後供養，何故説此一切財富悉不堅牢? 以是之故，佛婆伽婆説：'不堅之財易於堅財，不堅之身易於堅身，不堅之命易於堅命。檀越應生歡喜，以不堅之財隨逐於己至於後世，宜常修施，莫使斷絕。'"

【校記】

(1) 患：資本、磧本、普本、洪本、南本、北本、徑本、清本作"病"。

(2) 威：資本、金本、磧本、普本、洪本、南本、北本、徑本、清本作"感"。

(3) 領：資本、磧本、普本、洪本、南本、北本、徑本、清本作"願"。

(4) 憎：資本、金本、磧本、普本、洪本、南本、北本、徑本、清本作"增"。

(5) 咄：資本、磧本、普本、洪本作"出"，南本、北本、徑本、清本作"世"。

(6) 應：頻本作"當"。

(7) 戰悼：資本、普本、徑本作"悼顫"，金本作"悼戰"，磧本、洪本、南本、北本、清本作"掉顫"。

(8) 噎：資本、金本、磧本、普本、洪本、南本、北本、徑本、清本作"結"。

【注釋】

(一) 庵摩勒：果名。梵文 amalā。唐·孫思邈《千金翼方·木部中品·庵摩勒》："庵摩勒味苦甘寒無毒，主風虛熱氣，一名余甘，生嶺南交廣愛等州。"[①] 唐·慧琳《一切經音義》："阿末羅果，滿鉢反，舊曰庵磨羅果，亦名阿磨勒果。其葉似棗，其花白小，果如胡桃其味酸而且甜，可入藥用。經中言：如觀掌中庵摩勒果是。"（卷一三，54/386c）

(二) 阿輸伽樹：樹幹直立，花為鮮艷的紅色。多產於喜馬拉雅山、錫蘭、馬來半島等地。佛教經籍記載釋尊誕生於此樹下。又作無憂樹。

(三) 三不堅：即三不堅法。指身、命、財三者為世間三種無法保持長久之物。

(四) 頂禮：印度的一種禮法，即將雙膝、雙肘和頭著地，以頭頂觸碰受禮者的雙足。又作頭頂禮敬、頭頂禮足等。

(五) 婆伽婆：佛陀的尊稱，梵文 bhagavat。慧琳《一切經音義》："婆伽婆，舊譯云有大功德，至聖之名也。下言薄伽梵，薄伽此譯云德，梵此言成就義，眾德成滿名薄伽梵。又此一名總攝眾德，餘即不爾，故諸

---

① 李景榮等：《千金翼方校釋》，北京：人民衛生出版社，1998 年版，第 56 頁。

經首皆置此名也。"（卷九，54/358c）

（二八）

復次，凡愚之人若有輕毀於彼賢人，賢人終不生於瞋恚，得他毀罵，生隨順語。

我昔曾聞，有一人於其家中施設客會，多作花鬘以與衆會，衆人得鬘，皆戴頂上。有一賢者，極為貧悴，詣客會中，次得花鬘，不著頭上，以置傍邊。衆人皆言："此人貧窮，欲賣此鬘，是以不著。"時優婆塞聞是語已，答言："實爾。我若賣時，極得貴價，然後當與。"即說偈言：

> 如昔日須鬘，本曾賣一花，
> 九十一劫中，天上受快樂，
> 今日最後身，得於涅槃樂。
> 如似放牛女，以臭惡草花，
> 衆人所不喜，女人賣此花，
> 得生忉利天。如彼[1]女所賣，
> 我今欲向佛，亦欲賣此花，
> 能發如是心，希有極難值。
> 如此賣花者，三界中無比。

爾時諸人問優婆塞："誰能少施獲大福報?"時優婆塞語衆人言："今當為汝說善堅法。花鬘萎乾，便即弃捨[2]，佛捨[3]王位，如弃萎花。"即說偈言：

> 佛捨轉輪位，如弃萎花鬘，
> 七覺[一]嚴其心，清净無垢穢。
> 莊嚴悉已備，安用是花為?
> 但我專精心，以鬘施佛塔。
> 今我賣上[4]佛，世間無倫疋，
> 如是法商主，終無貧窮時。
> 此賣最為勝，名稱有功德，
> 我今持此花，欲以供養塔。

【校記】

(1) 彼：資本、金本、磧本、普本、洪本、南本、北本、徑本、清本作"似"。

(2) 弃捨：金本作"弃"。

(3) 佛捨：資本、磧本、普本、洪本、南本、北本、徑本、清本脱。

(4) 上：資本、金本、磧本、普本、洪本、南本、北本、徑本、清本作"與"。

【注釋】

(一) 七覺：即七覺分，爲覺法的七種分類：擇法覺分、精進覺分、喜覺分、輕安覺分、念覺分、定覺分、捨覺分。

(二九)

復次，譬如幻師(一)以此陰身作種種戲，能令智者見即解悟。

我昔曾聞，有一幻師有信樂心，至晝暗山爲僧設食。供養已訖，幻(1)尸陀羅木作一女人，端正奇特，於大衆前抱捉此女，而嗚唼之，共爲欲事。時諸比丘見此事已，咸皆嫌忿，而作是言："此無慚人，所爲鄙褻。知其如是，不受其供。"時彼幻師既行欲已，聞諸比丘譏呵嫌責，即便以刀斫刺是女，分解支節，挑目截鼻，種種苦毒，而殺此女。"諸比丘等又見此事，倍復嫌忿："我等若當知汝如是，寧飲毒藥，不受其供。"時彼幻師而作是言："爾衆比丘見我行欲，便致瞋忿；見我斷欲，殺彼女人，復致嫌責。我當云何奉事衆僧？"時諸比丘見其如是，紛紜稱說，擾動不安。爾時幻師即捉尸陀羅木，用示衆僧，合掌白言："我向所作即是此木，於彼木中有何欲殺？我欲安於衆僧身故，設是飲食；欲令衆僧心得安故，爲此幻耳。願諸比丘，聽我所説。豈可不聞佛於修多羅(二)中説一切法猶如幻化，我今爲欲成彼語故，故作斯幻。如斯幻身，無壽無命；識之幻師，運轉機關，令其視眴，俯仰顧眄，行步進止，或語或笑，以此事故，深知此身，真實無我。"即説偈言：

> 先觀彼相貌，想像起倒惑，
> 横生女情想，入於欲網羂。

深實觀察者，知身都無我，
如彼善幻師，以木爲女人。
意行於顚倒，愚謂爲衆生，
於此幻偽中，妄起男女想。
智者善觀察，陰界^(三)及諸入，
緣假成衆生，分分各別異。
和合衆分故，能作於諸業，
諸行無男女，亦無有壽命。
色欲及細滑，威儀并處所，
如此四種欲，回轉嬰愚心。
一切智亦説，幻偽欺世間，
如彼幻網中，化作諸色像。
生死網亦然，現五道差別，
憂喜與⁽²⁾瞋忿，愁惱及闘諍。
如彼衆擾亂，猶如鬼遍身，
心起諸作業，同彼鬼無異。
從心起于⁽³⁾風，因風造作業，
衆生見造業，種種諸色像。
於此業行中，起威儀形色，
不解其容⁽⁴⁾止，便橫計我想。
此身名機關，脂髓皮肉髮，
三十六物^(四)等，和合以爲身。
愚者計衆生，而實無宰主，
但以風力故，俯仰而屈伸。
以依於心故，則能起五識^(五)，
然此心識者，念念^(六)皆遷滅。
愚者起癡覺，計此身有我，
口業若干種，身業亦復然。
言笑及威儀，皆如幻所作，
此中無有我，用離宰主故。
而斯虚偽法，無壽無知見^(七)，

妄起於想像，陷没諸凡夫。

如彼幻師所説之事，真實無異，時諸比丘聞其説已，皆得見諦，是故當知諸法如幻，能知是者則便能斷諸行之源(5)。

【校記】

(1) 幻：徑本作"幼"。

(2) 與：北本、徑本、清本作"於"。

(3) 于：資本、磧本、普本、洪本、南本、北本、徑本、清本作"千"。

(4) 容：資本、磧本、普本、洪本作"客"。

(5) 行之源：資本、磧本、普本、洪本、南本、北本、徑本、清本作"法行原"，金本作"行原"。

【注釋】

(一) 幻師：即實施幻術其人。幻術源於西域，後被西域諸國的使者以及傳教僧人傳入中原漢地。《舊唐書》卷二九《音樂志二》記載："大抵《散樂》雜戲多幻術，幻術皆出西域，天竺尤甚。漢武帝通西域，始以善幻人至中國。安帝時，天竺獻伎，能自斷手足，刳剔腸胃，自是歷代有之。"① 幻術與其他神異之術在佛教傳播的初期被傳教僧侶大量使用，後隨着佛經翻譯的準確理性，佛教義理的探討替代了這些神異之説②。

(二) 修多羅：梵文 Sūtra，指佛教經典。

(三) 陰界：即五陰與十八界。五陰詳見卷五 (二六) "五陰"條。十八界即六根 (眼、耳、鼻、舌、身、意)、六境 (色、聲、香、味、觸、法)、六識 (眼識、耳識、鼻識、舌識、身識、意識) 也。

(四) 三十六物：指人身中的三十六種不凈物。北涼·曇無讖譯《大般涅槃經》曰："見凡夫身三十六物不凈充滿。"(卷二四，12/505c)

(五) 五識：指眼識、耳識、鼻識、舌識、身識五種心識。

(六) 念念：《勝鬘寶窟》："外國稱剎那，此云念也。"(卷二，37/043a)《維摩詰所説經》："是身如電，念念不住。"(卷一，14/539b) 形容極其短暫的時間。

---

① 〔後晋〕劉昫等：《舊唐書》，北京：中華書局，1975年版，第1073頁。
② 尚永琪：《西域幻術與鳩摩羅什之傳教》，《山西大學學報 (哲學社會科學版)》2012年第5期，第24—34頁。

（七）知見：指根據自己的思考思慮而作出的見解。其與智慧不同。

（三〇）

復次，施戒及論，其事淺近，善根熟者，能樂深法。

我昔曾聞，有阿育王初得信心，數請衆僧入宮供養，日日聽法，施張帳幕，遮諸婦女而使聽法。時説法比丘以諸婦女多著世樂，但爲讚歎施戒之法。有一妓女宿根淳熟，不避王法，分受其罪，即便撥幕到比丘所，白比丘言：“佛所説者唯有施戒，更有餘耶？”比丘答言：“姊妹！我意不謂乃有如是利根（一）之人，故作此説。若欲聽者，當更爲汝説諸深法。”告女人言：“佛説一切世間所未聞法，所謂四諦。”即爲女人分別説之。女人聞已，得須陀洹道。爾時女人作如是言：“雖違王法，得大義利。”即説偈言：

> 聞説四真諦，法眼（二）净無垢，
> 以此危脆命，貿佛法堅命。
> 假設於人王，今來害我者，
> 我以得慧命，終無悔恨心。

時諸官人見此妓女干冒王法，心懷戰（1）懼，恐同其罪。時此妓女見是事已，手自執刀，到於王前，五體投地，伏罪請死。復説偈言：

> 王制極嚴峻，無敢違犯者，
> 我爲聽法故，冒犯分受死。
> 我今渴於法，冒突至僧所，
> 如春熱渴（三）牛，求水不避杖，
> 突入清流中，飲足乃還歸。
> 大王應當知，佛法（2）難聞值，
> 譬如優曇（四）花，難可得值遇。
> 三界大真濟，所説諸妙法，
> 我得聞斯説，云何不欣樂？
> 其所説法者，乃實是燈炬，
> 滅結大鼓聲，天人之橋津，
> 又聞解脱鈴，歡喜娛樂音。
> 菩薩於昔日，苦行勤求法，
> 投巖及割肉，以求無上道。

　　　　既得爲人説，甚難可值遇，

　　　　我得值斯法，云何不聽受？

　　　　此身如聚沫，芭蕉及泡焰，

　　　　四大蛇(五)纏(3)擾；今斯法施會，

　　　　難可得聞值，何惜鄙穢身，

　　　　而當不聽法？而此危幻身，

　　　　雖復能進止，顧視諸威儀，

　　　　來去及坐卧，看(4)示及語言，

　　　　實非是衆生，而作衆生想，

　　　　種種諸威儀，一切皆如幻，

　　　　不久當散毀，捨弃於塚間。

　　　　屍骸同木石，烏鳥所殘食，

　　　　雨漬令腐敗，猶泥人毀壞。

　　爾時彼王聞斯偈已，而告之言：“汝能至意聽如是法，今(5)證何事？”妓女即説偈言：

　　　　今不覆藏時，我宜當實説，

　　　　已證須陀洹。應發歡喜心，

　　　　至心而善聽。我今自見法，

　　　　終不隨他信，心無有疑網，

　　　　已閉三惡趣，生死作邊際，

　　　　我已離有獄(六)。於六十二見(七)，

　　　　牢縛今已解，不久當遠離，

　　　　趣向甘露城(八)。十力坊所道，

　　　　陰界及諸入，我悉如是見，

　　　　觀身如蛇篋，陰如拔刀賊，

　　　　欲如怨詐親，諸根如空聚(九)，

　　　　六塵(一〇)破村賊，陷下之愛河(一一)。

　　　　已悟如斯事，求彼安隱處。(6)

　　王聞是已，於佛法中，倍生敬心，而作是言：“嗚呼佛法！大力世尊厭生死道。嗚呼佛法！有信向者皆得解脱。何以知之？女人淺智，尚能解悟過六師故，我今向阿耨多羅(一二)調御丈夫(一三)坊處生歸依心，南無救一切衆生大悲者，開⁽⁷⁾甘露法，男女長幼等同修行。"
即說偈言：

若謂女人解，名爲淺近者，
諸餘深智人，敬尚方能悟。
如是甚深義，爲智所敬者，
乃是牟尼尊，最勝正導説。
所説之妙法，聞者極欣樂，
專念而攝心，能令不放逸。
所説不爲論，亦不爲摧滅，
外道諸語論，一切自破壞。
不曾自稱譽，名聞遍世間，
雖説實功德，不名自稱譽。
威德雖熾盛，湛然具寂滅，
既具一切智，不恃而自高。
所作雖勇健，而復善調順，
解脱諸矜高，然復不鄙劣。
説法久流布，無能譏呵者，
無害者所説，種種多差別。
然諸一切人，無能説其過，
言説雖豐廣，無有厭患者。
所説雖同俗，而理出世間，
善逝^(一四)之所説，文字世流布。
然常未曾有，化度恒新異，
如是妙言論，無不合掌禮。
誰不讚世尊，善論大師子，
譬如春夏時，陰晴皆益物。
佛語亦如是，多種利衆生，
能去衆人⁽⁸⁾疑，對治^(一五)善宣釋。
能令離三有，顯示安隱處，
亦能令衆生，或喜或驚怖⁽⁹⁾。
亦能令稱適⁽¹⁰⁾，亦能使⁽¹¹⁾悲感，

亦能得利悅，滅結所說法。

真實是神變，應說者必說，

不惜人情意，所說雖剛粗，

然不違法相。最勝智慧者，

如似大海水，初中及邊際，

等同於一味。佛法亦如是，

初中後皆善，聽之悉清凈。

明智聽彼語，勇捍意滿足，

聽聞此語已，不樂外典籍。

言辭悉具足，才辯甚美妙，

亦不自矜高，所說不怯弱。

一切中最勝，顯著義具足，

實是一切智，外道體義少。

以智莊嚴辭，言辭極美妙，

然無有義味，諂僞邪媚說。

世間大愚暗，執汝之法炬，

入於真諦處，如入己舍宅。

善逝諸弟子，我能得擁護，

諸大弟子等，善調伏諸根。

彼所說弟子，我今言深信，

於諸大衆前，稱宣說是語。

從今日已去，聽諸釋子等，

經常入我官，從今日體信。

沙門釋子等，自恣聽入官，

能以甘露法，滿足女人心。

女心既寂靜，趣於解脫處，

是故常應聽，甚深四諦義。

大莊嚴論經⁽¹²⁾卷第五

【校記】

(1) 戰：資本、磧本、普本、洪本、南本、北本、徑本、清本作
"顫"。

（2）法：徑本作“説”。

（3）纏：金本作“縛”。

（4）看：資本、磧本、普本、洪本、南本、北本、徑本、清本作“指”。

（5）今：資本、磧本、普本、洪本、南本、北本、徑本、清本作“汝今”。

（6）求彼安隱處：資本、磧本、普本、洪本、南本、北本、徑本、清本此句後有“故不惜身命”。

（7）開：資本、金本、磧本、普本、洪本、南本、北本、徑本、清本作“聞者”。

（8）人：資本、金本、磧本、普本、洪本、南本、北本、徑本、清本作“生”。

（9）怖：徑本作“佈”。

（10）適：洪本、南本、北本、徑本、清本作“意”。

（11）使：資本、金本、磧本、普本、洪本、南本、北本、徑本、清本作“快”。

（12）論經：資本、磧本、普本、洪本、南本、北本、徑本、清本作“經論”。

【注釋】

（一）利根：指蒙受教誨修習善法之人所具備的迅速理解佛法教義的能力。具有利根之人能够迅速參透法義，達到解脱。

（二）法眼：《無量壽經義疏》：“智能照法，故名法眼。”（卷二，37/104b）指能通透理解佛法正理的智慧眼，爲五眼之一。

（三）熱渴：炎熱乾渴。《撰集百緣經》：“於時如來遥聞衆客稱佛名號，與天帝釋尋往到彼諸賈客所，降大甘雨，熱渴得除，各懷歡喜，達到本國，請佛及僧，佛即然可。”（卷二，04/209a）

（四）優曇：花名，梵文 Udumbara。慧琳《一切經音義》：“烏曇跋羅，梵語花名。舊云優曇波羅花，或云優曇婆羅花，葉似梨果，大如拳，其味甜，無花而結子，亦有花而難值，故經中以喻希有者也。”（卷一三，54/385c）也作烏曇。

（五）四大蛇：即地、水、火、風四大。唐·慧沼撰《金光明最勝王經疏》：“地水火風共成身，隨彼因緣招異果。同在一處相違害，如四毒蛇

居一篋。此四大蛇性各異，雖居一處有升沉，或上或下遍於身，斯等終歸於滅法。"（卷四，39/274b）

（六）有獄：譬喻手法。以銅墻鐵壁的牢獄比喻三有等生死迷界。有情衆生在生死迷界之中因煩惱繫縛、善惡之業、生死大苦等流轉輪回，而難以脫離。

（七）六十二見：指古代印度外道所提倡的六十二種或偏於常或偏於斷的錯誤見解。

（八）甘露城：譬喻手法。指涅槃之城。

（九）空聚：《金光明經》："是身虛僞，猶如空聚；六入村落，結賊所止。"（卷一，16/339a）本義爲空無一人的聚落，此處引申爲比喻人身的六根無實主，假和合而已。

（一〇）六塵：指色塵、聲塵、香塵、味塵、觸塵、法塵六境。

（一一）愛河：以河來比喻貪愛、貪著之心。因其讓人沉溺其中，故名。

（一二）阿耨多羅：梵文 Anuttara，意譯爲"無上"。

（一三）調御丈夫：爲佛陀十個稱號之一。《大智度論》："復名'富樓沙曇藐婆羅提'，'富樓沙'秦言'丈夫'，'曇藐'言'可化'，'婆羅提'言'調御師'——是名'可化丈夫調御師'。……問曰：'女人，佛亦化令得道，何以獨言丈夫?'答曰："男尊女卑故，女從男故，男爲事業主故。'"（卷二，25/072b）

（一四）善逝：指佛陀，其爲佛陀的十個稱號之一。因佛陀斷盡煩惱，度過苦海，不再爲生死所逼惱，故名。梵文 sugata。

（一五）對治：指去除煩惱。

大莊嚴論經卷第六

馬鳴菩薩造　後秦三藏鳩摩羅什譯

（三一）

復次，有實功德，堪受供養；無實功德，不堪受人信心供養。

我昔曾聞，拘沙（一）種中有王名真檀迦膩吒（二），討東天竺，既平定已，威勢赫振，福利具足，還向本國。於其中路，有平博處，於中止宿。爾時彼王，心所愛樂，唯以佛法，而爲瓔珞。即在息處，遥見一塔，以爲佛塔，侍從千人往詣塔所。去塔不遠，下馬步進，著寶天冠，嚴飾其首。既到塔所，歸命頂禮，説是偈言：

> 離欲諸結障，具足一切智，
>
> 於諸[1]仙聖中，最上無倫疋。
>
> 能爲諸衆生，作不請親友，
>
> 名稱世普聞，三界所尊重。
>
> 弃捨於三有，如來所説法，
>
> 諸論中最上，摧滅諸邪論。
>
> 我今歸命禮，真實阿羅漢。

爾時彼王以念如來功德之故，稽首敬禮。當作禮時，塔即碎壞，猶如暴風之所吹散。爾時彼王見是事已，甚大驚疑，而作是言：“今者此塔，無觸近者，云何卒爾无事[2]散壞？如斯變異必有因緣。”即説偈言：

> 帝釋長壽天，如是尊重者，
>
> 合掌禮佛塔，都無有異相。
>
> 十力大威德，尊重高勝人，

> 大梵來敬禮，佛亦無異相。
>
> 我身輕於彼，不應以我壞，
>
> 爲是咒術力，厭道之所作。

王說偈已，以塔碎壞，心猶驚怖，而作是言：“願此變異莫作災患，當爲吉祥，令諸衆生皆得安隱。我從昔來，五體投地，禮百千塔，未曾虧損，一塵墮落，今者何故，變異如是？如斯之相，我未曾見。”即說偈言：

> 爲天阿修羅，而共大戰鬥？
>
> 爲是國欲壞，我命將不盡？
>
> 將非有怨敵，欲毀於我國？
>
> 非穀貴刀兵，不有疾疫耶？
>
> 非一切世間，欲有災患耶？
>
> 此極是惡相，將非法欲滅。

爾時近塔村人，見王疑怪，即便向王，作如是言：“大王！當知此非佛塔。”即說偈言：

> 尼捷甚愚癡，邪見燒其意，
>
> 斯即是彼塔。王作佛心禮，
>
> 此塔德力薄，又復無舍利(三)，
>
> 不堪受王敬，是故今碎壞。

迦膩吒王倍於佛法生信敬心，身毛皆豎，悲喜雨淚，而說偈言：

> 此事實應爾，我以佛想禮，
>
> 此塔必散壞，龍象所載重，
>
> 非驢之所堪。佛說三種人，
>
> 應爲起塔廟，釋迦牛王尊(四)，
>
> 正應爲作塔。尼捷邪道滅，
>
> 不應受是供，不淨尼捷子，
>
> 不應受我禮。此塔崩壞時，
>
> 出於大音聲，喻如多子塔(五)。
>
> 佛往(3)迦葉所，迦葉禮佛足。
>
> 是我婆伽婆，是我佛世尊。
>
> 佛告迦葉曰：若非阿羅漢，

而受汝禮者，頭破作七分。

我今因此塔，驗佛語真實。

如此木石，無有心識，而爲尼揵作明證驗，知非一切智。王見是已，於大衆前歡喜踊躍，倍生信心，容顏怡悦，而作是言："南無婆伽婆！一切所尊解脫之師，釋迦牟尼佛師子吼言：'此法之外，更無沙門及婆羅門。'佛語真實，無有錯謬。諸有衆生，一足二足無足多足，有色無色，有想無想，乃至非想非非想，於此衆中，唯有如來最爲尊勝。舉要言之，佛所説者今日皆現，一切外道，不如(4)草芥(5)，況復尼揵師富蘭那迦葉？"即説偈言：

我是人中王，不堪受我禮，

況復轉輪王(六)，阿修羅王(七)等！

此塔於今日，如爲大象王，

牙足之威力，摧破令碎壞。

身具四種結，故名尼揵陀。

猶如大熱時，能除彼熱者，

名爲尼陀伽；如來佛世尊，

能斷一切結，真是尼陀伽。

以是於今者，尼揵諸弟子，

及諸餘天人，皆應供養佛。

佛種族智慧，名稱甚廣大，

如此之塔廟，天人阿修羅，

若其禮敬時，無有傾動相。

猶如蚊子翅，扇於須彌山，

雖盡其勢力，不能令動摇。

是故若人欲得福德，宜應禮拜佛之塔廟。

【校記】

(1) 諸：北本、徑本、清本作"佛"。

(2) 无事：資本、金本、磧本、普本、洪本、南本、北本、徑本、清本作"忽然"，頻本作"無事"。

(3) 往：資本、金本、磧本、普本、洪本、南本、北本、徑本、清本作"住"。

（4）如：資本、磧本、普本、洪本、南本、北本、徑本、清本作"知"。

（5）芥：資本、磧本、普本、洪本、南本、北本、徑本、清本作"介"。

【注釋】

（一）拘沙：種族名，爲月氏族的一個分派，也稱貴霜。公元前 2 世紀末，月氏爲匈奴所敗，逐漸西移，進入大夏的月氏，分休密、雙靡、貴霜、肸頓、都密五大部落①。

（二）真檀迦膩吒：可見卷三（一四）"栴檀罽尼吒王"條。

（三）舍利：梵文 śarīra。指佛陀遺體火化後結成的堅硬物，又作設利羅、室利羅。

（四）牛王尊：即牛王尊者，爲佛弟子憍梵波提的譯名。慧琳《一切經音義》："憍梵波提，此云牛王，亦名牛主，亦名啊。"（卷二六，54/477a）

（五）多子塔：梵文 Bahuputraka-caitya。此塔位於中印度地區毗舍離城西部。關於此塔的由來，法顯《佛國記》記載佛陀於此塔附近形化三個月後入於滅度，因此又稱此塔爲賢劫千佛之塔。佛教典籍中亦有記載闢支佛在此塔附近觀衆生沉溺男女愛欲縛不得解脱，隨之開悟得入佛道，於時諸眷屬在此地爲闢支佛建造塔廟，時人稱爲"多子塔"。

（六）轉輪王：梵文 Cakkavatti。傳説此王成就七寶，具足四德，統攝須彌四洲。"關於轉輪王出現的原因，乃因佛陀的政道理想是統括四海爲一國，也就是轉輪王所統治的世界。"②佛典中也常記作轉輪聖帝、飛行皇帝等。

（七）阿修羅王：即阿修羅道的王。

（三二）

復次，若人學問，雖復毁行，以學問力，尋能得道(1)，以是義

---

① 貴霜帝國由貴霜翎侯發展而來，但關於翎侯的來源，學界主要存在兩種觀點：一曰來自大夏，持此説者以桑原騭藏、余太山爲代表；二曰來自大月氏，美國學者孟赫奮（Otto Maenchen-Helfen）、日本學者小谷仲南爲代表。近期相繼公布的懸泉漢簡爲這兩種説法爭訟的解決提供了可能。楊富學、米小强在《靴扣：貴霜王朝建立者源自大月氏新證》（《敦煌研究》2020 年第 5 期）一文中，通過阿富汗黄金之丘大月氏墓與蒙古國諾顏烏拉匈奴墓中出土的大月氏靴扣，爲貴霜王朝建立者起源於大月氏之説提供了新證據。

② 〔日〕木村泰賢：《原始佛教思想論》，歐陽瀚存譯，上海：商務印書館，1933 年版，第268 頁。

故，應勤學問。

我昔曾聞，有一多聞比丘住阿練若^(一)處。時有寡婦數數往來此比丘所，聽其説法。于時學問比丘於此寡婦心生染著，以染著故，所有⁽²⁾善法漸漸劣弱，爲凡夫心結使所使，與此婦女共爲言要。婦女言：“汝今若能罷道還俗，我當相從。”彼時比丘即便罷道。既罷道已，不能堪任世間苦惱，身體羸瘦，不解生業，未知少作而大得財，即自思惟：“我於今者作何方計得生活耶？”復作是念：“唯客⁽³⁾殺羊，用功極輕，兼得多利。”作是念已，求覓是處，以凡夫心易朽敗故，造作斯業，遂與屠兒共爲親友。於賣肉時，有一相識乞食道人，於道路上偶值得見，見已便識。頭髮蓬亂，著青色衣，身上有血，猶如閻羅羅刹⁽⁴⁾，所執肉稱⁽⁵⁾，悉爲血污。見其稱肉，欲賣與人。比丘見已，即長嘆息，作是思惟：“佛語真實！凡夫之心輕躁不停，極易回轉。先見此人，勤修學問，護持禁戒，何意今日忽爲斯事？”作是念已，即説偈言：

> 汝若不調馬，放逸造衆惡，
> 云何離慚愧，捨弃調伏法？
> 威儀及進止，爲人所樂見，
> 飛鳥及走獸，覩之不驚畏。
> 行恐傷蟻子，慈哀憐衆生，
> 如是悲愍心，今爲安所在？

凡夫之人，其心不定，正可名爲沙門婆羅門數，是故如來不説標相^(二)；若得見諦真實，是名爲沙門及婆羅門。復説偈言：

> 勇捍而自稱，謂己真沙門，
> 爲此不調心，忽作斯大惡。

説是偈已，尋即思惟：“我於今者，作何方便令其開悟？如佛言曰：‘若教人時，先當令其於四不壞^(三)生清净信，此四不壞能令衆生得見四諦。’今當爲説作業根本。”作是念已，而語之言：“汝於今者，極善稱量。”時賣肉者作是念言：“此比丘既不買肉，何故語我極善稱量？”作是念已，即説偈言：

> 此必有悲愍，而來見濟拔！
> 如斯之比丘，久離市易法，

> 見吾爲惡業，故來欲救度。
>
> 實是賢聖人，爲我作利益。

說是偈已，尋憶昔者爲比丘時造作諸行，念先所誦經名曰苦聚欲過欲味。思憶[6]此已，即以肉稱遠投於地，於生死中深生厭患，語彼比丘："大德！大德！"而說偈言：

> 欲味及欲過，何者爲最多？
>
> 我以慚愧軛，捉持智慧秤。
>
> 思量如此事，心已得通達，
>
> 不見其有利，純觀欲衰患。
>
> 以是故我今，宜應捨離欲，
>
> 往詣於僧坊，復還求出家。
>
> 我今爲欲作，身苦極下賤，
>
> 雖是現在身，即如墮惡道。
>
> 我昔出家時，濾水而後飲，
>
> 悲愍護他命，無有傷害心。
>
> 今日如惡鬼，食人精血者，
>
> 我今樂殺害[7]，習而不能捨。
>
> 善哉佛所說，親近於欲者，
>
> 無惡而不造。我今爲欲使，
>
> 衰苦乃至此。一切種智說，
>
> 四諦我未證，從今日已去，
>
> 終不更放逸。十力尊所說，
>
> 前爲放逸者，後止更不作，
>
> 如月離雲翳，明照于[8]世間。
>
> 是故我今當，專心持禁戒，
>
> 設頭上火然，衣服亦焚燒，
>
> 我當堅精進，修行調順法，
>
> 斷難伏結使，必令得寂滅。
>
> 假毀絕筋脈，形體皆枯乾，
>
> 不見四諦者，我終不休息，
>
> 先滅結使怨，得勝報施恩。

爾時比丘知其心念，彼智慧火方始欲然，即說偈言：

汝今若出家，必應得解脫，

迦梨⁽⁹⁾與僧鉗，及以質多羅，

如此等比丘，皆七返罷道，

後復還出家，獲得阿羅漢。

十力世尊戒，汝亦不毀犯，

汝不起邪見，汝有多聞智，

生於厭離善，修習寂靜樂。

汝有多聞燈，結使風所滅，

汝還修多聞，必至無畏方。

爲結之所漂，當依修定力，

修定得勝力，明了見結使。

由汝常修集，故樂出家法，

心近善功德，爲結使所壞，

修集於正道，是意捉結使，

如象絕羈絆，自恣隨意去。

時罷道比丘即捨惡業，出家精勤，得阿羅漢果。

【校記】

（1）道：資本、金本、磧本、普本、洪本、南本、北本、徑本、清本作"回"。

（2）有：資本、金本、磧本、普本、洪本、南本、北本、徑本、清本作"學"。

（3）客：北本、徑本、清本作"容"。

（4）羅刹：資本作"羅利"，金本作"刹利"。

（5）稱：資本、磧本、普本、洪本、南本、北本、徑本、清本作"秤"。

（6）憶：資本、金本、磧本、普本、洪本、南本、北本、徑本、清本作"惟"。

（7）害：資本、金本、磧本、普本、洪本、南本、北本、徑本、清本作"故"。

（8）于：徑本作"於"。

（9）梨：資本、磧本、普本、洪本、南本、北本、徑本、清本作"利"。

【注釋】

（一）阿練若：梵文 araṇya。唐·慧琳《一切經音義》：“阿練若，梵語也。亦云阿蘭若，此譯爲寂静處也。”（卷二，54/319c）其爲三兩人修行的僻静場所，是印度佛寺的一種（另一爲僧伽藍摩）。

（二）標相：即表相。“標”即表也。

（三）四不壞：指信受佛法僧三寶和堅持戒，可使身心不壞。隋·智顗説，灌頂記《仁王護國般若經疏》：“信三寶及戒不壞，名四不壞净也。”（卷二，33/259b）

（三三）

復次，若欲莊嚴，無過善業。是故應當，勤修諸善。

我昔曾聞，有一田夫聰明黠慧，與諸徒伴共來入城。時見一人，容貌端正，莊嚴衣服，種種瓔珞，服乘嚴麗，多將侍從，悉皆嚴飾，環瑋⁽¹⁾可觀。彼聰明者，語諸行伴：“不好不好。”同伴語言：“如此之人，威德端正，深可愛敬，有何不好？”聰明者言：“我自不好，亦不以彼用爲不好，由我前身不造功德，致使今者受此賤身，無有威勢，人所不敬。若先修福，豈當不及如此人者，是故我今應勤修善，必使將來有勝於彼。”即説偈言：

> 彼捨於放逸，修善獲福利，
> 我由放逸故，不修功德業，
> 是以今貧賤，下劣無威勢，
> 我今自愧責，故自稱不好。
> 我今自觀察，窮賤極可愍，
> 結使所欺誑，放逸之所壞，
> 自從今以⁽²⁾後，勤修施戒定，
> 必使將來生，種姓好⁽³⁾眷屬，
> 端正有威德，財富多侍從，
> 衆事不可嫌，爲世所尊敬；
> 莫如今日身，自悔無所及。
> 惡心爲我怨，欺我致貧賤，
> 心能自悔責，修善得快樂。
> 設造惡業時，衆善都不生，

制心修善者，榮樂無不具。

世間語⁽⁴⁾不虛，善惡報差別，

佛說八正道，能至於涅槃。

若心著財利，富貴及榮勝，

求於後有者⁽⁵⁾，不免衰⁽⁶⁾老⁽⁷⁾患，

我當勤精專，趣向無畏方。

譬如醉畫師，畫作諸形像，

醒已覺其惡，除滅作勝者。

先世愚癡故，造作今惡身，

今當滅惡業，將來求勝報。

見惡果報已，智者深自責。

【校記】

（1）瑋：資本、磧本、普本、洪本、南本、北本、徑本、清本作"偉"。

（2）以：資本、磧本、普本、洪本、南本、北本、徑本、清本作"已"。

（3）姓好：資本、金本、磧本、普本、洪本、南本、北本、徑本、清本作"好姓"。

（4）語：資本、金本、磧本、普本、洪本、南本、北本、徑本、清本作"諂"。

（5）有者：資本、磧本、普本、洪本、南本、北本、徑本、清本作"者有"，金本作"世有"。

（6）衰：徑本作"哀"。

（7）老：資本、金本、磧本、普本、洪本、南本、北本、徑本、清本作"苦"。

（三四）

復次，若聞善說，應當思惟，必得義利。是故智者，常應聽受善妙之法。

我昔曾聞，舍衛國中，佛與阿難^(一)曠野中行，於一田畔見有伏藏。佛告阿難："是大毒蛇。"阿難白佛："是惡毒蛇。"爾時田中有一耕人，聞佛、阿難說有毒蛇，作是念言："我當視之，沙門以何爲惡毒蛇？"即往其所，見真金聚，而作是言："沙門所言是毒蛇者，乃是

好金。"即取此金，還置家中。其人先貧，衣食不供，以得金故，轉得富饒，衣食自恣。王家偵伺，怪其卒富，而糺舉之，繫在[1]獄中，先所得金，既已用盡，猶不得免，將加刑戮。其人唱言："毒蛇。阿難！惡毒蛇。世尊！"傍人聞之，以狀白王，王喚彼人，而問之曰："何故唱言'毒蛇。阿難！惡毒蛇。世尊'？"其人白王："我於往日在田耕種，聞佛、阿難説言毒蛇，是惡毒蛇。我於今者，方乃[2]悟解，實是毒蛇。"即説偈言：

> 諸佛語無二，説爲大毒蛇，
> 阿難白世尊，實是惡毒蛇。
> 惡毒蛇勢力，我今始證知，
> 於佛世尊所，倍增信敬心，
> 我今臨危難，是故稱佛語。
> 毒蛇之所螫，正及於一身，
> 親戚及妻子，奴婢僮僕等，
> 一切悉無有，而受苦惱者；
> 財寶毒蛇螫，盡及家眷屬。
> 我今於財寶，及與親戚等，
> 視[3]如惡毒蛇，瞋恚發作時。
> 智者宜速離，如捨惡毒蛇，
> 應速求出家，行詣於山林。
> 誰有智慧者，見聞如此事。
> 而當著財寶，封惑迷其心？
> 我謂得大利，而反獲衰惱。

王聞偈已，深知是人於佛語中生信解心，即説偈言：

> 汝今能信敬，悲愍之大仙，
> 所説語真實，未曾有二言。
> 先所伏藏財，盡以用還汝，
> 更復以財寶，而以供養汝。
> 能敬信調御，善逝實語故，
> 大梵之所信，拔梨阿修羅，
> 天王及帝釋，我等與諸王，

> 城中諸豪族，婆羅門刹利，
>
> 尊勝智見人，無不信敬者。
>
> 能同我⁽⁴⁾信故，現得⁽⁵⁾於花報，
>
> 今信最信處，應獲第一果。

【校記】

(1) 在：資本、金本、磧本、普本、洪本、南本、北本、徑本、清本作“其”。

(2) 乃：磧本、普本、洪本、南本、北本、徑本、清本作“及”。

(3) 視：資本、磧本、普本、洪本、南本、北本、徑本、清本作“觀”，金本作“親”。

(4) 我：資本、金本、磧本、普本、洪本、南本、北本、徑本、清本作“於”。

(5) 得：資本、金本、磧本、普本、洪本、南本、北本、徑本、清本作“在”。

【注釋】

(一) 阿難：爲佛陀十大弟子之一，以“多聞第一”著稱。梵文 Ananda。中印度迦毗羅衛國人，出於刹帝利族，爲佛陀的堂弟。據《付法藏因緣傳》卷二載，阿難繼摩訶迦葉之後，爲付法藏第二祖，臨終時將法付囑商那和修。

（三五）

復次，諸欲求利者，或得或不得。有真善心者，不求自得利實；無真善心者，爲得貪利，故應作真善心。

我昔曾聞，有一國王，時輔相子其父早喪，其子幼稚，未任紹繼，錢財已盡，無人通致可得見王⁽¹⁾，窮苦自活。遂漸長大，有輔相才，理民斷事，一切善知，年向成立，盛壯之時，形體姝大，勇猛大力，才藝備具，作是思惟：“我今貧窮，當何所作？又復不能作諸賤業。今我無福，所有才藝不得施行，復不生於下賤之家。”又聞他説是偈言：

> 業來變化我，窮困乃如是，
>
> 父母之家業，今無施用處。

> 下賤所作業，非我所宜作，
>
> 若我無福業，應生下賤家。
>
> 生處雖復貴，困苦乃如是，
>
> 賤業極易知，然我所不能。
>
> 當作私竊業，使人都不知，
>
> 正有作賊業，覆隱人不覺。
>
> 腰繫二箭筒，并持鋼利劍，
>
> 縛蹲手秉弓，種種自莊嚴，
>
> 喻如師子兒，都無有所畏。

說是偈已，作是思惟：「若劫餘處，或令他貧，我當劫王。」作是念已，至王宮中，詣王臥處，王覺有賊，怖不敢語，持王衣服，并諸瓔珞，取安一處。時王頭邊，有一器水，邊復有灰，飢渴所逼，謂灰是麨，和水而飲，飲已飽滿，乃知是灰。即自思惟：「灰猶可食，況其餘物？我寧食草，何用作賊？先父以來不爲此業。」即弃諸物，還來歸家。王見空出，嘆言善哉！即喚其人而語之言：「汝今何故，既取此物，還置於地，而便空去？」白言：「大王！聽我所說。」即說偈言：

> 何故作非理？以爲飢渴故，
>
> 灰水止飢渴，是故息賊心。
>
> 今知是飢渴，易可得止息，
>
> 我飲灰水已，擲器著地中，
>
> 慚愧生悔恨，不復更造惡。
>
> 大王應當知，我非凡庶人，
>
> 乃是輔相子，由家窮困故，
>
> 故來至王宮，造作非法事。
>
> 從今日已去，常欲飲灰水，
>
> 食草而自活，不爲偷盜業。
>
> 我家昔先人，自有家禮教，
>
> 寧當自滅身，不毀舊法訓。

王見此事，嘆未曾有，稱種姓子，真實不虛，雖有過，尋能改悔。即說偈言：

> 貧窮壞[(2)]志耐，并弃於慚愧，
>
> 凡下鄙惡人，速疾造惡業。
>
> 以己家法鈎，能制非法象，
>
> 汝能自抑心，不違家教法，
>
> 能有是賢行，還襲汝父處。
>
> 汝今除癡心，能作難有事，
>
> 我今極歡喜，用汝爲輔相。
>
> 不須覆觀察，我已見汝行，
>
> 心堅志勇健，兼復有智能。
>
> 我今自見知，斯事實難有，
>
> 才業倍勝父，以心真善故。

是故智者，當作真實，不應虛僞。

【校記】

（1）見王：資本、金本、磧本、普本、洪本、南本、北本、徑本、清本作“王見”。

（2）壞：資本、金本、磧本、普本、洪本、南本、北本、徑本、清本作“懷”。

（三六）

復次，現在結使，雖復不起，若未斷結，結使之得，猶故成就，如以冷水投熱湯中。

我昔曾聞，有一師共一弟子，於其冬日在煖室[(一)]中，見有火聚，無有烟焰。師語弟子：“汝見是火無烟焰不？”弟子言：“見。”師語弟子：“汝著乾[(1)]薪，烟即時起。”復言：“口吹，火焰乃出。”師爲弟子而説偈言：

> 先火[(2)]無烟焰，慈心不净觀，
>
> 現在結不生，如火無烟焰。
>
> 如火得乾薪，烟焰俱時起，
>
> 心火遇因緣，值惡知識時，
>
> 瞋恚烟便起，若覩好色時，
>
> 貪欲火熾然。是故應斷得，

　　　　　　成就具三明^(二)，爲斷貪瞋癡，
　　　　　　應勤修精進。明行足斷心，
　　　　　　結使草不生，喻如常行道，
　　　　　　衆卉皆不出。貪欲及瞋恚，
　　　　　　未遇緣不起，根本未斷故，
　　　　　　遇緣還復發。喻如得瘧病，
　　　　　　四日定發⁽³⁾現，於三二日時，
　　　　　　遇緣還復發。又似世俗定，
　　　　　　掩按結不起，都無有患相。
　　　　　　欲如毒樹根，不拔芽還生，
　　　　　　如人恥白髮，并剃其黑者，
　　　　　　剃之未久間，白髮尋還生。
　　　　　　不永斷結使，其事亦如是，
　　　　　　欲結及瞋恚，逼戒行機關，
　　　　　　對治隱不起。不造身口業，
　　　　　　便生難有想，結使後還起，
　　　　　　毀犯於戒行。貪嗜著五欲，
　　　　　　如蛇隱入穴，還出則螫人。

【校記】

（1）乾：資本、金本、磧本、普本、洪本、南本、北本、徑本、清本作“于”。

（2）先火：資本、磧本、普本、洪本、南本、北本、清本作“光火”，徑本作“火光”。

（3）發：資本、磧本、普本、洪本作“廢”。

【注釋】

（一）煖室：“煖”同暖。即暖室，向陽或有取暖設備的房間。《法句譬喻經》：“前廗後堂涼臺煖室，東西廂廡數十梁間，唯後堂前拒陽未訖。”（卷二，04/586a）

（二）三明：見卷三（三七）“三達”條。

（三七）

復次，施爲解脱，不爲財物。若爲財物，不名爲施。若爲解脱，則得無生及涅槃樂。是故智者，應爲解脱而行布施。

我昔曾聞，有一檀越詣僧房設會，檀越知識道人語上座言：“今日檀越飲食精細，好爲檀越耐心説法。”是時上座已得三明六通具八解脱[一]，善知他心，深觀察之，爲何事故而設此會，乃知此會爲財利故。爾時上座爲此檀越説三惡道苦，而作是言：“善哉善哉！檀越，汝今所設供養，極是時施，色香美味皆悉具足，極爲清净，三惡道中，無所乏少。”時知識道人語上座言：“何以爲他咒願三惡道中都無所乏？”時僧上座語彼道人子：“我雖年老，倒錯説法，然此檀越不習於戒，結使所使，我觀彼心，故作是説。此檀越爲五欲樂，及財寳畜生。”即説偈言：

施者所[1]生處，財寳極廣大，

以恃財寳故，能令起憍慢。

憍慢越法度，盲冥愚凡夫[2]，

以越法度故，則墮三惡趣。

處於三惡道，猶如己舍宅，

若生人天中，如似暫寄客。

是故戒施伴，俱受於涅槃，

戒能得生天，施能備衆具，

所作爲解脱，必盡於苦際。

譬如種藕根，花葉悉具得，

其根亦可食。修行於施戒，

親近解脱林，快樂喻花葉，

根喻於解脱。是故修戒施，

必當爲解脱，不應爲世利。

【校記】

（1）所：資本、金本、磧本、普本、洪本、南本、北本、徑本、清本作“聖”。

（2）夫：頻本作“失”。

【注釋】

（一）八解脱：指爲斷除三界煩惱繫縛的八種禪定之法，也作八背舍。具體爲：（1）内有色想，觀外色解脱。（2）内無色想，觀外色解脱。（3）净解脱身作證具足住。（4）空無邊處解脱。（5）識無邊處解脱。（6）無所有處解脱。（7）非想非非想處解脱。（8）滅受想定身作證具住。

（三八）

復次，離諸難亦難，得於人身難，既得離諸難，應當常精勤。

我昔曾聞，有一小兒聞經中説"盲龜值浮木孔，其事甚難"，時此小兒故穿一板作孔受頭，擲著池中，自入池中，低頭舉頭，欲望入孔，水漂板故，不可得值。即自思惟："極生厭惡，人身難得，佛以大海爲喻，浮木孔小，盲龜無眼，百年一出，實難可值。我今池小，其板孔大，復有兩眼，日百[1]出頭，猶不能值，況彼盲龜而當得值？"即説偈言：

> 巨海極廣大，浮木孔復小，
> 百年而一出，得值甚爲難。
> 我今池水小[2]，浮木孔極大，
> 數數自出頭，不能值木孔。
> 盲龜遇浮木，相值甚爲難，
> 惡道復人身，難值亦如是。
> 我今值人身，應當不放逸，
> 恒沙等諸佛，未曾得值遇。
> 今日得諮受，十力世尊言，
> 佛所説妙法，我必當修行。
> 若能善修習，濟拔極爲大，
> 非他作己得，是故自精勤。
> 若墮八難處[一]，云何可得離？
> 世間業隨逐，墜墮於惡道。
> 我今當逃避，得出三有獄，
> 若不出此獄，云何得解脱？
> 畜生道若干，歷劫極長久，
> 地獄及餓鬼，黑暗苦惱深。

我若不勤修，云何而得離，

峻難諸惡道？今日得人身，

不盡苦邊際，不離三有獄，

應當勤方便，必離三有獄。

我今求出家，必使得解脱。

【校記】

(1) 日百：資本、磧本、普本、洪本、南本、北本、徑本、清本作“兩目”，金本作“而自”。

(2) 小：資本、金本、磧本、普本、洪本、南本、北本、徑本、清本作“中”。

【注釋】

(一) 八難處：指不得遇佛、無法聽聞佛法的八種障難，即地獄、畜生、餓鬼、長壽天、邊地、盲聾暗瘂、世智辯聰、佛前佛後。關於八難的對治，《增壹阿含經》云：“奉持八關齋法，不墮三惡趣。持是功德，不入地獄、餓鬼、畜生八難之中。”（卷一六，02/625c）

(三九)

復次，財錢難捨，智者若能修於小施，莫起輕想。

我昔曾聞，須和多國昔日有王名薩多浮。時王遊獵，偶值一塔，即以五錢布施彼塔。有一旃陀羅，遙唱善哉！即遣使捉，將至王所。時王語言：“汝今見我，布施小故，譏笑我耶？”彼人白(1)王：“施我無畏，然後當語。我於昔日於峻道中劫掠作賊，捉得一人，急拳其手。我即思惟，此人拳手，必有金錢。語令開手，其人不肯。我捉弓箭，用恐彼人，語言放手，猶故不肯。我即挽弓向之，以貪寶故，即便射殺，殺已即取得一銅錢。寧惜一錢，不惜身命。如今大王無逼惱者，能持五錢用施佛塔，是故我今嘆言善哉！”即說偈言：

挽弓圓如輪，將欲害彼命(2)，

彼寧喪身命，不肯輸一錢。

我見如此人，捨命不捨錢，

是故我今者，見有捨錢者，

生於希有想，嘆言難(3)可作。

不見有弓刀⁽⁴⁾，强逼大王者，

亦無有畏忌，開意捨難捨，

苦求乃得錢。是故我今日，

見有捨財者，心生未曾有。

我自見其證，極苦不肯捨，

大王今當知，慳心難可捨。

【校記】

（1）白：資本作“曰”。

（2）害彼命：資本、金本、磧本、普本、洪本、南本、北本、徑本、清本作“傷害彼”。

（3）難：資本、金本、磧本、普本、洪本、南本、北本、徑本、清本作“誰”。

（4）刀：徑本作“力”。

（四〇）

復次，善觀察所作，當時雖有過，後必有大益。

我昔曾聞，有一比丘常被盜賊。一日之中，堅閉門户。賊復來至，扣門而喚。比丘答言：“我見汝時，極大驚怖，汝可内手於彼向中，當與汝物。”賊即内手置於向中，比丘以繩繫之於柱。比丘執杖，開門打之。打⁽¹⁾一下已，語言：“歸依佛。”賊以畏故，即便隨語：“歸依於佛。”復打二下，語言：“歸依法。”賊畏死故，復言：“歸依法。”第三打時，復語之言：“歸依僧。”賊時畏故，言：“歸依僧。”即自思惟：“今此道人，有幾歸依？若多有者，必更不見此閻浮提。必當命終。”爾時比丘，即放令去。以被打故，身體疼痛，久而得起，即求出家。有人問言：“汝先作賊，造諸惡行，以何事故，出家修道？”答彼人言：“我亦觀察佛法之利，然後出家。我於今日遇善知識⁽⁻⁾，以杖打我三下，唯有少許命在不絕。如來世尊實一切智者⁽²⁾，若教弟子四歸依者，我命即絕。佛或遠見斯事，教出⁽³⁾比丘，打賊三下，使我不死。是故世尊唯説三歸，不説四歸，佛愍我故，説三歸依，不説四歸。”即説偈言：

決定一切智，以憐愍我故，

是以⁽⁴⁾説三歸，不説有第四。

爲於三有故，而説三歸依，

若當第四者，我則無歸依。

我今可憐愍，身命於彼盡，

我見佛世尊，遠覩如斯事，

生於未曾有，是故捨賊心。

有因粗事解，或因細事悟，

粗者悟粗事，細者解細事。

由我心粗故，因粗事解悟，

我解斯事故，是以求出家。

大莊嚴論經⁽⁵⁾卷第六

【校記】

（1）打：資本、金本、磧本、普本、洪本、南本、北本、徑本、清本脱。

（2）者：資本、金本、磧本、普本、洪本、南本、北本、徑本、清本脱。

（3）出：磧本、洪本、南本、北本、徑本、清本作"出家"。

（4）以：資本、磧本、普本、洪本、南本、北本、徑本、清本作"故"。

（5）論經：洪本、南本、北本、徑本、清本作"經論"。

【注釋】

（一）善知識：指以佛法正道教示，使人由此得到勝益的師友。唐·慧琳《一切經音義》："彌窒，（中略）秦言善知識。（中略）一本作彌多羅尼子，亦是梵言，訛轉耳也。"（卷四六，54/616a）《妙法蓮華經玄讚》："善知識者能教衆生遠離十惡、修行十善，以是義故名善知識。"（卷一〇，34/851b）也作善友、勝友等。與此相對的爲"惡知識"，也即教以邪道之人。

大莊嚴論經卷第七

馬鳴菩薩造　後秦三藏鳩摩羅什譯

（四一）

復次，利養亂於行道，若斷利養，善觀察瞋。

我昔曾聞，有一比丘在一圍[(1)]中，城邑聚落競共供養，同出家者憎嫉誹謗。比丘弟子聞是誹謗，白其師言："某甲比丘，誹謗和上[(2)]。"時彼和上[(3)]聞是語已，即喚謗者，善言慰喻，以衣與之。諸弟子等白其師言："彼誹謗人是我之怨，云何和上慰喻與衣？"師答之言："彼誹謗者於我有恩，應當供養。"即說偈言：

如雹害禾穀，有人能遮斷，

田主甚歡喜，報之以財帛。

彼謗是親厚，不名爲怨家，

遮我利養雹，我應報其恩。

雹害及一世，利養害多身，

雹唯害於財，利養毀修道。

爲雹所害田，必有少遺餘，

利養之所害，功德都消盡。

如彼提婆達[(一)]，利養雹所害，

由彼貪著故，善法無毫釐，

衆惡極熾盛，死則墮惡道。

利養劇猛火，亦過於惡毒，

師子及虎狼。智者觀察已，

寧爲彼所傷，不爲利養害。

愚者貪利養，不見其過惡，
利養遠聖道，善行滅不生。
佛已斷諸結，三有結都解，
功德已具滿，猶尚避利養。
眾中師子吼，而唱如是言：
利養莫近我，我亦遠於彼。
有心明智人，誰當貪利養？
利養亂定心，為害劇於怨，
如以毛繩戮，皮斷肉骨壞，
髓斷爾乃止。利養過毛繩，
絕於持戒皮，能破禪定肉，
折於智慧骨，滅妙善心髓。
譬如嬰孩者，捉火欲食之，
如魚吞鈎餌，如鳥網所覆，
諸獸墜穽陷，皆由貪味故。
比丘貪利養，與彼亦無異，
其味極掞少，為患甚深重。
詐為諂佞者，止住利養中，
親近憒閙亂，妨患之種子，
如似疥搔瘡，搔之痒轉增，
矜高放逸欲，皆因(4)利養生。
此人為我等，遮於利養怨，
我以是義故，應盡心供養。
如是善知識，云何名為怨？
由貪利養故，不樂閑靜處，
心常緣利養，晝夜不休息。
彼處有衣食，某是我親厚，
必來請命我，心意多攀緣。
敗壞寂靜心，不樂空閑處，
常樂在人間，田(5)利毀敗故。
不樂寂定法，以捨寂定故，

不名爲比丘，亦不名白衣⁽²⁾。

【校記】

(1) 園：資本、磧本、普本、洪本、南本、北本、徑本、清本作“國”。

(2) 上：磧本、普本、洪本、南本、北本、徑本、清本作“尚”。

(3) 上：資本、磧本、普本、洪本、南本、北本、徑本、清本作“尚”。

(4) 因：徑本作“由”。

(5) 田：資本、金本、普本、洪本、南本、北本、徑本、清本作“由”。

【注釋】

(一) 提婆達：即提婆達多，爲佛陀在世時犯逆罪、破僧團的比丘，梵名 Devadatta。因爲造三逆罪，生墮於地獄。《法華義疏》：“提婆達多是斛飯王子。提婆此翻爲天，達多言熱。以其生時諸天心熱，故名天熱。所以然者，諸天知其造三逆罪破壞佛法，見其初生心生熱惱故，因以爲名。”（卷九，34/591c）

(二) 白衣：指在家人。與此相對，出家人著淄衣，因此佛典中多用“白衣”代指在家人。唐·玄奘譯《顯揚聖教論》：“在俗者，謂處家白衣，受用五欲營搆俗業，以自活命。”（卷三，31/494c）另據《大唐西域記》卷二載，印度人貴鮮白而輕雜彩。

（四二）

復次，俱得漏盡⁽¹⁾，教學差別。

我昔曾聞，尊者目連⁽²⁾教二弟子，精專學禪，而無所證。時尊者舍利弗⁽³⁾問目連言：“彼二弟子得勝法不？”目連答言：“未得”。舍利弗又問言：“汝教何法？”目連答言：“一⁽¹⁾教不净⁽⁴⁾，二教數息⁽⁵⁾。然其心意，滯而不悟。”時舍利弗問目連言：“彼二弟子從何種姓而來出家？”答言：“一是浣衣，二是鍛金師⁽⁶⁾。”時舍利弗語目連言：“金師子者，應授安般；浣衣人者，宜教不净。”目連如法以教弟子，弟子尋即精勤修習，得羅漢果。既成羅漢，歡喜踊躍，即便説偈讚舍利弗：

第二轉法輪⁽⁷⁾，佛法之大將，

於諸聲聞中，得於最上智，

有勝覺慧力，嗚呼舍利弗！

指導示解脱，隨順本所習，

指導開悟我，二俱速解脱。

行自境界中，獲得所應得，

行他境界者，如魚墮陸地。

我常在河側，習浣衣白淨，

安心於白骨，相類易開解，

不大加功力，速疾入我意。

金師常吹囊(2)，出入氣是風，

易樂入安般。衆生所翫習，

各自有勝力，今者舍利弗，

佛法之鞁鞁。佛説舍利弗，

第二轉法輪，真實是所應，

心得自在者，能使我二人，

善知禪徑路。我如不調象，

法中之大將，言教調順我，

使到安隱處，故我大歡喜。

【校記】

（1）一：磧本作“我”。

（2）囊：資本、金本、磧本、普本、洪本、南本、北本、徑本、清本作“鞴”。

【注釋】

（一）漏盡：指斷盡煩惱繫縛。漏，即煩惱。《大智度論》：“三界中三種漏已盡無餘，故言漏盡也。”（卷三，25/080b）

（二）目連：摩訶目犍連 Mahā-maudgalyāyana 的略稱。爲佛十大弟子，以“神足第一”著稱。

（三）舍利弗：梵名 Śāriputra，爲佛陀十大弟子之一，以“智慧第一”著稱。

（四）不净：即不净觀。指通過觀想自己及他人色身的骯髒，以斷掉貪欲障礙的一種方法。

（五）數息：指計算鼻息的出入，攝持心注於一境。此爲禪定的一種修持方法。佛陀提出數息觀是爲教導衆生攝持散亂之心。又作念安般、安般守意等。

（六）鍛金師：鍛金冶煉的工匠。"佛教及其文獻傳入中國，由於印度社會與中國社會情況各異，在經文翻譯中，對一些漢語詞的意義通過附會的方法作了引申，不僅用來表示具有某種技能的人，也泛指從事某一職業的人。從身份來看，這些‘師’大多是倡優隸役工匠之類，屬下九流的居多。"①

（七）第二轉法輪：法輪爲佛陀的教法。説示教法以破虛妄顛倒，謂之轉法輪。《大智度論》："初説法名定實一法輪，因初轉乃至法盡，通名爲轉。是諸天見是會中多有人發無上道、得無生法忍；見是利益，故讚言‘第二轉法輪’。"（卷六五，25/517a）

（四三）

復次，善根熟者，雖復逃避，如來大悲，終不放捨。

我昔曾聞，如來無上良厚福田，行來進止，常爲福利，非如世間所有田也。欲示行福田異於世間田(1)，行福田者往至檀越下種人所，入舍衛城分衛，乃至爲菩薩時入王舍城乞食。城中老少男女大小，見其容儀，心皆愛敬，餘如佛本行中説。昔佛在時，衆生厭惡，善根種子極易生芽，佛所應化，爲度人故，入城乞食，即説偈言：

若以深信心，禮敬佛足者，

是人於生死，便爲不久住。

能行善福田，供養作因緣，

必獲大果報。能以信敬心，

以土著佛鉢，終不無果報。

如來入城現神足時，一切人民各各相語："佛來入城。"餘如諸經中。佛來入城時，所有嚴麗種種具足，男女大小聞佛入城，一切擾動，猶如大海風皷濤波，出大音聲，閻浮提界亦未曾有如是形相。爾時城中除糞穢人名曰尼提，髮長蓬亂，垢膩不净，所著衣裳悉皆弊壞。若於道中得弊納者，便用補衣，欲示宿世不善業故，背負糞瓨，欲遠弃去。於路見佛，瞻仰尊顏，如覩大海，圓光一尋(一)以莊嚴身，如真金聚，無諸垢穢，所著袈裟如赤栴檀(二)，亦如寶樓，觀之無厭，

①　俞理明：《"師"字二題》，《漢語史研究集刊》2000 年第 3 輯，第 154～162 頁。

即説偈言：

> 金色如華敷，衣如赤栴檀，
>
> 衣服儀齊整，清淨如銅鏡。
>
> 如似⁽²⁾秋月時，日處虛空中，
>
> 世尊處大衆，嚴淨如秋月。

爾時衆生見佛世尊，生大歡喜，畜生見佛，眼根悦樂，況復人也！即説偈言：

> 見色無比類，深心極⁽³⁾愛敬，
>
> 堪爲禪定器，威光倍赫奕。
>
> 邪見毒惡心，覿佛猶悦豫，
>
> 觀其諸形體，觸目視無厭。
>
> 覩見心悦豫，身體悉照曜，
>
> 瞻之轉熾盛，形體圓滿足。
>
> 無可嫌呵處，種姓可嘆美，
>
> 無能譏論者，明智善丈夫。
>
> 相續出是種，世人寶嚴飾，
>
> 以助形容好。佛身相好具，
>
> 不假外莊嚴，相好衆愛樂，
>
> 顯好常隨身。世人自瓔珞，
>
> 不得常爲好。蓮華悉開敷，
>
> 阿輸伽敷榮，嚴飾於大地，
>
> 顯好不如佛。淨目衆相好，
>
> 熾然莊嚴身，喻如摩尼鎧^(三)，
>
> 衆寶而校飾。亦猶池水中，
>
> 衆華以莊嚴。如是等比類，
>
> 不及如來身，善逝之形體，
>
> 相好炳然^(四)著。猶如虛空中，
>
> 淨⁽⁴⁾無雲翳時，衆星莊嚴月，
>
> 善行美妙器，瞻仰無厭足，
>
> 如飲甘露味，猶如淨滿月，
>
> 爲人所愛樂。妙相以莊嚴，

　　　　善調伏威德，衆德備足者，

　　　　誰能具稱嘆？諸過惡已壞，

　　　　譬如生死中，衆伎變現形，

　　　　永無能變現。髣髴(五)似佛者，

　　　　雖作衆妙像(5)，不及佛儀相。

　　　　佛之妙容相，天人中無比。

　　又復世尊，不齊相好，殊妙可嘆，衆行皆備，功德悉具，説偈讚言：

　　　　如來所言説，智者所欽仰，

　　　　威儀及舉止，終無有過失。

　　　　牟尼中最勝，觸事未曾有，

　　　　覺慧無動摇，讚毀意不異。

　　　　以有十力故，摽相極寂静，

　　　　滿足而正直，功德利益聚。

　　　　行步甚詳雅，爲人所愛樂，

　　　　言説義深廣，視瞻極審諦。

　　　　詳雅有次叙，一切皆捨離，

　　　　食飲(6)無貪著。舉要而言之，

　　　　無有不可愛。

　　爾時尼提見無上調御諸根寂定，及比丘等根不散亂，圍繞侍從，心倍愛敬，復説偈言：

　　　　諸根悉寂静，調根者圍遶，

　　　　著於新色衣，前後隨導從。

　　　　衆釋中勝導(7)，金色不動摇，

　　　　四衆常圍遶，如赤雲繞日。

　　爾時尼提既見佛已，自鄙臭穢，背負糞瓨，云何見佛？回趣異道，以不見佛，心懷愁惱：我於先世，不造福業，爲惡所牽，今受此苦。我今不愁，斯下賤業，衆人皆得到於佛前，我今臭穢，故不得往。以是之故，懊惱燋心，即説偈言：

　　　　佛出世甚難，難可得值遇，

　　　　人天阿修羅，八部(六)咸圍遶。

> 我雖今遭值，臭穢不得近，
>
> 明了有惡業，罪報捨弃我。

思惟是已，更從異巷，捨而遠避。然佛世尊大慈平等，隨逐不捨，即現彼巷，尼提前立。尼提見已，復生驚怖：我向避佛，今復覩見，當何處避？驚怖憂惱，而自責言："我甚薄福，諸佛香潔，我當云何以此極穢逼近於佛？若當逼近，罪益深重，先世惡業，使我乃爾。"即説偈言：

> 天以栴檀香，上妙曼陀^(七)花，
>
> 種種衆供具，持來奉世尊。
>
> 佛來入城時，香水以灑地，
>
> 人天皆供養，真是應供者。
>
> 云何執糞瓶⁽⁸⁾，而在於佛前？

復自念言："當設何方念⁽⁹⁾而得合所？"又更捨佛，入於異巷。如來如前，復在彼巷，尼提見已，倍復怪惱，而説偈言：

> 圓光周一尋，色炎若干種，
>
> 城中諸人等，合掌而圍遶，
>
> 帝釋執持拂，人天皆供養。
>
> 我向避異巷，復從此道來？

作此偈已，復自念言："今者世尊，人天中上，我之鄙穢，衆生中下，我今云何以此臭穢而近世尊？"即便回避，入於異巷。爾時世尊，先在彼立。既覩佛已，慚耻却行，糞瓶撞壁，尋即碎壞，糞汁流灌，澆污衣服。自見穢污，慚愧懊惱，顏色變異，而自念言："先雖臭穢，尚有瓶遮，今瓶破壞，穢惡露現，甚可慚耻。"甚自鄙責，而説偈言：

> 嘆言咄怪哉，我今如趣死，
>
> 臭穢遍身體，云何當自處？
>
> 三界最勝尊，而來趣近我，
>
> 塞遮我前路，遂無逃避處。
>
> 怪哉極可惡，內外皆不⁽¹⁰⁾净，
>
> 慚耻大苦惱，如似衰老至。

爾時大衆咸見世尊隨尼提後，時彼衆中有一比丘作是念言："如

來入城，不於豪貴并卑賤家而從乞食，但隨尼提⁽¹¹⁾。何故如是？此必有緣。"復自念言："此事可解。"即説偈言：

> 此必功德器，爲佛所追隨，
>
> 如珠落糞穢，撓⁽¹²⁾攪而覓取。
>
> 如來録其心，不擇貴與賤，
>
> 不求種姓⁽¹³⁾真，妙勝作是説。
>
> 譬如醫占病，看病腹鞕軟，
>
> 隨患投下藥，亦不觀種族。
>
> 如來以平等，觀察心堅軟，
>
> 亦不擇種姓，與藥下煩惱。

爾⁽¹⁴⁾時尼提於隘巷中遇值世尊，慚愧踡縮，無藏避處，合掌向地，作如是言："汝今能持一切衆生，願開少處，容受我身。"即説偈言：

> 如來於今者，轉來逼近我，
>
> 我身甚臭穢，不得近世尊，
>
> 善哉開少分，願容受我身。

爾時如來大悲熏⁽¹⁵⁾心，安樂利益一切衆生，和顏悦色，到尼提邊，世尊以柔軟雷音^(八)而安慰之，令彼身心怡悦快樂。佛命尼提，尼提聞已，周悼^(九)四顧，如佛所命。三界至尊豈可唤我鄙賤之人？將無有人與我同字，唤於彼耶？佛心平等，斷於愛憎，世尊舉手向彼尼提，其指纖長，爪如赤銅，指間網縵，以覆其上，掌如蓮花，柔軟净潔，相輪之手，欲使尼提生勇悍心，即與尼提而説偈言：

> 汝有善根緣^(一〇)，故我至汝所，
>
> 我今既來至，汝何故逃避？
>
> 應當住於此，汝今身雖穢，
>
> 心有上善法，殊勝之妙香⁽¹⁶⁾，
>
> 今在汝身外⁽¹⁷⁾，不宜自鄙賤。

于時尼提聞佛唤已，舉目覩佛，其心勇悍，合掌向佛，而作是言："無歸依者爲作歸依，於諸衆生無有因緣而生子想，其心平等實是真濟。今佛世尊與我共語，如以甘露灑我身心。"即説偈言：

> 假使大梵王，與我共談議，

天帝之尊重，屈臨見攜抱，

轉輪大聖王，同坐一器食，

不如三界尊，垂哀賜一言。

今我蒙慈眷，歡喜過於彼，

簡練去穢惡，不善相已滅，

善相具足生，自在者濟拔，

令我受快樂。世尊足上塵，

帝釋以頂戴，猶名福所護，

況我極鄙劣，親承佛音教^(一一)，

而自稱我名，當不生欣慶？

佛告尼提：“汝於今者能出家不？”于時尼提聞是語已，心生歡喜，即說偈言：

如我賤種類，頗任出家不？

世尊垂哀愍，設得出家者，

如取地獄人，安置著天上。

佛告尼提：“汝今不應作是思惟。”即說偈言：

如來不觀察，種族及貴富，

唯觀眾生業，過去善種子。

一切煩惱縛，不盡得解脫，

生老病死等，苦樂悉皆同。

云何婆羅門，獨能得解脫，

餘人不能得？文字及音聲，

豈唯婆羅門？餘姓亦復知。

譬如渡河津，不但婆羅門，

餘姓亦復能。一切諸所作，

唯婆羅門能，餘人不能耶？

汝今但應當，信我故出家。

如我佛法中，悲心無偏黨，

不同諸外道，有所隱藏法。

濟度悉平等，佛法無損減，

說法無偏黨，平等示正道，

為一切衆生，作安隱正路。
譬如大市中，市買一切物，
我法市亦爾，不擇其種姓，
富貴及貧賤。譬如清流水，
刹利婆羅門，毗舍及首陀，
無有遮護者，不限人非人，
一切皆來飲，我法亦如是。
我今亦不齊，比丘比丘尼，
普為於世間，人天之大醫。

　　我不必⁽¹⁸⁾為貴撰⁽¹⁹⁾擇賢王等，亦度下賤優波離^(一二)等。我不齊為大富長者須達多^(一三)等，亦度貧窮須賴多等。我不齊為大智舍利弗，亦為鈍根周利⁽²⁰⁾槃特^(一四)等。我不齊為少欲知足摩訶迦葉^(一五)，亦為多欲婆難陀^(一六)等。我不齊為耆舊宿德優樓頻螺迦葉^(一七)，亦為幼稚須陀耶^(一八)等。我不齊為憍慢婆迦賴等，亦為極惡鴦掘摩羅手捉劍者^(一九)。我不齊為多智男子而為説法，亦為淺智女人而為説法。我不齊為出家之衆而作真濟，亦為極惡在家之人而為説法。我不齊為少欲之人而為説法，亦為在家幼子五欲自恣説四真諦。我不齊為放捨衆務逋多梨説，亦為經理國事多諸世務頻婆娑羅王^(二〇)等説。我不齊為斷酒之人説，亦為極醉郁伽等説使⁽²¹⁾得道迹。我不齊為樂修定離越^(二一)等説離生死法⁽²²⁾，亦為失子狂亂心婆私吒^(二二)説。我不齊為賢德等優婆塞種中生者説法，亦為邪見弟子阿須拔提等説。我不齊為盛壯羅吒和羅説法，亦為衰老羅拘羅^(二三)等説。我不齊為宿舊婆拘羅^(二四)説得羅漢，亦為七歲沙彌須陀延^(二五)説使得羅漢。我不齊為十六波羅延^(二六)心中難問答所疑，亦為六十聚落嬰愚貪欲求女人者説。我不齊為滿願子^(二七)等大論牛王辯才無盡者説，亦為淺智達摩地那比丘尼説，使得深智，能解大丈夫有所問難。我不齊為富貴大王夫人彌拔提等説使得道果，亦為下賤僮使鳩熟多羅等説使得道迹。我不齊為貞婦毗舍佉^(二八)説，亦為婬女蓮華^(二九)等説。我不齊為大德辯才女人瞿曇彌等説，亦為七歲沙彌尼至羅能摧伏外道者説。爾時世尊即説偈言：⁽²³⁾

依我佛法中，速疾應出家，

因智得甘露，不由種族姓。

四大及⁽²⁴⁾以空^(三〇)，貴賤等同有，

無智則不得，不必在種姓。

爾時尼提即奉佛教，尋便出家，得阿羅漢。時舍衛城中長者婆羅門聞尼提得出家，皆生譏論瞋恚嫌恨，而作是言："彼尼提者鄙穢下賤，今得出家，若設會時尼提來者，污我舍宅床蓐⁽²⁵⁾。"舉國紛紜，遂至上徹波斯匿王^(三一)。時王聞已，語諸臣言："汝等今者勿用紛紜，我今當往詣世尊所，啟白如來，更不聽斯下賤者使得出家。"時王將侍從往詣祇洹，見⁽²⁶⁾一比丘坐大石上縫糞掃衣^(三二)，有七百梵天在其左右，有⁽²⁷⁾合掌禮敬者，有⁽²⁸⁾取縷者，有貫針者，如修多羅中廣說。時諸天等說偈讚言：

觀察諸根寂，容儀威⁽²⁹⁾德盛，

得具於三明，利根不退轉，

眾善悉備滿，容納糞掃衣。

七百威德天，上從梵宮來，

歸命來敬禮，度於彼岸者。

時波斯匿王不識尼提，而語之言："汝今為我往白世尊，波斯匿王今在門外欲來見佛。"時彼尼提聞已，即從石沒，如入於水，踊⁽³⁰⁾身佛前，而白佛言："波斯匿王今在門外，欲見世尊。"世尊語言："還從本道，可往喚前。"尼提奉命，還從石出，喚波斯匿王。時波斯匿王，頂禮問訊，白世尊言："向彼比丘是何大德？為諸天供養奉侍左右，又能於石出入無礙。"說偈問言：

佛智淨無礙，無事不通達，

我欲所問者，佛已先知之，

先事且⁽³¹⁾小住，我欲有所問。

向見一比丘，石上而出入，

如鷗在水中，浮沉得自在。

爾時世尊告波斯匿王言："向者比丘若欲知者，是王所疑鄙賤尼提，即其人也。"王聞是已，悶絕躄地，即自悔責，而作是言："我為自燒，云何乃於如是大德生於譏嫌？"見是事已，於佛法所得未曾有，倍生信心，即禮佛足，而說偈言：

> 譬如須彌山，衆寶所合成，
>
> 飛鳥及走獸，至山[32]皆金色。
>
> 昔來雖曾聞，今始方證知，
>
> 佛如須彌山，無量功德聚。
>
> 有來依佛者，變爲貴種族，
>
> 佛不觀種姓，富貴及名聞。
>
> 猶如醫占病，亦不觀種姓，
>
> 但授諸良藥，令其病得愈。
>
> 貴賤資氣同，皆出於不净，
>
> 成就得道果，等同無差[33]別。
>
> 一切種姓同，證果都[34]無異。

爾時世尊爲欲增長波斯匿王淳信心故，説四種姓可净，若婚娶時取四種姓，此四種姓皆可得净。佛告大王："若取[35]婦嫁女，應擇種姓。此佛法中唯觀宿世善惡因緣，不擇種姓；唯觀信施，不觀珍寶；索戒清净，不索家門清净；索定自在，不索種姓端嚴；觀其智慧，不觀所生。"即説偈曰：

> 如鍊[36]山石中，而取於真金，
>
> 譬如伊蘭木，相瑳便火出，
>
> 亦如淤泥中，出生[37]青蓮花，
>
> 不觀所生處，唯觀於德行。

若生上族有德[38]行者，應當供養。若生下賤種有德行者，亦應供養。諸有智者，應當供養。有德之人，種姓有別，德行無異，猶如伊蘭及栴檀木俱能出火，熱與光明無有別異。佛語真實，無有過失，深入人心，使王得解。波斯匿王頂禮佛足，五體投地，南無歸命調御丈夫、一切種智，於一切義無有障礙，十力勇猛，四無所畏，婆伽婆，三藐三佛陀，於一切衆生作不請親友，於四種姓都無偏黨，略説如是。即説偈言：

> 一切種智海，净意度彼岸，
>
> 世界佛獨悲，心意無穢惡。
>
> 爲一切衆生，作於最親友，
>
> 獨一説解脱，然示種種道。

依智多方便，外道狂顛倒，

粗澁之苦行，專迷著種姓。

波斯匿王禮佛及尼提足已，還舍衛城。

【校記】

（1）田：資本、金本、磧本、普本、洪本、南本、北本、徑本、清本作“因”。

（2）似：磧本作“以”。

（3）極：徑本、頻本作“及”。

（4）净：資本、磧本、普本、洪本、南本、北本、徑本、清本作“静”，金本作“靖”。

（5）像：北本、徑本、清本作“相”。

（6）飲：徑本作“欲”。

（7）導：資本、金本、磧本、普本、洪本、南本、北本、徑本、清本作“道”。

（8）瓶：磧本、洪本、南本作“瓶”，北本、徑本、清本作“瓨”。

（9）念：資本、金本、磧本、普本、洪本、南本、北本、徑本、清本脱。

（10）不：資本、磧本、普本、洪本、南本、北本、徑本、清本作“可”。

（11）提：資本、磧本、普本、洪本、南本、北本、徑本、清本、頻本作“提後”，金本作“提由”。

（12）撓：資本、金本、磧本、普本、洪本、南本、北本、徑本、清本作“托”。

（13）姓：資本、磧本、普本、洪本、南本、北本、徑本、清本作“性”。

（14）爾：資本、金本、磧本、普本、洪本、南本、北本、徑本、清本、頻本作“於”。

（15）熏：資本、金本、磧本、普本、洪本、南本、北本、徑本作“勳”。

（16）香：資本、金本、磧本、普本、洪本、南本、北本、徑本、清本作“音”。

（17）外：資本、磧本、普本、洪本、南本、北本、徑本、清本作“内”。

（18）必：資本、普本、徑本作“以”，磧本、洪本、南本、北本、清本脱。

（19）撰：資本、磧本、普本、洪本、南本、北本、徑本、清本作"選"。

（20）利：資本、金本、磧本、普本、洪本、南本、北本、徑本、清本作"離"。

（21）使：磧本作"能"。

（22）法：資本、金本、磧本、普本、洪本、南本、北本、徑本、清本、頻本脱。

（23）摧伏外道者説。爾時世尊即説偈言：資本、磧本、普本、洪本、南本、北本、徑本、清本作"説"。

（24）及：徑本作"乃"。

（25）蓐：磧本、洪本、南本、北本、清本作"褥"。

（26）見：資本作"中"。

（27）有：資本、磧本、普本、洪本、南本、北本、徑本、清本作"叉手"，金本脱。

（28）者有：資本作"恭請"。

（29）威：磧本作"滅"。

（30）踊：資本、磧本、普本、洪本、南本、北本、徑本、清本作"涌"，金本作"勇"。

（31）且：資本、磧本、普本、洪本、南本、北本、徑本、清本作"具"。

（32）山：資本、磧本、普本、洪本、南本、北本、徑本、清本作"邊"。

（33）差：資本、金本、磧本、普本、洪本、南本、北本、徑本、清本作"分"。

（34）都：徑本作"多"。

（35）取：資本、磧本、普本、洪本、南本、北本、徑本、清本作"娶"。

（36）鍊：資本、金本、磧本、普本、洪本、南本、北本、徑本、清本作"練"。

（37）出生：資本、金本、磧本、普本、洪本、南本、北本、徑本、清本作"生出"。

（38）德：徑本作"得"。

【注釋】

（一）一尋：古代長度單位，八尺爲一尋。唐·慧琳《一切經音義》："謂人兩臂爲尋。《淮南子》云，人修八尺，尋自倍，故八尺曰尋也。"（卷

七〇，54/762b）

（二）栴檀：栴檀那（candana）的省稱，即檀香。《般舟三昧經》：
"此栴檀香也，卿莫謂不净。嗅之知香，視之知净。"（卷一，13/900a）

（三）摩尼鎧：用珠玉做成的鎧甲。摩尼：梵文 Maṇi，爲珠寶玉石的
統稱。唐・玄應《一切經音義》："末尼，茫鉢反，言摩尼。此云寶珠，謂
珠之捻名也。"（卷二三，57/100b）

（四）炳然：光明貌。《漢語大詞典》首例爲宋・蘇軾《謝孫舍人啓》：
"穆如清風，草木皆靡；炳然白日，霰雪自消。"① 較晚。

（五）髣髴：猶"仿佛"。慧琳《一切經音義》："髣髴，芳往反，妃末
反，謂相似也，見不審諦也。古文作㑳聭。《説文》仿佛，並同用也。"
（卷二五，54/469c）

（六）八部：指佛教經典中的八類護法天神。具體爲：天、龍、夜叉、
乾達婆、阿修羅、迦樓羅、緊那羅、摩睺羅伽。（《翻譯名義集》卷二）

（七）曼陀：指曼陀羅花。《本草綱目・草部下》云："曼陀羅花，釋
名風匣兒、山茄子。氣味（花、子）辛、温、有毒。"②

（八）雷音：指佛陀演説教法的聲音。

（九）周慞：忙亂慌張。其早見於《中本起經》："明旦衆女，不見蛇
蛇，周慞遍求，嘘唏並泣，大家驚怪，問其狀變。"（卷一，04/149a）

（一〇）根緣：佛教謂人的根性及境遇的因緣。

（一一）音教：指以聲音所説的佛法。《正法華經》："彼等悉聞，此佛
音教，爲諸群萌，講演法力。"（卷二，09/073b）

（一二）優波離：梵文 Upali。其原爲釋迦王族的理髮師，屬於印度
種姓制度中最下等的首陀羅階級。釋尊本着種姓平等的思想，度化他出
家。後成爲佛陀十大弟子之一，以"持律第一"著稱。

（一三）須達多：梵文 sudatta，又稱爲"給孤獨長者"，爲古印度拘
薩羅國舍衛城富商，是佛陀的大施主之一。《翻譯名義集》："須達多，亦
云修達多，或婆須達多。《西域記》云：唐言善施，或名樂施。舊曰須達，
訛也。正名蘇達多，勝軍王大臣，仁而聰敏，積而能散，賑乏濟貧，哀孤

---

① 羅竹鳳主編：《漢語大詞典》，上海：漢語大詞典出版社，1994 年版，第 7 卷，第 49 頁。
② 〔明〕李時珍：《本草綱目》（校點本），北京：人民衛生出版社，1981 年版，第 1211 頁。

邮老。時美其德,號給孤獨。"(卷二,54/1083c)

(一四)周利槃特:人名,梵文 śuddhipanthaka 或 Kṣudrapanthaka。爲次子,兄名槃特。唐·慧琳《一切經音義》:"周利槃特,亦云周利槃陀迦。周利此云小,槃陀此云路也。"(卷二六,54/475c)

(一五)摩訶迦葉:見卷一(一九)"迦葉"條。

(一六)婆難陀:釋尊的異母弟。據《雜寶藏經》卷八載,佛成道後,歸迦毗羅衛城時,欲度已婚難陀出家,難陀以眷戀其妻故不允。後佛陀以方便教誡,終能誠心歸依。

(一七)優樓頻螺迦葉:梵文 Uruvilvā-kāśyapa。與其胞弟伽耶迦葉、那提迦葉合稱三迦葉。原先皆奉事火外道,後佛陀遊化至摩揭陀時,曾借宿於優樓頻螺迦葉家中,並示現種種神通,迦葉因而歸佛。又以頭上結髮如螺髻形,也稱螺髮梵志。

(一八)須陀耶:須陀耶比丘爲維耶離國貧寒人家出生,時持酪入市欲賣,恰逢衆僧大會講法,即以奶酪布施衆僧,以此故壽終升天。後歷九十一劫,生於世間,其母孕時得病命終,須陀耶在母家中出生,並以死母乳生活七年(見西晉·法立共法炬譯《佛說諸德福田經》卷一)。

(一九)鴦掘摩羅手捉劍者:鴦掘摩羅爲舍衛國異梵志之上首弟子(晉曰指鬘),後爲師母陷害,受邪師唆使而大肆殺人,並用被殺之人的手指做成指環,在要殺死自己母親時被佛陀度化,出家而證阿羅漢果(見西晉·竺法護譯《佛說鴦掘摩經》卷一)。

(二〇)頻婆娑羅王:與釋尊同時代的摩揭陀國王,梵文 Bimbisara。釋尊在得道後受該王祈請至王舍城説法,後王爲供養僧伽于迦蘭陀建竹林精舍。"在佛教典籍中,此王的名字在東漢、支謙譯經中主要譯作'瓶沙'。'頻婆沙羅'這一譯法直至南北朝譯經中才見。"①

(二一)離越:舍利弗之弟,爲佛弟子之一。梵文 Revata。《增壹阿含經》云:"坐禪入定,心不錯亂,所謂離曰比丘是。"(卷三,02/557b)

(二二)婆私吒:婆羅門名。《雜阿含經》卷四十四載,其因六子相繼命終,裸形披發隨路而走,見釋尊即得本心,後聽聞釋尊説法,至得阿

---

① 季琴:《從詞彙的角度看〈撰集百緣經〉的譯者及成書年代》,《宗教學研究》2006 年第 4 期,第 65 頁。

羅漢。

（二三）羅拘羅：即須跋陀羅，梵文 Subhadra。其一百二十歲時得道，後成阿羅漢，爲佛陀入滅前最後受教誡得道的弟子。《翻譯名義集》："須跋陀羅，此云好賢。《西域記》云：唐言善賢。舊曰蘇跋陀羅，訛也。鳩尸那城梵志，年一百二十。《泥洹經》云：須跋聰明多智，誦四毗陀經，一切書論無不通達，爲一切人之所崇敬。聞佛涅槃，方往佛所，聞八聖道，心意開解，遂得初果，從佛出家，又爲廣説四諦即成羅漢。"（卷一，54/1065a）

（二四）婆拘羅：即薄拘羅比丘，梵文 Vakkula。

（二五）須陀延：即均提沙彌。爲婆羅門子，七歲時出家成爲阿羅漢。（見《賢愚經》卷一三"沙彌均提品"）

（二六）波羅延：佛在舍衛國祇樹給孤獨園時，有一婆羅門子，字頻波羅延大聖，年十五六，通達工書未來之事。後以種種疑問於佛前詢問，佛一一解答其疑惑。（見東晉·竺曇無蘭譯《梵志頻波羅延問種尊經》卷一）

（二七）滿願子：即尊者富樓那，梵文 Pūrṇa。釋尊十大弟子中以"説法第一"著稱。

（二八）毗舍佉：梵文 Biśākhāupāsikā。原爲鴦伽國中一巨富的女兒，才貌雙全，是一名在佛陀的教化下很早便證得預流果的女弟子。佛教經籍中又作毗舍佉鹿母、毗舍佉母。

（二九）蓮華：即蓮華女。以美貌而命名。

（三〇）四大及以空：四大即地、水、火、風。古印度認爲此四者爲宇宙構成的四大要素，故名。四大從空而生，因此世界上一切都是空虛的。

（三一）波斯匿王：梵文 Prasenajit，是佛陀同時代的中印度舍衛城的城主。此王最初殘暴，後得到佛陀的教化，深信佛法，是當時佛教重要的護法之王。

（三二）糞掃衣：《摩訶僧祇律》："糞掃衣者，里巷中弃弊故衣，取净浣補染受持，是名糞掃衣。"（卷一六，22/357a）又作衲衣。

（四四）

復次，雖不入見諦，修學多聞力，諸魔不能動，應勤修學問。

我昔曾聞，有一魔化作比丘來至僧坊。有一法師在衆中⁽¹⁾說法，化比丘言：“我得羅漢道，若有所疑，今悉可問。”于時衆僧語法師言：“疏其所說。”時彼法師問化比丘：“云何斷結？云何入定？”化比丘顛倒説法。時法師語衆僧言：“此非羅漢，其語不可疏。”時化比丘踊身虛空作十八變。時會大衆譏呵法師：“如此之人，師今云何説非羅漢？”爾時法師雖被譏呵，以多聞力故，猶説言非。若是羅漢，云何所説顛倒，然復能⁽²⁾飛？我於今者，知復云何。即説偈言：

> 我於功德所，都無嫉怨心，
>
> 以阿毗曇⁽⁻⁾石，磨試知是非。
>
> 如似被金塗，磨時色不顯，
>
> 金若不真者，以石磨則知。
>
> 佛以智印⁽³⁾印，與印不相應，
>
> 甘露城極深，無印不得⁽⁴⁾入，
>
> 欲入甘露城，我欲笑於彼。

諸人問言：“若非羅漢，云何能飛？”于時法師復説偈言：

> 或是因陀羅⁽⁻⁾，或是幻所作，
>
> 佛法中棘刺，必是魔所爲。

時化比丘還復本身，深生歡喜：“嗚呼！佛法極精妙，依聞能如是決定分別我。”即説偈言：

> 首羅居士等，已得法眼净，
>
> 不可得動搖，此事不可⁽⁵⁾奇。
>
> 以己智力故，汝今不見諦，
>
> 心堅不可動，此事實希有。
>
> 無有聖智力，而我不能動，
>
> 是事爲希有，歸依佛涅槃，
>
> 彼言真實故，智者不動搖。
>
> 佛一切種智，説觀察羅漢，
>
> 無有能壞者，猶如大海潮，
>
> 終不過其限。假使火作冷，
>
> 風性確然住，如來所説語，
>
> 都無有變異。以是故佛語，

於諸論最上，如似日光明，

除滅一切暗。應供極真實，

機辯顯分明，善察者分別；

不能觀察者，不見如此理。

實語與妄語，此二相違遠，

佛語及外論，其事亦如是。

大莊嚴論經⁽⁶⁾卷第七

【校記】

(1) 中：資本、金本、磧本、普本、洪本、南本、北本、徑本、清本脱。

(2) 復能：資本、金本、磧本、普本、洪本、南本、北本、徑本、清本作“能復”。

(3) 印：資本、金本、磧本、普本、洪本、南本、北本、徑本、清本作“慧”。

(4) 得：資本、磧本、普本、洪本、南本、北本、徑本、清本作“能”。

(5) 可：資本、磧本、普本、洪本、南本、北本、徑本、清本作“爲”。

(6) 論經：資本、磧本、普本、洪本、南本、北本、徑本、清本作“經論”。

【注釋】

(一) 阿毗曇：即阿毗達磨。梵文 abhidharmaḥ，巴利文 abhidhamma。唐·玄應《一切經音義》云：“阿毗曇，或言阿毗達磨，或云阿鼻達磨，皆梵言轉也。此譯云勝法，或言無比法，以詮慧故也。”指爲了研究教法，而分別、整理、解説佛教經典的要義。爲三藏之一。

(二) 因陀羅：爲住在須彌山頂忉利天善見城，領導四大天王的天主名。梵文 Indra。唐·慧琳《一切經音義》：“釋迦因陀羅，釋迦正云鑠羯囉，云帝也。因陀羅此云主也。古來釋之同佛族望之稱，謬之深矣。”（卷二一，54/435b）

大莊嚴論經卷第八

馬鳴菩薩造　後秦三藏鳩摩羅什譯

（四五）

復次，治身心病，唯有佛語，是故應勤聽於說法。

我昔曾聞，漢地王子眼中生瞙，遍覆其目，遂至暗冥，無所覩見，種種療治，不能瘳除。時竺叉尸羅國(一)有諸商估(1)來詣漢土，時漢國王問估客言：“我子患目，爾等遠來，頗能治不？”估客答言：“外國有一比丘名曰瞿沙，唯彼能治。”時王聞已，即大資嚴，便送其子向竺叉尸羅國。到彼國已，至尊者瞿，多作銅盞賦與大衆，語諸人言：“聞我說法有流淚者，置此椀中。”因即爲說《十二緣經》。衆會聞已，啼泣流淚，以椀承取，聚集衆淚向王子所。尊者瞿沙即取衆淚置右掌中，而說偈言：

我今已宣說，甚深十二緣，

能除無明暗，聞者皆流淚。

此語若實者，當集衆人淚，

人天夜叉中，諸水所不及，

以洗王子眼，離障得明净。

尋即以淚洗，膚瞖(2)得消除。

爾時尊者瞿沙以淚洗王子眼，得明净已，爲欲增長大衆信心，而說偈言：

佛法極真實，能速除瞖障，

此淚亦能除，如日消冰雪。

是諸大衆見是事已，合掌恭敬，倍生信心，得未曾有，身毛驚竪，即説偈言：

> 汝所作希有，猶如現神足，
>
> 醫藥所不療，淚洗能除患。

時諸比丘聞法，情感悲泣雨淚，尊者瞿沙告諸衆會："雖爲是事，此不爲難。如來往昔億(3)千劫中修行苦行，以是功德，集此十二因緣法藥，能令聞者悲感垂淚。婆須之龍吐大惡毒，夜叉惡鬼遍滿舍宅，吉毗坻陀羅根本厭道，此淚悉能消滅無遺，是乃爲難！況斯翳障，猶如蚊(4)翅而除滅之，何足爲難？設大雲霧，幽暗晦冥，惡風暴雨，此淚亦能消滅。是時狂醉象軍(二)及以步兵鎧仗自嚴，以淚灑之軍陣退散。一切種智所修集法，其誰聞者而不雨淚？然以此淚能禳(5)灾患，唯除宿業。"彼時王子既得眼已，歡喜踊躍，又聞説法，厭患生死，得須陀洹果，生希有想。即説偈言：

> 誰得聞佛法，而不生歡喜？
>
> 我已深敬信，至心聽説法。
>
> 耳聞希有事，目患亦消除，
>
> 慧眼與肉眼，俱悉得清净。
>
> 治眼中最上，無過於大仙(6)，
>
> 我今稽首禮，衆醫中最勝。
>
> 以一智寶藥，開我二眼净，
>
> 世間有心人，誰不敬信者？
>
> 若設有少智，云何不生信？
>
> 釋迦牟尼尊，衆生之慈父，
>
> 言説甚美妙，柔和可愛樂，
>
> 濟拔事已竟，得達于(7)彼岸。
>
> 意根法微細，作意當解了，
>
> 乃至邊地人，亦能得開悟。

【校記】

(1) 估：資本、磧本、普本、洪本、南本、北本、徑本、清本作"賈"。

(2) 翳：資本、磧本、普本、洪本、南本、北本、徑本、清本作"醫"。

(3) 億：資本、磧本、普本、洪本、南本、北本、徑本、清本作"百"，金本脱。

（4）蚊：資本、金本、磧本、普本、洪本、南本、北本、徑本、清本作"蜂"。

（5）襄：資本、金本、磧本、普本、洪本、南本、北本、徑本、清本作"摧"。

（6）仙：資本、磧本、普本、洪本、南本、北本、徑本、清本作"化"。

（7）于：徑本作"於"。

【注釋】

（一）竺叉尸羅國：見卷四（二一）"石室國"條。

（二）象軍：以象騎作戰的軍隊。《大唐西域記·羯若鞠闍國》："遂總率國兵，講習戰士。象軍五千，馬軍二萬，步軍五萬，自西徂東，征伐不臣。"（卷五，51/894a）

（四六）

復次，若得四不壞净[一]，寧捨身命，終不毁害前物，是故應勤修四不壞净。

我昔曾聞，有一罪人應就刑法，時旃陀羅次當刑人。彼旃陀羅是學優婆塞，得見諦道，不肯殺人。典刑戮者，極生瞋恚，而語之言："汝今欲違王憲法耶?"優婆塞語典刑戮者言："汝甚無智，王今何必苦我殺人?雖復色身屬王作旃陀羅，聖種中生名曰法身，不屬於王，非所制也。"即説偈言：

> 釋迦牟尼尊，具一切種智，
>
> 因時能教化，滅除一切過。
>
> 閻羅王[二]之法，果時始教化，
>
> 臨苦爲説苦，易壞[1]亦可違[2]。

時典刑戮者，以此人違犯王禁，即將詣王，言："此旃陀羅不用王教。"王語之言："汝何故不用王教?"白言："大王!今應生信，發歡喜心。"而説偈言：

> 除我三毒垢，獲得寂滅因，
>
> 無上之大悲，十力世尊所，
>
> 受持於禁戒，乃至蚊蟻子，
>
> 猶不起害心，何況於人耶?

時王語言："汝若不殺，自命不全。"此優婆塞見諦氣勢，便於王所抗對不難，而作是言：“此身隨王，王於我身極得自在。如我意者，雖帝釋教我猶不隨。”王聞此語，極大瞋忿，敕令使殺。彼旃陀羅父兄弟七人盡不肯殺，王遂殺之有二人在，至第六者，敕使殺之，亦不肯[3]殺。王又殺之至第七者，又不肯殺，王復殺之。老母啓王：“第七小者，爲我寬放。”王言：“今此人者，是汝何物?”老母答言：“皆是我兒。”王復問言：“前六者非汝子耶?”答言：“亦是。”王言：“汝何以獨爲第七子耶?”爾時老母，即説偈言：

> 大王應當知，六子皆見諦，
> 悉是佛真子，決定不作惡，
> 是故我不畏。今此第七子，
> 猶是凡夫人，脱[4]爲身命逼，
> 造作諸惡業。是故我今者，
> 求王請其命，人王得自在，
> 唯願活此子。臨終時恐怖，
> 或能造諸惡，凡夫臨死時，
> 但覩其現身，不見於後事，
> 能觀後世報，非凡夫境界。

爾時大王而作是言：“我於外道未聞是語，今説因果，了如明燈。”旃陀羅口作如是説：“王生決定意，名爲賢聖村，非是旃陀羅，雖名旃陀羅，實修苦行者，自命尚不惜，況應[5]諸親屬，護戒劇護財，不顧身命，及以眷屬，唯持禁戒。”即説偈言：

> 世人觀種族，不觀内禁戒，
> 護戒爲種族，設不護戒者，
> 種族當滅壞。我是旃陀羅，
> 彼是净戒者[6]，彼生旃陀羅，
> 作業實清净，我雖生王種，
> 實是旃陀羅。我無悲愍心，
> 極惡殺賢人，我實旃陀羅。

爾時大王將諸眷屬，詣於冢間供養其屍，王復説偈言：

> 此覆善功德，如灰而覆火，
> 口雖不自説，作業已顯現。

> 帝釋常供養，如是堅行者，
> 不惜己身命，而護於戒行。

爾時彼王將諸群臣、數千億婆羅門等，步詣塚間而作是言："如是大士雖名旃陀羅，實是大仙人。"積聚死屍，爲其墮淚。王復說偈言：

> 勇健持戒者，以刀分解身，
> 屍骸委在地，血泥以塗身，
> 以持禁戒故，今日捨此身。
> 堅心不犯惡，守戒而至死，
> 得佛法味者，智者皆應爾。

王復說偈言：

> 愚癡之所盲，貪欲之垢污，
> 著我所諸根，掉動而不定。
> 不計於惡業，但取現在樂，
> 結使垢塗污，智者常觀察。
> 身財危脆想，亦如河岸樹，
> 終不造惡業，智水洗心垢。

爾時大王近旃陀羅身，敬尚法故，繞屍三匝，長跪合掌，而說偈言：

> 南無歸命法，善能觀察者，
> 捨於短促命，而不捨於法。
> 假設入火林，見諦毀禁戒，
> 終無有是處，此即是明證。
> 此人持佛語，終無有二志，
> 臥於泥血中，以護佛戒故[7]。
> 此屍以火焚，即變爲灰土，
> 持戒善法名，同於世界盡。

以何因緣，而說此事？欲示證道，無有變異。佛說見諦，終無毀破，四大可破，四不壞淨終不可壞。

【校記】

(1) 壞：資本、磧本、普本、洪本、南本、北本、徑本、清本作"懷"。

（2）違：資本、磧本、普本、洪本、南本、北本、徑本、清本作“達”。

（3）肯：資本、金本、磧本、普本、洪本、南本、徑本、清本作“欲”。

（4）脱：資本、磧本、普本、洪本、南本、北本、徑本、清本作“既”。

另：北本中，①“時王語言：‘汝若不殺，自命不全。’此優婆塞見諦氣勢，便於王所抗對不難，而作是言：‘此身隨王，王於我身極得自在。如我意者，雖帝釋教我猶不隨。’王聞此語極大瞋忿，敕令使殺。彼旃陀羅父兄弟七人盡不肯殺，王遂殺之有二人在，至第六者敕使殺之亦不肯殺，王又殺之，至第七者又不肯殺，王復殺之。老母啓王：‘第七小者爲我寬放。’王言：‘今此人者是汝何物？’老母答言：‘皆是我兒。’王復問言：‘前六者非汝子耶？’答言：‘亦是。’王言：‘汝何以獨爲第。’”共一百七十字脱。②“七子耶？爾時老母，即説偈言：‘大王應當知，六子皆見諦，悉是佛真子，決定不作惡，是故我不畏。今此第七子，猶是凡夫人，脱⁽¹³⁾爲身命逼，造作諸惡業。是故我今者，求王請其命，人王得自在，唯願活此子。臨終時恐怖，或能造諸惡，凡夫臨死時，但覩其現身，不見於後事，能觀後世報，非凡夫境界。’爾時大王而作是言：‘我於外道未聞是語，今説因果了如明燈。’旃陀羅口作如是説，王生”此段文字重復兩次。

（5）應：資本、磧本、普本、洪本、南本、北本、徑本、清本作“戀”。

（6）者：北本、徑本作“人”。

（7）故：資本、金本、磧本、普本、洪本、南本、北本、徑本、清本作“故”。

【注釋】

（一）四不壞净：隋·智顗説、灌頂記《仁王護國般若經疏》：“信三寶及戒不壞，名四不壞净也。”（卷二，33/259b）

（二）閻羅王：指管理地獄之神。

（四七）

復次，心有憍慢，無惡不造，慢雖自高，名自卑下，是故應當⁽¹⁾斷於憍慢。

我昔曾聞，佛成道不久，度優樓頻螺迦葉兄弟眷屬千人，煩惱既斷，鬚髮自落，隨從世尊往詣迦毗羅衛國^(一)，如佛本行中廣説。閱頭檀王^(二)受化調順。諸釋種等恃其族姓，生於憍慢，佛婆伽婆，一身觀者，無有厭足，身體豐滿，不肥不瘦，婆羅門等苦行來久，身形羸弊，雖內懷道，外貌極惡，隨逐佛行，甚不相稱。爾時父王作是念言："若使釋種出家以隨從佛，得相稱副。"作是念已，擊鼓唱言："仰使釋種家遣一人，令其出家。"即奉王敕，家遣一人，度令⁽²⁾出家。時優波離為諸釋等剃髮鬚之時，涕泣不樂，釋等語言："何故涕泣？"優波離言："今汝釋子，盡皆出家，我何由活？"時諸釋等聞優波離語已，出家諸釋盡以所著衣服瓔珞嚴身之具成一寶聚，盡與優波離，語優波離言："以此雜物，足用給汝終身自供。"優波離聞是語已，即生厭離，而作是言："汝等今皆厭患珍寶嚴身之具，而皆散弃，我今何為而收取之？"即說偈言：

> 是諸釋種等，弃捨諸珍寶，
> 如捐惡糞掃，并及⁽³⁾諸草⁽⁴⁾葉，
> 彼捨於愛著，云何方貪取？
> 我設取寶聚，內心必貪著，
> 計為我所有，是則為大患。
> 諸釋捨所患，我今設取者，
> 是為大過患⁽⁵⁾。譬如人吐食，
> 狗來噉食之，我收他所弃，
> 與狗有何異？我今畏寶聚，
> 如離⁽⁶⁾四種毒，善根內觸發，
> 不貪戀寶聚。我今必弃捨，
> 欲向世尊所，求索出家法。

時優波離說此偈已，復說偈言：

> 見他得勝法，始生欣尚心，
> 願令我己身，同彼獲勝事，
> 我今欲自出，當勤作方便。

時優波離復作念言："我今決定，必當出家，但當勤求。千婆羅門先於佛所，已得出家。釋⁽⁷⁾種剎利^(三)姓，其數五百，亦得出家。婆羅門、剎利二姓俱貴，然我首陀^(四)，其姓卑下，復為賤⁽⁸⁾役，於彼勝中求索出家，為可得不？我於今者有何勢力？云何此中而得出

家?"即説偈言：

> 刹利姓純净，婆羅門多學，
> 生處如摩尼，皆共[9]聚集此。
> 我身首陀種，云何得參豫？
> 如似破碎鐵，間錯於真金。
> 婆伽婆佛陀，我聞具種智，
> 今我當往彼，悲愍一切者。
> 應净不應净，應出不應出，
> 一切外道衆，不知解脱處；
> 唯有滅結者，能知於解脱。

時優波離説是偈已，到世尊所，胡[10]跪合掌，右膝著地，而説偈言：

> 於四種姓中，俱得出家不？
> 涅槃解脱樂，我等可得耶？
> 善哉救世者，大悲普平等，
> 哀愍願聽我，得及出家次。

爾時世尊知優波離心意調順，善根淳熟[11]，應可化度，即舉相好莊嚴右手以摩其頂，而告之言："聽汝出家。外道秘法不示弟子，如來不爾，大悲平等而無偏黨，等同説法，示其勝道而拔濟之，猶市賣物，不選貴賤，佛法亦爾，不擇貧富及以種姓。"即説偈言：

> 誰渴飲清流，而不充虛乏？
> 誰秉熾然燈，而不滅黑暗？
> 一切種智法，普共一切有，
> 誰有修行者，不得勝妙義？
> 譬如食石蜜[五]，貴賤等除陰，
> 刹利婆羅門，[12]佛法普平等，
> 得盡三有時，諸姓等無異。
> 譬如三種藥，對治風冷熱，
> 藥不擇種姓，貴賤皆能治。
> 法藥亦如是，能治貪恚癡，
> 四姓悉皆除，高下無差別。

又如火燒物，不擇好惡薪，

毒螫亦如火，不擇貴與賤。

猶如水洗浴，四姓皆除垢，

盡苦之邊際，諸種普得離。

爾時世尊猶如晴天，無諸雲翳，出深遠聲，猶如雷音，如大龍王，亦如牛王，如迦陵頻伽[六]聲，亦如蜂王，又如人王[13]，如天伎樂，出梵音聲，告優波離：“樂出家不？”優波離聞是聲已，心生歡喜，叉手白佛：“願樂出家。”佛告之曰：“優波離！善來比丘！汝今於此善修梵行。”聞是語已，鬚髮自落，袈裟著身，威儀齊整，諸根[14]寂定，如舊比丘。五百釋種，皆白四羯磨，受具足戒[七]。佛言：“我今當以方便除諸釋種憍慢之心。”爾時世尊語諸釋種：“汝等今者應當敬禮諸舊比丘。”上座憍陳如[八]、阿毗馬師比丘[九]等次第爲禮，優波離最在下坐，釋賢王於諸釋中最爲導首。爾時諸釋敬順佛教，次第禮足。至優波離，見其足異，尋即仰觀見優波離面，時諸釋等甚用驚怪，猶如山頂瀑[15]水流注，觸崖[16]回波，而作是言：“我等日種[一〇]，刹利之姓，世所尊重，云何今者於己僕使卑下之姓剃髮之種而爲禮敬？我等今[17]當向佛世尊具説[18]上事。”白佛：“世尊！優波離所亦敬禮耶？”佛告釋種：“今我種，此法斷憍慢處。”時諸釋種白佛言：“此首陀羅種。”佛告之曰：“一切無常，種姓不定，無常一味，種姓亦爾，有何差別？”時諸釋種復白佛言：“世尊，此剃髮之種，我等日姓中出。”佛告釋等：“一切世間如夢如幻，種姓之中有何差別？”諸釋種等白佛言：“世尊，此是僕使，我等是主。”佛答釋言：“一切世間，皆爲恩愛而作奴僕，未脱生死，貴賤無異，捨汝憍慢。”時諸釋等端嚴殊特如華敷榮，合掌向佛，懷疑猶豫，而作是言：“必使我等禮優波離足耶？”佛告釋種：“非獨於我，一切諸佛出家之法悉皆如是。”時諸釋等聞佛重説出家法已，儼然而住，如樹無風，心意愁惱，皆同聲言：“我等云何違佛教敕？宜順佛教。”先舊智人作如是語：“如來所以先度優波離者，爲欲摧破諸釋種等憍慢心故。”諸釋於是捨弃憍慢，順出家法，亦爲未來貴族出家所順法故[19]，拔陀釋[一一]等久習憍慢，今拔其根，爲優波離接足作禮。當禮之時，大地城郭山林河海悉皆震動，諸天唱言：“釋種今日憍慢山崩。”即説偈言：

> 嗚呼捨憍慢，種族色力財，
>
> 隨順於佛教，如樹隨風傾。
>
> 日種剎利姓，頂禮優波離，
>
> 除捨我慢心，諸根皆寂定。
>
> 諸大勝人等，真實無諂偽，
>
> 福[20]利衆德備，其數如竹林。
>
> 名聞婆羅門，貴族剎利等，
>
> 如是名德衆，入於牟尼法，
>
> 莊嚴諸聖衆，如星圍繞月，
>
> 羅列在空中，嗚呼法熾盛。
>
> 如來之大海，寂[21]上功德水，
>
> 湛然溢其中，衆河之所歸。
>
> 世間衆勝智，無不歸佛法，
>
> 人天衆增長，苦是出要道。
>
> 如來善分別，説法滅憍慢，
>
> 弟子衆一味，如海等一味。

以何因緣，而説此事？佛法出於世，爲斷憍慢故。

【校記】

(1) 應當：資本、磧本、普本、洪本、南本、北本、徑本、清本作“當應”。

(2) 令：資本、金本、磧本、普本、洪本、南本、北本、徑本、清本作“令之”。

(3) 及：徑本作“乃”。

(4) 草：資本、金本、磧本、普本、洪本、南本、北本、徑本、清本作“果”。

(5) 患：資本、金本、磧本、普本、洪本、南本、北本、徑本、清本作“惡”。

(6) 離：資本、磧本、普本、洪本、南本、北本、徑本、清本作“難”。

(7) 釋：資本、金本、磧本、普本、洪本、南本、北本、徑本、清本脫。

(8) 賤：資本、磧本、普本、洪本、南本、北本、徑本、清本作“賦”。

（9）共：資本、磧本、普本、洪本、南本、北本、徑本、清本作“來”。

（10）胡：資本、磧本、普本、洪本、南本、北本、徑本、清本作“蝴”。

（11）淳熟：資本、金本、磧本、普本、洪本、南本、北本、徑本、清本作“純淑”。

（12）刹利婆羅門：資本、磧本、普本、洪本、南本、北本、徑本、清本脱。

（13）人王：資本、磧本、普本、洪本、南本、北本、徑本、清本作“王”，金本作“王王”。

（14）根：磧本、普本、洪本、南本、北本、徑本、清本作“相”。

（15）瀑：資本、磧本、普本、洪本、南本、北本、徑本、清本作“暴”。

（16）崖：資本、金本、磧本、普本、洪本、南本、北本、徑本、清本作“岸”。

（17）今：資本、金本、磧本、普本、洪本、南本、北本、徑本、清本作“今者”。

（18）説：資本、磧本、普本、洪本、南本、北本、徑本、清本作“諸”。

（19）法故：徑本作“下上”。

（20）福：資本、金本、磧本、普本、洪本、南本、北本、徑本、清本作“副”。

（21）寂：資本、磧本、普本、洪本、南本、北本、徑本、清本作“果”。

【注釋】

（一）迦毗羅衞國：梵文 Kapilavastu。Kapila 是古仙人名，爲黄色或黄赤色之義；vastu 是住所之義。所以 Kapilavastu 意譯爲黄髮仙人住處。慧琳《一切經音義》：“迦毗羅城，具云迦比羅幡窣都。言迦比羅者，此云黄色也；幡窣都者，所依處也。謂上古有黄頭仙人，依此處修道，故因名耳。”（卷二三，54/453b）佛教傳説此處爲悉多太子出生之處。其位置或在今印度北方邦 Bastī 市 Piprāwā 村。

（二）閲頭檀王：巴利名 Suddhodana。唐·玄應《一切經音義》：“閲頭檀，以拙反。此譯云白净王也，或言净飯王也。”（卷四，56/876c）爲古印度迦毗羅衞國王，是佛陀的父親。

（三）刹利：即刹帝利，梵文 Kṣatriya。爲印度四種姓之第二，即國王、大臣等所屬的階級，也稱“王種”，釋尊即出身此階級。《大智度論》：

"刹利者，王及大臣。"（卷三二，25/301b）

（四）首陀：又作首陀羅，梵文 ūdra。印度四種姓之第四，即農人、奴隸階級。唐·慧琳《一切經音義》："戍達羅，梵語也。古云首陀羅，或云首陀，即是農夫耕墾之儔也。"（卷二，544/321b）

（五）石蜜：即冰糖。蕭齊·僧伽跋陀羅譯《善見毗婆沙》："黑石蜜者，是甘蔗糖，堅強如石，是名石蜜。"（卷一七，24/795a）又，《本草綱目·果部》："石蜜，釋名白沙糖（即白糖）。氣味甘、寒、冷利、無毒。"① 同書"蟲部"云："蜂蜜，釋名蜂糖。生岩石者名石蜜、石飴、岩蜜。"②

（六）迦陵頻伽：鳥名，以音聲優美著稱。梵文 Kalaviṅka，意譯爲好聲鳥。唐·慧琳《一切經音義》："迦陵頻伽，經中或作歌羅頻伽，或云加蘭伽，或云羯羅頻迦，或言毗伽，皆梵音訛轉也。迦陵者好，毗者聲名，好聲鳥也。"（卷一七，54/412c）

（七）具足戒：指比丘、比丘尼應受持的戒律。與沙彌、沙彌尼所受十戒相比，戒條圓滿充足，故名。

（八）憍陳如：即憍陳那，梵文 Kāuṇḍinya。爲佛最初的弟子。唐·慧琳《一切經音義》："憍陳那，舊云憍陳如。佛初成道度五俱輪，此其一也。"（卷八，54/349c）

（九）阿毗馬師比丘：即馬師比丘，又云馬勝。梵文 Aśvajit，爲佛陀最先度化的五比丘之一。《大唐西域記》："阿濕婆恃比丘，唐言馬勝。"（卷九，51/920c）唐·慧琳《一切經音義》："阿濕婆氏多，梵語也，唐言馬勝也。"（卷一一，54/371c）

（一〇）日種：佛陀俗家五姓之一。

（一一）拔陀釋：《增壹阿含經》卷三云："我弟子中第一優婆塞，恒行慈心，所謂不尼長者是。心恒悲念一切之類，所謂摩訶納釋種是。常行喜心，所謂拔陀釋種是。"（02/560a）

（四八）

　　復次，得見諦者，不爲天魔諸外道等之所欺誑，是故應勤方便，

---

① 〔明〕李時珍：《本草綱目》（校點本），北京：人民衛生出版社，1981 年版，第 1891 頁。
② 〔明〕李時珍：《本草綱目》（校點本），北京：人民衛生出版社，1981 年版，第 2217 頁。

必求見諦。

我昔曾聞，首羅居士甚大慳悋，舍利弗等往返其家，而説偈言：

> 惡道深如海，亂心如濁水，
> 爲慳流所漂，言則稱無物。
> 嫉妬之大河，邪見魚鼈衆，
> 充滿如是處，漂流不止息。
> 今當拔慳根，成就施果報，
> 大悲之世尊，無畏之釋子，
> 見諸没苦厄，我等應救濟。

爾時尊者摩訶迦葉，早起著衣持鉢，向首羅長者家而讚布施。時彼長者以不喜故，如稍刺心，語迦葉言：“汝爲受請？爲欲乞食？”迦葉答言：“我常乞食。”長者語言：“汝若乞食，宜應及時。”迦葉即去。如是舍利弗、目連等諸大弟子次第至家，都不承待。爾時世尊往到其家，語首羅言：“汝今應修五大施⁽一⁾。”首羅聞已，心大愁惱，作是思惟：“我尚不能修於小施，云何語我作五大施？如來法中豈無餘法？諸弟子等教我布施，世尊今者亦教布施。”作是念已，白佛言：“世尊！微細小施尚不能作，況當五大施乎？”佛告長者：“不殺名爲大施，不盜、不邪婬、不妄語、不飲酒，如是等名爲五大施。”聞是語已，心大歡喜，作是思惟：“如此五事，不損毫釐，得大施名，何爲不作？”作是念已，於世尊所深生歡喜信敬之心，而作是言：“佛是調御丈夫，此實不虛，自非世尊，誰當能解？作如是説，誰不敬從？無敢違者。”即説偈言：

> 色貌無等倫，才辯非世有，
> 世尊知時説，梵音觧美妙，
> 所説終不虛⁽1⁾，聞者盡獲果。

説是偈已，深於佛所，生歡喜心，即入庫藏取二張氎欲用施佛。又自思惟，猶以爲多，欲與一張。又復更思，嫌其少故，還與二張。佛知心念，即説偈言：

> 施時鬪静時，二俱同等説，
> 二德都不住，愯劣丈夫所，
> 施時鬪静時，等同所作緣。

爾時首羅，聞是偈已，如來世尊知我所念，歡喜踊躍，破於慳悋，捉氈施佛。佛知首羅至心歡喜，如應說法，破首羅二十億我見根[2]，得須陀洹。爾時世尊即從坐起還其所止，首羅歡喜送佛，還於其家，心生欣慶。爾時魔王[二]見首羅歡喜，作是念言：“我今當往詣首羅所，破其善心。”作是念已，化作佛身，三十二相，八十種好，至首羅家。即說偈言：

> 身如淨金山，圓光極熾盛，
>
> 自在化變現，庠[3]步如象王，
>
> 來入首羅門，如日入白雲，
>
> 覩者無厭足，明如百千日。

爾時光照首羅家，首羅驚疑，爲是何人？即說偈言：

> 如融真金聚，充滿我家中，
>
> 猶日從地出，其光倍常明。

說是偈已，極生歡喜，如彼甘露灑于其身，而作是言：“我有大福，如來今者再入我家，雖復再來，不爲希有。何以故？如來世尊常以慈悲濟度爲業。”復說偈言：

> 頭如摩陀[4][三]果，膚如淨真金，
>
> 眉間白毫相[四]，其目淨脩廣，
>
> 如開敷青蓮，寂定上調伏，
>
> 無畏徐庠步，容貌[5]殊特妙，
>
> 圓光滿一尋，如用[6]自莊嚴，
>
> 勇猛自唱言，我今真是佛。

爾時魔王極自莊嚴在首羅前，告首羅言：“我先說五受陰苦，因習而生，修八正道，滅五受陰，此是邪說。”時彼首羅聞是說，甚生疑怪：貌相似佛，所說乃非，我爲是夢？爲心顛倒？聽其所說甚爲貪嫉，是何惡人化作佛形，如華聚[7]中有黑毒蛇。我今審知此定是魔，如賣針人至針師家求欲賣針。汝今波旬[五]！聽我佛子之所宣說。偈言：

> 鵝翅扇須彌，尚可令傾動，
>
> 欲令見諦心，傾動隨汝者，
>
> 終無有是處。汝可惑肉眼，
>
> 不能惑法眼，佛知此事故，

而作如是説。肉眼甚微劣，
不能别真僞，若得法眼者，
即見牟⁽⁸⁾尼尊。我得法眼净，
見於滅結者，終不隨汝語，
汝徒自疲勞，不能見惑亂。
吾今諦知汝，實是惡波旬，
見四真諦人，終不可移動。
如以金塗錢，欲誑賣金家⁽⁹⁾，
此事亦難成，外現其金相，
其内實是銅。猶如以虎皮，
用覆於驢上，形色惑⁽¹⁰⁾肉眼，
出言知汝虚。如火有冷相，
風相恒常住，假使日光暗，
月可作熱相，不能使見諦，
而有動轉心。設使滿世界，
草木及瓦石，麋⁽¹¹⁾鹿禽狩⁽¹²⁾等，
悉皆作佛像，不能動我意，
令⁽¹³⁾有變異相，況汝一魔身，
而能動摇我？首羅種種説，
苦切責波旬，猶如勇健人，
入陣擊⁽¹⁴⁾悌者。時魔即恐怖，
速疾還天宮。師子王住處，
象到尋突走；波旬亦如是，
見諦所住處，諸魔不敢停。

【校記】

（1）虚：資本、金本、磧本、普本、洪本、南本、北本、徑本、清本作"空"。

（2）根：資本、金本、磧本、普本、洪本、南本、北本、徑本、清本脱。

（3）庠：資本、磧本、普本、洪本、南本、北本、徑本、清本作"徉"，金本作"佯"。

（4）陁：資本、金本、磧本、普本、洪本、南本、北本、徑本、清本作"尼"。

（5）貌：資本、金本、磧本、普本、洪本、南本、北本、徑本、清本作"甚"。

（6）用：資本、磧本、普本、洪本、南本、北本、徑本、清本作"白"。

（7）聚：資本、磧本、普本、洪本、南本、北本、徑本、清本作"叢"。

（8）牟：徑本作"摩"。

（9）家：資本、磧本、普本、洪本、南本、北本、徑本、清本作"者"。

（10）惑：資本、普本、洪本、北本、徑本、清本作"或"。

（11）麋：頻本作"糜"。

（12）狩：資本、磧本、普本、洪本、南本、北本、徑本、清本作"獸"。

（13）令：磧本、洪本、南本、北本、徑本、清本作"今"。

（14）陣擊：資本、磧本、普本、洪本、南本、北本、徑本、清本作"束縶"。

【注釋】

（一）五大施：宋·施護等譯《佛説五大施經》云："佛告諸苾芻言：'有五種大施，今爲汝説。何等爲五？所謂：一、不殺生，是爲大施；二、不偷盜；三、不邪染；四、不妄語；五、不飲酒。是爲大施。'"（卷一，16/813b）

（二）魔王：見卷四（二〇）"第六天王"條。

（三）摩陁：果名，梵文 Madana，譯作醉果。唐·慧琳《一切經音義》："末達那果，梵語西國果名也。此國無，其果大如檳榔，食之令人醉悶，亦名醉人果，堪入藥用也。"（卷一八，54/419c）

（四）白毫相：此相指世尊眉間有白色毫毛，右旋宛轉，如同太陽，可放光明。爲如來三十二相之一。

（五）波旬：見卷四（二〇）"第六天王"條。

（四九）

復次，不得禪定，於命終時，不得決定。

我昔曾聞，婆須王時有一侍人名多翅那迦，王所親愛，爲讒謗故，繫於獄中，又更譖(1)毀，王大忿怒，遣人殺之。時諸眷屬皆來圍繞，而語之言："汝聰明知見，過於人表，汝今云何其心擾動？今死時至，何事最苦?”那迦答言：“畏死恐怖，心不能定。”即説偈言：

我先於父母，諸親及眷屬，

離別生憂惱，以爲苦中極。

方今死時苦，彼苦皆輕微，

思計衆苦中，死苦亦不大。

莫知所生處，心身燋熱惱，

今去極速疾，不知所趣處。

身既不離欲，誰能不驚懼?

精神甚荒擾，如盲涉長路。

竟知何所向? 心意極頹捨，

猶如沙聚散，無可遮制處。

如佛之所説，心存由心使，

我今倒錯亂，難得生善處。

由心自在故，隨意取諸趣，

今我心躁擾，不能持令住。

我昔來愚淺，貪著五欲樂，

不能觀内身，繫念於善處。

依止何山林，端坐而繫念，

如此上妙事，今方生願羡，

彼得伏藏禪，安樂寂静故。

我念牟尼説，三偈之句義，

放逸行非法，修行非所作，

弃捨於義利，貪著所愛處。

方欲修善處(2)，不覺死卒至。

離彼平正道，逐此邪嶮徑，

如軸折頓住，坐守極愁惱。

越於如實法，修行非理事，

愚凡夫死至，軸折守愁惱。

何緣故説是? 先不善觀察而作死想，臨終驚怖，方習禪觀，以不破五欲故(3)，莫知所至，悔恨驚怖。即説偈言：

智者應繫念，除破五欲想，

> 精勤執心者，終時無悔恨。
>
> 心意既專至，無有錯亂念，
>
> 智者勤捉心，臨終意不散。
>
> 專精於境界，不習心專至，
>
> 臨終必散亂。心若散亂者，
>
> 如調馬用礟，若其鬭戰[4]時，
>
> 回旋不直行。

不善觀者不攝五根，設臨終時心難禁制，如庫藏中鎧鉀[5]朽故，臨敵將戰，器鉀散壞，不習撿心，命終亦爾。

【校記】

（1）諳：頻本作“讚”。

（2）處：磧本、洪本、南本、北本、徑本、清本作“義”。

（3）故：資本、磧本、普本、洪本、南本、北本、徑本、清本脱。

（4）戰：資本、普本、徑本作“静”，磧本、洪本、南本、北本、清本作“諍”。

（5）鉀：徑本作“甲”。

（五〇）

復次，有實功德，應當供養，智者宜應[1]恭敬有德。

我昔曾聞，阿越提國其王名曰因提拔摩，有弟名須利拔摩，爲諍國故，二人共鬭。須利拔摩擲䌽，䌽因提拔摩頭，䌽已急挽，因提拔摩極大恐怖，作是願言：“今若得脱，當於佛法中作般遮于瑟[2]會[3]。”作是願時，䌽索即絕，於佛法僧深生信敬，即敕大臣名浮者延蜜[4]多嘗般遮于瑟。于時大臣即奉王教設般遮于瑟，使[5]人益食。時彼大臣處上座頭，坐見上座比丘留半分食，咒願已訖，以此餘食盛著鉢中，從坐起去，如是再三。大臣見已，生不信心，作是思惟：“如此比丘，必不清净。”作是念已，具以此事，上白於王。王問大臣：“卿極得信心？”臣答王言：“不得信心。何以故？上座比丘留半分食從坐起去，必以此食與他婦女，我生疑惑。”王聞是語，兩手覆耳，告大臣曰：“莫作斯語，汝今莫妄稱量於人。汝無智力，云何而能分別前人？如佛言曰：‘若妄稱量[6]衆生，必爲自傷。’汝莫作是顛倒邪見。"即說偈言：

> 戒定慧寂滅，得多聞覺慧，
>
> 此是善逝子，隱藏於功德，
>
> 猶如灰覆火，久處智戒行。
>
> 世尊之所說，汝不共住止，
>
> 云何知其行？佛說庵羅果，
>
> 喻於四種人，唯善丈夫者，
>
> 善能知分別。有佛世尊說，
>
> 及與佛等者，乃可稱量人。
>
> 是故汝不應，輕蔑佛弟子，
>
> 橫生分別想。譬如伏藏中，
>
> 以土覆其上，誰知下有寶？
>
> 汝住不須去，自當往觀察。
>
> 我從今已往，躬當供養僧，
>
> 愚癡服好藥，便變成於毒。

爾時大王躬詣僧中，供養眾僧，手自斟酌。爾時上座如前留食，咒願已訖，即便持去。王即逐上座後，語上座言："上座年老可以鉢盂[一]與我令捉。"于時上座難不與鉢，強隨索鉢，乃至真陀羅村[7]，不欲與鉢。時彼上座，即說偈言：

> 我知汝淨信，悲愍能拔濟，
>
> 王雖生濁世，威儀甚嚴整，
>
> 上世諸勝王，猶故不能及。
>
> 不知我戒行，但見其出家，
>
> 未曾有往來，亦無有返報，
>
> 而能深愛敬，恩過於慈父。
>
> 雖不見汝心，諸根皆和悅，
>
> 日出於空中，密雲覆不現，
>
> 雖有此翳障，花敷知日出。
>
> 知王有深信，奇特未曾有，
>
> 能卑下自屈，欲爲我執鉢，
>
> 榮貴福利具，然能不憍[8]逸。

> 諸王得自在，憍慢盲其目，
>
> 用造諸惡業，顛墜多缺失。
>
> 勇捍有智力，善解用財施，
>
> 觀身如幻炎⁽⁹⁾，知取堅實法。
>
> 略說而言之，一切皆增長，
>
> 如汝自調順，教化中最上。
>
> 賢勝所行道，共衆隨順行。

我今既受王供，王以下心從我索鉢，供養已足，不須取鉢。爾時彼王遂更慇懃，重隨索鉢。比丘念言："今王何故欲得我鉢？即入定觀，知王欲用調伏大臣故，是以索鉢。"即說偈言：

> 凡夫愚暗人，欲動須彌山，
>
> 我今當與鉢，以護其心意。
>
> 欲當有毀譽，我心都無異，
>
> 於我生不信，損減衆多人。

說是偈已，捨鉢與王。王尋捉鉢，猶如象鼻捉青蓮花，逐比丘去，到旃陀羅家。時彼比丘命王入舍，王不肯入，於門前住。比丘老母，先得阿那含果，具足天眼，能知他心，又知他人善根因緣。時彼老母即白王言："王勿怯弱，來入我舍。"即說偈言：

> 汝不應生疑，此首陀會舍，
>
> 非旃陀羅家，首⁽¹⁰⁾子得羅漢。
>
> 第三須陀洹，我是一切智，
>
> 佛之優婆夷^(二)，住於阿那含。
>
> 汝但觀戒行，莫問出生處，
>
> 但取我道德，莫觀家眷屬。
>
> 最後生此家⁽¹¹⁾，功德有殊勝，
>
> 如似沙石間，能出好真金。
>
> 伊蘭能出火，淤泥生蓮花，
>
> 觀人取道德，何必其族姓？
>
> 伊蘭與栴檀，然火皆熟物，
>
> 二俱有所成，功德等無異。

王聞老母說是偈已，嗚呼乃是法中大人，佛體大悲，使旃陀羅獲

不死處，不擇種姓，佛所説法旃陀羅中，作師子吼。王又思惟："若供養種族，失於功德，若供養功德，不應分別旃陀羅也。"王復説偈言：

但當供養德，不應觀生處，
婆羅門説喻，淤泥生蓮花。
天與阿修羅，敬戴著頂上，
婆羅門有過，智者皆弃捨。
彼若造作惡，可説無過耶？
然實是過罪。旃陀有德者，
豈可不取耶？實復有功德。
如此旃陀羅，我應生供養。
如是旃陀羅，山林修苦行，
此名爲仙聖，非是旃陀羅。
旃陀羅殺鹿，王者食其肉，
彼之所造箭，亦復取用射。
以是因緣故，我應隨順行，
旃陀有德[12]者，云何不採取？

説此偈已，王入其家，長跪[13]合掌，作是思惟："先禮老母？應先禮佛？"如來世尊示旃陀羅如此正道，能示一切衆生安隱正道，應先禮佛。即説偈言：

南無[14]苦行仙，醫王[三]中最上，
我今以佛故，敬禮於下賤。
如依須彌山，烏鹿同金色，
從他聞此事，我今現證知。
依佛須彌山，賤者皆可貴，
一切種智海，净意度彼岸。
唯佛救世間，慈等無惡意，
於諸衆生等，能爲最親厚。
能於一解脱，分別説多種，
外道狂顛倒，橫分別種姓。
爾時大王説是偈已，作禮而去。

大莊嚴論經[15]卷第八

【校記】

（1）應：資本、磧本、普本、洪本、南本、北本、徑本、清本作"依"。

（2）于瑟：資本、磧本、普本、洪本、南本、北本、徑本、清本作"竽笢"。

（3）會：資本、磧本、普本、洪本、南本、北本、徑本、清本作"今"。

（4）蜜：資本、磧本、普本、洪本、南本、北本、徑本、清本作"容"。

（5）使：徑本作"便"。

（6）量：資本、金本、磧本、普本、洪本、南本、北本、徑本、清本脫。

（7）村：資本、磧本、普本、洪本、南本、北本、徑本、清本作"打"。

（8）憍：資本、金本、磧本、普本、洪本、南本、北本、徑本、清本作"驕"。

（9）炎：資本、磧本、普本、洪本、南本、北本、徑本、清本作"化"。

（10）首：資本、磧本、普本、洪本、南本、北本、徑本、清本作"大"，金本作"太"。

（11）家：資本、金本、磧本、普本、洪本、南本、北本、徑本、清本作"處"。

（12）德：資本、磧本、普本、洪本、南本、北本、徑本、清本作"惡"。

（13）跪：資本、磧本、普本、洪本、南本、北本、徑本、清本作"跽"。

（14）南無：徑本作"無南"。

（15）論經：資本、磧本、普本、洪本、南本、北本、徑本、清本作"經論"。

【注釋】

（一）鉢盂：指比丘所持的飯器，爲比丘六物之一。關於比丘六物，唐·慧琳《一切經音義》云："六物：一僧伽梨，二欝多羅僧，三安多會，四鉢多羅，五尼師壇，六針筒也。"（卷七四，54/788c）元·德輝重編《敕修百丈清規》："梵云鉢多羅，此云應量器。今略云鉢，又呼云鉢盂，即華梵兼名。"（卷五，48/1139a）其中，鉢爲梵語，盂爲漢語，故此詞爲梵漢並譯。

（二）優婆夷：指親近奉事佛法僧三寶和受持五戒的女居士，梵文

Upāsikā。唐·慧琳《一切經音義》："鄔波斯迦，發菩提心女弟子也，義解同前三類聲中，前曰男聲，此即女聲。"（卷二，54/320c）

（三）醫王：對佛菩薩的尊稱。因其能醫治眾生的心病，故名。《大般涅槃經》："如來亦爾，成等正覺，爲大醫王，見閻浮提苦惱眾生，無量劫中被婬、怒、癡、煩惱毒箭，受大苦切。爲如是等，説大乘經甘露法藥，療治此已。"（卷五，12/391b）

大莊嚴論經卷第九

馬鳴菩薩造　後秦三藏鳩摩羅什譯

（五一）

復次，瞋恚因緣，佛不能諫，是故智者應斷瞋恚。

我昔曾聞，拘睒彌^(一)比丘以鬥諍故，分爲二部，緣其鬥諍，各競道理，經歷多時。爾時世尊無上大悲，以相輪手制諸比丘，即說偈言：

> 比丘莫鬥諍，鬥諍多破敗，
> 競勝負不息，次續諍不絕，
> 爲世所譏呵，增長不饒益。
> 比丘求勝利，遠離於愛欲，
> 弃捨家妻子，意求於⁽¹⁾解脱，
> 宜依出家法，莫作不應作。
> 應當以智鈎，回於傲慢意，
> 不適生鬥諍，怨害之根本。
> 依止出家法，不應起不適，
> 譬如清冷水，於中出熾火。
> 既著壞色衣^(二)，應當修善法，
> 斯服宜善寂，恒思自調柔。
> 云何著是服，豎眼張其目，
> 蹙眉復聚頰，而起瞋恚想？
> 應當念被⁽²⁾服，剃頭作標相，
> 一切皆弃捨，云何復諍競？

如此之標相，宜應斷鬥諍。

時彼比丘合掌向佛，白佛言："世尊！願佛恕亮，彼諸比丘輕蔑
於我。云何不報？"即說偈言：

彼之難調者，忍之倍見輕，

生忍欲謙下，彼怒益隆盛。

於惡欲加毀，猶如斧斫石，

彼人見加毀，我亦必當報。

爾時世尊，猶如慈父，作如是言："出家之人，應勤方便，斷於
瞋恚，設隨順瞋，極違於理，瞋恚多過。"即說偈言：

瞋如彼利刀，割斷離親厚，

瞋能殺害彼，如法順律[3]者。

患瞋捨[4]出家，不應所住處，

嫌恨如屠枷，瞋乃是恐怖。

輕賤之屋宅，醜陋之種子，

粗惡語[三]之伴，燒意林猛火。

示惡道之導，鬥諍怨害門，

惡名稱床褥，暴速作惡本。

諸瞋恚者，為他譏嫌，之所呵毀，汝今且當，觀如是過。即說
偈言：

瞋劇於暴虎[5]，如惡瘡難觸，

毒蛇難喜見，瞋恚者如是。

瞋者睡亦苦，毀壞善名稱，

瞋恚熾盛者，不覺己所作，

及與他所作。於分財利時，

不入其數中，若於戲笑處，

眾人所不容。如是諸利處，

由瞋都不入，瞋者巨愛樂，

其事極眾多。常懷慚恥恨，

雖以百舌說，說猶不可盡，

略舉[6]而說之。地獄中受苦，

不足具論盡，瞋恚造惡已，

悔恨身心熱。是故有智者，[7]

應當斷瞋競。

爾時如來爲諸比丘種種說法，而其瞋忿猶故不息，以是因緣，諸天善神[四]，皆生瞋恚，而說偈言：

猶如濁水中，若置摩尼珠，

水即爲澄清，更無濁穢相[8]。

如來之人寶，爲於諸比丘，

隨順方便說，種種妙好法。

斯諸比丘等，心濁猶不净，

寧作不清水，珠力可令清。

不作此比丘，聞佛所說法，

而其内心意，猶故濁不清。

如日照世間，除滅諸黑暗，

佛日近於汝，黑暗心過甚。

如來世尊呵[9]諸比丘，如斯重擔，有悲愍心，復更爲說長壽王緣[五]。而此比丘蹙眉聚頰，猶故不休，而作是言：“佛是法主，且待須臾，我等自知。”于時如來聞斯語已，即捨此處，離十二由旬[六]，在娑羅林[七]一樹下坐，作是思惟：“我今離拘睒彌鬥諍比丘。”爾時有一象王避諸群象來在樹下，去佛不遠，合目[10]而住，亦生念言：“我得離群，極爲清净。”佛知彼象心之所念，即說偈言：

彼象此象牙極長，遠離群衆樂寂静，

彼樂獨一我亦然，遠離鬥諍群會處。

說是偈已，入深禪定。爾時諸比丘不受佛說，後生悔恨，天神又忿，舉國聞者咸生瞋恚，唱言叱叱。時諸比丘各相謂言：“我等云何還得見佛？當共合掌求請於佛。”即說偈言：

我等違佛教，三界世尊說，

瞋恚惡罪咎，住在我心中，

悔恨熾猛火，焚燒於意林。

善哉悲愍者，願還爲我說，

我今發上願，必當求解脱，

從今日已往，寧捨於身肉，[11]

終不違佛教。

佛知諸比丘心之所念，即説偈言：

> 欲瞋恚⁽¹²⁾所禁，惱亂不隨順，
>
> 我今應悲愍，還救其苦難，
>
> 嬰愚作過惡，智者應忍受。
>
> 譬如人抱兒，懷中種種⁽¹³⁾穢，
>
> 不可以糞臭，便捨弃其子。

説是偈已，從草敷起，欲還僧坊。爾時天龍、夜叉、阿修羅等，合掌向佛，而説偈言：

> 嗚呼有大悲，大仙正導者，
>
> 彼諸比丘等，放逸之所盲，
>
> 競忿心不息，觸惱於世尊。
>
> 如來大悲心，猶故不背捨。
>
> 悲哀無瞋嫌，意欲使調順，
>
> 如似强惡馬，捶策而令調。

爾時如來既至僧坊，光明照曜，諸比丘等知佛還來，尋即出迎，頭頂禮敬，而白佛言："我等鬥諍，使多衆生起瞋忿心，極爲衆人之所輕賤。我等今者皆墮破僧，唯願世尊還爲説法，使得和合。"于時如來爲諸比丘説六和敬法^(八)，令諸比丘還得和合。是故佛説，斷於瞋恚。

【校記】

（1）於：資本、磧本、普本、洪本、南本、北本、徑本、清本作"依"。

（2）被：資本、金本、磧本、普本、洪本、南本、北本、徑本、清本作"彼"。

（3）律：資本、磧本、普本、洪本、南本、北本、徑本、清本作"利"。

（4）患瞋捨：資本、磧本、普本、洪本、南本、北本、徑本、清本作"瞋恚於"，金本作"瞋患於"。

（5）虎：資本、金本、磧本、普本、洪本、南本、北本、徑本、清本作"虐"。

（6）略舉：資本、金本、磧本、普本、洪本、南本、北本、徑本、清本作"舉略"。

（7）是故有智者：此五字，資本、磧本、普本、洪本、南本、北本、徑本、清本脱。

（8）相：資本、金本、磧本、普本、洪本、南本、北本、徑本、清本作“想”。

（9）呵：資本、金本、磧本、普本、洪本、南本、北本、徑本、清本作“荷”。

（10）目：資本、磧本、普本、洪本、南本、北本、徑本、清本作“眼”。

（11）寧捨於身肉：此五字，資本、金本、磧本、普本、洪本、南本、北本、徑本、清本脱。

（12）瞋恚：資本、金本、磧本、普本、洪本、南本、北本、徑本、清本作“恚瞋”。

（13）種種：資本、磧本、普本、洪本、南本、北本、徑本、清本作“積糞”。

【注釋】

（一）拘睒彌：拔沙國（Vamsā）的都城，梵文 Kauśāmbi。其位置在今印度北方邦 Yamuna 河北岸 Kosam 村。《大唐西域記》載：“憍賞彌國，舊曰拘睒彌國，訛也。中印度境。”（卷五，51/897c）又云：“憍賞彌國，周六千餘里。國大都城周三十餘里。土稱沃壤，地利豐植，粳稻多，甘蔗茂。氣序暑熱，風俗剛猛。好學典藝，崇樹福善。伽藍十餘所，傾頓荒蕪，僧徒三百餘人，學小乘教。天祠五十餘所，外道寔多。城内故宫中有大精舍，高六十餘尺，有刻檀佛像，上懸石蓋，鄔陀衍那王（唐言出愛。舊云優填王，訛也）之所作也。”（卷五，51/898a）因爲對戒律條文的不同理解和僧伽生活方式的別樣主張引起的拘睒彌比丘之爭（《大智度論》卷十四），開啓了僧團分裂的先河，是佛教歷史上影響巨大的四次紛争事件之一。

（二）壞色衣：即袈裟。《翻譯名義集》：“袈裟，具云迦羅沙曳。此云不正色，從色得名。章服儀云：袈裟之目，因於衣色，如經中壞色衣也。”（卷七，54/1170b）

（三）粗惡語：即以粗話罵人也，爲十惡業①之一。《瑜伽師地論》：

① 十惡業爲：殺生、偷盗、邪淫、妄語、綺語、兩舌、惡口、貪欲、嗔恚、愚癡。

"云何粗惡語？謂於他有情，起粗語欲樂，起染污心。若即於彼起粗語方便、及於粗語究竟中，所有語業。"（卷八，30/317b）

（四）善神：護持正法的天神。

（五）長壽王緣：即長生太子忍辱止諍的故事。據《中阿含經》卷十七《長壽王本起經》記載，拘娑羅國王長壽與加赦國王梵摩達哆常共戰諍，長壽王因悟鬥爭不能息事，遂弃報復之念，逃至村邑，受學博聞，後因暴露行踪被處死，長壽臨終時戒其子勿復仇。其子長壽童子雖有機會可報父仇，以父遺言之故放弃，梵摩達哆王也向長生童子懺悔，並歸還其國土。

（六）由旬：梵文 Yojana。原義爲公牛掛軛行走一天的路程。《大唐西域記》云："夫數量之稱，謂踰繕那，舊曰由旬，又曰踰闍那，又曰由延，皆訛略也。踰繕那者，自古聖王一日軍行也。舊傳一踰繕那四十里矣，印度國俗乃三十里。聖教所載唯十六里，窮微之數，分一踰繕那爲八拘盧舍。拘盧舍者，謂大牛鳴聲所極聞，稱拘盧舍。分一拘盧舍爲五百弓，分一弓爲四肘，分一肘爲二十四指，分一指節爲七宿麥。"（卷二，51/875c）若和中國的里數配合，《注維摩詰經》有云："肇曰：由旬天竺里數名也。上由旬六十里，中由旬五十里，下由旬四十里也。"（卷六，38/382a）

（七）娑羅林：地名，梵文 śālavana。傳說佛陀在此處入滅。《大唐西域記》載："城西北三四里，渡阿恃多伐底河（唐言無勝，此世共稱耳。舊云阿利羅跋提河，訛也。典言謂之尸賴拏伐底河，譯曰有金河）。西岸不遠，至娑羅林。其樹類槲，而皮青白，葉甚光潤。四樹特高，如來寂滅之所也。"（卷三，50/235b）其中，娑羅爲堅固之義，也稱之堅固林。

（八）六和敬法：佛陀爲僧團制定的六條戒律，即見和同解，戒和同修，身和同住，口和無諍，意和同悅，利和同均。

（五二）

復次，應當觀食，世尊亦說，正觀於食。

我昔曾聞，尊者黑迦留陀夷(一)爲食因緣故，佛爲制戒，佛說種種因緣，讚戒讚持戒，少欲知足，行頭陀事。佛集比丘僧，讚一食法(二)，乃至欲制一食戒法。時比丘僧咸各默然，猶如大海寂默無聲。時諸僧中有一比丘名婆多梨，白佛言："世尊！莫制是戒，我不能持。”佛告比丘："於過去生死，爲是飲食，生死之中受無窮苦，流轉至今。乃往過去無量世時有四禽獸，仙人第五。爾時烏者作如是言：'諸苦之中，飢渴最苦。'劫初^(三)之時，光陰⁽¹⁾天下，時有一天，最初以指先嘗地味，既嘗其味，遂取食之。爾時彼天者，今彼婆多梨是也。即於彼時，彼婆多梨先嘗地味，今亦復爾。"但爲飲食，彼婆多梨不爲法故，從坐而起，更整衣服白佛言："世尊！莫制一食法。"即説偈言：

> 我今不能持，世尊一食戒，
>
> 若一人不善，不應制此戒。

一切比丘聞是偈已，皆悉低頭，思惟既久，而作是言："咄哉，不見揣⁽²⁾食^(四)過患，爲揣食故，於大衆中，而被毀辱。"即説偈言：

> 寧共鹿食草，如蛇呼吸風，
>
> 不於佛僧前，爲於飲食故，
>
> 違佛作是説。

佛告婆多梨："聽汝檀越舍食半分食，餘者持來在寺而食。"時婆多梨猶故不肯。當爾之時，佛制一食戒，第二第三，亦如是請佛，佛猶不肯，即制戒。婆多梨即離佛去，極生悔心，而説偈言：

> 我違佛所説，云何舌不斷？
>
> 云何地不陷，故復能載我？
>
> 羅刹毗舍闍^(五)，惡龍及與賊，
>
> 無敢違語者。爲於飲食故，
>
> 頑嚚違佛語，寧以刀開腹，
>
> 吞噉於蛆⁽³⁾虫，土食以滿腹，
>
> 云何爲食故？乃違十力教。
>
> 我今自悔責，喻如無心者。

爾時婆多梨説是偈已，慚愧自責，三月之中，耻不見佛。自恣時近，晝夜愁惱，而自燒然，羸瘦毀悴，失於威德。時諸比丘有慈心者深生悲愍，即説偈言：

> 今諸比丘等，縫衣而洗染，
>
> 不久當散去，汝莫後生恨。
>
> 汝今速向佛，敬禮蓮花足，

應向尊重處，盡力求哀請，

當[4]勤用功力，乃可得懺謝。

婆多梨聞此偈已，哽噎墮淚，復說偈言：

世尊有所説，世皆無違者，

由我愚癡故，敢違於佛語。

我之極輕躁，衆中無慚愧，

不見後時笑，爲衆所惡賤，

不思此過惡，輒作如是説。

此事僧應作，及非我所請，

由我無定心，卒發如是語。

同梵行者聞此偈已，即欲請佛，求哀懺悔，婆多梨復說偈言：

我今愍重心，求哀願得懺，

慚愧當何忍，舉目視世尊？

諸比丘等語婆多梨言：“世尊若有煩惱漏者，汝可怖畏；今佛世尊久斷諸漏，汝今何故畏難不去？”婆多梨復說偈言：

我疑自罪過，如見淨滿月，

無瞋容貌勝，三界慈哀顏。

我今欲觀見，慈悲爲我説，

爲愚癡所盲，而不受佛語。

譬如人欲死，不服隨病藥，

違失慈愍教，今受悔恨惱。

諸同梵行者而語之言：“可共我等詣世尊所，勸共見佛，向佛説過。”時諸比丘復問之言：“汝今決定懺悔耶？”時婆多梨即說偈言：

若我今禮佛，寧使身散壞，

佛不使我起，我亦終不起，

若佛與我語，身心皆滿足。

爾時婆多梨與諸比丘往詣佛所，時佛世尊在大衆中，時婆多梨在於佛前，舉身投地，而說偈言：

聽我懺悔過，人之調御師，

體性悲愍者。我如強戾馬，

越度調順道，假設不得食，

眼陷頰骨現，枯竭而至死。

寧受如此苦，不違於聖教。

釋梵尊勝天，敬戴奉所説；

我之愚癡故，不順於佛語。

如來善知時非時等，及苦責數，悉皆通達。佛告婆多梨："設有阿羅漢卧於糞穢污泥之中，我行背上。於意云何？彼阿羅漢有苦惱不？"婆多梨言："不也，世尊！""汝若得阿羅漢、阿那含、斯陀含、須陀洹，終不違教。由汝凡夫愚癡，空無所有，喻如芭蕉中無有實，廣説如修多羅。"時人謂婆多梨得阿羅漢，聞佛説已，知婆多梨是具縛凡夫，諸比丘皆生不信。聞彼不得阿羅漢，如此貴族出家，若不獲得阿羅漢者，云何卑賤種姓尼提出家得阿羅漢？佛欲使漏盡者便得漏盡，若不欲使漏盡便不得漏盡。佛知諸比丘心念，告諸比丘："若修奢⁽⁵⁾摩他⁽六⁾、毗婆舍那⁽七⁾，必能盡漏；若不修者，不能得漏盡。若知若見已，雖生卑賤，得羅⁽⁶⁾漢果。如⁽⁷⁾婆多梨，不知不見，雖生勝族，而不得阿羅漢。"是故如來平等説法，而無偏黨。

【校記】

（1）陰：北本、徑本、清本作"音"。

（2）揣：資本、磧本、普本、洪本、南本、北本、徑本、清本作"搏"。

（3）蛆：資本、金本、磧本、普本、洪本、南本、北本、徑本、清本作"疽"。

（4）當：資本、磧本、普本、洪本、南本、北本、徑本、清本作"深"。

（5）奢：資本、金本、磧本、普本、洪本、南本、北本、徑本、清本作"舍"。

（6）羅：北本、徑本、清本作"阿羅"。

（7）如：北本、徑本、清本脱。

【注釋】

（一）黑迦留陀夷：梵文 Kālodayin，爲六群比丘之一。因其容貌粗黑，意譯又作大粗黑、粗黑、黑曜、黑光。據《增壹阿含經》卷四十七載，迦留陀夷於日暮時行乞至一孕婦家，巧遇閃電。此婦人在電光中見迦留陀夷，誤以爲黑鬼，受驚故胎兒命終。佛陀因此事制定過午不得行乞之戒。

（二）一食法：指日中一食的飲食方式。宋·元照述《四分律刪補隨機羯磨疏濟緣記》：“佛教之中，一食爲本。托緣開二，不是長途。至今西域統五天竺常行一食。”（卷二，41/203c）

（三）劫初：成劫之初，即世界成立之初。彼時情景，《阿毗達磨俱舍論》云：“劫初時人皆如色界。故契經説：劫初時人有色意成，肢體圓滿諸根無缺，形色端嚴身帶光明，騰空自在，飲食喜樂，長壽久住。有如是類地味漸生，其味甘美其香馥馥。時有一人禀性耽味，嗅香起愛取嘗便食。餘人隨學競取食之，爾時方名初受段食。資段食故身漸堅重，光明隱没黑暗便生，日月衆星從兹出現。由漸耽味地味便隱，從斯復有地皮餅生，競耽食之，地餅復隱。爾時復有林藤出現，競耽食故林藤復隱。有非耕種香稻自生，衆共取之以充所食。此食粗故殘穢在身，爲欲蠲除便生二道，因斯遂有男女根生。由二根殊形相亦異，宿習力故便相瞻視。”（卷一二，29/065b）

（四）揣食：指以手將食物握之爲丸食用，爲四食之一。隋·吉藏撰《維摩經略疏》：“揣食者，即揣握之食。”（卷二，19/175a）也可譯作“段食”。唐·窺基撰《大乘法苑義林章》有云：“段者分段，分分受之能持身命。段即是食，持業釋也。舊云團者，可摶可握，立爲團食。此義全非，團字非摶，非水飲等可摶團圓。云何名團？故應名段。”（卷四，45/317c）

（五）毗舍闍：梵文 Piśācā。一種類似羅刹的鬼神，如食血肉鬼、啖精氣鬼或癲狂鬼。唐·慧琳《一切經音義》：“畢舍遮，舊經中名毗舍闍，亦言臂舍柘，鬼名也。餓鬼中勝者也。”（卷七○，54/763a）

（六）奢摩他：梵文 śamatha。指精神集中而心不散亂，不爲外界干擾。唐·慧琳《一切經音義》云：“奢摩他，此云止息，亦曰寂静。謂正定離沉掉也。”（卷二一，54/439b）爲禪定七名之一。

（七）毗婆舍那：梵文 Vipaśyanā。隋·灌頂撰《大般涅槃經疏》：“毗婆舍那，此翻爲觀，亦云見。”（卷二六，38/188b）又作毗鉢舍那。

（五三）

復次，狂逸之甚，莫過貪欲，是故應當勤斷貪欲。

我昔曾聞，世尊往昔修行菩薩道時，時世空虛，無佛賢聖出現於世。爾時有王名曰光明，乘調順象出行遊觀，前後導從，歌舞唱妓，往到山所嶮難之處。王所乘象遥見特象⁽一⁾，欲心熾盛，哮吼狂逸，如風吹雲，欲往奔赴⁽1⁾，不避險岨⁽2⁾。時調象師種種鈎斲⁽3⁾，不能令住。時光明王甚大驚怖，語使鈎不能禁制，如惡弟子不隨順師，象去遂疾，王大驚迫，心生苦惱，意謂必死。即說偈言：

> 如見虛空動，迅速挽⁽4⁾諸方，
> 皆悉而來聚，普見如輪動，
> 大地皆回轉。其象走遂疾，
> 譬如山急行，諸山如隨之，
> 巖谷澗中河。諸樹傷身體，
> 王怖極苦惱，發願求山神，
> 使我得安全。鈎傷身體，
> 欲盛不覺苦，象走轉更疾，
> 喻如於暴風。棘刺鈎身，
> 並被山石傷，頭髮皆蓬亂，
> 塵土極坌污，衣服復散解，
> 瓔珞及環玔⁽5⁾，破落悉墮地。

爾時大王語調象師言："如我今者，命恐不全。"復說偈言：

> 汝好勤方便，禁制令使住，
> 我今如在秤，低昂墮死處。

爾時象師盡力鈎不能禁制，數數嘆息，顏色慚耻，淚下盈目，頓⁽6⁾面避王，不忍相見，復語王言："大王！我今當作何計？"即說偈言：

> 盡力誦象咒，古仙之所說，
> 鈎斲勢力盡，都不可禁制。
> 如人欲死時，咒術及妙藥，
> 越度必至死，良藥所不救。

爾時大王語象師言⁽7⁾："我等今者墮於是處，當作何計？"象師白王："更無餘方，唯當攀樹。"王聞是語，以手攀樹。象即奔走，逐於特象。象既去後，導從諸人始到王所，王即徐步還向軍中。爾時象師尋逐象迹，經於多日，得象還軍。時王在大衆中，象師乘象向於王所，時王瞋忿而作是言："汝先言象調順可乘，云何以此狂象而欺於

我?"象師合掌而白王言:"此實調順,王若不信,我今當現象調順之
相使王得知。"爾時象師即燒鐵丸以著其前,爾時彼人語象吞丸。時
王不聽,語彼人言:"汝說調順,云何狂逸?"象師長跪合掌,而白王
言:"如此狂逸,非我所調。"王語之曰:"爲是何過,非汝所調?"彼
即白王:"象有貪欲,以病其心,非我所治。大王當知!如此之病,
杖捶鈎所不能治,貪欲壞心,亦復如是。"即說偈言:

> 欲爲心毒箭,不知從何生?
>
> 因何得增廣?云何可得滅?

王聞貪欲不可治療,語象師言:"此貪欲病,無能治耶?"象師答
言:"此貪欲病,不可擁護,捨而不治。"即說偈言:

> 當作諸方便,勤求斷欲法,
>
> 不知其至趣,懷精勤退還。
>
> 弃捨五所欲,出家修苦行,
>
> 爲斷欲結故,應精勤修道。
>
> 或有恣五欲,言道⁽⁸⁾足自斷,
>
> 若干種作行,望得遠離欲。
>
> 如是等處處,望拔欲根本,
>
> 欲林⁽⁹⁾難可拔。人天阿脩羅,
>
> 夜叉鳩槃荼^(二),一切有生類,
>
> 微細心欲羂,繫縛諸眾生,
>
> 回轉有林中,無由能自拔。

王聞貪欲不可斷故,甚生怪惑,即說偈言:

> 無有能斷滅,如此欲怨⁽¹⁰⁾者,
>
> 乃無有一人,能滅貪欲耶?
>
> 人天中乃無,能滅此欲乎?

爾時象師而答王言:"轉從他聞,唯佛世尊,世界大師,有大慈
心,一切眾生悉皆如子,身如真金,大人之相以自莊嚴,有自然
智^(三),知欲生起滅欲因緣,有無礙心,悲愍一切。"時王聞佛大人之
聲,即起合掌,如華未敷,於大眾前發大誓願:"我以正法護於國土,
及捨財施,以此功德,願我未來必得成佛,斷除眾生貪欲之患。"

以何因緣,而說此事?眾生不知欲因緣及對治故,說是修多羅。

【校記】

（1）赴：資本、金本、磧本、普本、洪本、南本、北本、徑本、清本作“走”。

（2）險岨：資本、金本、磧本、普本、洪本、南本、北本、清本作“岨嶮”。

（3）斵：資本、磧本、普本、洪本、南本、北本、徑本、清本作“斲”。

（4）挩：資本、磧本、普本、洪本、南本、北本、徑本、清本作“逭”。

（5）玔：資本、磧本、普本、洪本、南本、北本、徑本、清本作“釧”。

（6）顐：資本、磧本、普本、洪本、南本、北本、徑本、清本作“俾”，金本作“顆”。

（7）言：資本、金本、磧本、普本、洪本、南本、北本、徑本、清本脱。

（8）道：資本、金本、磧本、普本、洪本、南本、北本、徑本、清本作“導”。

（9）林：資本、磧本、普本、洪本、南本、北本、徑本、清本作“求”。

（10）怨：資本、磧本、普本、洪本、南本、北本、徑本、清本作“惡”。

【注釋】

（一）牸象：即母象。牸，原義爲母牛。漢·焦贛《易林·訟之井》：“大壯（牡）肥牸，惠我諸舅，内外和穆，不憂飢渴。”① 後泛指雌性牲畜或獸類。北魏·賈思勰《齊民要術·養牛馬驢騾》：“子欲速富，當畜五牸。”原注：“牛、馬、豬、羊、驢五畜之牸。”②

（二）鳩槃荼：俗稱冬瓜鬼、甕形鬼，佛教典籍中記載此鬼食人精氣，主夢魘。清·陸以湉《冷廬雜識·鳩槃荼》：“‘鳩槃荼’乃佛經語，或作‘拘辨荼’‘究槃荼’‘恭畔荼’‘弓槃荼’，皆一也。言甕形似冬瓜也，以是爲喻，狀其容之醜也。”③

（三）自然智：即自然智慧。唐·栖復集《法華經玄贊要集》云：“自然智者，即二空真理智也。智之性故，名自然智。理性本有，不從修生，

① 〔西漢〕焦延壽：《易林》，徐傳武、胡真校點集注，上海：上海古籍出版社，2012年版，第253頁。

② 繆啓愉、繆桂龍：《齊民要術校釋》，北京：農業出版社，1982年版，第277頁。

③ 〔清〕陸以湉：《冷廬雜識》，崔凡芝點校，北京：中華書局，1984年版，第415頁。

今由持經及供養任運，得名自然也。"（卷三一，34/844a）指佛自然而生的智慧。

（五四）

復次，佛觀久後，使得信心，故不卒爲事。

我昔曾聞，尊者優波毱多^(一)林下坐禪，時魔波旬以諸花鬘著其頂上。爾時尊者從禪定起，見其花鬘在於項⁽¹⁾上，即入定觀誰之所爲。知是魔王波旬所作，即以神力以三種死屍繫魔王頸。時彼魔王覺屍著頸，遙見尊者^(二)，知是所作。爾時尊者，即說偈言：

> 花鬘嚴飾具，比丘所捨離，
> 死屍極臭穢，愛⁽²⁾欲者厭惡，
> 佛子共捔力，戰諍誰能勝？
> 我今是佛子，捨弃汝花鬘，
> 汝若有力者，除去汝死屍。
> 大海濤波流，無能禁制者，
> 唯有鐵圍山^(三)，水觸則回返。

爾時魔王聞是語已，欲去死屍，雖盡神力，不能使去，如蚊蟻子欲動須彌山王，雖復竭力，亦不能動。時魔波旬不能却屍，尋即飛去，而說偈言：

> 若我不能解，使餘諸勝天，
> 威德自在者，其亦必能解。

爾時尊者復說偈言：

> 帝釋及梵天，無能解是者，
> 設入熾然火，及在大海中，
> 不燋亦不爛，如此屍著汝，
> 不乾不朽壞，所在隨逐汝，
> 無能救解者。摩醯首羅天，
> 及以三天王，毗沙門天王，
> 乃至到梵天，如是諸天等，
> 雖復盡神力，無能爲解者。

爾時梵天王見魔盡力，不能却屍，而告之言："汝莫生憍慢。"即說偈言：

> 十力之弟子，以己神通力，
> 由汝輕拣⁽³⁾故，今故毀辱汝。
> 誰當有此力，而爲汝解者？
> 猶如⁽⁴⁾大海潮，無能制波浪，
> 譬如以藕系⁽⁵⁾，用以懸雪山。
> 雖盡我神力，不能爲汝脫，
> 我雖有大力，不及彼沙門。
> 如似燈燭明，不如大火聚，
> 火聚雖復明，不如日之光。

魔王聞斯偈已，語梵天言："我當依誰，可脫此患？"梵天説偈，
以答魔言：

> 汝速疾向彼，求哀而歸依，
> 神通樂名聞，汝盡敗壞失，
> 如似人跌倒，扶地還得起。

魔作是念："如來弟子，梵等勝天力無及者，乃爲諸梵之所推
敬。"魔説偈言：

> 佛之弟子等，梵王^{(6)(四)}所尊敬，
> 況復如來德，云何可格量？
> 我極作惱亂，猶故忍悲愍，
> 而故不爲我，作諸衰惱事，
> 能忍護惜我，何可得稱説？
> 我今始知佛，真實大悲者，
> 體性極悲愍，不生怨憎心，
> 身如金山王^(五)，光明踰於日。
> 愚癡冥我心，皆作惱亂事，
> 彼精進堅實，未曾有粗語，
> 恒常見悲愍，令⁽⁷⁾我心不悦。

爾時欲界自在魔王，而作是言："遍觀三界，無能解者，我今唯
還歸依尊者，乃可得脫。"作是語已，向尊者所五體投地，頂禮足下，
作如是語："大德！我於菩提樹^(六)下乃至造作百種諸惱以亂於佛，猶
不苦我。"即説偈言：

> 婆羅聚落中，婆羅門村邑，
> 瞿曇來乞食，我令空鉢去，
> 即日不得食，然不加毀我。
> 我曾作惡牛，并及毒蛇身，
> 五百車濁水，令佛不得飲，
> 皆知是我作，不曾出惡言。
> 我所作既少，汝極毀辱我，
> 人天阿修羅，一切皆輕蔑，
> 毀我壞名稱，以屍苦惱我。

爾時尊者告魔王言：“汝今[8]不善惡物，云何聲聞比於[9]世尊？”即說偈言：

> 云何以葶藶[七]，用比於須彌？
> 螢火之微明，以比於日光？
> 一掬之少水，比方於大海？
> 佛有大悲心，聲聞無大悲。
> 如來以大悲，恕汝種種過，
> 我亦隨佛意，欲生汝善根。

爾時魔王聞斯語已，復說偈言：

> 聽我說佛德，福利威光盛，
> 彼之所有分，斷諸愛欲者，
> 忍辱不起嫌，我以愚癡故，
> 日日常觸惱，如母愛一子。

優波毱多語波旬言：“汝聽我語，於如來所，數作諸惡，欲得洗除，生諸善根，無過念佛世尊最上。”即說偈言：

> 如是因緣故，知佛見長遠，
> 未曾於汝所，生於不愛心。
> 彼第一智尊，欲成汝信心，
> 常發親愛語，智者少生信，
> 便得涅槃樂。今我略爲汝，
> 說法愚癡冥，黑暗之過患，
> 汝今生信故，則爲[10]洗除盡。

爾時魔王⁽¹¹⁾身毛皆豎，如波曇⁽⁸⁾花種，種起觸惱，猶如子作過，父猶愛之，心過大地忍，不曾見過責，是彼仙中勝，若少信佛，洗除前過。時彼魔王在尊者前，念佛功德，禮尊者足，作如是言：“尊者救我，與我敬心，汝當發心，却我頸懸。我雖惱觸，願起慈心，爲我除捨。”尊者答言：“共汝作要，後乃當脫。”魔言：“何等是言要？”尊者答言：“汝從今日，莫惱比丘。”魔即白言：“我更不惱觸。”尊者言⁽¹²⁾：“汝之所知，佛去百年，始有我出。”即說偈言：

　　　三界之真濟⁽¹³⁾，我見彼法身，

　　　不見金色身，無⁽¹⁴⁾惱爲我現，

　　　示我佛形相，我今極希望，

　　　愛於如來形。

爾時魔王語尊者言：“我亦⁽¹⁵⁾作要誓言⁽¹⁶⁾。汝若見形，莫爲卒禮，以一切種智，慎⁽¹⁷⁾莫禮我，我作佛相，慎莫爲禮。”即說偈言：

　　　以謙敬念佛，爲我作禮者，

　　　則爲燒滅我。我有何勢力，

　　　能受離欲敬？喻如伊蘭芽⁽¹⁸⁾，

　　　爲象鼻所押，破壞無所任⁽¹⁹⁾。

　　　我若受⁽²⁰⁾敬者，其事亦如是。

尊者答言：“我不歸命，汝亦不負言要。”魔復語尊者言：“待我須臾間。”即入空林中，而說偈言：

　　　我先惑⁽²¹⁾手羅，現金熾盛身，

　　　佛身不思議，我作如是形，

　　　身現熾光明，踰⁽²²⁾過於日月，

　　　悅樂衆人目，明如飲甘露。

尊者答言：“汝今爲我，如先好作。”魔答言：“諾，我今當作。”即爲却屍。爾時魔王即入空林，現作佛形，如作伎家，種種自莊嚴，如來之色貌，現於大人相，能生寂滅眼，喻如新畫像。當作開發時，莊嚴於此林，看視無厭足。圓光一尋化作佛形，舍利弗侍右，目連處左，阿難隨後執持佛鉢。

尊者摩訶迦葉、阿尼盧頭、須菩提⁽⁹⁾，如是等諸大聲聞千二百五十人侍佛左右，猶如半月現佛相貌，向尊者優波毱多所。尊者見佛相貌，極生歡喜，即從坐起觀佛形相：咄哉惡無常，無有悲愍心，妙色金山王，云何而破壞？牟尼身如是，爲無常所摧滅。爾時尊者作觀心，其意欲擾亂，我今實見佛掌如蓮華，而作如是言："嗚呼盛妙色，不可具廣說。"即說偈言：

> 面過蓮花敷，目如青蓮葉，
>
> 身形殊華林[23]，相好過於月，
>
> 甚深喻如海，安住如須彌，
>
> 威德過於日，行過師子王，
>
> 眼瞬如牛王，色殊於真金。

爾時尊者倍生喜敬，大喜充滿，轉增歡喜，即說偈言：

> 嗚呼清净業，獲是美妙報，
>
> 業緣之所得，非是現作業。
>
> 百千億劫中，身口作净行，
>
> 修施及戒忍，并禪與智慧。
>
> 決定作正行，以是自莊嚴，
>
> 衆人眼所愛，清净無垢穢。
>
> 現是形相時，怨家皆歡喜，
>
> 況我於今日，而當不愛敬？

如是思憶，唯作佛想，不念於魔，即從坐起，五體投地，而爲作禮。魔時即驚，作如是言："大德，何故違要？"尊者言："作何言要？"魔言："先要莫禮，今何故禮？"尊者從地起，即說偈言：

> 眼所愛樂見，擬心禮於佛，
>
> 我今實不爲，恭敬禮汝足。

爾時魔王言："汝五體投地，爲我作禮，云何說言我不敬汝？"尊者語魔言："我不敬禮，汝亦不違言誓，喻如以泥木造作佛像，世間人天皆共禮敬。爾時不敬於泥木，欲敬禮佛故，我禮佛色像，不爲禮魔形。"聞是語已，還復本形，禮尊者足，還昇天上。以何因緣而說此事？諸大聲聞等欲使諸檀越普[24]供養衆僧，令不所乏，又令比丘亦聞法奉行，以是故應爲四衆說法。若欲讚佛者，應當作是說，雖斷欲結使，不覺爲作禮。

大莊嚴論經[25]卷第九

【校記】

（1）於項：資本、金本、磧本、普本、洪本、南本、北本、徑本、清本作“其頂”。

（2）愛：資本、磧本、普本、洪本、南本、北本、徑本、清本作“受”。

（3）挩：資本、磧本、普本、洪本、南本、北本、徑本、清本作“弄”。

（4）如：頻本作“有”。

（5）系：資本、磧本、普本、洪本、南本、北本、徑本、清本作“絲”。

（6）王：北本、徑本、清本作“天”。

（7）令：徑本作“今”。

（8）今：資本、金本、磧本、普本、洪本、南本、北本、徑本、清本作“今者”。

（9）於：資本、金本、磧本、普本、洪本、南本、北本、徑本、清本脫。

（10）爲：資本、金本、磧本、普本、洪本、南本、北本、徑本、清本作“能”。

（11）王：普本作“主”。

（12）尊者言：資本、金本、磧本、普本、洪本、南本、北本、徑本、清本脫。

（13）真濟：資本、磧本、普本、洪本、南本、北本、徑本、清本作“際”。

（14）無：資本、磧本、普本、洪本、南本、北本、徑本、清本作“不”。

（15）亦：北本、徑本、清本作“於”。

（16）言：資本、金本、磧本、普本、洪本、南本、北本、徑本、清本脫。

（17）慎：資本、磧本、普本、洪本、南本、北本、徑本、清本作“順”。

（18）芽：資本、磧本、普本、洪本、南本作“牙”。

（19）任：資本、磧本、普本、洪本、南本、北本、徑本、清本作“住”。

（20）受：資本、金本、磧本、普本、洪本、南本、北本、徑本、清本作“愛”。

（21）惑：資本、磧本、普本、洪本、南本、北本、徑本、清本作“或”。

（22）踰：資本、金本、磧本、普本、洪本、南本、北本、徑本、清

作 "喻"。

（23）華林：資本、磧本、普本、洪本、南本、北本、徑本、清本作 "特妙"。

（24）普：資本、金本、磧本、普本、洪本、南本、北本、徑本、清本作 "並"。

（25）論經：南本、北本、徑本、清本作 "經論"。

【注釋】

（一）優波毱多：梵文 Upagupta。十七歲時受商那和修尊者的點化而出家，後爲付法藏第五祖，又被稱爲無相好佛。

（二）尊者：梵文 Ārya。指智德皆勝之人，爲對羅漢的尊稱。宋・道誠集《釋氏要覽》："尊者，梵云阿梨夷，華言尊者。謂德行智具，可尊之者。"（卷一，54/260c）後，不限於羅漢，"尊者" 也可稱呼祖師或先德。此義項《漢語大詞典》首例爲宋・元照《四分律行事鈔・資持記》："尊者，謂臘高德重，爲人所尊。"[1] 較晚。其早見於《道行般若經》："尊者須菩提，佛使說般若波羅蜜，及至說摩訶衍事爲?"（卷一，08/428a）這裏指優波毱多。

（三）鐵圍山：指圍繞須彌四洲外海，由鐵所成之山。梵文 Cakravadaparvata。南朝陳・真諦譯《佛說立世阿毗曇論》："醎海外有山，名曰鐵圍。入水三百十二由旬半，出水亦然，廣亦如是，周回三十六億一萬三百五十由旬。"（卷二，32/181a）佛教經籍中也將此山記作輪圍山、金剛山等。

（四）梵王：大梵天王的略稱，也爲色界諸天之王的總稱。

（五）金山王：爲譬喻手法，以金山中最勝者，以喻如來。

（六）菩提樹：指佛成道處的樹木，梵文 Bodhidruma 或 Bodhivṛkṣa。關於此樹的名字，鳩摩羅什譯《十住毗婆沙論》曾列出十六種："所有大樹，娑羅樹、多羅樹、提羅迦樹、多摩羅樹、婆求羅樹、瞻蔔樹、阿輸迦樹、娑呵迦羅樹、分那摩樹、那摩樹、那迦樹、尸利沙樹、涅劬陀樹、阿輪陀樹、波勒叉樹、憂曇鉢羅樹等。"（卷三，26/031b）《法苑珠林》：

---

[1] 羅竹鳳主編：《漢語大詞典》，上海：漢語大詞典出版社，1994 年版，第 2 卷，第 1282 頁。

"我作釋迦牟尼佛爲佛時，於阿沛多羅樹下。"（卷八，53/334b）《十住毗婆沙論》卷五也列出過去七佛的菩提樹：毗婆尸佛爲無憂樹，尸弃佛爲邠他利樹，毗首佛爲娑羅樹，迦求村佛爲尸利沙樹，迦那含佛爲優曇鉢樹，迦葉佛爲弱拘樓陀樹，釋迦牟尼佛爲阿輸陀樹，彌勒佛爲那伽樹。後世所說菩提樹，一般指釋迦牟尼成佛處的阿輸陀樹，此樹也稱爲畢鉢羅樹或阿説他樹。

（七）葶藶：植物名。又名葶藶子、寬葉葶苈、光果葶藶，也稱丁歷、蕇、大室、大適。一年或二年生草本，莖高六七寸，花小爲黄色。種子可入藥，主要作用是瀉肺降氣、消腫除痰、止咳定喘。

（八）波曇：蓮花，梵文 Padma。唐·慧琳《一切經音義》："波曇，又云波暮，或云波頭摩，或云鉢曇摩，正言鉢特摩，此譯云赤蓮華也。"（卷九，54/358b）

（九）須菩提：梵文 subhūti。釋迦牟尼十大弟子之一，以"解空第一"著稱。原爲古印度拘薩羅國舍衛城長者鳩留之子。佛教經籍也記作蘇補底、藪浮帝修等。

大莊嚴論經卷第十

馬鳴菩薩造　後秦三藏鳩摩羅什譯

（五五）

　　復次，若人讚佛，得大果報，爲諸衆人之所恭敬，是故應當勤心讚敬。

　　我昔曾聞，迦葉佛時有一法師爲衆説法，於大衆中讚迦葉佛，以是緣故命終生天，於人天中常受快樂。於釋迦文佛般涅槃後百年，阿輸伽王時，爲大法師，得羅漢果，三明六通，具八解脱，常有妙香從其口出。時彼法師去阿輸伽王不遠，爲衆説法，口中香氣達於王所。王聞香氣，心生疑惑，作是思惟："彼比丘者爲和妙香含於口耶？香氣乃爾。"作是念已，語比丘言："開口。"時比丘開口，都無所有。復語漱口。既漱口已，猶有香氣。比丘白王："何故語我張口漱口？"時王答言："我聞香氣，心生疑故，使汝張口及以漱口，香氣踰盛，惟[1]有此香，口無所有。"王語比丘："願爲我説。"比丘微笑，即説偈言：

大地自在者，今當爲汝説，
此非沉水香，復非花葉莖，
栴檀等諸香，和合能出是。
我生希有心，而作如是言，
由昔讚迦葉，便獲如是香。
彼佛時已合，與新香無異，
晝夜恒有香，未曾有斷絶。

　　王言："大德久近得此香？"比丘答曰："久已得之，王今善聽。

往昔過去有佛名曰迦葉，我於彼時精勤修集而得此香。”時王聞已，
生希有心，而問比丘：“我猶不悟，唯願解説。”時彼比丘而白王言：
“大王，至心善聽！我於迦葉佛時，作説法比丘，在大衆前生歡喜心，
讚嘆彼佛。”即説偈言：

> 金色身晃曜，歡喜生讚嘆，
> 因此福德力，在在受生處，
> 身身隨此業，常有如此香，
> 勝於優鉢羅(一)，及以瞻蔔香。
> 香氣既充塞，聞者皆欣悦，
> 如飲甘露味，服之無厭足。

　　爾時大王聞斯語已，身毛皆豎，而作是言：“嗚呼！讚佛功德乃
獲是報。”比丘答言：“大王！勿謂是果，受報如此。”復説偈言：

> 名稱與福德，色力及安樂，
> 已有此功德，人無輕賤者。
> 威光可愛樂，意志深弘廣，
> 能離諸過惡，皆由讚佛故。
> 如斯之福報，賢智乃能説，
> 受身既以盡，獲於甘露迹。

　　爾時大王復問比丘：“讚佛功德，其事云何?”爾時比丘説偈
答言：

> 我於大衆中，讚佛實功德，
> 由是因緣故，名稱滿十方。
> 説佛諸善業，大衆聞歡喜，
> 形貌皆熙怡，由前讚佛故。
> 顔色有威光，説法得盡苦，
> 彼如來所説，與諸修善者。
> 作樂因緣故，得樂之果報，
> 云何名之佛? 説言有十力。
> 諸(2)有得此法，不爲人所輕，
> 況諸説法者，昇於法座上，
> 讚立佛功德，降伏諸外道。

以讚佛德故，獲於上妙身，

便爲諸人説，可樂之正道。

以是因緣故，猶如秋滿月，

爲衆之所愛。讚嘆佛實德，

窮劫猶難盡，假使舌消漸，

終不中休廢。常[3]作如是心，

世世受生處，言説悉辯了。

説佛自然智，增長衆智慧，

以是因緣故，所生得勝智。

説一切世間，皆是業緣作，

聞已獲諸善，由離諸惡故。

生處離諸過，貪瞋我見等，

如油注熱鐵，皆悉消涸盡。

如此等諸事，何處不適意？

我以因緣箭，壞汝諸網弓，

復已言辯父，思惟善説母。

爾時大王聞斯偈已，即起合掌，而作是言：“所説極妙，善入我心。”王説偈言：

聞説我意解，嘆佛功德果，

略而言説之，常應讚嘆佛。

以何因緣而説此事？爲説法者得大果報，諸有説法，應生喜心。

【校記】

(1) 惟：資本、磧本、普本、洪本、南本、北本、徑本、清本作“唯”，金本作“雖”。

(2) 諸：資本、金本、磧本、普本、洪本、南本、北本、徑本、清本作“得”。

(3) 常：徑本作“當”。

【注釋】

(一) 優鉢羅：指青蓮花、紅蓮花等，梵文 Utpala。唐·慧琳《一切經音義》：“優鉢羅花，具正云尼羅烏鉢羅。尼羅者，此云青；烏鉢羅者，花號也。其葉狹長，近下小圓，向上漸尖，佛眼似之經多爲喻，其花莖似藕，梢有刾也。"（卷二一，54/436c）唐·玄應《一切經音義》："優鉢釧，指遙反，又作漚鉢羅。此譯云黛花也。"（卷三，56/858a）

（五六）

復次，有大功德，猶修無倦，況無福者，而當懈慢？

我昔曾聞，尊者摩訶迦葉，入諸禪定，解脱三昧，欲使修福衆生下善種子，獲福無量，於其晨朝著佛所與僧伽梨[一]衣而往乞食。時有覩[1]者，即説偈言：

讚嘆彼勝者，著於如來衣，

人天八部前，佛分座令坐。

時佛亦復讚嘆迦葉，即説偈言：

汝今修行善，如月漸增長，

如空中動手，無有障礙者，

身如清净水，無有諸塵翳，

佛常於衆前，讚嘆其功德。

乃至未來世，彌勒[二]成佛時，

亦復讚嘆彼，而告大衆言：

"此是牟尼尊，苦行之弟子，

具十二頭陀，少欲知足中，

最名爲第一，此名爲迦葉。"

人天八部前，讚嘆其功德。

爾時帝釋見彼迦葉行步容裕，遥於宮殿合掌恭敬，其婦舍之，而問之言："汝今見誰，恭敬如是？"爾時帝釋即説偈答[2]：

處於欲火中，繫念常在前，

雖與金色婦，同室無著心。

身依於禪定，心意亦快樂，

入城聚落中，而欲行乞食。

以智慧耕地，壞破過惡草，

是名善福田，所種果不虚。

爾時舍之以敬重心，仰視帝釋，而白之言："汝最尊貴，居放逸處，猶有善心修於福德。"帝釋以偈答言：

以施因緣故，我最得自在，

> 天人阿修羅，愛重尊敬我，
>
> 晝夜憶⁽³⁾念施，故我得如是，
>
> 如得多伏藏，衆寶盈滿出。

尊者迦葉到貧里巷，樂受貧施。爾時帝釋化作織師貧窮老人，舍之亦化爲老母，著弊壞衣，夫婦相隨，坐息道邊。爾時尊者見彼夫婦弊衣下賤，即作是念：“世之窮下，不過是等。”即至其所，欲往安慰。織師疾起，取尊者鉢，以天須陀^(三)食滿鉢奉之。爾時尊者得是食已，內心生疑。即説偈言：

> 彼人極貧賤，飲食乃殊妙，
>
> 此事可驚疑，極是顛倒相。

説是偈已，而作是念：“今當問誰？須自觀察。”即説偈言：

> 我是善種子，斷除他人惑，
>
> 天⁽⁴⁾人有所爲，猶當爲解釋，
>
> 況我今有疑？云何當問他？

説是偈已，即以慧眼見是帝釋，而作是言：“嗚呼！樂修福者，方便求尊勝。”即説偈言：

> 能捨尊勝相，現形貧賤人，
>
> 羸悴極老劣，衣此弊壞衣，
>
> 捨毗闍延堂^(四)，化住息道邊。

説此偈已，尊者微笑，復説偈言：

> 我欲使無福，得成勝福業，
>
> 汝福已⁽⁵⁾成就，何故作觸嬈⁽⁶⁾？
>
> 以食施於我，具勝五妙欲，
>
> 世尊久爲汝，斷除三惡道，
>
> 汝不知止足，方復求福業。

爾時帝釋還復釋身，在衆人前禮尊者足，而作是言：“尊者迦葉爲何所作？”即説偈言：

> 我見施獲報，獲得諸勝利，
>
> 資業已廣大，倍生於信心。
>
> 大德爲何⁽⁷⁾故，而乃遮止我？

爾時帝釋，重説偈言：

人聞説⁽⁸⁾施者，猶尚能布施，

況我見施報，明了自證知？

父母及親友，拔濟欲利益，

無能及布施，離於生死苦。

施報如形影，處處與安樂，

生死嶮難中，唯施相隨逐。

於雨風寒雪，唯施能安樂，

如行嶮惡路，資嚴悉具足。

施能為疲乏，安隱之善乘，

嶮惡賊難處，施即是善伴。

施除諸畏恐，眾救中最厚，

處於怨賊中，施即是利劍。

施為最妙藥，能除於重病，

行於不平處，用施以為杖。

爾時帝釋説是偈已，供養尊者還昇天宮。

以何因緣而説是事？智慧之人明順施福，欲使人勤修福業。帝釋勝人，猶尚修福，何況世人，而不修施？聲聞之人，帝釋供養，況復世尊？

【校記】

(1) 覩：資本、金本、磧本、普本、洪本、南本、北本、徑本、清本作“視”。

(2) 答：資本、磧本、普本、洪本、南本、北本、徑本、清本作“言”。

(3) 憶：資本、金本、磧本、普本、洪本、南本、北本、徑本、清本作“意”。

(4) 天：磧本、洪本、南本作“大”。

(5) 已：資本、金本、磧本、普本、洪本、南本、北本、徑本、清本作“以”。

(6) 嬈：資本、磧本、普本、洪本、南本、北本、徑本、清本作“遶”。

(7) 何：資本、磧本、普本、洪本、南本、北本、徑本、清本作“我”。

(8) 説：資本、金本、磧本、普本、洪本、南本、北本、徑本、清本作“設”。

【注釋】

（一）僧伽梨：比丘法服中九條以上之衣，梵文 Saṁghāti。其爲僧衆外出及入王宮、乞食、升座説法等儀式時穿著，爲三衣中最大者。

（二）彌勒：菩薩名，梵文 Maitreya。其爲佛陀大弟子之一，後將繼承如來佛位，故也稱爲彌勒佛。"與擁有悲憫衆生的願力，願意在穢土成佛，救護衆生脱離一切苦的釋迦牟尼佛相比，彌勒佛立願生在"佛刹莊嚴、壽命無數"的世界，重在慈的'施與安樂'。"（參見印順《初期大乘佛教之起源與開展》，臺北：正聞出版社，1994 年版）成立於印度的彌勒菩薩信仰是净土教的一種類型。

（三）須陀：梵文 Sudhā，又作首陀、蘇陀。唐·慧琳《一切經音義》："須陀食，或云修陀，此天食也。修陀，此譯云白也。隨相論云；須陀，此云善陀，此言貞實也。"（卷四三，54/597b）

（四）毗闍延堂：傳説中帝釋宮中釋提桓因與阿修羅女舍脂共住的地方。《法苑珠林》："帝釋宮中有毗闍延堂，有百樓觀有七重。重有七房，房有七天后，后各七侍女。尊者大目揵連游歷小千界，無有如是堂觀端嚴，如毗闍延堂者。依起世經云：其天宮城內雕飾，受欲歡樂，不可具説。如是説，如是處者，釋提桓因與阿修羅女舍脂共住。"（卷三，53/289a）

（五七）

復次，雖少種善，必當求佛。少善求佛，猶如甘露，是以應當盡心求佛。

我昔曾聞，有一人因緣力故，發心出家，欲求解脱，即詣僧坊。值佛教化，不在僧坊。彼人念言："世尊雖無，我當往詣法之大將舍利弗所。"時舍利弗觀彼因緣，過去世時少有厭惡修善根不。既觀察已，乃不見有少許善根，一身既無，乃至百千身中都無善根。復觀一劫又無善根，乃至百千劫亦無善根。尊者舍利弗語彼人言："我不度汝。"彼人復至餘比丘所，比丘問言："汝爲向誰求索出家？"彼人答言："我詣尊者舍利弗所，不肯度我。"諸比丘言："舍利弗不肯度汝，必有過患，我等云何而當度汝？"如是展轉詣諸比丘，都不肯度，猶如病者，大醫不治，其餘小[1]醫，無能治者。既不稱願，於坊門前泣淚[2]而言："我何薄福，無度我者，四種姓中，皆得出家，我造何惡，獨不見度？

若不見度，我必當死。”即說偈言：

> 猶如清淨水，一切悉得飲，
>
> 乃至旃陀羅，各皆得出家。
>
> 如此佛法中，而不容受我，
>
> 我是不調順，當用是活爲？

作是偈已，爾時世尊以慈悲心欲教化之，如母愛子，如行金山，光映蔽日，到僧坊門。即說偈言：

> 一切種智身，大悲以爲體，
>
> 佛於三界中，覓諸受化子[(3)]，
>
> 猶如牛求犢，愛念無休息。

爾時世尊清淨無垢，如花開敷，手光熾盛，掌有相輪，網縵覆指，以是妙手摩彼人頭，而告之言：“汝何故哭[(4)]？”彼人悲哀，白世尊言：“我求出家，諸比丘等盡皆不聽，由是涕泣。”世尊問言：“諸比丘不聽，誰遮於汝，不聽出家？”即說偈言：

> 誰有一切智，而欲測豫[(5)]者？
>
> 業力極微細，誰能知深淺？

時彼人者聞斯偈已，白世尊言：“佛法大將舍利弗，比丘智慧第一者，不聽我出家。”爾時世尊以深遠雷音，慰彼人言：“非舍利弗智力所及，我於無量劫作難行苦行，修習智慧，我今爲汝。”即說偈言：

> 子舍利弗者，彼非一切智，
>
> 亦非解體性，不盡知中下。
>
> 彼識有限齊，不能深解了，
>
> 無有智能知，微細之業報。

爾時世尊告彼人言：“我今聽汝，於佛法中使汝出家。我於法肆[(6)]上求買如汝信樂之人，如法化度，不令失時。”佛以柔軟妙相輪手，牽彼人臂，入僧坊中。佛於僧前告舍利弗：“以何緣[(7)]故，不聽此子令出家耶？”舍利弗白佛言：“世尊！我不見彼有微善根。”佛即告舍利弗：“勿作是語。”說是偈言：

> 我觀此善根，極爲甚微細，
>
> 猶如山石沙，融消[(8)]則出金。
>
> 禪定與智慧，猶如雙鞴囊[(一)]，

我以功力吹，必出真妙金。

此人亦復爾，微善如彼金。

爾時尊者舍利弗，整欝多羅僧〔二〕，偏袒右肩，踋(9)跪叉手，向佛世尊，而説偈言：

諸論中最勝，唯願爲我説，

智慧之大明，除滅諸黑暗。

彼人於久近，而種此善根？

爲得何福田，種子極速疾？

佛告舍利弗："汝今諦聽！當爲汝説。彼因極微，非辟支佛〔三〕所見境界。乃往過去有一貧人，入阿練若山採取薪柴，爲虎所逼，以怖畏故，稱南無佛，以是種子得解脱因。"即説偈言：

唯見此稱佛，以是爲微細，

因是盡苦際，如是爲善哉。

至(10)心歸命佛，必得至解脱，

得是相似果，更無有及者。

爾時婆伽婆即度彼人，令得出家。佛自教化，比丘心悟，得羅漢果。以是因緣故，於世尊所種少善根，獲報無量，況復造立形像塔廟？

【校記】

(1) 小：資本、磧本、普本、洪本、南本、北本、徑本、清本作"少"。

(2) 淚：資本、磧本、普本、洪本、南本、北本、徑本、清本作"涕"。

(3) 子：資本、磧本、普本、洪本、南本、北本、徑本、清本作"者"。

(4) 哭：資本、磧本、普本、洪本、南本、北本、徑本、清本作"泣"。

(5) 測豫：資本、磧本、普本、洪本、南本作"側豫"，北本、徑本、清本作"譬喻"。

(6) 肆：資本、金本、磧本、普本、洪本、南本、北本、徑本、清本脱。

(7) 緣：資本、磧本、普本、洪本、南本、北本、徑本、清本作"因緣"。

(8) 融消：資本、磧本、普本、洪本、南本、北本、徑本、清本作"鎔銷"。

(9) 踋：資本、磧本、普本、洪本、南本、北本、徑本、清本作"胡"。

（10）至：資本、磧本、普本、洪本、南本、北本、徑本、清本作"志"。

【注釋】

（一）鞴囊：指古代皮制的鼓風器。玄應《一切經音義》："鞴囊，埤蒼作韛。《東觀漢記》作排，王弼注書作橐，同皮拜反。所以冶家用吹火，令熾者也。"（卷四二，54/583b）

（二）欝多羅僧：僧侶法衣中的上衣，梵文 Uttarāsaṅga。多爲比丘禮誦、聽講、説戒時穿著。唐·慧琳《一切經音義》："鬱多羅僧伽，梵語僧衣名也。即七條袈裟，是三衣之中常服衣也，亦名上衣。"（卷一五，54/397a）

（三）辟支佛：辟支迦佛陀的略稱。

（五八）

復次，善根既熟，得解脱果，由⁽¹⁾是之故，宜應修善。

我昔曾聞，世尊學道爲菩薩時⁽²⁾，苦行六年，日食一麻一米，無所成辦，又無利益。時彼菩薩以無所得，便食百味乳糜。時五人等問菩薩言："先修苦行，尚無所得，況食乳糜，而得道耶？"作是語已，即便捨去，向波羅捺⁽⁻⁾。爾時世尊既成佛已，作是思惟："何等衆生應先得度？"復作是念："唯彼五人有得道緣，於我有恩。"作是念已，詣波羅捺至五人所，即説偈言：

妙好之威光，舉體具莊嚴，

獨行衆好備，胸廣相炳然，

晃曜威德滿。目勝牛王眼，

容儀極端整⁽³⁾，行如大象王，

趍詳獨一步。所作已成辦，

智行已滿足，深智爲天⁽⁴⁾冠，

解脱帛繫首。二足人中尊，

法輪王最上，諸天作伎樂，

前後而導從。雖復諸勝王，

四兵⁽⁻⁾以圍遶，嚴駕不如佛，

獨遊於世界。譬如轉輪王，

象馬車兵衆，天冠極微妙，

帛蓋覆其上。如大轉輪王(三)，

福利衆悉備，未若佛莊嚴，

殊勝過於彼。第一無等相，

威德踰衆聖，衆生覩容儀，

超絶過日光，人獸諸飛鳥，

瞻仰佛身相，行走皆止住。

時彼五人見佛光相威德具足，智德成辦，不同於先，五人不識。

時彼一人即向四人，而説偈言：

誰出妙光明，照曜林山谷？

猶如衆多日，從地而踊(5)出。

光網明普滿，照徹靡不周，

猶如真金樓，袈裟覆其上，

又似融(6)真金，流散布於地。

陸行諸畜獸，及以牛王等，

麞鹿及雉兔，見佛皆停住，

食草者吐出，諦視不暫捨，

孔雀舒羽翼，猶如青蓮鬘，

出離放逸時，亦皆同喜舞，

歡娛出妙音。佛遊道路時，

所有衆生類，心眼樂著觀，

即奪其二根，不覺自往看。

佛行道路時，諸觸佛脚者，

七日晝夜樂，最勝順道行，

湛然不輕躁，身體極柔軟，

躡空不履地，行步無疲惓(7)。

又有一人，復向四人，而説偈言：

我見彼相貌，心亦生疑惑，

爲是誰威光，照曜過於日？

以彼光相故，林木皆成金。

時諸人等見佛來近，乃相謂曰："此人乃是釋種童子，毁敗苦行，還以欲樂恣養其身，既捨苦行，向我等邊。"即説偈言：

我等皆莫起，慎莫爲敬禮，
但當遥指授，語令彼處坐。

佛既到已，時諸人等不覺自起，即説偈言：

面如净滿月，見之不覺起，
譬如似大海，月滿則潮宗。
我等自然起，猶如人扶挽，
此皆佛威德，自然使之爾。
亦如帝釋幢，餘天不能動，
帝釋自到時，自然而獨立，
我等亦如是，佛至自然起。
又如酥注火，火則速熾盛，
我等見佛德，速起疾彼火。
無數劫以[8]來，摧伏於憍慢，
舉體尊所重，師長及父母。
諸天及世人，鬼龍夜叉等，
諸有見佛者，無敢不敬禮，
智者何足疑，應當善分別。
佛若舉下足，地亦從上下，
諸山如輕草，見佛皆傾動。

時彼五人見佛即起，皆共往迎。有爲佛捉鉢敷坐取水之者，又爲佛洗足者，即説偈言：

五人見善逝，覩佛威德盛，
其心皆歡喜，破壞本言要。
三脚支澡罐[9]，諦視恐崩壞，
皆受不語法，於十中亦半。

爾時世尊聞是偈已，尋即微笑，而告之言：“汝等癡人！云何即便破汝言要。”佛就坐已，恭敬立侍，而作是言：“慧命瞿曇！”佛無憎愛意，慈心而説偈言：

我今既得道，遠離諸塵垢，
汝等莫如常，應當起恭敬。
譬如以泥木，而爲作佛像，

未得成就時，脚蹋而斲[10]削，

既得成就已，香花而敬禮。

汝等亦應當，除捨親友意，

而當恭敬我，不應生輕慢。

讚嘆不生喜，毀罵亦不瞋，

我今憐愍汝，欲使得解脫，

令得寂靜樂，獲諸利益事。

癡[11]愛瞋恚等，各自有相貌，

譏刺出惡言，如以灰坌[12]瘡。

我今住菩提，稱我爲瞿曇，

我雖無愛[13]憎，應生恭敬相，

勿復出此言，謗毀語他人。

時彼五人雖聞此語，猶以世尊未得菩提，即說偈言：

汝先修苦行，猶不證菩提，

汝没溺淤泥，云何得悟道？

譬如弃大舩[14]，而負於山石，

欲度河難者，云何而可得？

爾時世尊知彼五人心著苦行，以爲正道，佛便爲説離五欲故即爲正道，以離行[15]苦行亦爲正道，除於二邊，爲説中道。佛以慈爲首，説偈告[16]言：

唯智能除去，無智愚癡障，

是故須智慧，以護於身命。

有命[17]得智慧，床褥衣服等，

飲食及湯藥，以此存身命。

若無如上事，此則身命壞，

以此護身命，堅持於禁戒。

持戒得定慧，不修苦行得，

自餓斷食法，不必獲於道。

身壞則[18]命敗，命壞亦無身，

毀戒無禪定，無禪亦無智。

是故應護命，亦持於禁戒，

由持禁戒故，則獲禪智慧。

是故應遠離，苦惱壞法身，

亦離諸五欲，不應深樂著。

若樂著貪欲，則爲毀禁戒，

復長於欲愛。愚癡著苦行，

自樂斷食法，或食於草葉，

臥灰[19]棘刺上，如是損身命，

不能得定慧。是故處中道，

依止如是法，莫没欲[20]淤泥，

亦莫苦惱身。有智應善別，

如此二過患，如月衆所愛，

處中亦如是。嗜欲深污泥，

人皆多沈没，苦行燋身心，

亦不免此患；捨離是二邊，

中道到涅槃。

　　爾時慧命憍陳如等，解悟佛語，欲斷結使，讚佛所説正直善法。

即説偈言：

若以用智慧，癡縛自然解，

以此諸義等，苦身則無益。

若以戒定慧，可獲於道迹，

譬如持身者，欲滅諸過惡，

應持如是心。以是之義故，

不應捨衣服，飲食及臥具；

亦莫於此物，而生樂著心。

火藉及雪聚，汝應悉捨離。

在於火聚所，及安住雪邊，

二俱應將息，不宜更遠去。

　　時憍陳如順解此事，佛觀察已，讚言善哉。即説偈言：

飲食及醫藥，房舍臥具等，

欲愛身命者，節量得時宜，

於此衆美饌[21]，不應生染著，

亦不全⁽²²⁾捨離。譬如大火聚，

體性是燒然，智者隨時用，

種種生利益，然不爲所燒。

時尊者憍陳如得聞慧已，欲入思慧，久思惟已，即白佛言："世尊！捨於飲食及衆樂具，乃更非是修道法耶？"爾時世尊，即說偈言：

佛告憍陳如，汝應體信我，

若有所疑者，隨事宜可問，

汝止疑網林，我以智火焚。

時憍陳如聞說是已，極爲歡喜，顏色怡悦，即白佛言："世尊！唯願聽我說所疑事。"即說偈言：

厭惡發足處，甚爲難苦行，

捨是難苦行，而著於五欲，

比丘爲云何，而得離於欲？

爾時世尊告憍陳如言："觀苦聖諦，得背生死。"時憍陳如即從坐起，合掌向佛，而白佛言："世尊！我猶未解，願佛爲我方便解說，云何欲解脫而觀苦聖諦？"佛觀憍陳如已得聞思慧，今當稱時節爲說修慧法。佛即爲說，轉法輪修多羅，告比丘："此苦聖諦，昔所未曾聞，我得正觀，眼智明覺^(四)，廣說如《轉法輪經》中所說。"問曰："爲憍陳如說法⁽²³⁾，何故自說佛所得法？"答曰："爲顯無師，獨悟法故。"問曰："何以復言先所未曾聞法耶？"答曰："爲斷彼疑，阿蘭迦蘭^(五)、鬱頭藍弗^(六)等邊聞法得解，爲斷如是疑故，是故說言我先未曾聞。如今顯示，現爲己力中⁽²⁴⁾道說故。若有人能修中道者，不從他聞而能得解真諦之義。"佛爲現四諦，阿若憍陳如如應見諦，順於中道見四真諦，即得道果已，歡喜涕淚，從坐而起，頂禮佛足，即說偈言：

如狗患頭瘡，蛆蟲所唼食，

良醫用油治，既不識他恩，

反更向醫吠。佛以禪定油，

熱以智威德，除我結使蟲，

我爲無明盲，不知爲益己，

大悲故自來，反更生觸惱。

一切諸天等，尚應生供養，

於法自在者，今聽我懺悔。

我先謂苦行，獲一切種智，

愚癡盲瞑故，瞖障生是心。

我今聞所説，發除無智膜[25]，

今始真實知，自餓非真法。

世尊示世間，趣向解脱道；

外道論少義，莊嚴諸言辭，

所説辭美妙，多姦而諂僞，

欺誑於世間，愚癡自纏縛[26]。

善逝言辭廣，照了無不解。

何故説是事？爲五比丘[七]故，除去於二邊，修行於中道，見諦成道果。

【校記】

（1）由：資本、磧本、普本、洪本、南本、北本、徑本、清本作“因”。

（2）時：資本、金本、磧本、普本、洪本、南本、北本、徑本、清本脱。

（3）整：資本、磧本、普本、洪本、南本、北本、徑本、清本作“正”。

（4）天：磧本、普本、洪本作“大”。

（5）踊：資本、磧本、普本、洪本、南本、北本、徑本、清本作“涌”。

（6）融：資本、磧本、普本、洪本、南本、北本、徑本、清本作“鎔”。

（7）惓：資本、磧本、普本、洪本、南本、北本、徑本、清本作“倦”。

（8）以：資本、磧本、普本、洪本、南本、北本、徑本、清本作“已”。

（9）罐：資本、南本、北本、徑本、清本作“盥”，磧本、普本、洪本作“與”。

（10）蹋而斮：資本、磧本、普本、洪本、南本、北本、徑本、清本作“踏而斲”。

（11）癡：資本、磧本、普本、洪本、南本、北本、徑本、清本作“疑”。

（12）灰坌：普本、洪本、南本、北本、徑本、清本作“及坌”，磧本作“灰坌”。

（13）愛：普本作“受”。

（14）舩：資本、磧本、普本、洪本、南本、北本、徑本、清本作

"乘"，頻本作"船"，金本作"舡"。

（15）離行：資本、金本、磧本、普本、洪本、南本、北本、徑本、清本作"難"。

（16）告：資本、磧本、普本、洪本、南本、北本、徑本、清本作"報"。

（17）命：資本、金本、磧本、普本、洪本、南本、北本、徑本、清本作"令"。

（18）則：頻本作"即"。

（19）灰：資本、磧本、普本、洪本、南本、北本、徑本、清本作"炙"。

（20）欲：資本、磧本、普本、洪本、南本、北本、徑本、清本作"於"。

（21）饌：資本、磧本、普本、洪本、南本、北本、徑本、清本作"饍"。

（22）全：資本、金本、磧本、普本、洪本、南本、北本、徑本、清本作"令"。

（23）法：磧本、洪本作"云"。

（24）中：磧本、洪本作"由"。

（25）膜：資本、金本、磧本、普本、洪本、南本、北本、徑本、清本作"幕"。

（26）縛：資本、金本、磧本、普本、洪本、南本、北本、徑本、清本作"繞"。

【注釋】

（一）波羅捺：中印度古國名，梵文 Vāraṇasi。《法華義疏》："波羅捺，此云鹿林。昔在王以林施鹿，故云鹿林。《毗婆沙》云'仙人園'，昔有仙人在此處住，因以爲名。又翻爲繞河城，城有水繞。今謂波羅捺是其通處，鹿林是其別處。"（卷四，34/509b）《大唐西域記》對此國描述云："婆羅痆斯國，周四千餘里。國大都城西臨殑伽河，長十八九里，廣五六里。閭閻櫛比，居人殷盛，家積巨萬，室盈奇貨。人性温恭，俗重强學，多信外道，少敬佛法。"（卷七，51/905a）其位置在今印度北方邦東南部、恒河左岸的瓦臘納西（Varanasi）。

（二）四兵：指法輪王的四種軍隊：象兵、馬兵、車兵、步兵。

（三）大轉輪王：即大勝金剛。菩薩名，又作金剛手。

（四）眼智明覺：見道中智的別稱。

（五）阿蘭迦蘭：即阿羅囉迦藍。修道仙人名，傳說佛陀曾於其邊聽

法。《佛本行集經》："有一仙人，修道之所，名阿羅邏，姓迦藍氏。"（卷二一，03/751c）

（六）鬱頭藍弗：修道仙人名。唐·慧琳《一切經音義》："鬱頭藍弗，此云獺戲子坐。得非想定，獲五神通，飛入王宮，遂失通定，途步歸山。"（卷二六，54/480b）佛陀曾於其邊聽法。

（七）五比丘：指佛陀最初度化的五個比丘，即憍陳如、阿說示、跋提、十力迦葉、摩訶男拘利。此五人原为净饭王派出侍奉释迦牟尼修道的臣仆。

（五九）

復次，眾生造業，各受其報。

我昔曾聞，有一貧人作是思惟：當詣天祠[1]，求於現世饒益財寶。作是念已，語其弟言："汝可勤作田作，好爲生計，勿令家中有所乏短。"便將其弟往至田中，此處可種胡麻，此處可種大小麥，此處可種[2]禾，並種大小豆。示種處已，向天祠中，爲天祀弟子作大[3]齋會，香華供養，香泥塗地，晝夜禮拜，求恩請福，悕望現世增益財產。爾時天神作是思惟：觀彼貧人於先世中頗有布施功德因緣不？若少有緣，當設方便，使有饒益。觀彼人已，了無布施少許因緣。復作是念：彼人既無因緣，而今精勤求請於我，徒作勤苦，將無有益，復當怨我。便化爲弟，來向祠中，時兄語言："汝何所種？來復何爲？"化弟白言："我亦欲來求請天神，使神歡喜，求索衣食。我雖不種，以天神力，田中穀麥自然足得。"兄責弟言："何有田中不下種子望有收獲[4]？無有是事。"即説偈言：

四海大地內，及以一切處，

何有不下種，而獲果實者？

爾時化弟質其兄言："世間乃有不下種子不得果耶？"兄答弟言："實爾，不種無果。"時彼天神還復本形，即説偈言：

汝今自説言，不種無果實，

先身無施因[5]，云何今獲果？

汝今雖辛苦，斷食供養我，

徒自作勤苦，又復擾惱我。

　　何由能使汝，現有饒[6]益事？

　　若欲得財寶，妻子及眷屬，

　　應當淨身口，而作布施業。

　　不種獲福利，日月及星宿，

　　不應照世界；以照世間故，

　　當知由業緣。天上諸天中[7]，

　　亦各有差別，福多威德盛，

　　福少尠威德；是故知世間，

　　一切皆由業，布施得財富，

　　持戒生天上，若無布施緣，

　　威德都損減，定慧得解脱，

　　此三所獲報，十力之所説。

　　此種皆是因，不應擾亂我，

　　是故應修業，以求諸吉果。

【校記】

（1）祠：資本、磧本、普本、洪本、南本、北本、徑本、清本作"祀"。

（2）種：磧本、普本、洪本、南本作"種家"。

（3）大：資本、金本、磧本、普本、洪本、南本、北本、徑本、清本作"天"。

（4）獲：資本作"穫"。

（5）因：資本、磧本、普本、洪本、南本、北本、徑本、清本作"恩"。

（6）饒：資本、磧本、普本、洪本、南本、北本、徑本、清本作"餘"。

（7）中：資本、金本、磧本、普本、洪本、南本、北本、徑本、清本作"下"。

（六〇）

　　復次，種子得果，非是吉力，是故不應疑著吉相。

　　我昔曾聞，有一比丘詣檀越家，時彼檀越既嚼[1]楊枝以用漱口，又取牛黄用塗其額，捉所吹貝戴於頂上，捉毗勒果[一]以手擎舉，以著額上用爲恭敬。比丘見已而問之言："汝以何作如是事？"檀越答言："我作吉相。"比丘問言："汝作吉相，有何福利？"檀越答言：

“是大功德，汝今試看⁽²⁾，所云吉相能使應死者不死，應鞭繫者皆得解脫。”比丘微笑而作是言：“吉相若爾，極爲善哉！如是吉相，爲何從來？爲出何處？”檀越答言：“此牛黃者乃出於牛心肺之間。”比丘問言：“若牛黃者能爲吉事，云何彼牛而爲人等繩拘穿鼻，耕駕⁽³⁾乘騎，鞭撻錐刺，種種搥⁽⁴⁾打，飢渴疲乏⁽⁵⁾，耕駕不息？”檀越答言：“實有是事。”比丘問言：“彼牛有黃尚不自救，受苦如是，云何乃能令汝吉耶？”即説偈言：

> 牛黃全在心，不能自救護，
>
> 况汝磨少許，以塗額皮上，
>
> 云何能擁護？汝宜善觀察。

時彼檀越，思惟良久，默不能答。比丘又問：“此名何物？白如雪團，爲從何出？以水浸漬，吹乃出聲。”檀越答言：“名爲貝，因海而生。”比丘問言：“汝言貝者，從海中出，置捨陸地，日暴苦惱，經久乃死。”檀越答言：“實爾。”比丘語言：“此不爲吉。”即説偈言：

> 彼蟲貝俱生，晝夜在貝中，
>
> 及其蟲死時，貝不能救護，
>
> 况今汝暫捉，而能爲吉事？
>
> 善哉如此事，汝今應分别，
>
> 汝今何故爾，行於癡道路？

爾時檀越，低頭默然，思不能答。比丘念言：“彼檀越者意似欲悟，我今當問。”告檀越言：“世人名爲如歡喜丸者，爲是何物？”檀越答言：“名毗勒果。”比丘告言：“毗勒果是樹上果，人採取時以石打之，與枝俱墮，由是果故，樹與枝葉，俱共毁落。爲爾不耶？”檀越答言：“實爾。”比丘語言：“若其爾者，云何汝捉便望得吉？”即説偈言：

> 此果依樹生，不能自全護，
>
> 有⁽⁶⁾人撲⁽⁷⁾取時，枝葉隨殞⁽⁸⁾落，
>
> 又採用作薪，乾則用然火。
>
> 彼不能自救，云何能護汝？

爾時檀越具聞所問而不能對，白比丘言：“大德！如上所問，實無吉相，我有所疑，願爲我説。”比丘答言：“隨汝所問，我當説之。”

時彼檀越，以偈問言：

> 往古諸勝人，合和説是吉，
>
> 然實觀察時，都無有吉相。
>
> 云何相傳習，橫説有是吉，
>
> 以何因緣故？願爲我解説。

爾時比丘答彼人言：“一切諸見於生，皆有因緣本末[9]。”即説偈言：

> 往昔劫初時，一切皆離欲，
>
> 後來欲事興，離欲入深林。
>
> 處林樂欲者，還來即向家，

唱作如是言：

> 無欲無妻子，不得生天上。
>
> 多人説是語，謂此語爲實，
>
> 由信是語故，即便求索婦。
>
> 欲事既已[10]廣，迭互自莊嚴，
>
> 更共相誑惑，遂復生憍慢。
>
> 憍慢勇健者，爲欲莊嚴故，
>
> 造作此吉書，爲人譏呵言：
>
> 云何似[11]婦女，而作是莊嚴？

彼人詐稱説：

> 我乃作吉事，非自爲莊嚴，
>
> 牛黃貝果等，皆是莊嚴具，
>
> 由是因緣故，吉事轉增廣，
>
> 一一因緣起，皆由婦莊嚴。
>
> 愚人心憍慢，謂爲實是吉。

爾時檀越聞説此偈，衣毛皆竪，即説偈言：

> 人當近善友，讚嘆勝丈夫，
>
> 由彼勝人故，善分別好醜，
>
> 是故應柔[12]順，於諸世界中。
>
> 佛語皆真實，不求於長短，
>
> 亦不存勝負，所説有因緣，

事事有原本。我今亦解了，

福業皆是吉，惡業中無吉，

吉與不吉等，皆從果因緣。

爾時比丘告檀越言："善哉善哉！汝是善丈夫，汝知正道。"即説偈言：

一切諸世間，皆由善惡業，

善惡生五道，業持衆生命。

業緣作日月，白月⁽二⁾十五日，

黑月⁽三⁾十五⁽¹³⁾日，惡業雖微細，

名爲黑月初，善業名白月，

以業名白月，以業分別故，

是故有黑白。諸有福業者，

不善皆成吉，猶如須彌山，

黑白皆金色，諸無福業者，

吉相爲不⁽¹⁴⁾吉，如似大海水，

好惡皆鹹味。一切諸世間，

皆從業緣有，是故有智者，

皆應離惡業。遠離邪爲吉，

勤修於善業，猶如種田者，

安置吉場上，若不下種子，

而獲果報者，是則名爲吉。

何以故説是？應常勤聽法，以聽法故，能除愚癡，心能別了於諸善惡。

大莊嚴論經⁽¹⁵⁾卷第十

【校記】

(1) 嚼：資本、磧本、普本、洪本作"爵"。

(2) 看：磧本、普本、洪本作"著"。

(3) 駕：資本、磧本、普本、洪本、南本、北本、徑本、清本作"稼"。

(4) 撾：資本、金本、磧本、普本、洪本、南本、北本、徑本、清本作"鞭"。

(5) 乏：資本、金本、磧本、普本、洪本、南本、北本、徑本、清本作"走"。

（6）有：資本、磧本、普本、洪本、南本、北本、徑本、清本作"又"。

（7）撲：資本、磧本、普本、洪本、南本、北本、徑本、清本作"採"。

（8）殞：資本、磧本、普本、洪本、南本、北本、徑本、清本作"損"。

（9）本末：徑本作"本未"。

（10）已：資本、金本、磧本、普本、洪本、南本、北本、徑本、清本作"以"。

（11）似：徑本作"以"。

（12）柔：資本、磧本、普本、洪本、南本、北本、徑本、清本作"隨"。

（13）五：資本、金本、磧本、普本、洪本、南本、北本、徑本、清本作"四"。

（14）爲不：資本、金本、磧本、普本、洪本、南本、北本、徑本、清本作"不爲"。

（15）論經：資本、磧本、普本、洪本、南本、北本、徑本、清本作"經論"。

【注釋】

（一）毗勒果：即毗醯勒。蕭齊·僧伽跋陀羅譯《善見律毗婆沙》："鞞醯勒者，其形如桃子，其味甜，服能治癖。"（卷一七，24/795a）

（二）白月：印度的曆法中，新月至滿月期間稱爲白月，即每月十六日之後的半個月。《大唐西域記》載："月盈至滿，謂之白分；月虧至晦，謂之黑分。黑分或十四日、十五日，月有小大故也。黑前白後，合爲一月。"（卷二，51/875c）

（三）黑月：爲"白月"之對稱，即印度曆法中，每月之前十五日。

大莊嚴論經卷第十一

馬鳴菩薩造　後秦龜茲三藏鳩摩羅什譯

（六一）

復次，少智之人見佛相好，猶發善心，況復智慧大德之人，而當不發於善心耶？

我昔曾聞，佛在舍衛國，時波斯匿王請佛及僧，於九十日夏坐安居，集諸牛群，近佛精舍[一]，搆乳供佛。時有千婆羅門貪牛乳故，共牧牛人行止相隨。時牧牛人聞婆羅門誦韋陀[二]上典，悉皆通利，善了分別。或有婆羅門但有空名，實無知曉；又有明知咒術，不解韋陀；有明韋陀，不知咒術。爾時世尊於夏四月安居已訖，於自恣時，王勑牧人："今不須乳，隨逐水草放汝諸牛。"又勑之言："汝若去時必往辭佛，佛若說法，汝好諦聽。"時彼牧人作如[(1)]是念："佛世尊者是一切智，爲非是乎？"作是念已，向祇陀林[三]詣世尊所。

爾時世尊大衆圍遶，坐於樹下，知牧牛人來至林中，即[(2)]爲牧牛人於身毛孔出諸光明，其光照曜，映蔽林野，如融金聚，又如雨酥[(3)]降注火中，牧人視之無厭，即生希有難見之想，各相謂言："此光明者如瞻蔔[四]花遍滿林中，爲是何光？"即說偈言：

> 斯林甚嚴麗，光色[(4)]忽改常，
> 將非天寶林，移殖[(5)]此園耶？
> 暉赫如金樓，亦如天帝幢，
> 其明過電光，熾炎踰酥火，
> 或日月天子[五]，降遊此林間？

時牧牛者說此偈已，向祇陀林至世尊所，覩佛圓光如百千日，三

十二種大人之相⁽⁶⁾炳著明了，各皆歡喜，生希有想，各各讚嘆。即
説偈言：

> 釋種王子身，端嚴甚輝妙，
> 威光極盛熾，覩之生歡悦，
> 身心皆快樂，善哉寂淡泊，
> 湛然無畏懼，略説其色相。
> 善稱於種智，世間皆傳説，
> 真實不虛妄，咸言是佛陀。
> 無不稱佛者，憶⁽⁶⁾持著於心，
> 口亦如是説，粗略其旨要，
> 不可具廣説。總説其要言，
> 是釋種中日，名實稱色像，
> 色像亦稱名。相好及福利，
> 炳然而顯現，猶如於衆寶，
> 羅列自嚴飾。威德甚赫奕，
> 圓光滿一尋，猶如真金山，
> 能奪衆人目，樂觀不捨離，
> 衆人之所愛。體是一切智，
> 如人大叫喚，口唱如是言，
> 一切種智者。今在此身中，
> 世間出種智，必在於此中，
> 何有功德智，不視如此智？
> 知⁽⁷⁾此妙身器，真實能堪受，
> 功巧及畫素，未曾見是像。
> 終更不生疑，言非一切智，
> 如此妙形容，功德必滿足。
> 極有此妙形，終不空無德，
> 應須決定解，不應逐音聲。

爾時牧人作如是言："我等應當用決定解。"復作念："今我牧
牛，有何智力而用決了？我等亦可決定解知，云何可知？"又言："我
等雖復牧牛可分別知，彼生王⁽⁸⁾宮，智能技術一切皆學，不應知彼牧

牛之法。我今當問牧牛之事，其必不知。"即説偈言：

韋陀與射術，醫方及祠祀(9)，

天文並聲論(七)，文筆根本論。

立天祀之論(八)，諸論之因本，

辭辯巧言論，善學淫泆論。

求覓財利論，清净種姓論，

一切萬物論，十(10)種名字論。

算數計校論，圍碁博弈(11)論，

原本書學論，音樂倡伎論。

吹貝歌法論，舞法笑法論，

欺拪及庠序，舉動花鬘論。

如是等諸論，悉皆善通達。

按摩除疲勞，善别摩尼價，

善别衣帛法，綵色及蠟印，

機關與胡膠(九)，射術計合(12)離。

又善知裁割，刻雕成衆像，

文章與書畫，無不悉通達。

又復善能知，和香作華鬘，

善知占夢法，善知飛鳥音。

善知相男女，善知象馬法，

又善知鼓音，及以擊鼓法。

善知鬥戰法，善知不鬥戰，

調馬弄矟(一〇)法，善知跳躑法。

善知奔走法，善知濟度法，

如是等諸法，無事不明練。

如是諸勝衆智技能，盡是王子之所通利，若知此事，是其所學，是不爲奇；若知淺(13)近凡庶所學牧牛之法，當知真是一切智人。於是牧人即問佛言："幾法成就於牧牛法，令牛增長？"佛告之曰："成就十一法，牛群增長得不損減。若不知色，又不知相，不知早起及以拂拭，不知覆瘡，不知作烟，不知大道法，不知牛善行來歡喜法，不知濟度處，不知好放牧處，不善知乳留遺餘法，不善料(14)理牛主盜法。若不善知如是法者，不名爲解牧牛之法，若知此法名爲善解。"時諸牧人聞斯語已，皆生歡喜，而作是言："我等宿老放牛之人，尚所不知，況我等輩而能得知此十一法？是故當知，如來世尊具(15)一切智。"諸牧牛人，心生信解，求佛出家。佛即爲説，有十一法(一一)，比丘應學，如修多羅中廣説。

【校記】

(1) 如：資本、金本、磧本、普本、洪本、南本、北本、徑本、清本脱。

(2) 即：資本、磧本、普本、洪本、南本、北本、徑本、清本脱。

(3) 酥：資本、磧本、普本、洪本、南本作"蘇"。

(4) 色：磧本、普本、洪本、南本、北本、徑本、清本作"明"。

(5) 殖：資本、磧本、普本、洪本、南本、北本、徑本、清本作"植"。

(6) 憶：資本、金本、磧本、普本、洪本、南本、北本、徑本、清本作"意"。

(7) 知：頻本作"大"。

(8) 王：資本作"主"。

(9) 祠祀：資本、金本、磧本、普本、洪本、南本、北本、徑本、清本作"祀祠"。

(10) 十：磧本、普本、洪本、南本、北本、徑本、清本作"一"。

(11) 弈：頻本作"奕"。

(12) 計合：資本、磧本、普本、洪本、南本、北本、徑本、清本作"針令"。

(13) 淺：普本作"法"。

(14) 料：資本、磧本、普本、洪本、南本、北本、徑本、清本作"斷"。

(15) 具：資本、金本、磧本、普本、洪本、南本、北本、徑本、清本作"真"。

【注釋】

(一) 精舍：爲寺院或佛堂的别稱。唐·慧琳《一切經音義》引《藝文類聚》云："精舍者，非以舍之精妙名爲精舍，由有精練行者之所居故，謂之精舍也。"(卷二二，54/444b) 精舍的位置一般在竹林或森林這種寂静的環境中，以便於專心修行。佛陀常駐説法的舍衛城給孤獨園祇園精舍、王舍城靈鷲山精舍、王舍城竹林精舍、毗舍離獼猴池大林精舍與庵羅樹精舍被後人稱爲"五大精舍"，其中祇園精舍和竹林精舍較爲有名。

（二）韋陀：見卷五（二三）"四圍陀"條。

（三）祇陀林：指祇陀太子爲供養佛而置的園林，略稱祇樹。唐·慧琳《一切經音義》："祇樹，梵語也。或云祇陀，或云祇洹，或云祇園，皆一名也。正梵音云誓多，此譯爲勝，波斯匿王所治城也。太子亦名勝，給孤長者，就勝太子抑買園地爲佛建立精舍。太子自留其樹供養佛僧故，略云祇樹也。"（卷一〇，54/368a）後也用來代指佛寺。

（四）瞻蔔：指梔子花。唐·慧琳《一切經音義》："瞻蔔，蒲比反，正言瞻博迦。大論云：此言黃花樹。其樹高大，花氣遠聞。案西國多有此林故，以喻也。"（卷二八，54/497a）

（五）日月天子：太陽、月亮上皆有宮殿，內有天子居住，謂之日天子、月天子。

（六）三十二種大人之相：即三十二相。指佛陀及轉輪聖王身所具足的三十二種微妙相。

（七）聲論：爲印度哲學的一個派系。其主張聲音爲宇宙"實在"的存在，人類的語言是由宇宙的聲音發出，並非人爲，主張觀念的恒常性。此學說起源於梵書時代的祈禱，對後世文法學派影響頗大。

（八）立天祀之論：《大智度論》卷三記載，於摩揭陀國，有婆藪仙人始殺生祀天，後墮於地獄，經無量劫，由華聚菩薩之大光明力得脫地獄，詣佛陀所。佛讚嘆其人，爲衆說大方便力。此故事用以勸誡衆生因果真實，當奉行諸善。

（九）胡膠：指北方人使用的膠水。

（一〇）矟：古代的一種兵器。《釋名》曰："矛長丈八尺曰矟，馬上所持，言其矟矟便殺也。"《漢語大詞典》首例爲《舊唐書·尉遲敬德傳》："敬德善解避矟，每單騎入賊陣，賊矟攢刺，終不能傷。"① 較晚。

（一一）十一法：指比丘應修的十一法，即戒、定、慧、解脫、解脫見慧、根寂、知足、修法、知方使、分別義、不著利。

① 羅竹鳳主編：《漢語大詞典》，上海：漢語大詞典出版社，1994年版，第8卷，第587頁。

（六二）

復次，不求供養，及與恭敬，如是大人唯求持行[一]。

我昔曾聞，如來在舍衛國祇樹給孤獨園[二]，九十日中夏安居訖，世尊欲去，須達多即請世尊在此而住。爾時如來不受其請，毗舍佉鹿子母諸優婆夷等亦求請佛，如來不許。舍衛國中優婆塞等並諸宿舊大臣輔相亦求請佛，迦毗梨王[三]諸兄弟等並祇陀諸王子、波斯匿王等亦求請佛，爾時世尊各皆不許。爾時須達多以佛不許，不果所願，還詣家中，憂惱涕泣。如來往昔爲菩薩時，詣迦蘭欝[1]頭藍弗所，彼諸徒衆與佛別時生大苦惱，況須達多見於真諦，是佛優婆塞，奉事已久，與世尊別而當不悲惱耶？如本行中廣説。

時須達多婢，字福梨伽，從外持水來入至須達所，以已持水置大器中，倒水未訖，見長者悲涕，以瓶置地，白長者言：“以何因緣而悲涕耶？”時長者須達多答婢言：“世尊欲詣餘方[四]，諸大長者國王大臣各各求請，皆不欲住，故我悲涕。”婢白長者言：“不能請佛住於國耶？”長者語言：“我等盡力勸請，及城中諸人諸勝婆羅門等咸皆勸請，悉亦不受，諸王大臣勸請如來，皆悉疲極，不能使住。世間真濟今必欲去，以戀慕故憂慘不樂。”長者語福梨伽言：“非獨於我生於憂苦，舍衛國人悉亦不樂。”即説偈言：

> 舍衛國内人，老少及男女，
> 皆悉生憂惱，喻如月蝕時，
> 人人皆憂懼，咸應共求請。

爾時福梨伽聞斯偈已，顏色怡悦，心懷歡喜，白長者言：“應作歡悦，莫生憂惱，我能請佛使住於國。”時須達多即語婢言：“此國王等及與諸人勸請如來不能使住，汝今自言我能請佛使住國者，不信汝語。”時福梨伽答言：“我今必能。”爾時須達聞福梨伽所説，心生喜踊，即問婢言：“汝有何力？”福梨伽言：“我無餘力，世尊自有大悲之心。”即説偈言：

> 依止種智住，悲如母念犢，
> 求覓受化子，心無有疲厭。
> 衆生處深有，如來常欲拔，

喻如母失犢，求覓得乃住。
我捉大悲衣，其必能使還，
佛不取種族，富貴及端正，
財色與好惡，唯觀增上信，
善根成熟者，若見此衆生，
悲愍而濟拔。我今若留佛，
國內諸人民，咸皆生歡喜。

爾時福梨伽負水，衣濕猶未得乾，即與徒伴往詣祇洹(五)。時彼國王及大衆等悉在祇洹，是時大衆開避道路，使福梨伽得至佛所，本種善根皆悉開敷，高聲請佛，而說偈言：

國王及大臣，剎(2)利婆羅門，
一切諸勝人，無不供養佛。
我今心願樂，亦復欲供養，
今欲求請佛，世尊願垂聽。
雖知諸勝人，勸請於世尊，
如來大慈悲，應當受我請。
世尊心平等，悉無有高下，
極賤卑下人，及高勝帝釋。
我墮貧窮海，波浪諸苦中，
沉溺無窮已，常聞苦惱聲，
世尊應愍傷，拯拔貧惡憔(3)。
我今深敬信，衆中堅勝者，
大悲應證知。大地及虛空，
一切世界中，皆悉而知見，
無有不了者，唯佛具足眼，
一切無不知。今我無供養，
請佛及衆僧，唯有信受解。
此身非己有，屬他不自由，
不得隨從佛，唯願受我請，
佛若遠去者，我心如狂醉。
色身已供養，佛若住此者，

我得敬法身⁽⁴⁾，佛所説法者，
我悉能受行。善哉唯願住，
速與我言教，貴賤等無異。
衆生中堅實，一切世間共，
不請之親友，網縵皆覆指。
相輪莊嚴手，一切皆恐怖，
佛以手安慰，誰有上大悲？
慈稱滿世間，皆是真濟聲，
六師稱種智，先已調伏之。
誰能大衆前，無畏師子吼，
名聞遍三界，動摇行住者？
世界盡聞知，誰有無缺失？
唯佛世尊能，善哉願和悦。
歸依三寶心，猶如犢念母，
爲諸衆生故，極作難苦行。
疲勞來至此，説於八正路⁽六⁾，
開示甘露道，人雄堪作器。

爾時福梨伽善根已熟，佛婆伽婆出梵音聲，以偈告福梨伽曰：

汝既善方便，能令我還住，
汝以言辭鈎，能制諸龍象。
汝有堅固志，度量極寬廣，
能以精勤心，求請使我住。
我今當云何，不受於汝請？
若遥觀汝心，猶應當來赴，
況今見汝身，而當捨弃去？
我不爲財利，富貴及名稱⁽⁵⁾，
以汝堅實心，我當久住此。
觀汝清净心，猶如賢勝馬，
莊嚴具⁽⁶⁾鞍轡，誰不乘遊巡？
我爲衆多人，爲作解脱因，
是故捨離家，不爲利養繫。

猶如大龍象，以系用繫之，

利養亦如是，不能禁制我。

我本處胎時，在彼暗冥中，

猶思益眾生，況今成正覺？

苦行積無量，猶恒自乾燋。

不爲諸眾生，我應入涅槃，

爲欲度眾生，是以住於世。

我爲諸眾生，投巖及赴火，

我爲化彼故，不避諸苦惱，

亦不辭疲倦。爲滿福梨伽，

故復還止住，福梨伽應知。

我今滿汝願，我爲化眾生，

擔是毒蛇聚，我爲福伽住。

舍衛城眾生，皆生希有想，

各唱如是言："嗚呼佛希有，

不受國王語，亦不爲大臣，

不爲國城人，亦不爲⁽⁷⁾女人，

柔軟微妙語。佛爲教化者，

見此善心故，即便爲止住。

一切行住者，知佛爲福伽，

是故爲止住，不爲諸利養，

名利及財賄。佛無諸結使，

爲於受化者，行止及坐臥，

常觀諸眾生。爲於眾生故，

應行即便行，應住尋止住。"

【校記】

（1）燡：資本、金本、普本、徑本作"慰"，磧本、洪本、南本、北本、清本作"熨"。

（2）剎：普本作"利"。

（3）燋：頻本作"燋"。

（4）身：資本、金本、磧本、普本、洪本、南本、北本、徑本、清本

作"者"。

（5）稱：資本、磧本、普本、洪本、南本、北本、徑本、清本作"利"。

（6）具：磧本、普本、洪本、南本、北本、徑本、清本作"其"。

（7）爲：磧本、普本、洪本、南本、北本、徑本、清本作"受"。

【注釋】

（一）持行：即修行。

（二）祇樹給孤獨園：給孤獨長者買得祇陀太子的園林爲佛陀説法地，故名給孤獨園。此地在舍衛城之南，即今馬赫特村。祇樹，見本卷（六一）"祇陀林"條。

（三）迦毗梨王：即迦毗羅衛國的國王。迦毗羅衛，見卷八（四七）"迦毗羅衛國"條。

（四）餘方：除此地之外的其他地方。

（五）祇洹：即祇園精舍。

（六）八正路：即三十七道品中的八正道。

（六三）

復次，護持禁戒，寧捨身命，終不毀犯。

我昔曾聞，有一比丘次第乞食，至穿珠家，立於門外。時彼珠師爲於國王穿摩尼珠，比丘衣色往映彼珠，其色紅赤。彼穿珠師即入其舍，爲比丘取食。時有一鵝見珠赤色，其狀似肉，即便吞之。珠師持食以施比丘，尋即覓珠，不知所在，此珠價貴，王之所有。時彼珠師家既貧窮，失王貴珠，以心急故，語比丘言："歸我珠來。"爾時比丘作是思惟："今此珠者，鵝所吞食，若語彼人，將必殺鵝以取其珠。如我今者，苦惱時至，當設何計得免斯患?"即説偈言：

> 我今護他命，身分受苦惱，
> 更無餘方便，唯[1]我命代彼。
> 我若語彼人，云是鵝所吞，
> 彼人未必信，復當傷彼命。
> 云何作方便，己身得全濟，
> 又不害彼鵝? 若言他持去，
> 此言復不可，設身得無過，
> 不應作妄語。我聞婆羅門，

爲命得妄語。我聞先聖説，

寧捨於身命，終不作虛誑。

佛説賊惡人，以鋸割截身，

雖受此苦痛[2]，終不毀壞法。

妄語得全活，猶尚不應作[3]，

寧以護戒心，而捨於身命。

我若作妄語，諸同梵行人，

稱譏我破戒，如是稱譏輕，

猶能燋我心。以是因緣故，

不應毀禁戒，今入大苦中。

我今應當學，如鵝飲水乳，

能使其乳盡，唯獨留其水，

我今亦當爾，去惡而取善。

經作如是説，智者共嬰愚，

雖復同其事，終不從彼惡，

善人能弃惡，如鵝飲水乳。

我今捨身命，爲此鵝命故，

緣我護戒因，用成解脱道。

爾時穿珠師聞斯偈故，語比丘言：“還我珠來，若不見還，汝徒受苦，終不相置。”比丘答言：“誰得汝珠？”默然而立。珠師語言：“更無餘人，誰偷此珠？”時彼珠師即閉門户，語比丘言：“汝於今日，好自堅持。”比丘尋即四向顧望，無可恃怙[一]，如鹿入圍，莫知所趣，比丘無救，亦復如是。

爾時比丘即自斂身，端正衣服。彼人又復語比丘言：“汝今將欲與我鬥耶？”比丘答言：“不共汝鬥，我自共彼結使賊鬥。所以爾者？恐於打時身形現故。我等比丘設使困苦臨終之時，猶常以衣用自覆護，不露形體。”爾時比丘復説偈言[4]：

世尊具慚愧，我今隨順學，

乃至命盡時，終不露形體。

時彼珠師語比丘言：“頗有不惜身命者耶？”比丘答言：“我出家法，至於解脱，常護身命，雖處嶮難，而全身命，今我決定捨於此身，使出家衆稱美我名。"即説偈言：

> 我捨身命時，墮地如乾薪，
>
> 當使人稱美，爲鵝⁽⁵⁾能捨身，
>
> 亦使於後人，皆生憂苦惱，
>
> 而捨如此身，聞者勤精進。
>
> 修行於真道，堅持諸禁戒，
>
> 有使毀禁者，願樂於持戒。

爾時珠師語比丘言："汝向所説，諂曲不實，復欲使人稱其美名?"比丘答言："汝謂我今着染衣有虛妄耶？何故現美？不爲諂曲自歡喜耳，亦不使人稱嘆我名，欲使世尊知我至心。"即説偈言：

> 大仙之弟子，爲持禁戒故，
>
> 捨於難捨命，使諸世間人，
>
> 於諸出家者，生未曾有想，
>
> 今雖未生想，將來必當生。

時珠師執縛比丘，而加打棒，問比丘言："珠在何處？還我珠來。"比丘答言："我不得珠。"珠師涕泣，心生悔恨，又⁽⁶⁾以王珠，益以苦惱，即説偈言：

> 咄哉此貧窮，我知善惡業，
>
> 生於悔⁽⁷⁾恨心，咄哉此貧窮，
>
> 由貧故造惡。

時穿珠師即便涕泣，頂禮比丘足，而白之言："賜我歡喜，還與我珠，汝莫自燋，亦莫嬈⁽⁸⁾我。"比丘答言："我實不取。"珠師復言："此比丘甚是堅鞊⁽⁹⁾，受是苦惱，猶言不得。"時彼珠師以貪切故，無由得珠，更復瞋打。時彼比丘兩手並頸，並被繫⁽¹⁰⁾縛，四向顧望，莫知所告，必空受死。時彼比丘而作是念："生死受苦皆應如是，應當堅辭，無犯戒律；若當毀戒，受地獄罪，有過今苦。"即説偈言：

> 當念一切智，大悲爲體者，
>
> 是我尊重師。當憶佛所告，
>
> 富那伽之言，又復當憶念，
>
> 林間忍辱仙^(二)，割截於手脚，
>
> 并劓其耳鼻，不生瞋恚心。

比丘應當憶，修多羅中説，

佛告於比丘：‘若以鐵鋸解，

支節手足等，不應起惡心，

但當專念佛，應當念出家，

及憶諸禁戒。’我於過去世，

婬盜捨身命，如是不可數，

羊鹿及六畜(三)，捨身不可計，

彼時虛受苦。爲戒捨身命，

勝於毀禁生，假欲自擁護，

會歸終當滅，不如爲持戒，

爲他護身命，捨此危脆身，

以求解脱命。雖俱捨身命，

有具(11)功德者，有無所得者。

智者護身命，名(12)稱具功德，

愚者捨身命，徒喪無所獲(13)。

時彼比丘語穿珠師言："莫捨悲心，極爲苦哉！"時穿珠師涕泣懊惱，而説偈言：

我雖打撲汝，極大生苦惱，

憶王責我珠，復欲苦治汝，

今汝捨是苦，亦使我離惡。

汝是出家人，應斷於貪欲，

宜捨貪愛心，還當與我珠。

比丘微笑，而説偈言：

我雖有貪心，終不利此珠，

汝當聽我説。我今貪名稱，

智者所嘆羨，亦貪於禁戒，

及以解脱法。最是我所貪，

甘露之道迹，於汝摩尼珠，

實無貪利心。我著糞掃衣，

乞食以爲業，住止於樹下，

以此我爲足。以何因緣故，

乃當作偷賊？汝宜善觀察。

穿珠師語比丘言[14]："何用多語！"遂加繫縛，倍更搨打，以繩急絞，耳眼口鼻，盡皆血出。時彼鵝者即來飲[15]血，珠師瞋忿，打鵝即死。比丘問言："此鵝死活？"珠師答言："鵝今死活，何足故問？"時彼比丘即向鵝所，見鵝既死，涕泣不樂。即説偈言：

> 我受諸苦惱，望使此鵝活，
>
> 今我命未絶，鵝在我前[16]死。
>
> 我望護汝命，受是極辛苦，
>
> 何意汝先死？我果報不成。

穿珠師問比丘言："鵝今於汝，竟有何親，愁惱乃爾？"比丘答言："不滿我願，所以不樂。我先作心，望代鵝命，今此鵝死，願不滿足。"珠師問言："欲作何願？"比丘答言："佛作菩薩時，爲衆生故，割截手足，不惜身命。我欲學彼。"即説偈言：

> 菩薩往昔時，捨身以[17]貿鴿[四]，
>
> 我亦作是意，捨命欲代鵝。
>
> 我得最勝心，欲全此鵝命，
>
> 由汝殺鵝故，心願不滿足。

珠師問言："汝作是語，我猶不解，汝當爲我廣説所由。"爾時比丘説偈答言[18]：

> 我著赤色衣，映珠似肉色，
>
> 此鵝謂是肉，即便吞食之。
>
> 我受此苦惱，爲護彼鵝故，
>
> 逼切甚苦惱，望使[19]得全命。
>
> 一切諸世間，佛皆生子想，
>
> 都無功德者，佛亦生悲愍。
>
> 瞿曇是我師，云何害於物？
>
> 我是彼弟子，云何能作害？

時彼珠師聞是偈已，即開鵝腹而還得珠，即舉聲哭，語比丘言："汝護鵝命，不惜於身，使我造此非法之事。"即説偈言：

> 汝藏功德事，如以灰覆火，
>
> 我以愚癡故，燒惱數百身。

汝於佛摽相，極爲甚相稱，

我以愚癡故，不能善觀察，

爲癡火所燒。願當暫留住，

少聽我懺悔，猶如脚跌⁽²⁰⁾者，

扶地還得起，待我得少供。

時彼珠師叉手合掌，向於比丘，重説偈言：

南無清净行，南無堅持戒，

遭是極苦難，不作毁缺行，

不遇如是惡，持戒非希有。

要當值此苦，能持禁戒者，

是則名爲難。爲鵝身受苦，

不犯於禁戒，此事實難有。

時穿珠師既懺悔已，即遣比丘，還歸所止。

大莊嚴論經⁽²¹⁾卷第十一

【校記】

(1) 唯：資本、磧本、普本、洪本、南本、北本、徑本、清本作“惟”。

(2) 苦痛：徑本作“痛苦”。

(3) 作：磧本、普本、洪本、南本、北本、徑本、清本作“行”。

(4) 言：磧本、洪本、南本、北本、清本作“曰”。

(5) 鵝：資本、磧本、普本、洪本作“鳥”。

(6) 又：資本、磧本、普本、洪本、南本、北本、徑本、清本作“失”。

(7) 悔：資本、磧本、普本、洪本、南本、北本、徑本、清本作“恠”。

(8) 燒：資本、磧本、普本、洪本、南本、北本、徑本、清本作“燒”。

(9) 靮：資本、磧本、普本、洪本、南本作“鞭”，北本、徑本、清本作“硬”。

(10) 繫：資本、磧本、普本、洪本、南本、北本、徑本、清本脱。

(11) 具：徑本、頻本作“俱”。

(12) 名：頻本作“命”。

(13) 獲：徑本作“護”。

(14) 言：資本、金本、磧本、普本、洪本、南本、北本、徑本、清本脱。

（15）飲：資本、金本、磧本、普本、洪本、南本、北本、徑本、清本作"食"。

（16）前：徑本作"先"。

（17）以：資本、金本、磧本、普本、洪本、南本、北本、徑本、清本作"已"。

（18）言：磧本、普本、洪本、南本、北本、清本作"曰"。

（19）使：資本、磧本、普本、洪本、南本、北本、徑本、清本作"彼"，金本作"被"。

（20）跌：頻本作"趺"。

（21）論經：資本、普本、洪本、南本、北本、徑本、清本作"經論"，磧本作"論"。

【注釋】

（一）恃怙：即怙恃，義爲依靠、憑借。

（二）忍辱仙：佛陀修因位菩薩道時的名稱，梵文Kṣānti-vādi-ṛṣi。據《賢愚經》卷二《羼提波梨品》記載：印度波羅奈國迦梨王在位之時，仙人羼提波梨與五百弟子在山林中修習忍辱行。後迦梨王因女色故，截斷諸仙人手足、耳鼻等，羼提波梨忍辱，並言成佛後將斷迦梨王三毒，後王懺悔並供養仙人。《大唐西域記》卷三"烏杖那國"條云，此事發生在該國，且瞢揭釐城東四五里處建有忍辱仙塔。忍辱仙人的故事佛典中多有記載。

（三）六畜：佛教謂狗、鳥、毒蛇、野干、失收摩羅、獼猴等。《雜阿含經》："譬如士夫遊空宅中，得六種衆生。一者得狗，即執其狗，繫著一處。次得其鳥，次得毒蛇，次得野干，次得失收摩羅，次得獼猴。得斯衆生，悉縛一處。"（卷四三，02/313a）

（四）捨身以貿鴿：此故事爲尸毗王（一説薩波達王）爲了救一鴿子，將自己的血肉餵給鷹吃的故事。在漢譯佛經中，其最早出現在三國吳·康僧會譯《六度集經》中，失譯《菩薩本行經》、鳩摩羅什譯《大智度論》《衆經撰雜譬喻經》、元魏·慧覺等譯《賢愚經》、宋·釋寶雲譯《佛本行經》等佛典均有記載。

大莊嚴論經卷第十二

馬鳴菩薩造　後秦龜茲三藏鳩摩羅什譯

（六四）

復次，佛法難聞，如來往昔爲菩薩時，不惜身命，以求於法，是故應當勤心聽法。

我昔曾聞鴿緣譬喻⁽⁻⁾，有邪見師爲釋提桓因⁽⁻⁾說顛倒法⁽⁻⁾，彼外道師非有真智，自稱爲一切智，說言無阿耨多羅三藐三菩提。爾時帝釋，聞是語已，心懷不悦，極生憂愁。爾時帝釋見諸世間有苦行者，盡到其所，推求一切智，如帝釋問經中偈說：

> 我今意欲求，不能得滿足，
> 晝夜懷疑惑，莫識是與非。
> 我於久遠來，恒思廣推求，
> 不知大真濟，今爲何所在？

毗首羯磨⁽⁴⁾白帝釋言：「處於天上，不應憂愁，世間拘尸國王名曰尸毗，精勤苦行，求三藐三菩提，智者觀已，是王不久必當成佛，可往親近。」帝釋答言：「彼之所作，不移動耶？」即說偈言：

> 猶如魚生了⁽¹⁾，雖多成者少，
> 又如庵羅果⁽⁵⁾，生熟亦難別，
> 菩薩亦如是，發心者甚多，
> 成就者極少。若作難苦行，
> 而不退轉者，可說決定得。
> 欲知菩薩者，執心必堅固。

毗首羯磨言：「我等今當而往試看，若實不動，當修供養。」爾時帝釋爲欲觀察菩薩心故，自化作鷹。語毗首羯磨：“汝化作鴿。”時毗首羯磨即化作鴿，身如空青，眼如赤珠[2]，向帝釋所。爾時帝釋，生憐愍心，語毗首羯磨：“我等云何於菩薩所而生逼觸，爲彼尸毗王作苦惱事？雖復受苦，如鍊好寶，數試知真。試寶之法，斷截屈折，火燒椎打，乃始知真。”爾時化鴿爲鷹所逐。鴿現恐怖，於大衆前來入尸毗王腋下。其色青綠，如蓮花葉，其光赫奕，如黑雲中虹[3]，憍白嚴麗，諸人皆生希有之想。即説偈言：

> 有實慈悲心，衆生皆體信，
> 如似日暗時，趣於自己巢。

化鷹作是言：“願王歸我食。”

爾時大王聞鷹語已，又見彼鴿極懷恐怖，即説偈言：

> 彼鴿畏鷹故，連[4]翩來歸我，
> 雖口不能言，怖泣淚盈目，
> 是故於今者[5]，宜應加救護。

爾時大王安慰鴿故，復説偈言：

> 汝莫生驚怖，終不令汝死，
> 但使吾身存，必當救於汝，
> 豈獨救護汝，并護諸衆生。
> 我爲一切故，而作役力者，
> 如受國人雇，六分輸我一。
> 我今於一切，即是客作人，
> 要當作守護，不令有苦厄。

爾時彼鷹復白王言：“大王，願放[6]此鴿，是我之食。”王答鷹言：“我久得慈，於衆生所，盡應救護。”鷹問王言：“云何久得？”爾時大王，即説偈言：

> 我初發菩提，爾時即攝護，
> 於諸衆生等，盡生慈[7]愍心。

鷹復以偈答言：

> 此語若真實，速應還我鴿，
> 若我飢餓死，汝即捨慈心。

王聞是已，即便思惟：“如我今者，處身極難，我當云何籌量得理?"作是念已，即答鷹言："頗有餘肉，活汝命不?"鷹答王言："唯新肉血，可濟我命。"爾時大王，作是思惟："當作何方?"即說偈言：

> 一切諸衆生，我常修護念，
>
> 如此熱血肉，不殺終不得。

作是念已。唯己身肉，可以濟彼。此極爲易。復說偈言：

> 割於自己肉[8]，而用與彼鷹，
>
> 乃至捨己身，當護恐怖命。

爾時大王說是偈已，便語鷹言："汝食我肉，爲得活不?"鷹言："可爾。願王秤[9]量身肉，使與鴿等，而以與我，爾乃食之。"爾時大王聞是語已，心生歡喜，即語侍人："速取秤來，以割我肉，貿此鴿身。今正是我大吉會日。"云何是吉會? 即說偈言：

> 老病所住處，危脆甚臭穢，
>
> 久[10]應爲法故，捨此賤穢肉。

時王侍人奉敕取秤。爾時大王雖見秤來，都無愁色，即出其股，脚白滑澤，如多羅葉[六]。喚一侍人，即說偈言：

> 汝今以利刀，割取我股肉，
>
> 汝但順我語，莫生疑畏想。
>
> 不作難苦行，不得一切智，
>
> 一切種智者，三界中最勝。
>
> 菩提以輕緣，終不可獲得，
>
> 是故我今者，極應作堅固。

爾時侍人悲淚滿目，叉手合掌作如是言："願見愍恕，我不能作，我常受王供給使令，何忍以刀割王股肉?"即說偈言：

> 王是救濟者，我設割王肉，
>
> 我身及與刀，應疾當墮落。

爾時大王手自捉刀，欲割股肉。輔相大臣號泣諫諍，不能令止，城內諸人亦各勸請。不隨其語，割於股肉。親近諸人，亦各返顧，不忍見之。婆羅門各掩其目，不忍能觀。宮中婇女舉聲悲哭。天龍夜叉、乾闥[11]婆[七]、阿修羅、緊那羅[八]、摩睺羅伽[九]等，在虛空中，各相謂言："如此之事，信未曾有。"爾時大王，身體軟弱，生長王宮，未曾遭苦，舉身毒痛，迷悶殞絕。而自勸喻，即說偈言：

> 咄心應堅住，如此微小苦，
>
> 何故乃迷悶？汝觀諸世間，
>
> 百千苦纏逼，無歸無救護，
>
> 無有覆育者，悉不得自在。
>
> 唯有汝心者，當爲作救濟，
>
> 何故不自責，橫生苦惱想？

釋提桓因作是念："今此大王，所爲甚苦，心能定不？"即欲試之，作如是言："汝今苦痛，甚難可忍，何不罷休，受惱(12)乃爾？汝今以足，不須作是，放鴿使去。"菩薩微笑，而答之言："終不以痛違我誓心！假設有痛過於是者，終無退想(13)。今以小苦，方於地獄，不可爲喻；故應起意，於苦惱衆，倍生慈悲。"作是念已，即説偈言：

> 我今割身苦，心意極(14)廣大，
>
> 智小志弱者，受於地獄痛，
>
> 如此苦長遠，深廣無崖畔，
>
> 云何可堪忍？我愍如是等，
>
> 是故應速疾，急求於菩提，
>
> 如是等諸苦，救拔令解脱。

時天帝釋，復作是念：大王所作，故未大苦，復有苦惱，甚於是者，心爲動不，我今當試。作是思惟，默然不語。時彼大王，以所割肉著秤一頭，復以鴿身著秤一頭，鴿身轉重。復割兩胜，及以身肉，用著秤頭，猶輕於鴿。時彼大王，深生疑怪，何緣乃爾？即便舉身欲上秤上。時鷹問言(15)："汝何故起？爲欲悔耶？"大王答言："我不欲悔，乃欲以身都上秤上，救此鴿命。"爾時大王欲上秤時，顏色怡悦，左右親近都不忍視。又驅諸人，不忍使見。時王語言，恣意使看。時彼大王，割身肉盡，骨節相拄，猶如畫像，在於雨中，毀滅難見。爾時大王，作是唱言："我今捨身，不爲財寶，不爲欲樂，不爲妻子，亦不爲宗親眷屬，乃求一切種智，救拔衆生。"即説偈言：

> 天人阿修羅，乾闥婆夜叉，
>
> 龍及鬼神等，一切衆生類，
>
> 有見我身者，皆令不退轉。
>
> 爲貪智慧故，苦(16)毒割此身，

> 欲求種智者，應當堅慈心，
>
> 若不堅實者，是則捨菩提。

爾時大王，不惜身命，即登秤[17]上。時諸大地六種震[18]動，猶如草葉隨波震蕩。諸天空中嘆未曾有，唱言："善哉！善哉！真名精進，志心堅固。"即說偈言：

> 我護彼命故，自割己身肉，
>
> 純善懷悲愍，執志不動轉，
>
> 一切諸天人，皆生希有想。

爾時化鷹嘆未曾有，彼心堅實，不久成佛，一切衆生將有恃怙。釋復本形，在大王前，語毗首羯磨："還復爾身，我等今當共設供養。而此菩薩，志力堅固，猶須彌山，處於大海，終無動搖。菩薩之心，亦復如是。"即說偈言：

> 我等應供養，勇猛精進者，
>
> 今當共起發，讚嘆令增長。
>
> 諸有留難苦，應當共遮止，
>
> 與其作伴黨，修行久堅固。
>
> 安住大悲地，一切種智樹，
>
> 萌芽始欲現，智者應擁護。

毗首羯磨語釋提桓因言："今大王於一切衆生，體性悲愍，當使彼身還復如故，願一切衆生智心不動。"爾時帝釋問彼王言："爲於一鴿，能捨是身，不憂惱耶？"爾時大王，以偈答言：

> 此身歸捨弃，猶如彼木石，
>
> 會捨與禽獸，火燒地中朽。
>
> 以此無益身，而求大利益，
>
> 應當極歡喜，終無憂悔心。
>
> 誰有智慧者，以此危脆身，
>
> 博貿堅牢法，而當不欣慶？

爾時帝釋，語大王言："此語難信。又如此事，實未曾有，誰可信者？"大王答言："我自知心。世[19]有大仙，能觀察者，必知我心，實無返異。"帝釋語言："汝作誓語。"爾時大王作是誓言："若我今者心無悔恨，當使此身還復如故。"爾時大王觀己所割身肉之處，即說偈言：

> 我割身肉時，心不存苦樂，
>
> 無瞋亦無憂，無有不喜心。
>
> 此事若實者，身當復如故，
>
> 速成菩提道，救於眾生苦。

說是偈已，爾時大王所割身肉還復如故。即說偈言：

> 諸山及大地，一切皆震動，
>
> 樹木及大海，涌[20]没不自停，
>
> 猶如恐怖者，戰掉不自寧。
>
> 諸天作音樂，空中雨香花，
>
> 鍾[21]鼓等眾音，同時俱發聲，
>
> 天人音樂等，一切皆作唱[22]。
>
> 眾生皆擾動，大海亦出聲，
>
> 天雨細末[23]香，悉皆滿諸道。
>
> 花於虛空中[24]，遲速下不同，
>
> 虛空諸天女，散[25]花滿地中。
>
> 若干種綵色，金寶校飾衣，
>
> 從天如雨墜，天衣諸縷繢，
>
> 相觸而出聲。諸人屋舍中，
>
> 寶器自發出，莊嚴於舍宅，
>
> 自然出聲音。猶如天伎樂，
>
> 諸方無雲翳，四面皆清明，
>
> 微風吹香氣，河流靜無聲。
>
> 夜叉渴仰法，增長倍慶仰，
>
> 不久成正覺，歌詠而讚譽[26]，
>
> 內心極歡喜，諸勝乾闥婆。
>
> 歌頌作音樂，美音輕重聲，
>
> 讚嘆出是言，不久得成佛。
>
> 度於誓願海，速疾到吉處，
>
> 果願已成就，憶念度脫我。

時彼帝釋共毗首羯磨供養菩薩已，還于[27]天宮。

【校記】

（1）生子：資本、金本、磧本、普本、洪本、南本、北本、徑本、清本、頻本作“子生”。

（2）珠：資本、金本、磧本、普本、洪本、南本、北本、徑本、清本、頻本作“朱”。

（3）虹：資本、金本、磧本、普本、洪本、南本、北本、徑本、清本作“絳”。

（4）連：資本、磧本、普本、洪本、南本、北本、徑本、清本作“聯”。

（5）者：資本、磧本、普本、洪本、南本、北本、徑本、清本作“曰”。

（6）願放：資本、磧本、普本、洪本、南本、北本、徑本、清本脫。

（7）盡生慈：資本、磧本、普本、洪本、南本、北本、徑本、清本作“應生憐”，金本作“應生慈”。

（8）肉：資本、磧本、普本、洪本、南本、北本、徑本、清本作“身”。

（9）秤：資本、金本、磧本、普本、洪本、南本、北本、徑本、清本作“稱”。

（10）久：資本、磧本、普本、洪本、南本、北本、徑本、清本作“今”。

（11）闥：徑本作“達”。

（12）惱：北本、徑本、清本作“苦”。

（13）想：資本、金本、磧本、普本、洪本、南本、北本、徑本、清本作“相”。

（14）極：徑本作“及”。

（15）言：磧本作“不”。

（16）苦：徑本作“若”。

（17）秤：資本作“稱”。

（18）震：資本、磧本、普本、洪本、南本、北本、徑本、清本作“振”。

（19）“未曾有，誰可信者？大王答言：我自知心，世”：此十六字，磧本、洪本、南本、北本、清本脫。

（20）涌：資本、金本、磧本、普本、洪本、南本作“勇”，北本、清本作“湧”。

（21）鍾：徑本作“鐘”。

（22）唱：資本、金本、磧本、普本、洪本、南本、北本、徑本、清本作“偈”。

（23）末：北本、徑本、清本作“粖”。

（24）虛空中：資本、磧本、普本、洪本、南本、北本、徑本、清本作“中虛空”。

（25）散：資本、磧本、普本、洪本、南本、北本、徑本、清本作“嚴”。

（26）譽：資本、金本、磧本、普本、洪本、南本、北本、徑本、清本、頻本作“喻”。

（27）于：徑本作“於”。

【注釋】

（一）鴿緣譬喻：此故事爲尸毗王（一說薩波達王）爲了救一鴿子，將自己的血肉餵給鷹吃的故事。見卷十一（六三）“捨身以貿鴿”條。

（二）釋提桓因：即帝釋。見卷二（一〇）“帝釋”條。

（三）顛倒法：即四顛倒法。指與原始佛教三法印諸行無常、諸行皆苦、諸法無我相對的常（nityatva，恒久性、永遠性）、樂（sukha，高興、愉快）、我（atma，靈魂、生命）、淨（subha，真實、純粹）。《瑜伽師地論》：“如四顛倒，謂於無常常倒，於苦樂倒，於不淨淨倒，於無我我倒。”（卷一，30/280c）原始佛教認爲顛倒法需要通過“四念住”的修行方法去破斥掉。

（四）毗首羯磨：工藝之神，梵文 Viśvakarman。唐·慧琳《一切經音義》：“毗濕縛羯磨天，此云種種工業，案西國工巧者多祭此天。”（卷七一，54/769a）在史詩《羅摩衍那》《摩訶婆羅多》和“往世書”時代，毗首羯磨被奉爲工藝之神。

（五）庵羅果：天竺果名，梵文 amra。《注維摩詰經》：“庵羅，果樹名也。其果似桃而非桃。”（卷一，38/328b）

（六）多羅葉：見卷四（一八）“多羅”條。

（七）乾闥婆：天龍八部中的樂神，梵文 Gandharva。《翻譯名義集》云：“乾闥婆，或犍陀羅。淨名疏：此云香陰，此亦陵空之神。不啖酒肉，唯香資陰，是天主幢倒樂神，在須彌南金剛窟住。什曰：天樂神也。處地十寶山中。天欲作樂時，此神身有異相出，然後上天。新云尋香行。應法師云嗅香。”（卷二，54/1078c）關於乾闥婆的容貌，唐·不空譯《補陀落海會軌》描述爲：“頂上八角冠，身相赤肉色，身如大牛王，左定執簫笛，

右慧持寶劍，具大威力相，髮髻焰鬘冠。”（卷一，20/137a）

（八）緊那羅：和乾闥婆同爲天帝的樂神。唐·慧琳《一切經音義》："真陀羅，古云緊那羅，音樂天也。有美妙音聲，能作歌舞。男則馬首人身能歌，女則端正能舞。次比天女，多與乾闥婆天爲妻室也。"（卷一一，54/374c）梵文 Kiṁnara。因其“頭上長角，似人非人，似天非天，有點令人疑惑不定，故名爲疑神”①。

（九）摩睺羅伽：八部衆中的大蟒神，梵文 Mahoraga。唐·慧琳《一切經音義》："摩休勒，古譯質朴，亦名摩睺羅伽。亦是樂神之類，或曰非人，或云大蟒神，其形人身而蛇首也。"（卷一一，54/374c）

（六五）

復次，應近善知識，近善知識者，結使熾盛，能得消滅。

我昔曾聞，素毗羅王太子名娑羅那，時王崩背，太子娑羅那不肯紹繼，捨位與弟，詣迦旃延(一)所求索出家。既出家已，隨尊者迦旃延詣巴樹提王國，在彼林中住止(1)。巴樹提王將諸宮人，往詣彼林中眠息樹下。彼尊者娑羅那乞食回還坐静樹下，時諸宮人性好華果，詣於林中，遍行求覓。娑羅那比丘盛年出家，極爲端正，爾時宮人見彼比丘年既少壯，容貌殊特，生希有想，而作是言："佛法之中，乃有是人出家學道。"即遶邊坐。時巴樹提王既眠寤已，顧瞻宮人及諸左右，盡各四散，求覓不得。王即自求，所在追尋，見諸宮人遶比丘坐，聽其説法，即説偈言：

雖著鮮白衣，不如口辯説，

千女圍遶坐，愛敬其容貌。

爾時彼王以瞋恚故，語比丘言："汝得羅漢耶?"答言："不得。""汝得阿那含耶?"答言："不得。""汝得須陀洹耶?"答言："不得。""汝得初禪(二)、二禪(三)乃至四禪(四)耶?"答言："不得。"爾時彼王聞是語已，甚大恚怒，語尊者言："汝非離欲人，何緣與此宮人共坐?"即敕左右執此比丘，剥脱衣服，唯留内衣，以棘刺杖(2)用打比丘。時宮人等涕泣白王："彼尊者無有罪過，云何搣打乃至如是?"王聞是語，倍

---

① 印順法師：《大樹緊那羅王所問經偈頌講記》，香港：佛教慈慧服務中心，1994年版，第5頁。

增瞋忿，搣打過甚。爾時尊者，先是王子，身形柔軟，不更苦痛，舉體血流。宮人覩之，莫不涕淚。尊者娑羅那受是搣打，遺命無幾，悶絕躄地，良久乃穌，身體遍破如狗嚙，譬如有人蟒蛇所吸，已入於口，實難可免，設[3]還出口，取活亦難。娑羅那從難得出，亦復如是，張目恐怖，又懼更打，舉身血流，不能著衣，抱衣而走，四望顧視，猶恐有人復來捉己。同梵行者見是事已，即説偈言：

> 誰無悲愍心，打毀此比丘？
>
> 云何出家所，而生勇健想？
>
> 云何都不忍，生此殘害心？
>
> 無過橫加害，實是非理人。
>
> 出家捨榮貴，單獨無勢力，
>
> 衣鉢以自隨，不畜盈長物。
>
> 是何殘害人，毀打乃如是？

諸同學等扶接捉手，詣尊者迦旃延所，見娑羅那舉聲涕哭，生於厭惡，而説偈言：

> 如彼閻浮果[五]，赤白青班[4]駁，
>
> 亦有赤淤處，血流處處出，
>
> 誰取汝身體，使作如是色？

爾時比丘娑羅那，以己身破血流之處指示尊者，即説偈言：

> 如[5]我無救護，單子乞自活，
>
> 自省無過患，輕欺故被打。
>
> 巴樹提自恣，豪貴土地主，
>
> 起暴縱逸心，惡鞭如注火，
>
> 用燒毀我身。我既無過惡，
>
> 橫來見打撲，傷害乃致是。

尊者迦旃延知娑羅那其心恚患，而告之言：“出家之法，不護己身，爲滅心苦。”即説偈言：

> 汝身既苦厄，云何生怨恨？
>
> 莫起瞋恚鞭，狂心用自傷。

娑羅那心生苦惱，瞋相外現，如龍鬥時吐舌現光，亦如雷電，而説偈言：

和上應當知，瞋慢燒我心，

猶如枯乾樹，中空而火起。

出家修梵行，已經爾所時，

如我於今者，欲還歸其家。

儜劣怯弱者，猶不堪是苦，

况我能堪忍，如此大苦事？

我今欲歸家，還取於王位，

集諸象軍眾，覆地皆黑色。

瞋恚心熾盛，晝夜無休息，

猶如大猛火，焚燒於山野，

螢火在中燋，巴樹提亦爾。

說是偈已，即以三衣^(六)與同梵行者，涕泣哽咽，禮和上足，辭欲還家，復說偈言：

和上當聽我，懺悔除罪過，

我今必向家，心意⁽⁶⁾無願樂，

於出家法中，不得滅此怨。

時彼和上於修多羅義中善能分別，最爲第一，辭辯樂說亦爲第一，而告之言："汝今不應作如斯事。所以者何？此身不堅，會歸盡滅，是故汝今不應爲身違遠佛法，應當觀察無常不净。"即說偈言：

此身不清净，九孔^(七)恒流污，

臭穢甚可惡，乃是眾苦器。

是身極鄙陋，癰瘡之所聚，

若少振觸時，生於大苦惱。

汝意迷著此，殊非智慧理，

應捨下劣志，如來所說偈，

汝今宜憶持。忿恚瞋惱時，

能自禁制者，猶如以靶勒，

禁制於惡馬。禁制名善乘，

不制名放逸。居家名牢繫，

出家爲解縛；汝既得解脱，

返還求枷鎖，牢縛繫閉處？

瞋是内怨賊，汝莫隨順瞋，
爲瞋所禁制。佛以是緣故，
讚於多聞者，仙聖中之王，
汝當隨彼語，今當憶多聞，
莫逐於瞋恚。若以鐵鋸解，
身體及支⁽⁷⁾節，佛爲富那等⁽⁸⁾，
所可宣説者，汝宜念多聞，
如是等言語。當憶舍利弗，
説五不惱法。汝當善觀察，
世間之八法^(八)。汝宜深校計，
瞋恚之過惡。應當自觀察，
出家之標相，心與相相應？
爲不相應耶？比丘之法者，
從他乞自活，云何食信施，
而生重瞋恚？他食在腹中，
云何生瞋恚？而爲於信施，
之所消滅耶？汝欲行法者，
不應起瞋恚，自言行法人，
爲衆作法則，而起瞋恚者，
是所不應作。瞋忿惱其心，
而口出惡言，智人所譏呵，
是故不應爲。諸有出家者，
應當具三事，調順於比丘，
忍辱不起瞋，決定持禁戒，
實語不妄説，善修於忍辱，
不宜生瞋恚⁽⁹⁾。沙門種類者，
不應出惡言，應著柔和衣。
出家所不應，瞋出粗惡語，
猶如仙禪坐，抽劍著抱上。
比丘器衣服，一切與俗異，
瞋忿同白衣，是所未應作。

粗言同俗人，云何名比丘？

剃髮除飾好，自卑行乞食，

作是卑下相，不斷於憍慢。

若欲省憍慢，應弃穢惡心。

速求於解脱，身如彼射的，

有的箭則中，有身衆苦加，

無身則無苦。如似關⁽¹⁰⁾邏門，

擊鼓著其側，有人從遠來，

疲極欲睡眠，至門皆打鼓。

未曾有休息，此人不得眠，

瞋於擊鼓者。彼共多人争，

後思其根本，此本乃是鼓，

都非衆人過，即起斫破鼓。

乃得安隱眠。比丘身如鼓，

爲樂故出家，蚊虻蠅毒草，

皆能蜇螫人。應常勤精進，

遠離於此身，勿得久樂住。

應觀其元本，乃是陰界聚，

破壞陰界苦，安隱涅槃眠。

時彼和上説是偈已，而語之言："汝於今者宜捨瞋忿惱害之心，設欲惱他，當聽我説。一切世間悉皆燒惱，云何方欲惱害衆生？一切衆生皆屬死王^(九)，我及於汝并彼國王不久當死，汝今何故欲殺怨家？一切有生皆歸於死，何須汝害？生必有死，無有疑難，如似日出必當滅没，體性是死，何須加害？汝設害彼，有何利樂？汝名持戒，欲加毁人，於未來世必得重報，受苦無量。此報亦爾，何須加毁？彼干毁汝，汝起大瞋，瞋恚之法現在大苦，於未來世復獲苦報，先當害瞋，云何傷彼？若於刹那起瞋恚者，逼惱身心。我今爲汝説如是法，當聽是喻，如指然火，欲以燒他，未能害彼，自受苦惱。瞋恚亦爾，欲害他人，自受楚毒，身如乾薪，瞋恚如火，未能燒他，自身燋然。徒起瞋心，欲害於彼，或能不能，自害之事，決定成就。"爾時娑羅那默然而聽和上所説法要，同梵行者咸生歡喜，各相謂言："彼聽和上⁽¹¹⁾所説法要，

必不罷道。"娑羅那心懷不忍，高聲而言："無心之人猶不能忍如斯之事，況我有心而能堪任？"娑羅那説偈言：

> 電光流虛空，猶如金馬鞭，
> 虛空無情物，猶出雷音聲。
> 我今是王子，與彼未有異，
> 云何能堪忍，而當不加報？

説是偈已，白和上言："所説實爾。然我今者，心堅如石，淛(12)水不入，我見皮破，血流在外，便生瞋恚憍慢之心。我不求請，亦非彼奴，亦非庸(13)作，不是彼民，我不作賊，不中陷(14)人，不鬥亂王，爲以何過而見加毀？彼居王位，謂己有力，我今窮下，人各有相，我自乞食坐空林中，橫加毀害。我當使如己之比，不敢毀害，我當報是，不使安眠。我是善人，橫加毀辱，我今報彼，當令受苦過我今日，使凶橫者不敢加惡。"作是語已，於和上前長跪白言："爲我捨戒。"爾時同師及諸共學同梵行者，舉聲大哭："汝今云何捨於佛法？"或有捉手，或抱持者，五體投地爲作禮者，而語之言："汝今慎莫捨於佛法！"即説偈言：

> 云何於衆中，獨自而捨去，
> 退於佛禁戒？云何作是惡，
> 云何佛非我師？比丘至汝家，
> 云何不慚愧？汝初受戒時，
> 誓能盡形(一〇)持，云何無忠信，
> 而欲捨梵行？執鉢持袈裟，
> 乞食以久長，著鎧捉刀杖(15)，
> 方欲入戰陣。王鞭毀汝身，
> 弃捨沙門法，不憶忍辱仙，
> 割截於手足，彼獨是出家，
> 汝非出家耶？彼獨自知法，
> 汝不知法耶？彼極被截刖，
> 猶生慈愍心，堅持心不亂，
> 汝今爲杖捶，而便失心耶？

尊者迦旃延語衆人言："彼心以定，汝等捨去，當爲汝治。"諸比丘等既去之後，尊者迦栴延摩娑羅那頂，而作是言："汝審去耶？"白言："和上！我今必去。"迦�延言："汝但一夜在此間宿，明日可去，莫急捨戒。"答言："可爾。我今最後用和上語，今夜當於和上邊宿，明日捨戒，當還家居，取於王位，與巴樹提共相抗衡。"和上足邊，以草爲敷，於其上宿。時迦�延以神足力令其重眠，夢向本國，捨戒還家，居於王位，集於四兵，往向巴樹提。時巴樹提亦集四兵共其鬥戰，娑羅那軍悉皆破壞，擒娑羅那拘執將去，巴樹提言："此是惡人，可將殺去。"於其頸上繫枷羅毗羅鬘，魁膾[16][一一]搖作惡聲，令[17]衆人侍衞器仗[18]圍遶，持至冢間。於其中路，見迦�延執持衣鉢入城乞食，涕泣墮淚，向於和上，而說偈言：

> 不用師長教，瞋恚惱濁體，
> 今當至樹下，毀敗於佛法。
> 我今趣死去，衆刀圍遶我，
> 如鹿在圍中，我今亦如是。
> 不見閻浮提，最後見和上，
> 雖復有惡心，故如牛念犢。

時彼魁膾所執持刀猶如青蓮，而語之言："此刀斬汝，雖有和上何所能爲？"求哀和上，舉聲大哭："我今歸依和上。"即從睡覺驚怖，禮和上足："願和上解我違[19]和上語。"言："我本愚癡，欲捨佛禁。聽我出家，我不報怨，亦不用王，所以者何？樂欲味少，苦患衆多，怨恚過惡，我悉證知。我今唯欲得解脫法，我無志定輕躁衆生，不善觀察，於諸智者不共語言，爲一切衆生所呵罵器。唯願和上度我出家，於苦惱時現悲愍相，我於苦惱中，和上悲愍我。"迦栴延言："汝不罷道，我以神力故現夢耳。"彼猶不信。和上右臂出光，而語之言："汝不罷道，自看汝相。"娑羅那歡喜作是言："嗚呼，善哉知識！以善方便開解於我，我有過失，以夢支持。佛說善知識者梵行全體，此言實爾。誰有得解脫不依善知識？唯有癡者不依善友，云何而能得於解脫？"尊者迦㓦延拔濟娑羅那巴樹提瞋恚之毒藥消滅無遺餘，是故有智者應近善知識。

大莊嚴論經[20]卷第[21]十二

【校記】

（1）止：資本、金本、磧本、普本、洪本、南本、北本、徑本、清本、頻本脱。

（2）杖：資本、磧本、普本、洪本、南本、北本、徑本、清本、頻本作“枝”。

（3）設：徑本作“説”。

（4）班：北本、徑本、清本作“斑”。

（5）如：資本、金本、磧本、普本、洪本、南本、北本、徑本、清本、頻本作“知”。

（6）意：資本、金本、磧本、普本、洪本、南本、北本、徑本、清本、頻本作“竟”。

（7）支：磧本、普本、洪本、南本、北本、徑本、清本、頻本作“肢”。

（8）等：資本、金本、磧本、普本、洪本、南本、北本、徑本、清本、頻本作“奇”。

（9）恚：頻本作“意”。

（10）關：資本、磧本、普本、洪本、南本、北本、徑本、清本、頻本作“開”。

（11）上：北本、徑本、清本作“尚”。

（12）涕：資本、磧本、普本、洪本、南本、北本、徑本、清本、頻本作“滴”。

（13）庸：資本、磧本、普本、洪本、南本、北本、徑本、清本作“傭”。

（14）陷：資本、磧本、普本、洪本、南本、北本、徑本、清本作“蹈”。

（15）杖：北本、徑本、清本作“仗”。

（16）膾：資本、磧本、普本、洪本、南本作“䏶”。

（17）令：資本、金本、磧本、普本、洪本、南本、北本、徑本、清本作“鈴”。

（18）仗：資本、磧本、普本、洪本、南本作“杖”。

（19）違：磧本、洪本、南本、北本、清本作“圍”。

（20）論經：資本、磧本、普本、洪本、南本、北本、徑本、清本作

“經論”。

（21）第：徑本脱。

【注釋】

（一）迦旃延：佛十大弟子之一，以“論議第一”著稱，梵文Kātyāyana。《法華經義記》云：“‘摩訶迦旃延’者，摩訶大也，旃延是姓，既得羅漢，其人論義第一也。”（卷一，33/579a）“其主要在阿槃提國（Avanti）遊化，並將佛法引向南地”①。

（二）初禪：清净心中，諸漏不動，是爲初禪。是四禪的最初禪定境界。

（三）二禪：定心微細，無尋伺之心所。是四重禪定的第二重。

（四）四禪：即四重禪定的第四重境界。到此境界時，已脱離自身的苦樂之心，心念清静如水。

（五）閻浮果：指閻浮樹的果子。閻浮樹 jambu，爲印度所産的喬木，四五月間開花。果實初爲黄白色，漸漸變爲橙赤紫色，成熟時則帶黑色而爲深紫色，其味澀，少帶酸而甘。

（六）三衣：指依照佛教戒律的規定，比丘可擁有的三種衣服，即安陀會衣 Antarvāsa，五條袈裟。鬱多羅僧衣 Uttrāsaṅga，七條袈裟。僧伽梨衣 Saṁghāti，九條乃至二十五條袈裟。比丘尼除此三衣外，還有僧祇支和厥修羅，合稱比丘尼五衣。

（七）九孔：又作九漏、九入。指兩眼、兩耳、兩鼻及口、大小便之九處。

（八）世間之八法：親光菩薩等造，玄奘譯《佛地經論》載曰：“世間諸法略有八種：一、利；二、衰；三、毁；四、譽；五、稱；六、譏。七、苦；八、樂。得可意事名利，失可意事名衰，不現誹撥名毁，不現讚美名譽，現前讚美名稱，現前誹撥名譏，逼惱身心名苦，適悦身心名樂。”（卷五，26/315b）

（九）死王：即閻羅王。見卷八（四六）“閻羅王”條。

（一〇）盡形：即有生之年。《撰集百緣經》：“我等所求，今悉獲得，

_____

① 釋印順《説一切有部爲主的論書與論師之研究》，北京：中華書局，2011 年版，第 52頁。

當共盡形奉事。"（卷二，04/210c）

（一一）魁膾：劊子手。唐·慧琳《一切經音義》："魁膾，苦回反，下古外反。魁，師也，有也。膾，切肉也。主殺人者也。"（卷七〇，54/766b）

大莊嚴論經卷第十三

馬鳴菩薩造　後秦龜茲三藏鳩摩羅什譯

〇　　　　　　　　　（六六）

復次，供養佛塔功德甚大，是故應當勤心供養。

我昔曾聞，波斯匿王往詣佛所，頂禮佛足，聞有異香，殊於天香，以聞此香，四向顧視，莫知所在，即白世尊："爲誰香耶？"佛告王曰："汝今欲知此香處耶？"王即白言："唯然欲聞。"爾時世尊以手指地，即有骨現，如赤栴檀長於五丈，如來語王："所聞香者從此骨出。"時波斯匿王即白佛言："以何因緣有此骨香？"佛告王曰："宜善諦聽！"佛言：過去有佛號迦葉，彼佛世尊化緣已訖，入於涅槃。爾時彼王名曰伽翅，取佛舍利造七寶塔〔一〕，高廣二由旬。又敕國內："諸有花者不聽餘用，盡皆持往供養彼塔。"時彼國中有長者子與婬女通，專念欲事，情不能離，一切諸花盡在佛塔，爲欲所盲，即入迦葉佛塔盜取一花持與婬女。時長者子知佛功德，爲欲所狂，造此非法，即生悔恨，婬欲情息。既至明日，生於厭惡，作是念言："我爲不善，盜取佛花與彼婬女。即時悔熱，身遍生瘡，初如芥子，後轉增長，無有空處。"即說偈言：

> 我今作不善，違犯諸佛教，
> 捨離於慚愧，是則無敬心，
> 違於善逝語，非是佛弟子。
> 一切諸人民，不敢違王教，
> 然我獨毀犯，國制及信法，
> 我今無羞恥，實同彼禽獸。

福田中最勝，不過世尊塔，
然我愚癡故，盜花為鄙事。
云何此手臂，即時不墮落？
又復此大地，云何不陷沒，
而能載於我？怪哉欲所燒，
焚滅諸善行，為欲所迷惑，
入於暗藪中。為結賊所劫，
今我為欲使，不觀其果報，
盜花以自嚴，久受地獄苦。
倍生悔恨心，其身轉燋然[1]。

爾時彼人身所生瘡，尋即壞破，甚為臭穢。是時彼人父母兄弟皆
來瞻視，即與冷藥，療治其病，病更增劇。復命良醫而重診之，云：
“須牛頭栴檀[2]用塗身體，爾乃可愈。”時彼父母即以貴價買牛頭栴檀
用塗子身，遂增無除[2]。爾時彼人涕泣驚懼，白父母言：“徒作勤苦，
然子此病從心而起，非是身患。”父告子言：“云何心病？”子即用偈以
答父言：

鄙褻[3]成[4]可恥，不宜向父說，
然今病所因，是以離慚愧。
盜取尊塔花，持用與婬女，
已作斯惡事，後還得悔心。
晝則欲日炙，夜即得悟心，
若蒙悔過者，喻如冷水澆。
我今身心熱，後受地獄苦，
猶如腐朽樹，火從其內然，
我今亦如是，心火從內發。
冷水優尸羅[三]，青蓮真珠貫，
瞿麥[四]摩羅[五]等，及與諸栴檀，
若用如是等，塗於外身體，
終不能得差。憂熱從內起，
應當用塗心，塗身將何益？
將我詣塔中，為我設供養，

此病必除愈。父母及兄弟，

即共舉其床，往詣佛塔所，

身體轉增熱，氣息垂欲絕。

爾時父母兄弟諸親舉床到已，彼人專念迦葉如來三藐三菩提，涕泣盈目，以己所持栴檀之香，悲哀向塔，而說偈言：

大悲救苦厄，常[5]說衆善事，

我爲欲迷惑，盲冥無所見，

我於真濟所，造作諸過惡。

塔如須彌山，我癡故毀犯，

現得惡名稱，後生墮惡道。

不觀佛功德，今受此惡報，

即以得現果，後必受熱惱。

明者以慧眼，離苦除諸欲，

我今懷憂愁，誠心歸命佛。

諸所造過患，願當拔[6]濟我，

如人跌傾倒，依地而得起。

爾時父母及諸眷屬讚言：“善哉！善哉！汝今乃能作是讚嘆，唯佛世尊能除汝病。”即說偈言：

汝今於佛所，應生信解心，

唯佛大功德，乃能拔濟汝。

譬如入大海，船破失財寶，

身既不沈没，復還獲[7]財利。

時長者子諸親既覩身瘡壞爛臭穢，厭惡生死，即以華香塗香末[8]香用供養迦葉佛塔，復以牛頭栴檀以塗佛身，身瘡漸差，發歡喜心，熱患盡愈。爾時長者子以得現報，生歡喜心，知其罪滅，即說偈言：

如來一切智，解脱諸結使，

迦葉三佛陀，能濟諸衆生。

佛是衆生父，爲於諸世界，

而作不請友。唯有佛世尊，

能有此悲心。我今於佛所，

造作大過惡，願聽我懺悔。

内心發誓願，唯垂聽我説，

爲欲所逼迫，失意作諸惡。

使我離愛⁽⁹⁾欲，及以結使怨。

諸根不調順，猶如懦戻馬，

願莫造惡行，常獲寂滅迹。

以牛頭栴檀，供養於佛塔，

身常得此香，莫墮諸惡趣。

彼長者子於後命終，生於天上，或處人中，身常有香，身體支⁽¹⁰⁾節皆有相好⁽¹¹⁾，父母立字號曰香身。爾時香身厭惡陰界，求索出家，得辟支佛道。此骨是辟支佛骨所出之香。是故衆人應供養塔，獲大功德。

【校記】

(1) 燋然：資本、磧本、普本、洪本、南本、北本、徑本、清本作“然燋”。

(2) 除：資本、磧本、普本、洪本、南本、北本、徑本、清本作“降”。

(3) 藝：資本、金本、磧本、普本、洪本、南本作“藝”，徑本作“藝”。

(4) 成：資本、磧本、普本、洪本、南本、北本、徑本、清本作“誠”。

(5) 常：徑本作“當”。

(6) 拔：資本、磧本、普本、洪本、南本、北本、徑本、清本作“救”。

(7) 獲：北本、徑本、清本作“護”。

(8) 末：北本、徑本、清本作“粖”。

(9) 離愛：資本、磧本、普本、洪本、南本、北本、徑本、清本作“受離”。

(10) 支：磧本、普本、洪本、南本、北本、徑本、清本作“肢”。

(11) 相好：徑本作“好相”。

【注釋】

(一) 七寶塔：即多寶塔，指安置多寶如來之塔。此塔的由來，《妙法蓮華經》卷四《見寶塔品》云：“爾時佛前有七寶塔，高五百由旬，縱廣二百五十由旬，從地踊出，住在空中，種種寶物而莊校之。五千欄楯，龕室千萬，無數幢幡以爲嚴飾，垂寶瓔珞寶鈴萬億而懸其上。四面皆出多摩羅跋栴檀之香，充遍世界。其諸幡蓋，以金、銀、琉璃、車渠、馬腦、真珠、玫瑰、七寶合成，高至四天王宫。"（09/032b）塔：梵文 stūpa，在印度指埋葬尸骨的墳冢。

（二）牛頭栴檀：又作赤栴檀。此栴檀産自牛頭山，故稱。宋代法雲編《翻譯名義集》卷三："《正法念經》云：'此洲有山，名曰高山，高山之峰，多有牛頭旃檀。若諸天與修羅戰時，爲刀所傷，以牛頭旃檀塗之即愈。以此山峰狀如牛頭，於此峰中生旃檀樹，故名牛頭。'"（卷三，54/1104b）栴檀，可見卷七（二）"栴檀"條。

（三）優尸羅：冷藥草名，梵文 Uśira。亦稱飲第簏、香菜。《四分律疏》："優尸羅者，漢云香菜。"（卷九，42/325a）古印度在盛夏時節以優尸羅粉末塗身，可祛除苦熱而得清凉。

（四）瞿麥：多年生草本植物。葉片綫狀披針形，六至九月開花，果實形似小麥，可入藥。《神農本草經》中卷云："瞿麥，味苦寒。主治關格諸癃結，小便不通，出刺，決癰腫，明目去翳，破胎墮子，下閉血。"[1]

（五）摩羅：百合。《千金翼方》卷二云："百合味甘平無毒，主邪氣腹脹心痛，利大小便，補中益氣，除浮腫廢脹，痞滿寒熱通身疼痛，及乳難喉痹腫，止涕淚。一名重箱，一名重邁，一名摩羅，一名中逢花，一名強瞿，生荆州川谷，二月八月採根暴乾。"[2]

（六七）

復次，先有善根，應得解脱，由不聞法因緣等故，還墮地獄，是故應當至心聽法。

我昔曾聞，富羅那[1][一]弟子尸利毱多[二]者，是樹提伽[三]姊夫。時樹提伽父先是尼[2]乾陀[四]弟子，一切衆生教法相習，而樹提伽蒙佛恩化，其父亦信爲佛弟子，更不諸裹六師之徒。時樹提伽爲欲化彼姊夫尸利毱多故，數數到邊，而語之言："佛婆伽婆是一切智。"彼姊大言："富羅[3]那者亦是一切智。"諍一切智故，遂共議論。樹提伽語尸利毱多言："我今當示汝一切智，汝富羅那者非一切智，以少智相誑

---

① 〔魏〕吳普等述《神農本草經》，〔清〕孫星衍、孫馮翼輯，戴銘、黃梓健、余知影、曹云點校，南寧：廣西科學技術出版社，2016 年版，第 78 頁。

② 李景榮等《千金翼方校釋》，〔唐〕孫思邈著，北京：人民衛生出版社，1998 年版，第 42 頁。

惑世人，稱己有智，實非一切智。但以相貌有所忖度，正可能知小小
事耳，何由得名一切種智？”即説偈言：

> 猶如生盲(五)者，水精以爲眼，
>
> 誑惑小兒等，自稱我有目。
>
> 彼先自無目，今稱我有目，
>
> 此語不可信，正可誑癡者。
>
> 能解因相(六)論，方便詐自顯，
>
> 以此相貌故，誑惑於衆人，
>
> 相貌近是事，竟何所知曉？

尸利毱多語樹提伽言：“汝爲瞿曇幻術所惑，富蘭那者是一切智，
汝今不識，便生誹謗。富羅那行住坐卧三世之事盡能明了。”樹提伽
言：“我今示汝富蘭那非一切智事。”即請富羅那將向其家。時富蘭那
作是念：“樹提伽者，其父昔日是我弟子，往事瞿曇，知彼過患，還
來歸我，是我福德。”作是念已，許受其請。於其後日，富蘭那將諸
徒衆數百千人，又有五百弟子，以自圍繞，詣樹提伽家。既至其家，
時富蘭那微笑，尸利毱多問富蘭那言：“婆伽婆何故微笑？”富蘭那
言：“我遥見彼那摩陀河(七)岸，有一獼猴墮於水中，是故笑耳。”尸
利毱多復白之言：“婆伽婆天眼清净，在此城内遥見千里外那摩陀河
上(4)獼猴墮水。”時彼外道將諸弟子，入樹提伽家即時就坐。衆既定
已，時樹提伽以飯覆羹上授與富蘭那，富蘭那言：“此飯無羹，云何
可食？”樹提伽即攪(5)羹飯，語尸利毱多言：“今汝師者尚不能見鉢中
飯下有羹，何能遠知千里外獼猴墮於河耶？事驗可知非一切智，但貪
名聞爲利養故。衆生可愍，自(6)既誑惑，復以教人。”即説偈言：

> 汝師富蘭那，顛惑邪倒見，
>
> 失於智慧燈，住無明暗中，
>
> 迷謬自相愛，愚者還相重。
>
> 釋種中最勝，具相三十二，
>
> 唯此一切智，更無第一者。

時富蘭那以慚愧故，食不自飽，低頭而去。時尸利毱多愁慘不
樂，既爲師徒，雖有短陋，猶欲使勝。尸利毱多詣富蘭那所而語之
言：“莫用愁惱！樹提伽今者毀辱婆伽婆，猶得還家，未足爲耻，我

若請彼樹提伽師來至家者，正可得入，終不得出。"作是語已，便詣
祇桓[7]往請世尊，心實諂曲，詐設恭敬，叉手合掌，向於世尊，而說
偈言：

> 我明設微供，願屈臨我家，
>
> 三界中勝器，願不見放捨。

爾時世尊知尸利毱多心懷諂曲，外詐恭敬，即說偈言：

> 心懷於二計，外現[8]親覿[9]善，
>
> 猶如有魚處，水[10]必有回動。
>
> 譬如作瓔珞，內銅外塗金，
>
> 智者觀察已，即知非真金。
>
> 心有所懷俠，外色必有異，
>
> 無心尚可知，況復有心者？
>
> 純金色相好，覿者即知真，
>
> 若以金塗銅，善別知非實。

爾時世尊深知尸利毱多心懷詐偽，如來世尊大悲憐愍，又復觀其
供養，善根垂熟，世尊尋即默受其請。

時尸利毱多作是念："若是[11]一切智者，云何不知我心便受我
請？"即說偈言：

> 何有一切智，而不修苦行，
>
> 樂著於樂事，不能知我心，
>
> 何名一切智？嗚呼世愚者，
>
> 不知其過短，便生功德相。
>
> 實無有智慧，橫讚嘆其德，
>
> 惑[12]著相好扇，稱譽遍世界。

時尸利毱多說是偈已，即還其家，施設供具，於飯食中盡著毒
藥，於中門內作大深坑，滿中盛伽陀羅[8]炭，使無烟焰，又以灰
土[13]用覆其上，上又覆草。時婦問夫："造何等事，劬勞乃爾？"其
夫答曰："今我所爲，欲害怨家。"其婦問言："誰是怨家？"尸利毱多
即說偈言：

> 好樂著諸樂，怖畏苦惱事，
>
> 不修諸苦行，欲求於解脫，

喜樂甘餚饍，又勇行辯說，

釋中種族子，此是我大怨。

時尸利毱多婦叉手白其夫言：“可捨忿心，我昔曾於弟舍見佛，如此大丈夫[14]，何故生怨?”即說偈言：

彼牟尼能忍，斷除嫌恨相，

又滅慢貢高，捨離於鬥諍，

於彼生怨者，誰應可爲親?

觀彼大人相，無有瞋害心，

常出柔軟音，先言善慰問，

其鼻圓且直，無有諸窪曲，

直視不回顧，亦不左右眄[15]，

言又不粗獷[16]，惡口而兩舌，

和顏無瞋色，亦復不暴惡，

言無所傷觸，亦不使憂惱，

云何橫於彼，生於瞋毒相?

面如秋滿月，目如青蓮敷，

行如師子王，垂臂過於膝，

身如真金山，汝值如是怨，

惡道悉空虛[17]，若[18]無此怨者，

世間極大苦，三惡道充滿。

尸利毱多作是思惟：“彼親弟故，心生己黨，今當守護。若不爾者，或泄我言，以告傍人。”作是念已，即閉其婦在深室中。即時遣人喚諸尼揵：“汝今可來，爲汝除怨，我以施設火坑毒飯。”此諸尼揵五熱炙身，咸皆燋黑猶如灰炭，自相招集，即共往詣尸利毱多所止之處。尸利毱多莊嚴舍宅，白净鮮潔，如貴吒迦樹，諸尼揵等既至其家，在其樓上，猶如烏群，亦如俱翅羅鳥[九]，黑蜂圍遶在貴吒迦樹，踊躍歡喜，諸尼揵子亦復如是，而作是言：“我今當觀瞿曇沙門正爾[19]燋然，若火燒不燋，毒飯足害，畢定當死。”作是語已，歡喜微笑。時尸利毱多即遣一人，往詣佛所白佛言：“時到飯食已辦。”自上高樓與富蘭那共議此事。時尸利毱多所住宅神，愁憂啼泣，而作是言：“如來世雄，三界之尊，佛婆伽婆！云何惡心乃欲毀害？我於今

者都無活路，所以者何？如來世尊三界無上，在此滅没，惡名流布，遍滿世間，一切諸神咸嗤笑我，此是惡人。我當云何而得活耶？如來昔日爲菩薩時，不惜財物身體手足，爲憐愍故作如斯事，况於今日而當愛身？云何欲於如斯人邊起惡逆心？是故我當必定捨命。又佛世尊於現在世，爲衆生故六年苦行，日食一麻一米，身體羸瘠，骨肉乾竭。”即説偈言：

> 如來行苦行，六年自乾燋，
> 作是難苦業，爲諸衆生故。
> 如斯悲愍者，云何欲加害？

彼所遣人到竹林中白言：“世尊！食具已辦，宜知是時。”爾時世尊大悲熏心，爲欲利益諸衆生故，揮手而言：“咄哉凡愚！汝於今者應見真諦，於過去世供養諸佛，有解脱緣，善根已熟，云何乃遣如此使人作顛倒事？火坑毒飯以待於我，云何作是極惡之事而來見喚？此所爲事甚爲非理。”即説偈言：

> 我於昔日時，六年行苦行，
> 爲諸衆生故，作此諸難事。
> 衆生今云何，反[20]欲見毀害？
> 咄哉極愚癡，盲無慧目者，
> 作是非法事，橫欲加惱害。
> 我念諸衆生，過於慈父母，
> 云何於我所，而生殘害心？
> 今日時以到，諸佛之常法，
> 爲衆生真濟，如醫欲救病，
> 種種加毀罵，猶故生忍心，
> 我今亦如醫，往詣於彼家。
> 何故而往彼？大悲之所逼[21]。
> 如人得鬼病[一〇]，心意不自在，
> 加毀罵咒師；爲治鬼病故，
> 亦不責病者。今此諸衆生，
> 煩惱鬼在心，愚癡不分別，
> 橫欲加毀害。我今亦如是，

但除煩惱鬼，不應責彼人。

爾時世尊從坐而起，外現不悅[22]，復說偈言：

　　阿難持衣來，羅睺羅取鉢，

　　難陀汝亦去，速疾喚比丘，

　　不得復停止，宜應速疾往，

　　彼尸利毱多，今急待教化。

　　我住毒蛇身，爲度衆生故，

　　我今畜是怨，爲益彼衆生。

爾時如來出林樹間，猶如雲散，日從中出。時彼林神以天眼見尸利毱多舍内所設火坑毒飯，啼泣[23]墮淚，敬愛佛故，頂禮佛足，瞻仰尊顏，而說偈言：

　　彼意懷殘惡，無有利益心，

　　願佛不須往，回還向竹林。

　　世尊甚難值，曠劫時一遇，

　　佛雖不愛身，爲度衆生故，

　　如斯勝妙身，應當勤擁護。

　　未得濟度者，宜應令得度，

　　畏者施無畏，疲者得止息，

　　令無歸依者，得有歸依處。

　　略說而言之，有無量利益。

　　唯願佛世尊，莫往詣其家，

　　爲天阿修羅，而作歸依處。

爾時世尊知而故問，問彼天神曰："爲何事故，不應往詣尸利毱多所止之處？"時有一天，而說偈言：

　　尸利毱多舍，作大深火坑，

　　熾焰滿其中，詐僞覆其上。

佛復說偈言：

　　貪欲愚癡火，極爲難除滅，

　　我以智水澆，消滅無遺餘。

　　況復世間火，何能爲我害？

　　地獄之猛火，熾然滿世界，

> 七日焚天地，世間皆融消，
>
> 如此之猛火，莫能爲我害。
>
> 尸利毱多火，何能見傷毀？

復有一天作如是言：“若火⁽²⁴⁾不能燒如來者，設食毒飯復當云何？今尸利毱多爲邪見毒染污其心，以此毒害惡逆之心，以毒和飯欲相傷毀。復懷諂僞，現柔軟相來請世尊，而其內心實懷惡逆，唯願世尊不須往彼。”佛告天曰：“我以慈悲阿伽陀藥^(一一)用塗身心，貪愛之毒最難消除，我於久遠已拔其本，況世間毒而能中我？汝莫憂愁！”爾時如來從竹林出，往到城門。時彼林神見佛直進，而作是言：“如來世尊將不還返於此竹林，佛今向彼解脱之方，譬如日出必向西方。”目視不捨，恐於後時更不見佛。火若不燒，定爲毒飯之所傷害，以諸因緣難可復見，有福德人乃能得見。摧他論者於大衆中作師子吼，有福之人乃能更聞，有福利者得接足禮。爾時世尊如行⁽²⁵⁾寶樓，諸根寂定，諸比丘等悉皆隨從，猶如明月，衆星圍遶，往尸利毱多家。時尸利毱多宅神舉聲欲哭：咄哉怪哉！佛來到此，今此尸利毱多乃作火坑毒飯欲以害佛。爾時宅神禮⁽²⁶⁾佛足已⁽²⁷⁾，而説偈言：

> 我未覩佛時，願大悲至家，
>
> 見佛到家已，心中不喜樂。
>
> 所以不喜者，以有非法故。
>
> 相好莊嚴身，瞻仰無厭足，
>
> 如此大人者，今當作灰聚。
>
> 我憶是事故，身體欲滲⁽²⁸⁾没。
>
> 誰見如此事，而當不苦惱？
>
> 假使極惡猛，愚癡殘害人，
>
> 設見如來身，不忍生惡念，
>
> 況復欲加害？月入羅睺^(一二)口，
>
> 世人皆忩惱，善哉還歸去。
>
> 火坑深七仞⁽²⁹⁾，滿中盛熾火，
>
> 願莫入此處，自護及護我⁽³⁰⁾，
>
> 并護彼主人，及餘一切衆。

爾時世尊告宅神言：“刀毒水火，不害慈心。”即説偈言：

> 我護諸眾生，猶如一子想，
>
> 假使欲害我，我亦生慈心。
>
> 煩惱火熾盛，擁護令免惡，
>
> 以是因緣故，誰火能燒我？

佛告宅神："汝今應當捨於怖畏，我今師子吼，除障外道，如羅睺羅吞食日月，我今決定不爲尸利毱多之所患害。若不能除，云何乃能降伏魔耶？"安慰宅神即入其舍。時外道等見佛入舍，甚大歡喜，更相語言："沙門瞿曇今已入外門，復到中門。"佛以無畏威光潤澤，直入無疑。至第三門中[31]，轉近火坑。爾時彼婦於空室中，聞佛世尊到覆火處，心懷狂亂，作是念言："如來今者已到火坑，若脚觸草，火必熾然，嗚呼怪哉！"即説偈言：

> 今當烟中没，謦[32]咳目雨淚，
>
> 火然燒衣時，應當抖擻[33]却。
>
> 眼看索救護，宛轉而反側，
>
> 燋然既以訖，威光復消融。
>
> 身相都焚滅，頭髮燋墮落，
>
> 額廣白毫相，今以盡消滅，
>
> 如鵠在花上，爲火所燒滅。
>
> 面如净滿月，眾生觀其目，
>
> 猶如美甘露，既墮焰火中，
>
> 驚懼視四方，猛火無悲愍。
>
> 必燒令燋然。成鍊真金色，
>
> 見者靡不悦，大人相炳著，
>
> 美妙極殊特，如是之形容，
>
> 今爲火燋縮。略説而言之，
>
> 如似金織納[34]，卷疊[35]在一處，
>
> 以漸見消滅，如月欲盡時。
>
> 佛身甚微妙，見者身心悦，
>
> 如來極奇特，世界無倫匹。

爾時世尊入第三門，漸近火坑，諸尼捷子在重閣上見於如來轉近火坑，心生踊悦，如冢間樹，群鳥在上望死人肉，欲得噉食。諸尼捷

等在重閣上，亦復如是。時富蘭那心生歡喜，而説偈言：

> 汝善作幻術，回轉諸世間，
> 今日没火坑，更能爲幻不？
> 復有一尼捷，而作如是言：
> 一足已躡上，云何不陷⁽³⁶⁾墮？
> 爲我目不了？爲是夢幻耶？

爾時世尊以相輪足躡火坑上，即變火坑爲清涼池，滿中蓮華，其葉敷榮，鮮明潤澤，遍布池中，其衆蓮華有開敷者，有未開者。尸利毱多覩斯事已，語富蘭那言："汝先欲與佛共捔一切智，汝可捨此語。"即説偈言：

> 善哉可信⁽³⁷⁾解，當除瞋恚心，
> 捨於嫌恨意。汝可觀瞿曇，
> 未曾有之威，猛焰變爲水，
> 土悉化成魚，坑中諸火炭，
> 咸變爲黑蜂，復於池水中，
> 化作衆蓮華，具足有千葉，
> 遍布於池中，其鬚甚熾盛，
> 如秋開敷花，百葉甚柔軟，
> 莊嚴滿此池，諸鶴⁽³⁸⁾在池中，
> 皆出和雅音，迦蘭陀鳥^(一三)等，
> 亦在中遊戲，舉翅水相灑，
> 諸蜂圍繞佛，出於妙音聲，
> 鴛鴦相隨逐，復自在娛樂。

爾時富蘭那語尸利毱多言："汝今勿爲瞿曇幻術之所惑⁽³⁹⁾亂。"尸利毱多於如來所深生敬信，語富蘭那言："此是幻耶？"答言："實爾，是幻所作。"尸利毱多言："汝是一切智不？"答言："我是一切智人。"尸利毱多復語之言："汝若審是一切智者，聽我所説。"即説偈言：

> 汝若一切智，亦應知是幻，
> 汝今何不作，如此幻化事？
> 汝若不知幻，非是一切智。

時富蘭那辭窮理屈，不能加報，諸尼揵等語尸利毱多：“莫作是語！何以故？是富蘭那實一切智，能一切示現。”尸利毱多語諸尼揵子言：“汝等故謂此富蘭那是一切智耶？富蘭那者，名之爲滿，造作諸惡滿於地獄，故名富蘭那。汝等於此滿於惡道富蘭那所生一切智相[40]耶？”尸利毱多復語之言：“釋種中能安解脫婆伽婆三藐三佛陀所，不生一切種智想耶？”即說偈言：

> 叱[41]汝等方去，極爲無心人，
> 汝若有心者，假使如金剛，
> 見斯希有事，尚應生信敬。
> 現見於如來，爲未曾有事，
> 不生信心者，是爲極愚癡。

爾時尼揵等尋各散走，如善咒師令鬼[42]四散，又如日出，衆暗自除。時尸利毱多見尼揵等散走，亦復如是。即說偈言：

> 恐怖目視速[43]，悼惶欲競馳，
> 以佛威神力，驚怕皆散走。
> 尼揵今退散，亦如魔軍壞，
> 塵垢坌身體，猶著重鎧器。
> 時諸尼揵等，奔突極速疾，
> 譬如彼羝[44]牛，在林虻蜇螫。
> 宛轉泥塗身，狂走不自停，
> 如黑雲垂布，風吹自然散。

時尼揵等既散走已，尸利毱多心懷慚愧，即便思惟：“誰當將我往見世尊？”復作是念：“樹提伽姊先更見佛，我今當共詣世尊所。”作是念已，即向先所閉婦户前，扣門喚婦，即說偈言：

> 善哉汝真[45]是，無上妙法器，
> 由汝有智慧，親近奉世尊，
> 緣我邪見故，事諸尼揵等。
> 汝今速來出，共汝供養佛。

時樹提伽姊聞是偈已，尋即思惟：“尸利毱多以傷害佛而來誑我。”涕泣不樂，即說偈言：

> 汝知我憂惱，故來見戲弄，

我今當云何，而往見如來？

尼捷等集時，猶如諸蝗虫，

邪見之熾火，滅於釋種燈。

尸利毱多語其婦言："汝寧不知佛神力耶？汝今何故作如是語？"即說偈言：

世間一切火，何能焚燒佛？

誰能燒金剛？誰能舉大地？

汝觀十力尊，摧破諸外道，

火坑四畔邊，蓮華皆開敷，

如鵠處花間，花聳遮遶佛。

爾時其婦聞此偈已，遙見世尊在蓮花中，踊躍歡喜，而作是言："佛故不燒。"

尸利毱多嗚噎垂淚[46]，而說偈言：

世尊金剛體，無有能燒者，

由近富蘭那，我今自被燒。

如似少濕薪，逼近乾薪，

以火焚[47]燒時，兩俱同熾然。

爾時其婦疾出重屋，到世尊所，頂禮佛足，踞[48]跪合掌，瞻仰尊顏，而說偈言：

得覩威顏者，世間[49]皆信敬，

由[50]我今有福，還得聞音聲，

面如淨滿月，我今得覩見，

我今有福故，還得覩世尊。

相好莊嚴身，設當見滅壞，

惡名[51]遍充滿，燒滅我等身。

爾時其婦供具以備，請佛世尊及比丘眾請令就坐，語其夫言："聖子！汝可來入頂禮佛足。"尸利毱多涕泣盈目，而說偈言：

我今造火坑，規[52]害世尊命，

今當以何面，可復得相見？

爾時其婦語其夫言："聖子，可捨疑惑，佛婆伽婆終無嫌恨。"即說偈言：

> 譬如空中手，無有觸礙處，
> 諸佛法亦爾，佛於一切法，
> 無染亦無著，離世之八法，
> 如蓮華處水。昔時提婆達，
> 瞋恚心所盲，爲欲害佛故，
> 機關轉大石，當上空中下，
> 不能傷害佛。如彼羅睺羅，
> 即是如來子，佛於此二人，
> 等心無憎愛，視彼怨與親，
> 左右眼無異。於諸衆生所，
> 慈悲過一子，終不於汝所，
> 而有憎惡心。是故不宜懼。

爾時尸利毱多以慚愧故，曲體⁽⁵³⁾隨婦，口唇乾燋，深生愧耻，行步栖⁽⁵⁴⁾遲，如將没地，舉身戰掉，卑下低心，極爲驚怖，五體投地，哀慟⁽⁵⁵⁾號泣，而説偈言：

> 寧抱持熾火，并及瞋毒蛇，
> 終不近惡友。我今爲惡友，
> 毒蛇之所螫，依歸善良醫⁽⁵⁶⁾，
> 望得除毒害。三界之真濟，
> 願重見哀愍，我作重過惡，
> 唯願垂悲顧，今聽我懺悔。

爾時世尊顔色和悦，告尸利毱多言："聖⁽⁵⁷⁾子！汝勿憂怖。"即説偈言：

> 起起我無瞋，久捨怨親心，
> 右以栴檀塗，左以利刀割，
> 於此二人中，其心等無異。

如我今者不爲希有，已斷結使，無增減心。昔我爲於白象^(一四)之時，毒螫所中害，猶以二脚覆護獵者，使不傷害；又⁽⁵⁸⁾作龜身，爲人分割，支⁽⁵⁹⁾節悉解，不起瞋心；復作羆身，憐彼厄人，時彼厄人示獵師處，不起瞋心；作仙人時^(一五)，手足耳鼻⁽⁶⁰⁾悉爲剮毀，猶尚不起毫釐⁽⁶¹⁾許瞋。我於往昔爲一切施婆羅門所斬項時，無有恚恨，況

於今日斷一切結，而當於汝有嫌恨心？譬如虛空[62]不受塵垢，猶如
蓮華不爲水著，我離八法，其事亦爾。時尸利毱多叉手合掌白佛言：
"世尊！若垂憐[63]愍，且待須臾，更當造食。"佛告尸利毱多言："汝
不遣使白我食時到耶？"答言："實爾。我本實遣人請佛，作不[64]饒
益事。"佛告尸利毱多言："然我已[65]斷無利之事，汝今作何不饒益
耶？"即說偈言：

> 我今愚所造，屠獵所不造，
>
> 過是惡所作，以毒置食中，
>
> 不能有所傷，便爲自害己[66]。

爾時世尊告尸利毱多言："汝今所施，宜應是時。"尸利毱多言：
"世尊！我所施食悉有毒藥。"世尊復說偈言：

> 婆須吉龍王[一六]，瞋恚極盛時，
>
> 如此之猛毒，不能傷害我。
>
> 我今修慈心，如何唱施藥？
>
> 我以大慈果，今當用示汝。

時尸利毱多即持毒飯往詣佛前，涕淚悲泣，而說偈言：

> 我今持毒飯，功德之伏藏，
>
> 我心極爲惡，毒飯以摽[67]相。
>
> 佛以滅三毒，神足除飯毒，
>
> 食之能令我，使得不動心。

佛告諸比丘："等待唱僧跋[一七]，然後可食。"即說偈言：

> 在於上座前，而唱僧跋竟，
>
> 衆毒自消除，汝今盡可食。

僧跋已竟，佛及衆僧[68]盡皆飲[69]食。時尸利毱多上下觀察而作
是念："今此衆中得無爲毒所中者不？"見諸衆僧皆悉安隱，不爲毒
中，倍增信敬，深生歡喜。爾時世尊作是思惟："尸利毱多得信敬心，
受緣時至，當何所作？我當爲滅煩惱之火，除邪見毒。"佛如應爲說
四真諦法，聞法信解，斷見諦結，除身見毒，滅諸結火。時尸利毱多
以得見諦，即說偈言：

> 我度於愚癡，及以邪見海，
>
> 不畏於惡道。我欲入黑暗，

遇佛得大明，欲入於大火，

反獲凉冷池。嗚呼佛大人，

嗚呼法清净，不能具廣説，

我今但略説。我本欲與毒，

而獲甘露食，鬥諍應失財，

反得於大利。是故⁽⁷⁰⁾親近佛，

衆生慧眼開，而得覩正道。

大莊嚴論經⁽⁷¹⁾卷第十三

【校記】

(1) 羅那：資本、金本、磧本、普本、洪本、南本作“羅那”，北本、徑本、清本作“蘭那”。

(2) 尸：資本、磧本、普本、洪本、南本、北本、徑本、清本作“尸”，頻本作“尼”。

(3) 羅：北本、徑本、清本作“蘭”。

(4) 上：資本、金本、磧本、普本、洪本、南本、北本、徑本、清本作“水”。

(5) 攬：資本、金本、磧本、普本、北本、徑本、清本作“托”，洪本、南本作“托”。

(6) 自：資本、金本、磧本、普本、洪本、南本、北本、徑本、清本作“身”。

(7) 桓：北本、徑本、清本作“洹”。

(8) 現：資本、金本、磧本、普本、洪本、南本、北本、徑本、清本作“視”。

(9) 炙：資本、磧本、普本、洪本、南本、北本、徑本、清本作“儒”，頻本作“軟”。

(10) 水：資本、磧本、普本、洪本、南本、北本、徑本、清本作“外”。

(11) 是：資本、磧本、普本、洪本、南本、北本、徑本、清本脱。

(12) 惑：資本、金本、磧本、普本、洪本、南本、北本、徑本、清本、頻本作“或”。

(13) 土：資本、磧本、普本、洪本、南本、北本、徑本、清本作“火”。

(14) 夫：資本、磧本、普本、洪本、南本、北本、徑本、清本作

"夫相"。

（15）肕：磧本、洪本、南本、北本、徑本、清本作"眤"，頻本作"眒"。《玉篇·目部》："眒，俗作肕。"

（16）獷：資本、金本、普本作"穬"。

（17）空虛：資本、金本、磧本、普本、洪本、南本、北本、徑本、清本作"虛空"。

（18）若：磧本、普本、洪本、南本、北本、徑本、清本作"共"。

（19）爾：資本、金本、磧本、普本、洪本、南本、北本、徑本、清本作"今"。

（20）反：資本、金本、磧本、普本、洪本、南本、北本、徑本、清本作"返"。

（21）逼：磧本、南本作"福"。

（22）悅：資本、磧本、普本、洪本、南本、北本、徑本、清本作"愧"。

（23）泣：徑本作"哭"。

（24）火：資本、磧本、普本、洪本、南本、北本、徑本、清本作"火燒"。

（25）行：資本、磧本、普本、洪本、南本、北本、徑本、清本作"大"，金本作"來"。

（26）禮：資本、磧本、普本、洪本、南本、北本、徑本、清本作"頂禮"。

（27）已：資本、金本、磧本、普本、洪本、南本、北本、徑本、清本脫。

（28）滲：資本、金本、磧本、普本、洪本、南本、北本、徑本、清本作"求"。

（29）刔：資本、金本、磧本、普本、洪本、南本作"刃"。

（30）及護我：資本、磧本、普本、洪本、南本、北本、徑本、清本作"彼主人"，金本作"並護我"。

（31）中：資本、磧本、普本、洪本、南本、北本、徑本、清本脫。

（32）聲：資本、金本作"嚃"，普本作"聲"。

（33）抖擻：資本、金本、磧本、普本、洪本、南本作"斗藪"。

（34）納：洪本、南本、北本、徑本、清本作"網"。

（35）疊：資本、金本、磧本、普本、洪本、南本作"牒"。

（36）陷：北本、徑本、清本作"蹈"。

（37）可信：資本、金本、磧本、普本、洪本、南本、北本、徑本、清本作"信可"。

（38）鶴：資本、磧本、普本、洪本、南本、北本、徑本、清本作"蜂"。

（39）惑：徑本作"感"。

（40）相：資本、金本、磧本、普本、洪本、南本、北本、徑本、清本作"想"。

（41）叱：資本、磧本、普本、洪本、南本、北本、徑本、清本作"咄"。

（42）鬼：資本、磧本、普本、洪本、南本、北本、徑本、清本作"黿"。

（43）速：資本、金本、磧本、普本、洪本、南本、北本、徑本、清本作"道"。

（44）莩：資本、普本作"猫"，磧本、洪本、南本作"稻"。

（45）真：資本、磧本、普本、南本作"直"。

（46）淚：資本、金本、磧本、普本、洪本、南本、北本、徑本、清本作"泣"。

（47）焚：資本、金本、磧本、普本、洪本、南本、徑本作"焰"，北本、清本作"餤"。

（48）蹦：資本、磧本、普本、洪本、南本、北本、徑本、清本作"胡"。

（49）間：資本、金本、磧本、普本、洪本、南本、北本、徑本、清本作"尊"。

（50）由：磧本、洪本作"生"。

（51）名：資本、磧本、普本、洪本、南本、北本、徑本、清本作"口"。

（52）規：資本、磧本、普本、洪本、南本、北本、徑本、清本作"頑"。

（53）體：資本、磧本、普本、洪本、南本、北本、徑本、清本作"躬"。

（54）栖：資本、金本、磧本、普本、洪本、南本、北本、徑本、清本作"栖"。

（55）慟：資本、金本、磧本、普本、洪本、南本、北本、徑本、清本作"動"。

（56）醫：資本、磧本、普本、洪本、南本、北本、徑本、清本作"藥"。

（57）聖：資本、金本、磧本、普本、洪本、南本、北本、徑本、清本脱。

（58）又：資本、磧本、普本、洪本、南本、北本、徑本、清本作“久”。

（59）支：磧本、普本、洪本、南本、北本、徑本、清本作“肢”。

（60）鼻：資本、金本、磧本、普本、洪本、南本、北本、徑本、清本脱。

（61）鼇：金本、磧本、洪本、南本、北本、清本作“鼇”，資本、普本、徑本作“鶩”。

（62）虛空：資本、金本、磧本、普本、洪本、南本、北本、徑本、清本作“空虛”。

（63）憐：資本、金本、磧本、普本、洪本、南本、北本、徑本、清本脱。

（64）作不：資本、金本、磧本、普本、洪本、南本、北本、徑本、清本作“不作”。

（65）已：資本、磧本、普本、洪本、南本、北本、徑本、清本作“以”。

（66）害己：資本、金本、磧本、普本、洪本、南本、北本、徑本、清本作“己害”。

（67）摽：資本作“撅”，金本、磧本、普本、洪本、北本、徑本作“摽”，南本作“摑”，清本、頻本作“標”。

（68）衆僧：資本、金本、磧本、普本、洪本、南本、北本、徑本、清本作“僧衆”。

（69）飲：資本、磧本、普本、洪本、南本、北本、徑本、清本作“飯”。

（70）是故：資本、金本、磧本、普本、洪本、南本、北本、徑本、清本作“見佛”。

（71）論經：資本、磧本、普本、洪本、南本、北本、徑本，清本作“經論”。

【注釋】

（1）富羅那：六師外道之富蘭那迦葉。唐·慧琳《一切經音義》：“富蘭那，此云滿也。迦葉是姓，此云龜氏也。此計無因外道也。”（卷二六，54/475a）富羅那大約與釋尊同時代，在思想上主張“無我”。他懷疑和否定一切，只承認真實存在的事物。並對統治階級提倡的善惡標准和六道輪回因緣果説表示公開反對（參見黄心川《印度哲學史》第四章《富蘭那迦葉的道德否定論》）。其被佛陀稱爲空見外道。

（二）尸利毱多：外道名，梵文 śrigupta。唐・慧琳《一切經音義》："尸利毱多，此云吉護，亦云德護也。"（卷二六，54/475c）

（三）樹提伽：佛弟子之一，梵文 Jyotiska。據南本《大般涅經》卷二十八載，樹提伽爲瞻婆城大長者子。此長者奉事六師外道以求得子，其妻懷孕期間六師外道皆言是不長命之女子，佛陀斷言爲福德男子。後六師下毒殺害長者妻，長者積薪火葬其妻，於時樹提伽從母腹中而出。因其生於猛火（梵 jyotis，音譯樹提）中，佛陀爲其取名樹提伽。另據光明童子因緣經載，樹提伽後至佛所出家，斷除煩惱，證阿羅漢果。

（四）屍乾陀：六大外道之一，也稱爲耆那仙人，是離系外道或裸形外道的始祖。《成唯識論述記》："尼虔子，今言昵楗陀弗咀羅，翻爲離繫子。苦行修勝因名爲離繫，露形少羞恥，亦名無慚。本師稱離繫，是彼門徒，名之爲子。"（卷一，43/245a）《俱舍論記》："離繫，梵云尼乾陀。彼謂内離煩惱繫縛，外離衣服繫縛，即露形外道也。"（卷一六，41/258b）

（五）生盲：指天生眼盲之人。其早見於《撰集百緣經》："見一餓鬼，身如燋柱，腹如大山，咽如細針，又復生盲，爲諸烏鷲鵄梟所啄，宛轉自撲，揚聲叫喚，無有休息。"（卷五，04/225b）

（六）因相：爲阿賴耶識三相之一。指第八阿賴耶識能攝持一切種子，生起萬法，故稱因相。

（七）那摩陀河：印度史詩《羅摩衍那》中記載有此河，在此河中，羅波那於此沐浴，並祭拜濕婆。

（八）伽陀羅：木名。參見卷二（四）"迦陀羅林"條。

（九）俱翅羅鳥：天竺鳥名，梵文 kokila。是産於印度的黑色杜鵑鳥。唐・慧琳《一切經音義》："瞿翅羅鳥，經中或作拘枳羅鳥，或作俱翅羅鳥，同一種。此譯云鴉鳥也，又云好聲鳥也。此鳥形醜聲好，從聲爲名也，共命鳥也。"（卷六七，54/749b）

（一〇）鬼病：鬼魅著人，而使人生病。《摩訶止觀》："鬼病者，四大五藏非鬼，鬼非四大五藏，若入四大五藏，是名鬼病。"（卷八，46/106a）

（一一）阿伽陀藥：佛教稱之爲不死藥，服之可去衆疾，梵文 agada。後作藥物名稱，尤指解毒藥。《翻譯名義集》："阿伽陀藥，衆生見者，衆

病悉除。"（卷三，54/1108a）

（一二）羅睺：星名。此星能遮擋日月而使發生日月蝕，梵文 Rāhu。宋·希麟集《續一切經音義》："羅睺，下胡釣反。案字方言云：一瞻也。今云羅睺，即梵語也。或云攞護。此云暗障能障日月之光，即暗曜也。"（卷六，54/962c）

（一三）迦蘭陀鳥：鳥名。唐·慧琳《一切經音義》："迦蘭陀，或言迦蘭鐸迦，或言羯蘭鐸迦，鳥名也，其形似鵲。鞞紐婆那，此云竹林，謂大竹林也。此鳥多栖此林。"（卷四四，54/601c）

（一四）白象：即六牙白象。此故事爲著名的"六牙象本生"故事。《六度集經》記載，釋迦牟尼佛前世爲雪山湖畔長着六顆長牙的象王，於水中得一蓮華，厥色甚妙，以惠嫡妻，小妾因没有得到蓮華和象王的寵愛，含恨而誓曰："會以重毒鴆殺汝矣。"小妾死後轉生爲貝拿勒斯王妃，王妃欲得象王的六顆長牙，使人獵殺象王。象王臨死前得知獵人爲王妃派遣而來，隨即在血泊中用象鼻拔下長牙交給獵人。

（一五）作仙人時：即忍辱仙人的故事。見卷一一（六三）"忍辱仙"條。

（一六）婆須吉龍王：龍王名。《大方等大集經》中《日藏分護塔品》中記載，釋尊將閻浮中鞞奢利善住牟尼聖人住處，付囑婆須吉龍王守護供養。

（一八）僧跋：即三鉢羅佉哆，梵文 Saṃprāgata。於大衆食前使維那唱此語，然後使大衆食。唐·玄奘譯《根本説一切有部目得迦》："凡於衆首爲上座者，所有供食置在衆前，先令一人執持飲食，或先行鹽在上座前曲身恭敬，唱三鉢羅佉多，未唱已來不得受食。當知此言有大威力，輒違受食得惡作罪。"（卷八，24/445b）

大莊嚴論經卷第十四

馬鳴菩薩造　後秦龜茲三藏鳩摩羅什譯

（六八）

復次，佛出於世，最是希有，雖是女人，諸重結使，猶得解脫。

我昔曾聞，佛之姨母瞿曇彌[一]比丘尼，將入涅槃時，種種莊嚴，欲令勝妙。爾時世尊四衆圍遶，在大衆中嚏[(1)]，時瞿曇彌比丘尼聞佛嚏聲，以其養佛，愛子之故而作是言：“長壽世尊！如是之聲，轉轉乃至梵天。”佛告瞿曇彌言：“此非敬佛咒願之法。”即說偈言：

> 應當勤精進，調伏於我心，
>
> 勤修堅實法，苦行於精進。
>
> 見於聲聞衆，悉皆共和合，
>
> 敬禮於佛時，應作如是願。

爾時瞿曇彌比丘尼作是念：“聲聞衆和合，名爲禮佛者，世尊猶不使聲聞衆和合，不欲見其有別離故。以是之故，我不欲見佛入涅槃。曼佛世尊聲聞之衆未有墮落者，以是義故，我應在前入於涅槃。”爾時尼僧伽藍神[二]，知瞿曇彌欲入涅槃，悲泣涕淚，墮比丘尼衣上。時比丘尼觀察此神，以何因緣淚墮在衣？觀察是已，知瞿曇彌欲入涅槃。時五百比丘尼，悉皆往詣瞿曇彌比丘尼所。時[(2)]瞿曇彌語諸比丘尼言：“四大毒蛇篋，難可久居，是故我今欲入涅槃。此神有柔軟心，是故墮淚在汝衣上。”五百比丘尼言：“我等同時出家，莫捨我等先入涅槃。”即說偈言：

> 我等共出家，俱離無明暗，

我等今共往[3]，涅槃安隱城。

生死苦惱眾，處於有稠林[三]，

云何而獨往，趣於甘露迹？

汝等於今者，云何盡涅槃？

汝若欲涅槃，我亦共汝去。

爾時瞿曇彌與五百比丘尼，從坐而起，離於本處，即與住處神別："我今於最後與屋別去。"天神言："汝欲何去？"時比丘尼言："我當詣彼不老不死無病無苦及愛憎處，亦無愛別離，我欲往至涅槃處。"時諸凡夫比丘尼即時發聲："嗚呼怪哉！"一刹那頃比丘尼僧坊皆悉空虛，譬如空中星流滅於四方，瞿曇彌比丘尼與五百比丘尼俱共往去，如恒伽河[四]與五百河俱入大海。爾時諸優婆夷頂禮瞿曇彌足："願當憐愍，莫捨我等。"諸比丘尼安慰諸優婆夷言："汝等今者非是憂時。"即說偈言：

我等已[4]知苦，斷集之[5]繫縛，

以修八正道，得證於滅諦[五]，

所作事已辦，汝等莫憂苦。

曼佛眾未闕，牟尼法藏住，

世尊在於世，我當入涅槃。

憍陳如比丘，及與阿富等，

如是無垢人，未有墮落者，

我欲入涅槃。難陀羅睺羅，

阿難三摩陀[六]，及與阿難陀，

如是等在世，我當入涅槃。

牟尼得安隱，比丘僧和合，

壞於外道翅，邪道亦退散，

一最種未絕，我今入涅槃，

正是盛好時。我心願解脫，

今以得滿足，汝等今何故，

悲泣而墮淚？擊於歡喜鼓，

其音未斷絕，我趣解脫坊，

今正是其時。汝等不應愁，

汝等若念我，應當勤護法，

使法久住者，即是念於我。

是故應精勤，當勤[6]護正法。

佛以憐愍故，聽女人出家，

汝等宜護戒，勿使人罵辱，

乃至於後世，莫使罵女人。

爾時諸比丘尼安慰餘比丘尼及諸優婆夷。時五百比丘尼，猶如行花樹，往詣佛所，正爵多羅僧，頂禮佛足，長跪合掌，而説偈言：

我今是佛母，如來是我父，

我從法流生，我乳養色身，

佛養我法身，我乳於世尊，

止渴須臾間，佛以法乳我，

經常無飢渴，永斷於恩愛。

我今以略説，我雖以乳養，

報恩以極大，願使一切女，

得子猶如佛，羅摩與阿純，

婆須[七]等諸母，處於有海[八]中，

輪回無終始，我意於子緣，

得度生死海。女人極貴者，

名稱人帝婦，一切種智母，

此名不可得，我今已獲得。

意願若大小，然我悉滿足，

今者欲涅槃，白佛使令知。

足如蓮花葉，相輪盡炳著，

願爲我心足，最後以頂禮，

最後之恭敬，深信而頂禮，

頂禮婆伽婆，身如真金[7]聚，

願開爵多羅，現身使我見，

善觀[8]如來身，我今趣寂滅。

爾時如來身具三十二相、八十種好，開爵多羅僧。時瞿曇彌已見佛身，頂禮佛足白言："世尊！我入涅槃。"佛告瞿曇彌："汝欲涅槃，我隨汝意。衆僧無減少，如月欲盡，漸漸没時，無有遺餘。弟子先去，我最後往。如諸商人，商人在道，商主隨後。”時五百比丘尼遠佛世尊，如遠須彌。既遠佛已，在如來前立，瞻仰尊顔無有厭足，聽聞法聲亦復無厭。得滿足已，獲法味故，難陀、羅睺羅、阿難陀、三摩提拔陀，頂禮求懺謝，一切諸聖衆，猶如不掉，寂静默然住。唯阿難、羅睺羅、三摩提拔陀，阿難結未盡，心慈順故，哀不能止，如無風樹，合掌墮淚。爾時瞿曇彌白尊者言：“阿難尊者多聞見諦，云何今者猶如凡夫？如來常説一切恩愛皆有别離(九)。”復白尊者言：“汝不爲我請佛世尊，我今云何而得此法？”而説偈言：

> 由汝請求故，我等得出家，
> 汝今實不空，皆獲實果報。
> 一切外道師，未曾得是處，
> 女人之身中，能獲甘露迹，
> 依佛善知識，是故今獲得。
> 汝守佛法藏，極當善護持，
> 今日是最後，得見於汝時，
> 我今入涅槃，乘道而往至。
> 佛在衆中捷，時我唱老壽，
> 佛説不敬禮，此事如上説。
> 佛亦擁護僧，不欲令闕減(9)，
> 我亦不願樂，而入解脱處。
> 無常大風至，吹於聲聞樹，
> 根拔而倒地。無常金剛風，
> 能散須彌山，多陀阿伽(一〇)日，
> 則離(10)無明暗。曼佛在於世，
> 妙勝道涅槃，十力所説法，
> 法明金(11)顯照，壞破異道論，
> 日光普滿照，佛德亦復然。
> 今值是妙時，是故欲捨身。

爾時阿難聞是偈已，尋即收淚，復説偈言：

> 汝今意志大，我不復憂念。

猶如深林中，蕀刺多衆苦，

又如牸象走，出林離苦惱，

汝今亦如是，走[12]離諸世間。

今可憂愁者，憍慢及[13]愚癡，

諸惡結使火，焚燒三有中。

汝等先涅槃，我疑佛世尊，

猶如大火聚，焰盡則火滅。

爾時摩訶波闍波提比丘尼，合掌向佛，瞻仰尊顏，以偈讚曰：

南無歸命佛，如來大世[14]尊，

真實語諦語(一一)，義語(一二)法語(一三)者。

利益不虛語，能真寂滅語，

無我我語者，過一切語者。

圓滿足眼者，示導於將來，

勝妙之道者，又常能觀察。

諸法真實相，作大照明者，

能除諸黑暗，能滅忿諍者。

然法庭燎燭，照於一切者，

能與衆燈明，又與從明者。

調御大丈夫，歸大解脱師，

具足十力者，具四無所畏。

成就不退轉，説法又不虛，

必定利益者，一切諸衆生。

釋中師子吼，堅實於精進，

勝妙精進者，能具大悲體。

世間之八法，所不能污者。

釋梵四天王，摩醯首羅王，

閻王婆樓那(一四)，財富自在者。

如是勝人等，合掌共讚佛："和合放捨，美妙甚深，無畏衆勝真實
顯發，能爲示導種種説法，善解一切飛鳥音聲，名稱滿虛空，從頂生
憂[15]鉢遮那拔羅陀(一五)，如是等諸大王種姓相續中出者，如來如日月，
爲天人阿須羅(一六)之所供養，得七覺意(一七)，除無明暗者，又有能建立

三寶勝幢⁽⁻⁸⁾。如來面貌猶金山頂光明照曜⁽¹⁶⁾，是上丈夫，名爲蓮華，丈夫拘物頭⁽⁻⁹⁾、丈夫分陁⁽¹⁷⁾⁽²⁰⁾，能斷貪欲瞋恚愚癡諸有結使，及以四縛，憂悲苦惱，縱逸憍慢，鬥諍忿怒，自貢高等，如來世尊皆悉永斷。欺僞博弈，競勝欺他，共相言訟，念惱別離，如外道師捲⁽¹⁸⁾手祕法，諸惡結習悉斷無餘。倒憍慢幢，建法勝幢，能轉法輪，令淚乳血海皆悉乾竭，得禪定海，深無崖限。能捨內外一切財物，無所惜著，於怨親中其心平等。佛身微妙，如融金聚，舌相廣長如蓮⁽¹⁹⁾華葉，無有垢穢，清淨鮮潔。其腹平滿，其臍右旋，猶如香奩。圓光一尋，猶如電明，亦如真金。被精進鎧，以定爲護。以智慧箭，能射毛百之一，所射皆中。壞魔軍衆，勇健無畏，人中大龍，人中真濟。定如意足，無量無邊⁽²⁰⁾無色，宣示分別八正之道，斷除愛欲瞋害之想，誓願堅固，志意安住，終不輕躁，如優曇鉢花，甚難可值。如來功德過於大地，及以微塵百千萬億，以八正道洗除結使，濟諸衆生度生死河，到於彼岸，能示方所。三十二相、八十種好以自莊嚴，猶如彩⁽²¹⁾畫。智金剛杵⁽²⁻¹⁾摧滅一切外道邪論，能示解脫涅槃妙方。得法自在，不著世間，於諸入處及諸煩惱能說對治。得勝辯才，善能分別一切諸法。耘除諂僞幻惑之事，布施、持戒、忍、進、定、慧，皆到彼埠⁽²²⁾。阿私陀⁽²⁻²⁾仙之所尊敬，名聞十方。住最後身，既自覺了，開悟衆生，功德伏藏，功德須彌，功德大海，無量名稱，無量辯才，知恩報恩。"讚佛已竟，禮佛而退，將諸五百比丘尼入閑靜處，捨於命壽，半加⁽²³⁾趺坐。時優婆夷最後到比丘尼所，禮比丘尼足，舉聲號哭。即說偈言：

我等有諸過，盛智聽我悔，

我等終不復，更得相覩見。

波闍波提比丘尼以離欲故心意勇悍，舉手摩優婆夷而語之言："汝等不應逐愛戀心，恩愛聚會必有離別。"即說偈言：

佛說聚會者，必當有離別，

一切有爲法，悉皆是無常。

無常火熾然，燒滅於三有，

愛我者極多，我愛亦不少，

我今皆能捨，如此愛著等。

生死黑暗處，輪回峻阻中，

親親更相戀，惡見於[24]乖離，

無常無悲愍，破壞使別離。

恩愛無別離，不應求解脫，

展轉相親愛，相戀轉善厚，

畢竟必別離。以是因緣故，

智者求解脫，都無所遺戀。

爾時瞿曇彌種種因緣讚涅槃已，默然而住，辭佛世尊，入於涅槃，實不違言，欲稱言作。諸比丘尼繫念在前入於初禪，如是次第至滅盡定，逆順觀已，現種種神足。即説偈言：

身處於地上，引手捫日月，

變身使隱没，踊[25]出虛空中，

一身爲多身，多身爲一身，

身放大光明，能動於大地，

入地如赴水，入水如履地，

身出大光明，又復注大雨，

如意神足故，能現如斯事。

餘五百比丘尼亦現如斯諸大神變，爲顯如來佛法力故，悉皆現神踊[26]身虛空，猶如頹雲而作大雨，亦如庭燎在虛空中風吹四散，身上出水，身下出火，身上出火，身下出水。即説偈言：

各出千火光，圍遶自莊嚴，

身上出火光，下注於大雨，

虛空滿諸華，猶如瞻[27]蔔枝，

衆花積水上。種種現變已，

使諸檀越等，發於歡喜心，

如薪盡火滅，入無餘涅槃。

爾時梵天王將諸梵衆，釋提桓因將六欲諸天，諸大天神及諸尊勝龍夜叉神來詣佛所，悉皆合掌白佛言："世尊！如來以離愛[28]結，當順世間，欲使我輩爲作何等？是佛世尊最後所親。"爾時如來隨時所宜，各敕令作。佛告阿難："唱語遠近，爲供養佛母者悉皆來集。"時尊者阿難舉聲悲號，而唱是言："諸是佛弟子者不問遠近，皆聽我語，應隨佛教，悉來集聚，聽佛言教，彼之乳哺長養於我，最後之身今入涅槃，如油盡燈滅。諸有信心知是弟子，供養佛母身，速疾來集。人天之中，無有女身，如是之者，能乳養佛身，更無如是養生佛者，是故諸比丘應盡來集。"時四方遠近諸比丘等，齎牛頭栴檀，從虛空中如雁[29]鵠王，如日入照雲，遍於虛空，諸比丘尼滿於虛空，其狀亦爾。時四天王捧波闍波提床之四足，帝釋梵天等亦捉五百比丘尼床。爾時諸床各豎幢幡，天曼陀羅花，猶如花幕，覆諸尼上猶如褌窟，豎諸幢幡遍滿大地，天繒幡蓋亦滿[30]空中，色貌若千種，天雨諸花鬘，亦復雨末[31]香，香[32]烟如雲，彌滿虛空，天諸樂等其音充塞。佛隨從後，舍利弗、目連、難陀、羅睺羅、阿那律、阿難等，梵王等諸天、阿修[33]羅、緊那羅、摩睺羅伽[34]、天龍夜叉圍遶佛後。

爾時世尊如行金山，在波闍波提比丘尼床前，五百比丘尼床次波闍比丘尼後，一切大地莊嚴映飾未曾有，如波闍波提比丘尼所作莊嚴。瞿曇彌入涅槃時，佛世尊法主[35]現在，集諸聖衆。舍利弗、目連等在佛涅槃時，佛身既無，舍利弗、目連等皆以盡無。由是之故，其所莊嚴無及波闍波提者。此床安置寬博之處，積[36]諸香薪用以爲積，以此五百比丘尼等屍以置于[37]上，以種種牛頭栴檀諸雜香等用覆屍上，復以衆多香油以澆其上。爾時尊者阿難見諸比丘尼既然火已，悲泣懊惱，而說偈言：

> 如是次第者，如來亦不久，
> 將入於寂滅。如火焚燒林，
> 獨一大樹在，火焰燒枝葉，
> 勢不得久住。世間皆苦惱，
> 演法滿三界，三界尊滅盡，
> 無一念法者。無量劫聚集，
> 得是勝法蜜，聲聞蜂集食；
> 佛入於涅槃，誰當與法蜜？
> 法盡滅不久，形像塔寺盡，
> 畫像人尚無，況有法服者？
> 諸不離欲者，涕泣極懊惱。
> 離欲者觀法，耶旬[二三]燒已[38]竟，
> 收骨用起塔，令衆生供養。

時有人疑，誰應起塔而修供養？爾時世尊欲斷疑故，説三種人應起塔供養。何謂三種？佛、漏盡阿羅漢、轉輪聖王，是名三種。

【校記】

(1) 睫：磧本、普本、洪本、南本、北本、徑本、清本作"嚏"。

(2) 時：資本、磧本、普本、洪本、南本、北本、徑本、清本脱。

(3) 往：資本、金本、磧本、普本、洪本、南本、北本、徑本、清本作"住"。

(4) 已：資本、金本、磧本、普本、洪本、南本、北本、徑本、清本作"以"。

(5) 之：資本、金本、磧本、普本、洪本、南本、北本、徑本、清本作"諸"。

(6) 當勤：資本、金本、磧本、普本、洪本、南本、北本、清本作"當應"，徑本作"應當"。

(7) 真金：資本、金本、磧本、普本、洪本、南本、北本、徑本、清本作"金山"，頻本作"山金"。

(8) 觀：資本、金本、磧本、普本、洪本、南本、北本、徑本、清本作"覩"。

(9) 減：資本、磧本、普本、洪本、南本、北本、徑本、清本作"滅"。

(10) 則離：資本、磧本、普本、洪本、南本、北本、徑本、清本作"離則"。

(11) 金：資本、磧本、普本、洪本、南本、北本、徑本、清本作"今"。

(12) 走：北本、徑本、清本作"遠"。

(13) 及：徑本作"極"。

(14) 世：資本、磧本、普本、洪本、南本、北本、徑本、清本、頻本作"聖"。

(15) 憂：資本、磧本、普本、洪本、南本、北本、徑本、清本作"優"。

(16) 曜：資本、磧本、普本、洪本、南本、北本、徑本、清本、頻本作"耀"。

(17) 阤：資本、磧本、普本、洪本、南本、北本、徑本、清本作"阤利"，頻本作"阤"。

(18) 捲：資本、磧本、普本、洪本、南本、北本、徑本、清本作

“拳”，金本作“拱”。

（19）蓮：資本、磧本、普本、洪本、南本、北本、徑本、清本作“紅蓮”。

（20）無邊：資本、金本、磧本、普本、洪本、南本、北本、徑本、清本脱。

（21）彩：資本、磧本、普本、洪本、南本作“綵”。

（22）垾：資本、磧本、普本、洪本、南本、北本、徑本、清本作“岸”。

（23）加：資本、磧本、普本、洪本、南本、北本、徑本、清本作“跏”。

（24）於：資本、磧本、普本、洪本、南本、北本、徑本、清本作“相”。

（25）踊：資本、金本、磧本、普本、洪本、南本、北本、徑本、清本作“勇”。

（26）踊：資本、磧本、普本、洪本、南本、北本、徑本、清本作“涌”，金本作“勇”。

（27）瞻：資本、磧本、普本、洪本、南本作“蒼”。

（28）愛：資本、金本、磧本、普本、洪本、南本、北本、徑本、清本作“憂”。

（29）雁：資本、磧本、普本、洪本、南本、北本、徑本、清本作“鷹”。

（30）滿：磧本作“蒲”。

（31）末：資本、磧本、普本、洪本、南本作“抹”，北本、徑本、清本作“秣”。

（32）香：資本、金本、磧本、普本、洪本、南本、北本、徑本、清本脱。

（33）修：資本、磧本、普本、洪本、南本、北本、徑本、清本作“須”。

（34）伽：資本、金本、磧本、普本、洪本、南本、北本、徑本、清本脱。

（35）主：資本、磧本、普本、洪本、南本、北本、徑本、清本作“王”。

（36）積：資本、金本、磧本、普本、南本作“蕱”。

（37）于：徑本作“於”。

（38）已：資本、金本、磧本、普本、洪本、南本、北本、徑本、清本作“以”。

【注釋】

（一）瞿曇彌：此處指佛的姨母。釋尊母親摩耶夫人在佛陀出生七日後謝世，由瞿曇彌代爲撫育長大。瞿曇彌後嫁給净飯王爲妃，育有一子難陀，爲女性出家的第一人。"瞿曇彌出家初爲佛陀所制止，後得阿難向佛陀懇請，佛陀最後以終極出世間修道解脱爲考量，認爲人們在宗教和心靈上理想的追求，是超越男女相區别的，以女衆出家必須終生遵守八敬法爲條件，允許出家，自此比丘尼僧團誕生。這也驗證了佛陀一視同仁的平等精神。同時佛陀在世時證悟的女性不少，南傳巴利文的《長老尼偈》就有比較詳細的比丘尼學佛歷程和宗教經驗。"（參見陳晴今，《早期印度佛教女性觀研究》，南京大學 2013 年碩士學位論文）

（二）伽藍神：狹義指伽藍守護神，廣義泛指所有擁護佛法的諸天善神。《法苑珠林》載"護僧伽藍神斯有十八神"（卷三九，53/591b）。

（三）稠林：茂密的森林。佛教用此比喻衆生邪見煩惱，枝枝蔓蔓，交雜成片。梵文 gahana。《摩訶止觀》："邪晝日增，生死月甚，如稠林曳曲木，何得出期？"（卷一〇，46/131c）

（四）恒伽河：即恒河。《大唐西域記》："殑伽河，舊曰恒河，又曰恒伽，訛也。"（卷一，51/869a）古印度許多都城皆依此河而立，爲印度文明中心。

（五）滅諦：見卷二（八）"四諦"條。

（六）三摩陀：即佛弟子三摩提拔陀。

（七）婆須：即婆須蜜多，又作婆須蜜。據《華嚴經》記載，其爲險難國寶莊嚴城的一名淫女，后得善財童子度化以衆生深法。（卷五〇）

（八）有海：譬喻手法，以大海之無邊比喻三界生死。唐·圓暉述《俱舍論頌疏論本》："由煩惱惑，令有情世間漂在三有生死海中。"（卷一，41/818a）

（九）一切恩愛皆有别離：語出西晋·竺法護譯《佛説鹿母經》："一切恩愛會，皆由因緣合，合會有别離，無常難得久。"意在説明生命短暫，無常迅速。

（一〇）多陀阿伽：即多陀阿伽陀，佛十號之一。對於此稱的由來，《大智度論》載："云何名'多陀阿伽陀'？如法相解；如法相説；如諸佛安隱道來，佛亦如是來，更不去後有中，是故名'多陀阿伽陀'。"（卷二，

25/071b)

（一一）諦語：唐·玄奘譯《阿毗達磨集異門足論》云："諦語者，謂所說語，是實非不實，是真非不真，不虛妄，不變異，是名諦語。"（卷一〇，26/409b）

（一二）義語：《阿毗達磨集異門足論》云："義語者，謂所說語。宣說顯了表示開發，純有義事，是名義語。"（卷一〇，26/410a）

（一三）法語：《阿毗達磨集異門足論》云："法語者，謂所說語，宣說顯了表示開發，純如法事，是名法語。"（卷一〇，26/410a）

（一四）婆樓那：龍王名，梵文Varuṇa。《華嚴經探玄記》："婆樓那龍王，此云水。爲一切魚形龍王。"（卷二，35/143c）

（一五）憂鉢遮那拔羅陀：即優曇跋羅華，略稱曇花。梵文udumbara。其產於喜馬拉雅山麓、德幹高原及斯里蘭卡等地，佛經中常以極難遇到此花比喻極難遇到佛陀出世。《妙法蓮華經文句》云："'優曇花'者，此言靈瑞，三千年一現，現則金輪王出。"（卷四，34/049b）

（一六）阿須羅：即阿修羅。

（一七）七覺意：從四諦觀意的活動，總稱爲七覺意。因爲人有七情（喜、怒、哀、懼、愛、惡、欲），所以對應道有七覺意。具體爲：覺意、法覺意、力覺意、愛覺意、息覺意、定覺意、守覺意。

（一八）勝幢：勝戰時的幢旗也。

（一九）拘物頭：花名，梵文 Kumuda。也指未開的蓮花。唐·慧琳《一切經音義》謂赤蓮花（卷三），唐·玄應《一切經音義》謂地喜花（卷三），唐·道宣《續高僧傳》《翻譯名義集》作黃蓮花（卷八）等。

（二〇）分陏：即分陀利花，指白蓮花。唐·慧琳《一切經音義》："分陀利花，此云白色蓮花也。"（卷二五，54/464a）佛經中常把念佛之人比作此花。《佛說觀無量壽佛經》："若念佛者，當知此人即是人中芬陀利花，觀世音菩薩、大勢至菩薩爲其勝友，當坐道場，生諸佛家。"（卷一，12/346b）

（二一）金剛杵：梵文 Vajra。原爲古代印度的兵器，因爲質地堅固，能擊破各種物質，故稱金剛杵。金剛杵在佛教密宗中象徵所向無敵、無堅不摧的智慧和真如法性，可以斷除各種煩惱，摧毀各路妨礙修道的惡魔。此杵也象徵如來金剛智，用以破除愚癡妄想的内魔與外道諸魔障。金剛杵的材質有金、銀、銅、鐵、石、水晶、檀木、人骨等，有獨股杵、三股杵、五股杵、寶杵、塔杵五種杵。

（二二）阿私陀：中印度地區迦毗羅衛國的仙人。他於佛陀降生時預言其將成佛（《佛本行集經》卷七至卷十）。阿私陀也指過去世時爲佛陀説《法華經》的仙人。

（二三）耶旬：梵文 Jhāpita。唐·玄應《一切經音義》："耶維，或言闍毗，或言闍維，亦言闍鼻多，義是焚燒也。"（卷四，56/880a）

（六九）

復次，憶僧功德善能觀察，乃捨身命[1]猶發善心。

我昔曾聞，釋迦牟尼爲菩薩時，作六牙白象[一]。時王夫人於象有怨，即募遣人，指示象處，語令取牙。時所遣人，往至彼象所止之處，見六牙白象，猶如伊羅撥象[二]，離諸群輩，與一牸象，別住一處。即説偈言：

> 蓮花優鉢羅，清水滿大池，
> 如是之方所，得見於龍象[三]，
> 拘陳白色花，其狀如乳雪，
> 皆同於白色，猶如大白山，
> 有脚能行[2]動。彼之大象王，
> 其色猶如月，六牙從口出，
> 照曜甚莊嚴，如白蓮花聚，
> 近看彼象牙，猶如白藕根。

時彼獵師，身被袈裟，披挾弓箭，屏樹徐步，向彼象所。爾時牸象，見彼獵師，披挾弓箭，語象王言：彼脱相害。象王問言：彼挾弓箭，爲著何服？牸象答言：身著袈裟。象王語言：身被袈裟，何所怖畏？即説偈言：

> 如是之幢相[四]，不害於外物，
> 内有慈悲心，常[3]救護一切，
> 是故彼人所，不應生怖畏。
> 見者[4]獲安隱，寂然得勝妙，
> 如月有清凉，終不變於熱。

爾時牸象，聞是偈已，更不驚疑。時彼獵師，入稠林間[5]，伺候其便，即以毒箭，射中象王。時彼牸象，語象王言：爾稱袈裟，必有慈悲，云何今者[6]，作如此事？爾時象王，即說偈言：

> 此是解脫服[五]，煩惱心所作，
>
> 遠離於慈悲，悉非衣服過。
>
> 如銅真金塗，陶鍊[六]始知雜，
>
> 誑惑諸凡夫，愚者謂爲真。
>
> 智者善分別，知是金塗銅，
>
> 惡心弓箭故，是以傷害我。
>
> 袈裟善寂服，乃是惡心衆，
>
> 若善觀察者，袈裟恒善服。

爾時牸象，甚懷瞋忿，語象王言：汝言大善！我不能忍，不隨爾語。欲取彼人，以解支[7]節。菩薩象王，語牸象言："不治結使，心則如是，汝莫瞋恚，作如是語，不應於彼，生於忿怒。"即說偈言：

> 如人鬼入心，癡狂毀罵醫，
>
> 醫師治於鬼，不責病苦人。
>
> 結使亦如鬼，無明所覆故，
>
> 能生貪瞋癡，但當除煩惱，
>
> 何須責彼人？若我成菩提，
>
> 名稱遍三界，諂僞諸結使，
>
> 念定勤精進，以滅於結使，
>
> 以智錐鑱利，斷絕彼諸結[8]，
>
> 必當令乾竭，燒滅使無餘。
>
> 我將來必當，苦惱殘滅之。

菩薩象王說是偈時，牸象默然。時諸群象，咸皆來集，菩薩象王作是思惟：彼諸象等，得無傷害於彼人乎？作是念已，向獵師所，語彼獵人：向我腹下，我覆護汝。彼諸象等，脫加傷害，即遣諸象，各皆使去。語獵師言：汝所須者，今隨汝取。時彼獵師，聞是語已，作是思惟：如我今者，無有慈心，不如彼象。涕泣啼哭。象王問言：汝何故哭？獵師答言：逼惱故哭。象王語言：我恐諸象傷害汝故，喚汝腹下，非我身體壓[9]於汝耶？答言：不也，非身壓我。又復語言：非此牸象出於惡語觸惱於汝,使汝哭耶?答言:亦無惡言來惱於我,乃以今[10]有大慈悲道德之故。我以惡心毒箭害汝,汝乃以慈心,恐畏諸象而見傷害,覆我腹下。我以此事逼惱我心,畏故哭耳。即説偈言:

> 我今以毒箭,傷害象王身,
> 汝以慈道德,而用傷我心。
> 害心傷可愈,今傷汝道德,
> 愚心瘡難復。汝德如大海,
> 誰説能使盡?傷害汝命者,
> 安慰慈覆護,若説而言之,
> 我形雖是人,都無慈仁德,
> 空有是屍骸,有劇於畜獸,
> 相貌如似人,作惡劇畜生。
> 汝雖受獸身,道德人中上,
> 形相雖非人,道德乃是人。

菩薩象王問獵師言:汝速答我!汝以何事而來射我?獵師答言:爲王所使,於汝身分[七],少有所取,非我自心,來傷害汝。象王答言:如有所須,汝今疾取。爾時象王即説偈言:

> 汝欲有所須,張手速受之,
> 諸發菩薩[11]心,一切無悋惜,
> 隨汝所須者,悉當捨與汝,
> 須牙即[12]與牙,恣汝拔斷取,
> 我以濟救故,由此受是形,
> 一切我皆捨,所須隨意取,
> 我爲利己者,速能至涅槃,
> 爲諸衆生故,三有中受身,
> 爲諸種智故,悲救以爲因。

獵師慚恥,作如是言:爲王所使,來取汝牙。象王答言:隨汝意取,勿生疑難。獵師答言:我實不能拔取汝牙。即説偈言:

> 汝慈心盈滿,我畏彼慈父[13],
> 若拔汝牙者,我手必墮落。

爾時象王語獵師言：汝若畏者，當與汝拔。"作是語已，以鼻絞
牙，牙根極深，久乃拔出，時彼象王，血大流出，即說偈言：

> 拔牙處血出，從髆而⁽¹⁴⁾流下，
> 象王極福利，其白如鉢頭^(八)，
> 拘勿⁽¹⁵⁾頭^(九)花等，積聚爲大聚，
> 時彼諸花聚，白如象王身，
> 又似大石山，白雪覆其上，
> 譬如高山頂，赤朱流來下。

爾時象王苦痛戰掉，尚自安慰。時有一天，即說偈言：

> 心當堅安住，莫爲愚癡悶，
> 當觀苦惱衆⁽¹⁶⁾，云何可濟拔？
> 世界皆有死，汝當爲拯拔，
> 當持堅牢志，莫生憂惱心。
> 天人阿修羅，乾闥婆夜叉，
> 滿於虛空中，嘆說未曾有。

天神作是言：

> 昔來極希有，能爲難苦事。
> 拔牙極大苦，受痛於當今，
> 内心向菩提，求於最勝果，
> 終無退轉意。

復有天神，語彼天言：如此菩薩⁽¹⁷⁾，終無退轉。復說偈言：

> 知子拔牙苦，悲念於地獄。

時彼象王，既拔牙已，默然而住。爾時獵師，作是思惟：拔牙著
地，將無悔耶？而不施我？象王知念，安慰共語，即說偈言：

> 牙如拘勿頭，亦似白藕根，
> 六牙盡施汝，諸牙中最上，
> 施汝使安樂。小待我責心，
> 漸使苦痛息，使我於汝所，
> 得敬重信心。假使汝意謂，
> 我是極惡人，殺盜婬欺汝，
> 僞詐不善具。聽我答汝意，

汝可作衆惡，害心弓利箭，

我皆忘不憶，唯憶敬袈裟，

見之心敬信。施者及受者，

有净有不净，我今是施主，

悉具於清净，待我料⁽¹⁸⁾理心，

使果報廣大，乃當施於汝。

爾時象王，語獵師言：此袈裟者，是離欲幢，由我尊重，敬心視之。以鼻擎牙，授與獵師，即說偈言：

我今真實語⁽¹⁹⁾，毒箭射我身，

無有微恨心，加惡報於汝。

以是⁽²⁰⁾實語因，速疾證菩提，

度脱諸衆生，如是諸苦惱。

說是偈已，即便以牙，施與獵師。以何因緣，而引此喻？過去無量百千身中，常作如是難捨之施，本作誓願，欲成願果，欲使諸有衆生所受苦惱使得本道，欲使人解，自守清净，心生信敬，是故引此方喻。

【校記】

(1) 身命：資本、金本、磧本、普本、洪本、南本、北本、徑本、清本作“命身”。

(2) 行：北本、徑本、清本作“不”。

(3) 常：徑本作“當”。

(4) 者：徑本作“有”。

(5) 間：磧本、洪本、南本作“門”。

(6) 者：資本、磧本、普本、洪本、南本、北本、徑本、清本、頻本脱。

(7) 支：磧本、普本、洪本、南本、北本、徑本、清本、頻本作“肢”。

(8) 結：資本、金本、磧本、普本、洪本、南本、北本、徑本、清本作“使”。

(9) 壓：資本、金本、磧本、普本、洪本、南本、北本、徑本、清本作“押”。

(10) 今：資本、磧本、普本、洪本、南本、北本、徑本、清本作

"汝今"。

（11）薩：徑本作"提"。

（12）即：資本、磧本、普本、洪本、南本、北本、徑本、清本、頻本作"者"，金本作"若"。

（13）父：資本、金本、磧本、普本、洪本、南本、北本、徑本、清本作"火"。

（14）而：資本、金本、磧本、普本、洪本、南本、北本、徑本、清本作"血"。

（15）勿：資本、磧本、普本、洪本、南本、北本、徑本、清本、頻本作"物"。

（16）衆：資本、磧本、普本、洪本、南本、北本、徑本、清本、頻本作"聚"。

（17）薩：資本、金本、磧本、普本、洪本、南本、北本、徑本、清本作"提"。

（18）料：資本、磧本、普本、洪本、南本、北本、徑本、清本、頻本作"斷"。

（19）語：資本、磧本、普本、洪本、南本、北本、徑本、清本作"説"。

（20）以是：資本、磧本、普本、洪本、南本、北本、徑本、清本作"是以"。

【注釋】

（一）六牙白象：見卷十三（六七）"白象"條。

（二）伊羅撥象：即伊羅鉢象。爲天帝釋所乘之象，是象中之王。《十二天供儀軌》云："東方帝釋乘白象王，住五色雲中，身作金色。"（卷一，21/385b）隋·那連提耶舍譯《蓮華面經》："譬如師子諸獸中王，如天帝釋大伊羅鉢象諸象中王。佛身亦爾，具大勢力獨步無畏。"（卷一，12/1070c）

（三）龍象：梵文 Nāga，指象中最杰出者。《維摩經義疏》："象中之美者，稱爲龍象。非二物也。"（卷四，38/961c）也比喻阿羅漢中力最大的人。

（四）幢相：袈裟的別稱。《法苑珠林》："夫袈裟爲福田之服，如敬佛塔。……亦名幢相，不爲邪衆所傾。"（卷三五，53/556b）這裏指身披袈裟的僧人。

（五）解脱服：亦指袈裟。《法苑珠林》：“大哉解脱服，無相福田衣，披奉如戒行，廣度諸衆生。”（卷二，53/448b）

（六）陶錬：猶陶冶。《漢語大詞典》首例爲南唐·譚峭《化書》卷二：“陶錬五行，火之道也！”[1] 較晚。魏晉南北朝漢譯佛經中已見。

（七）身分：身體。宋·法護譯《佛説大悲空智金剛大教王儀軌經》：“修瑜伽者應善籌量，乃至身分飲食不雜亂出。”（卷二，18/592a）

（八）鉢頭：梵文 Padma，指赤蓮花。唐·玄應《一切經音義》：“波曇，又云波暮，或云波頭摩，或云鉢曇摩，正言鉢特摩，此譯云赤蓮華也。”（卷九，54/358b）

（九）拘勿頭：見卷一四（六八）“拘物頭”條。

（七〇）

復次，菩薩大人，爲諸衆生，不惜身命。

我昔曾聞，雪山之中有二鹿王[一]，各領群鹿，其數五百，於山食草。爾時波羅㮈城中有王名梵摩達，時彼國王到雪山中，遣人張圍圍彼雪山。時諸鹿等盡墮圍中，無可歸依得有脱處，乃至無有一鹿可得脱者。爾時鹿王，其色班駁(1)如雜寶填(2)：“作何方便使諸鹿等得免此難？”復作是念：“更無餘計，唯直趣王。”作是念已，逕詣王所。時王見已，敕其左右：“慎莫傷害，聽恣使來。”時彼鹿王既到王所，而作是言：“大王！莫以遊戲殺諸群鹿用爲歡樂，勿爲此事。願王哀愍，放(3)捨群鹿，莫令傷害。”王語鹿王：“我須鹿肉食。”鹿王答言：“王若須肉，我當日日奉送一鹿。王若頓殺，肉必臭敗，不得停久，日取一鹿，鹿日滋多，王不乏肉。”王即然可。爾時菩薩鹿王語彼鹿王提婆達多言：“我今共爾日出一鹿供彼王食，我於今日出送一鹿，汝於明日復送一鹿。”共爲言要，迭互送鹿，至於多時。後(4)於一時，提婆達多鹿王出一牸鹿，懷妊垂產，向提婆達多求哀請命，而作是言：“我身今死，不敢辭托，須待我產，供厨不恨。”時彼鹿王不聽其語：“汝今但去(5)，誰當代汝？”便生瞋忿。時彼牸鹿既被瞋責，作是

<hr>

思惟："彼之鹿王極爲慈愍，我當歸請，脱免兒命。"作是念已，往菩薩所，前膝跪地，向菩薩鹿王，具以上事向彼鹿王而説偈言：

> 我今無救護，唯願濟拔我，
>
> 多有諸衆生，我今獨怖迮。
>
> 願垂哀憐愍，拔濟我苦難，
>
> 我更無所恃，唯來歸依汝。
>
> 汝常樂利益，安樂諸衆生，
>
> 我今若就死，兩命俱不全，
>
> 今願救我胎，使得一全命。

菩薩鹿王聞此偈已，問彼鹿言："爲向汝王自陳説未？"牸鹿答言："我以歸向，不聽我語，但見瞋責誰代汝者？"即説偈言：

> 彼見瞋呵責，無有救愍心，
>
> 見敕速往彼，誰有代汝者？
>
> 我今歸依汝，悲愍爲體者，
>
> 是故應令我，使得免一命。

菩薩鹿王語彼鹿言："汝莫憂惱，隨汝意去，我自思惟。"時鹿聞已，踊躍歡喜，還詣本群。菩薩鹿王作是思惟："若遣餘鹿，當作是語：'我未應去，云何遣我？'"作是念已，心即開悟，而説偈言：

> 我今躬自當，往詣彼王廚，
>
> 我於諸衆生，誓願必當救。
>
> 我若以己身，用貿蚊蟻命，
>
> 能作如是者，尚有大利益。
>
> 所以畜身者，正爲救濟故，
>
> 設[6]得代一命，捨身猶草芥。

説是偈已，即集所領諸群鹿等："我於汝等諸有不足，聽我懺悔。我欲捨汝，以代他命，欲向王廚。"

爾時諸鹿聞是語已，盡各悲戀，而作是言："願王莫往，我等代去。"鹿王答言[7]："我以立誓，自當身去，若遣汝等，必生苦惱，今我歡喜，無有不悦。"即[8]説偈言：

> 不離欲捨身，必當有生處，
>
> 我今爲救彼，捨身必轉勝。

> 我今知此身，必當有敗壞，
>
> 今爲救愍故，便是法捨身。
>
> 得爲法因者，云何不歡喜？

爾時諸鹿種種諫[9]喻，遂至疲極，不能令彼使有止心。時彼鹿王往[10]詣王厨，諸鹿舉群并提婆達多鹿群，盡逐鹿王向波羅㮏。既出林已，報謝群鹿，使還所止，唯己一身詣王厨所。時彼厨典先[11]見鹿王者，即便識之，往白於王，稱彼鹿王自來詣厨。王聞是語，身自出來，向鹿王所。王告之言："汝鹿盡耶？云何自來？" 鹿王答言："由王擁護，鹿倍衆多。所以來者，爲一妊身牸鹿，欲代其命，身詣王厨。" 即說偈言：

> 意欲有所求，不足滿其心，
>
> 我力所能辦，若當不爲者，
>
> 與木有何異？設於生死中，
>
> 捨此臭穢形，當自空敗壞，
>
> 不爲毫釐[12]善。此身必[13]歸壞，
>
> 捨己他得全，我爲得大利。

爾時梵摩達王聞是語已，身毛皆竪，即說偈言：

> 我是人形鹿，汝是鹿形人，
>
> 具功德名人，殘惡是畜生。
>
> 嗚呼有智者，嗚呼有勇猛，
>
> 嗚呼能悲愍，救濟衆生者。
>
> 汝作是志形，即是教示我。
>
> 汝今還歸去，及諸群鹿等，
>
> 莫生怖畏想。我今發誓願，
>
> 永更不復食，一切諸鹿肉。

爾時鹿王白王言："王若垂矜，應自往詣彼群鹿所，躬自安慰，施與無畏。" 王聞是語，身自詣林，到鹿群所施鹿無畏。即說偈言：

> 是我國界内，一切諸群鹿，
>
> 我以堅擁護，慎莫生恐怖。
>
> 我今此林木，及以諸泉池，
>
> 悉以施諸鹿，更不聽殺害。

是故名此林⁽¹⁴⁾，即名施鹿林。

大莊嚴論經⁽¹⁵⁾卷第十四

【校記】

（1）班駁：北本、清本作"斑駁"。

（2）填：資本、磧本、普本、洪本、南本、北本、徑本、清本作"填而作是念"。

（3）放：資本、磧本、普本、洪本、南本、北本、徑本、清本作"施"。

（4）後：資本、金本、磧本、普本、洪本、南本、北本、徑本、清本、頻本作"復"。

（5）去：資本、金本、磧本、普本、洪本、南本、北本、徑本、清本作"至"。

（6）設：資本、磧本、普本、洪本、南本、北本、徑本、清本作"護"。

（7）言：磧本、洪本、南本作"王"。

（8）即：徑本作"而"。

（9）諫：磧本、普本、洪本、南本、北本、徑本、清本作"陳"。

（10）往：資本、磧本、普本、洪本、南本、北本、徑本、清本作"行"。

（11）先：資本、金本、磧本、普本、洪本、南本、北本、徑本、清本脱。

（12）氂：資本、磧本、普本、洪本、北本、徑本、清本作"氂"。

（13）必：磧本、普本、洪本、南本、北本、徑本、清本作"心"。

（14）林：資本、磧本、普本、洪本、南本、北本、徑本、清本作"山"。

（15）論經：資本、磧本、普本、洪本、南本、北本、徑本、清本作"經論"。

【注釋】

（一）鹿王：即鹿中之王。此故事爲鹿王身代孕鹿供王厨本生故事。其最早出現在《六度集經》中，《出曜經》、《大智度論》、南本《本生經》、《妙法蓮華經玄贊》等多部漢譯佛經中均有記載。同時該故事還出現在敦煌本羽153V《妙法蓮華經講經文》中。到了宋代，《青瑣高議後集·仁鹿記》以小説的形式記載了該故事。元明時期，此本生故事經過改編，成爲《釋迦如來十地修行記》中的"第一地"。在傳播過程中，故事的形式有所改變，主體内容没有發生太大的變化。

大莊嚴論經卷第十五

馬鳴菩薩造　後秦龜茲三藏鳩摩羅什譯

（七一）

復次，善分別者，乃至國土廣大，諸事備足，知其苦惱，捨離而去。

我昔曾聞，世尊昔爲菩薩時，作大國王，貧窮乞匄有來索者一切皆與，爲苦厄者能作擁護，爲欲利益一切衆生，智慧聰猛，又處王位。時隣國王將諸軍衆欲來交戰，時菩薩王作是思惟："著五欲樂，不能調心，六根難滿，衆具既多，復須料[1]理而擁護之，爲此衆具，生於鬥諍，願捨此事，不應鬥諍，我應更修集隨身勝法。"即說偈言：

於善觀察時，智者應分別，

爲事不思慮，後悔無所及。

觀察是非，必知所在。復說偈言：

欲如執草炬，亦如衆肉團[2]，

著欲必傷毀，害及於二世。

智者應速離，國土衆具等，

如此衆具等，終歸必捨弃，

寧今受衆[3]苦，願莫於後世，

受此久長苦。計我今勢力，

堪任摧伏彼，現在明證果，

聲譽嘆美善，後受苦傷害。

雖知己有能，願當護於彼，

若當不護彼，後[4]必傷害身。

作是念已，逃避入林，有一老婆羅門迷失道路到彼林間，菩薩問言："汝以何故來至此林？"婆羅門言："我欲見王。"菩薩問言："何故見王？"婆羅門言："我今貧困又多債負，聞王好施，故來乞索用以償債，遠離貧苦，更無所歸，唯望王恩拯救於我。"菩薩語言："汝並歸去，此間無王，何所歸誠？"婆羅門聞是語已，迷悶躃地。爾時菩薩既見之已，深生憐愍，作是念已，即說偈言：

　　我以護他故，難捨盡弃捨，

　　我今弃捨已，當以何物與？

　　吾今爲斯人，當捨己身命。

說是偈已，即時扶接婆羅門起，而告之曰："汝莫愁怖！吾當令汝得於財利。"時婆羅門聞是語已，心生喜[5]悦。菩薩即時用草作索，作索已訖，與婆羅門："一切施者，我身即是。"而說偈言：

　　彼王未得我，心意終不安，

　　汝應以此繩，繫縛於我肘，

　　將至彼王所，令彼王歡喜，

　　當施汝珍寶，金銀諸財物，

　　汝可得大富，彼王復歡喜。

　　生者必有死，壽命會當盡，

　　爲救危厄故，雖復喪身命，

　　智者爲此死，名之爲瓔珞。

爾時婆羅門聞是語已，甚大歡喜，即時以索縛此菩薩，將詣彼王。王既見已，向婆羅門而說偈言：

　　此爲是何人？身色如金山，

　　威光甚赫奕，猶日照世間，

　　面目極端嚴，覩者無不悦。

　　如斯福德者，應作大地[6]主，

　　今日被拘執，苦厄乃如是？

　　我坐師子座[一]，極爲可慚耻，

　　彼應處王位，非我之所宜，

　　我之不調順，不應處此座。

　　時婆羅門聞是偈已，白大王言："此是王怨。"王問婆羅門："誰縛此人?"婆羅門言："此實我縛。"王言："斯人不應爲汝所縛，汝爲妄語。"即説偈言：

彼如大逸象，身力甚强壯，
汝今體羸劣，又無兵馬[7]力，
云何能縛彼? 此事不可信。
汝可真實説，勿作虛妄言。
時婆羅門具陳上事，而説偈言：
見我失所望，彼人便自縛，
彼以悲愍縛，欲以救濟我。
如是善丈夫，名稱遍十方，
猶如燃[8]庭燎，普照於一切。
不善人愚癡，滅彼使無餘，
庭燎熾然時，能滅令無遺。

　　爾時大王聞是語已，即便驚起，合掌而言："善哉善哉! 真善丈夫! 汝爲救他，作如是事。"即説偈言：

所言大王者，號名曰[9]羅闍[二]，
利益於世間，是故名羅闍。
汝今應爲王，護持於大地，
唯願今聽我，懺悔諸罪咎。
我實是嬰愚，輕躁無智者，
汝可還爲王，我捨此國去。
汝能令衆生，一切得安樂，
餘人設[10]作王，逼[11]惱諸世間。

　　即立彼王還歸所止。

【校記】

（1）料：資本、金本、磧本、普本、洪本、南本、北本、徑本、清本作"斷"。

（2）團：資本、金本、磧本、普本、洪本、南本、北本、徑本、清本作"揣"。

（3）衆：資本、金本、磧本、普本、洪本、南本、北本、徑本、清本作“終”。

(4) 後：資本、磧本、普本、徑本作“彼”。

(5) 喜：徑本作“歡”。

(6) 地：資本、金本、磧本、普本、洪本、南本、北本、徑本、清本作“施”。

(7) 馬：資本、磧本、普本、洪本、南本、北本、徑本、清本作“象”。

(8) 燃：金本、磧本、洪本、南本、北本、清本作“然”。

(9) 曰：徑本作“爲”。

(10) 設：資本、磧本、普本、洪本、南本、北本、徑本、清本作“悉”。

(11) 逼：資本、磧本、普本、洪本、南本、北本、徑本、清本作“遍”。

【注釋】

(一) 師子座：指佛或大德所坐的床座。《大智度論》：“是號名‘師子’，非實師子也。佛爲人中師子，佛所坐處若床若地，皆名‘師子座’。譬如今者國王坐處，亦名師子座。”（卷七，25/111b）

(二) 羅闍：早期吠陀時代雅利安人部落軍事首領的名稱，後演變爲王的稱呼。

（七二）

復次，作净福業，應設供養，是故應當勤修福業。

我昔曾聞，石室國王名烏(1)越輢，舉國人民共設佛會，有一婦人於窓牖(一)中闚看世尊。爾時彼王見女端正，即解珠瓔，遣傍侍臣送與彼婦。時王左右即白王言：“彼婦女者，是國中婦，王若愛念，直往喚取，何煩與珠？人脱怪笑。”王聞是語，以手掩耳，作如是言：“咄哉大惡！云何乃以此言使聞我耳？”即説偈言：

作是咒誓言，設我有異心，
使我成大惡，我不以染著，
以珠與彼女，聽我説意故。
業爲自在主，最勝業者説，
此無宰主(2)作，唯是業所造，
心作於宰主，善業佛所嘆。
如是之妙色，更無宰主我(3)，
唯是善業作，善業我應敬，

惡業我應離。過去作善業,

果報於今現,我以於珠貫,

眾寶雜莊嚴,額懸多邏羅,

珠貫白如雪,我爲宿功德,

不爲著色欲,若知善惡業,

云何復著色?雖[4]遠尚不視,

況當有染著?寧當飢渴死,

不爲非法貪,寧當入火聚,

不爲姦邪事。我如有愛著,

今身若後身,受苦極無量。

【校記】

(1) 烏:資本、金本、磧本、普本、洪本、南本、北本、徑本、清本作“象”。

(2) 主:磧本作“王”。

(3) 主我:資本、金本、磧本、普本、洪本、南本、北本、徑本、清本作“我主”。

(4) 雖:資本、磧本、普本、洪本、南本、北本、徑本、清本作“離”。

【注釋】

(一) 窓牖:同“窗牖”,即窗户。《正法華經》:“父於窓牖遙見其子所爲超絕,脱故所著沐浴其身,右手洗之,以寶瓔珞香華被服。”(卷三,09/080a)

(七三)

復次,若有善業,自然力故,受好業報,雖有國王黨援之力,不如業力所獲善報,是故應當修於善業。

我昔嘗聞,憂悦伽王於晝睡眠,有二内官,一在頭前,一在脚底,持扇捉拂,共作論議:“我等今者爲王所念,爲以何事?一則自稱是我業力,一則自稱我因王力,由是之故奉給於王。”時彼二人數聞聽法,並解議論,即說偈言:

如牛屬渡水,導正從亦正,

人王立正法,從者亦如是。

時彼二人由競理故，其聲轉高，一作是言："我依王活。"第二者言："我依業力。"王聞是聲，即便睡悟，而問之言："何故高聲?"王又聞彼二人諍理，雖復明知，未斷我⁽¹⁾見，援黨已者。王心不悦，即便向彼稱業力者説偈問言：

> 依於我國住，自稱是業力，
> 我今試看汝，爲是誰力耶?

説是偈已，往夫人所，語夫人言："今當遣人來到汝邊，汝好莊嚴，如帝釋幢夫人。"答言："當奉王教!"時王以蒲萄^{(2)(一)}漿與彼依王活者，送與夫人。既遣之已，作是思惟："稱業力者今應當悔作如是語。"作是念已，未久之間，彼業力者著好衣服來至王邊。王見之已，甚大生怪，即説偈言：

> 我爲自錯誤，與彼殘漿耶?
> 爲是彼業力，強奪此將去?
> 或能共親厚，與彼使將去?
> 或是夫人瞋，奪此與彼乎?
> 或能我迷誤，而與於彼耶?
> 或能彼幻我，使我錯亂乎?

説是偈已，問彼人言："好實語我，汝恃業力，我故不遣，汝云何得?"彼人白王："以業力得。"即以事狀，具向王説："此人奉使既出門已，卒爾鼻衂^(二)，即以此漿與我，使送到夫人邊，得是衣服。"王聞是已，即説偈言：

> 業報如影響，亦如彼莊嚴，
> 彼言自業力，此語信不虛。
> 以聽法力故，言説合於理，
> 彼稱業力者，斯言定有驗。
> 我多於己負，彼憑業力勝，
> 佛説業力强，此語信真實。
> 佛爲善御乘，業力爲善哉，
> 能壞王者力。十方佛世尊，
> 亦説隨業力。汝今倚業力，
> 用自莊嚴身，割絶於我力。

【校記】

(1) 斷我：磧本、普本、洪本、南本、北本、徑本、清本作"我斷"。

(2) 萄：磧本、洪本、南本作"桃"。

【注釋】

(一) 蒲萄：即葡萄。唐・慧琳《一切經音義》："蒲萄，徒刀反。《博物志》云：張騫使西域還，得安石榴、胡桃、蒲萄。《廣雅》：蒲陶有白黑紫三種，萄、桃、陶皆得。"（卷二七，54/489a）

(二) 鼻衄：指鼻出血。衄，同"衄"。鼻出血。唐・玄應《一切經音義》："鼻衄，汝六反。《説文》鼻出血也。今呼鼻血，爲衄鼻也。"（卷一〇，56/966c）

(七四)

復次，雖與智者共爲讎郤[(1)(一)]，猶能利益，是故智人雖與爲讎，常應親近。

我昔曾聞，摩突羅國有婆羅門，聰明智慧，不信佛法，亦不親近諸比丘等。共餘婆羅門先有鬥諍，以瞋恚故，詣僧坊中，詐爲妄語，作如是言："某婆羅門明日於舍設諸供具，當作大會，請諸比丘。"欲令比丘明晨往至其家不得飲食，令彼惡名遍於世界。時諸比丘於其晨朝往詣其家，語守門人："汝家主人請我飲食，汝可往白。"時守門者入白主人："今者門外有諸比丘，云大家請，故來相造。"主人聞已，作是思惟："何因緣故有如是事？"復作是念："彼婆羅門與我爲怨，故爲此[(2)]事。今雖臨中，城邑極大，遣人市具供諸比丘。"作是念已，即時遣人喚諸比丘入舍就坐，設種種食而以供養。比丘食訖，語檀越言："汝今小坐，比丘之法，食訖應爲檀越説法，汝雖不信，佛法應爾。"時彼主人即取小床，上座前坐，爲説施論、戒論、生天之論[(二)]，欲爲不净出世爲樂，乃至爲説四真諦法。此婆羅門已於過去種諸善根，即於坐上見四真諦，得須陀洹，而説偈言：

> 咄哉愚癡力，能害於正見，
>
> 愚者不分別，寶作非寶想。
>
> 我今得勝利，分別識三寶，
>
> 真實是我寶，佛法及聖衆。

我已諦觀⁽³⁾了，得閉三惡道，
釋梵諸天等，所不能獲得，
我今具獲得。今此婆羅門，
即名爲梵天，今當得趣向，
解脫不死方。我今始獲得，
婆羅門勝法。我本姓輸都，
今日真輸都，今日始⁽⁴⁾獲得，
勝妙比陀法。我今得無漏，
出過諸比陀，我今真實是，
祠祀大福田。我當勤大祠，
不能善分別，可祠不可祠？
從今日已往⁽⁵⁾，當供天中天，
多陀阿伽陀。略說而言之，
今日始得利，獲得人身果。
從今日已往，當隨佛所教，
終更不求請，其餘諸天神。
我今所學法，隨順向正道，
法及隨順法，我必得其果。⁽⁶⁾
我今歸命禮，宿世厭惡根，
曾修法向法，今獲⁽⁷⁾其果利。
親近善知識，法利自然成，
我若不親近，大悲弟子者，
永當墮邪見，輪回三惡道。
若無婆羅門，爲我怨讎者，
亦不得親近，如此之聖衆。
由彼瞋忿故，令我得是法，
外相似惡友，實是善知識，
恩過於父母，及以諸親戚。
由此婆羅門，諸僧至我家，
降注於甘雨，善芽悉得生。
法雨甚潤澤，灑我心埃塵，

埃塵既不起，得見真實法。

是故世間説，因怨⁽⁸⁾得財賄。

自惟得大利，即受三歸依。

於彼婆羅門，大設諸餚饍。

【校記】

(1) 郄：資本、金本、磧本、洪本、南本、徑本、頻本作“隙”。

(2) 此：資本、磧本、普本、洪本、南本、北本、徑本、清本作“是”。

(3) 覷：資本、磧本、普本、洪本、南本、北本、徑本、清本作“觀”。

(4) 始：資本、磧本、普本、洪本、南本、北本、徑本、清本作“使”。

(5) 往：磧本、普本、洪本、南本、北本、徑本、清本作“去”，金本作“生”。

(6) 我今所學法，隨順向正道，法及隨順法，我必得其果：此四句二十字，資本、金本、磧本、普本、洪本、南本、北本、徑本、清本脱。

(7) 今獲：資本、磧本、普本、洪本、南本、北本、徑本、清本作“獲今”。

(8) 怨：資本、磧本、普本、洪本、南本、北本、徑本、清本作“惡”。

【注釋】

(一) 讎郄：指怨恨或仇怨。後晉·可洪《新集藏經音義隨函録》曰：“讎郄，上市周反，下丘送反。憎嫌也。”（卷二三，35/417c）讎，有仇恨、怨恨義。《左傳·僖公十四年》：“慶鄭曰：‘背施，幸灾，民所弃也。近猶讎之，況怨敵乎？’”① 郄，同“郤”，通“隙”，嫌隙。《史記·扁鵲倉公列傳》：“扁鵲仰天嘆曰：‘夫子之爲方也，若以管窺天，以郤視文。’”②

(二) 施論、戒論、生天之論：佛陀在爲社會人士講法時，先講此三論。《瑜伽師地論》：“又有三種爲諸樂欲增上生者所説真實增上生道：一者布施。得大財富；二者持戒。得往善趣；三者修定。遠離苦受，得生一向無有惱害樂世界中。”（卷一四，30/349b）布施、持戒、生天之論是正

---

① 〔漢〕杜預注，〔唐〕孔穎達等正義《春秋左傳正義》，上海：上海古籍出版社，1990年版，第226頁。

② 〔漢〕司馬遷《史記》，顧頡剛點校，北京：中華書局，1959年版，第2788頁。

修佛道的次法基礎，佛陀度眾生的次第也是從此三論開始。生天之論：指修十善生欲界天，以及如何修四禪八定而往生色界、無色界天。此三論仍然遵循佛教的因緣果報之說。廣作布施，堅持戒，修善業，死後必得升於天國。

（七五）

復次，若人精誠，以財布施，如華獲財業，以知是事應至心施。

我昔曾聞，罽賓（一）國人夫婦共在草蓐上臥，於天欲明善思覺生，作是思惟："此國中人無量百千，皆悉修福，供養眾僧。我等貧窮，值此寶渚，不持少寶至後世者，我等衰(1)苦則為無窮，我今無福，將來苦長。"作是念已，悲吟嘆息，展轉哀泣，淚墮婦上(2)。爾時其婦尋問夫言："以何事故，不樂乃爾？"即說偈言：

> 何故極悲慘？數數而嘆息，
>
> 雨(3)淚沾我臂，猶如以水澆。

爾時其夫說偈答曰(4)：

> 我無微末善，可持至後世，
>
> 思惟此事已，是故自悲嘆。
>
> 世有良福田，我無善種子，
>
> 今身若後身，飢窮苦難計。
>
> 先身不種子，今世極貧窮，
>
> 今若不作者，將來亦無果。

爾時其婦聞是偈已，語其夫言："汝莫愁憂。我屬於汝，汝於我身有自在力，若賣我身，可得錢財，滿汝心願。"爾時其夫聞婦此言，心生歡喜，顏貌怡悅，語其婦言："若無汝者，我不能活。"即說偈言：

> 我身與汝身，猶如彼鴛鴦，
>
> 可共俱賣身，得財用修福。

爾時夫婦二人詣長者家，作如是言："可貸我金，一月之後若不得者，我等二人當屬於汝；一月之後我必不能得金相償，分為奴婢，一月之中可供養諸比丘僧。爾時長者即便與金，既得金已，自相謂言："我等可於離越寺（二）中供養眾僧。"婦問夫言："為用何日？"答言：“十五日。”又問：“何故十五日？”爾時其夫以偈答曰[5]：

> 世間十五日，拘毗[三]等天王，
>
> 案行於世間，是佛之所説，
>
> 欲使人天知，是故十五日。

爾時夫婦二人竭力營造至十三日，食具悉備，送置寺上，白知事人言：“唯願大德明十五日勿令衆僧有出外者，當受我請。”彼知事人答言：“可爾。”於十四日夫婦二人在寺中宿，自相勸喻，而説偈言：

> 告喻自己身，慎勿辭疲勞，
>
> 汝今得自在，應當盡力作。
>
> 後爲他所策，作用不自在，
>
> 徒受衆勞苦，無有毫釐[6]利。

説此偈已，夫婦通夜不暫眠息，所設餚饍至明悉辦。夫語婦言：“善哉我曹！所作已辦，心願滿足。得是好日，賣此一身，於百千身常蒙豐足。”時有小國主[7]施設飲食，復來至寺，而作是言：“願諸僧等受我供養。”知事人言：“我等諸僧先受他請，更覓餘日。”時彼小王慇懃啓白：“我今已[8]衆務所逼，願受我請。”爾時諸僧默然無對。爾時國主[9]語彼夫婦言：“我今自[10]打揵椎[四]，汝所造食，當酬汝直。”時夫婦已聞此語，向彼國主五體投地，而白之言：“我之夫婦窮無所有，自賣己身以設供具，竟宿造供，施設已辦，唯於今日自在供養，若至明日，爲他策使不得自由，願王垂矜，莫奪我日。”即説偈言：

> 夫婦如鴛鴦，供設既已辦，
>
> 願必見憶念，明當屬他去。
>
> 夫婦各異策，更無修[11]福期，
>
> 如是自賣身，乃爲修善故。

時彼國王具聞斯事，讚言善哉，即説偈言：

> 汝善解佛教，明了識因果，
>
> 能用虛僞身，易於堅財命。
>
> 汝勿懷恐怖，恣聽汝所願。
>
> 我爲憐愍汝，以財償汝價，
>
> 汝今自苦身，終大獲利樂。

爾時國主説此偈已，聽彼夫婦供養衆僧，即以財物爲彼夫婦酬他價直，又給夫婦自營産業，現受此報，無所乏少。

【校記】

（1）衰：徑本作"哀"。

（2）上：資本、磧本、普本、洪本、南本、北本、徑本、清本作"臂"。

（3）雨：徑本作"兩"。

（4）曰：頻本作"言"。

（5）曰：頻本作"言"。

（6）鼇：資本、磧本、普本、洪本、南本、北本、徑本、清本作"鼇"。

（7）主：資本、磧本、普本、洪本、南本、北本、徑本、清本作"王"。

（8）已：資本、磧本、普本、洪本、南本、北本、徑本、清本作"以"。

（9）主：普本、徑本作"王"。

（10）自：金本、磧本、普本、洪本、南本、北本、徑本、清本作"日"。

（11）修：資本、金本、普本、洪本、南本作"猶"，北本、徑本、清本作"由"。

【注釋】

（1）罽賓：西域古國名。新譯曰迦濕彌羅。在印度北部，即今克什米爾地區。《華嚴經探玄記》謂"迦濕彌羅"："罽賓者，正云迦濕彌羅。"（卷一五，35/391a）

（二）離越寺：寺院名。語出《大智度論》卷九載罽賓隸跋陀仙人山，"此山下有離越寺；離越，應云隸跋陀"（25/126b）。《翻梵語》卷八云："離越寺，應云離婆多，譯曰星名。"

（三）拘毗：即毗沙門天王。《長阿含經》云："須彌山北千由旬有毗沙門天王，王有三城：一名可畏，二名天敬，三名衆歸。"（卷二〇，01/130b）其守護閻浮提北方。

（四）捷椎：即寺院的打板，是集合僧人的響器之一。唐·慧琳《一切經音義》云："捷椎，打木也。梵言健椎，此無正翻。案，舊譯經本多作健遲，此亦梵言訛轉耳。"（卷四六，54/610b）《翻梵語》卷九十八云："捷椎，譯曰磬也。"

（七六）

復次，至心持戒，乃至没命，得現果報。

我昔曾聞，難提拔[1]提城有優婆塞，兄弟二人並持五戒[一]。其弟爾時卒患脇痛，氣將欲絶，時醫診之，食新殺狗肉并使服酒，所患必除。病者白言：“其狗肉者，爲可於市買索食之，飲酒之事，願捨身命，終不犯戒而服於酒。”其兄見弟極爲困急，買[2]酒語弟：“捨戒服酒，以療其疾。”弟白兄言：“我雖病急，願捨身命，終不犯戒而飲此酒。”即説偈言：

> 怪哉臨命終，破我戒瓔珞，
>
> 以戒莊嚴身，不煩殯葬具。
>
> 人身既難得，遭值戒復難，
>
> 願捨百千命，不毀破禁戒。
>
> 無量百千劫，時乃值遇戒，
>
> 閻浮世界中，人身極難得，
>
> 雖復得人身，值正法倍難。
>
> 時復值法寶，愚者不知取，
>
> 善能分別者，此事亦復難。
>
> 戒寶入我手，云何復欲奪？
>
> 乃是怨憎者，非我之所親。

兄聞偈已答其弟言：“我以親故，不爲沮壞。”弟白兄言：“非爲親愛，乃是殘敗。”即説偈言：

> 我欲向勝處，毀戒令墮墜，
>
> 損我乃如是，云何名親愛？
>
> 我勤習戒根，乃欲見劫奪，
>
> 所持五戒中，酒戒最爲重。
>
> 今欲强毀我，不得名爲親。

兄問弟言：“云何以酒爲戒根本？”弟即説偈以答兄言：

> 若於禁戒中，不盡心護持，
>
> 便爲違大悲。草頭有酒渧[3]，
>
> 尚不敢振[4]觸[二]，以是故我知，
>
> 酒是惡道因。在家修多羅，

説酒之惡報，唯佛能別知，
誰有能測量？佛説身口意，
三業之惡行，唯酒爲根本，
復墮惡行中。往昔優婆夷，
以酒因緣故，遂毀餘四戒，
是名惡行數，復名五大施，
亦是五無畏。酒爲放逸根，
不飲閉惡道，能獲信樂心，
去慳能捨財。首羅聞佛説，
能獲無量益，我都無異意，
而欲毀犯者？略説而言之，
寧捨百千命，不毀犯佛教，
寧使身乾枯，終不飲此酒。
假設犯毀戒，壽命百千年，
不如護禁戒，即時身命滅。
決定能使差，我猶故不飲，
況今不定知，爲差爲不差？
作是決定心，心生大歡喜，
即獲見真諦，所患即消除。

【校記】

(1) 拔：資本、磧本、普本、洪本、南本、北本、徑本、清本作“跋”。

(2) 買：資本、磧本、普本、洪本、南本、北本、徑本、清本作“齋”。

(3) 渧：資本、磧本、普本、洪本、南本、北本、徑本、清本作“滴”。

(4) 振：資本、磧本、普本作“棠”，洪本、南本、北本、徑本、清本作“搽”，金本作“嘗”。

【注釋】

（一）五戒：即不殺生戒，不偷盜戒，不邪淫戒，不妄語戒，不飲酒戒。見卷八（四八）“五大施”條。

（二）振觸：觸碰。唐·慧琳《一切經音義》云：“振皐，上宅衡反。《廣雅》作樗。樗，刺也，清亦反，考聲。振，橦也，濁江反，從手長聲也。或作敉，訓用亦同。下衙燭反。《廣雅》皐，撩也，屯忽反。字書抵

誤也，或作牭，從牛角，會意字也。經作觸，俗用。”（卷一二，54/378c）
此詞早見於西晉·竺法護譯《佛說月光童子經》：“垂天瓔珞互相連結，風
起吹之轉相振觸，妙音百種自然宣出。”（卷一，14/816c）唐宋時期中土
文獻已見。宋·范成大《吳船錄》卷上：“初投香幣，不應，則投死彘及
婦人弊履之類，以振觸之，往往雷風暴發。”①

（七七）

　　復次，若信佛語，於諸外論，猶如嬰愚顛狂所說，是故懃學佛法
語論。

　　我昔曾聞，有一國名釋伽羅，其王名盧頭陀摩〔一〕，彼王數數詣
寺聽法。時彼法師說酒過失，爾時王難高座法師言：“若施他酒得狂
癡者，今飲酒亦多，無狂癡報。”時法師指示外道等，其王見已，善
哉善哉！時有外道，自相議言：“彼說法者，無所知見，空指而已，
王爲法師已又不解，空稱善哉！不能開解而答此問。然此眾中亦有大
聰明勝人，何故不答王？”即說偈言：

> 法師有聰辯，善能答此義，
> 憐愍汝等故，護惜而不說。

　　諸外道言：“王爲此法師，橫爲通道理。”王言：“我之所解，更
有異趣。”爾時王語法師言：“向所解義，今可顯說。”法師答言：“我
向所⑴以指外道者，以諸外道各生異見，有顛倒心，是故名爲癡狂之
人。”即說偈言：

> 不必鬼入身，名爲顛狂者，
> 邪見夜叉心，是爲說顛狂。
> 狂癡人⑵過失，不知解其事，
> 汝等有狂過，一切種智說。
> 汝違種智語，隨逐於邪見，
> 現見於神變，彼大仙所辱。
> 出過其禁限，顛狂先已成，
> 云何使我說，百千種狂因。

---

　　① 〔宋〕范成大《吳船錄》，顧宏義、李文《宋代日記叢編》，上海：上海書店出版社，
2013年版，第847頁。

何故分別説？投淵及赴火，
自墜於高巓[3]，捨弃於施戒。
逐迷邪狂倒，不修於正行，
狂惑墜巓火，賣鹽壞净行。
飲觸恒河水，是名立正行，
失净及得正[4]，有何因義趣？
賣肉衆惡集，三種神足變[二]，
除此三種變，更亦有神變。
唯有二六法，離此別無我，
現見仙神變，更見十三法。
如是顛狂事，其數乃有百，
現見投淵火，自墜於高巓。
以此欲生天，此但是邪見，
非是生天因[5]；戒施善調心，
即是生天因。賣鹽壞善行，
觸河除諸惡，賣鹽有大惡，
觸河有大善，如是有何義，
得名爲善惡？婆羅門賣肉，
即墮於失法，捉刀亦失法，
若復賣於肉，滿三十六斤，
敗壞婆羅門。羅差[6]及食蜜，
皆名爲失法，見羅差嘗蜜，
二俱成過患。以秤欺誑人，
不成名爲盜[7]，賣肉成殺生。
羊稻俱有命，食稻不成殺，
羊稻俱應食，何故食於稻，
而不食於羊？汝諸言自殺，
終不得生天，墜巖投淵水，
復言得生天。殺已言有罪，
餧養己身者，何故不得福？
觀察不順理，皆是愚癡倒，

以是因緣故，名汝等爲狂。

此即是愚癡，羅刹之摽[8]相，

是故說汝等，成就顚狂法。

此即是與酒，飲酒之因果，

瞋恚是癡因，瞋恚而黑濁，

能令顏色變。以是因緣故，

瞋爲瘦[9]黑因，飲酒顏[10]色濁，

此二俱能瘦。目連見餓鬼，

汝先自飲酒，亦教人飲酒，

說言無罪報，是故今現在，

已獲餓鬼身，花報[三]已如是，

果報方在後。

諸婆羅門聞是語時，多有外道即時出家。

【校記】

（1）所：資本、金本、磧本、普本、洪本、南本、北本、徑本、清本脫。

（2）人：資本、金本、磧本、普本、洪本、南本、北本、徑本、清本作“之”。

（3）巖：資本、磧本、普本、洪本、南本、北本、徑本、清本作“巖”。

（4）正：資本、磧本、普本、洪本、南本、北本、徑本、清本作“失”。

（5）非是生天因：資本、金本、磧本、普本、洪本、南本、北本、徑本、清本脫。

（6）差：北本、徑本、清本作“刹”。

（7）以秤欺誑人，不成名爲盜：資本、磧本、普本、洪本、南本、北本、徑本、清本脫。

（8）摽：資本、普本、徑本作“擽”，金本、磧本、洪本、南本、北本、清本作“擽”。

（9）瘦：頻本作“庾”。

（10）顏：資本、金本、磧本、普本、洪本、南本、北本、徑本、清本作“亦”。

【注釋】

（一）盧頭陀摩：即南天竺的釋伽王。釋印順《佛教史地考論》曰：
"《大莊嚴經論》卷五，有釋伽羅王盧頭陀摩。'彼王數數詣寺聽法'。因法
師説到飲酒得狂報，呵責外道狂愚的苦行。列維以釋伽羅爲印度流域的奢
羯羅，是不對的。《智度論》（卷八）説：'南天竺國中有法師，高坐説五
戒義。是衆中多有外道來聽，是時國王難曰：若汝所説，有人施酒及自飲
酒得狂愚報，當今世人，應狂者多而正者少。'《智論》所説，完全相同，
不過以南天竺代替釋伽羅而已。這實在是南天竺的釋伽王。賒迦—塞種族
入侵印度，建設的牧伯王朝，有以鄔闍衍 Ozene（優善那）爲根本的卡須
多那 Cashtana 王朝。鄔闍衍，在早期佛典中，如《五分律》等，都稱他
爲南天竺的。泛言'南天之王'，十九都指此地。此王朝有一著名的大牧
伯——盧陀羅達摩，文治武功均盛，約在位於一二〇到一五五年（古代印
度第五章）。釋伽羅王盧頭陀摩，顯然即賒迦王盧陀羅達摩。"[1]

（二）三種神足變：即三種神變，又作三神足。語出《大寶積經》：
"佛告天子：我以三種神變調伏衆生：一者説法，二者教誡，三者神通。"
（卷八六，11/492b）

（三）花報：又作華報。花開在結果之前，故果報之前所兼得者，稱
爲花報。魏晉南北朝時漢譯佛經中可見。

（七八）

復次，善分別，敬功德，不期於門族。

我昔曾聞，花氏城[一]中有二王子，逃走歸投末投羅[二]國。時彼
國中有一内官，字拔羅婆若[1]，爲附傭國主，供養衆僧，手自行食。
衆僧食已，遣人斂[2]草上殘食，持詣宮中，向食作禮，然後乃食。餘
者分張與所親愛。"食彼殘食能破我患[3]"，是故先取食之。授與二王
子，王子食已，心惡賤故，出外即吐，而作是言："出家之人種種雜
姓，我等今者食其殘食。"食已吐弃，然後除過。時附傭主聞是事已，
作如是言："此二嬰愚，極爲無[4]知。"即説偈言：

得此餘食者，智者除過患，

---

① 釋印順《佛教史地考論》，《妙雲集》下編之九，臺北：正聞出版社，1986 年版，第 407
頁。

彼生疑譏嫌，是名為嬰愚。

佛法觀察食，外道都[5]悉無，

沙門觀察食，能除煩惱障。

餘食牟尼觸，應當頂戴敬，

手捉殘食已，水洗已除過[6]。

附傭主後日更不與殘食。時左右人問言："何故不分食與二王子?" 即說偈言：

彼之不知解，沙門所食餘，

自恃種族故，觸之言不淨，

不生歡喜心，是故我不與。

不識沙門姓，不食於彼食，

不識我種姓，不應食我食。

沙門處處生，不如我種族，

我不如沙門，復不食我食。

為言無種姓，亦無有年歲，

如馬無種族，內官亦如是。

內官處處來，無有定方所，

唯覷我富貴，不看我種姓。

但見富貴故，便食我殘食，

不食沙門食，是名為嬰愚。

沙門心自在，具足七種財，

不食沙門食，而食我餘者，

猶如超半井，不見有是處。

見我有勢力，王者之所念，

便食我餘食；苷[7]蔗種中生，

輪頭王太子[三]，如是種族來，

可不勝我耶? 彼之勝智者，

無等無倫匹[8]，不取其種姓，

唯取其德行。種族作諸惡，

亦名為下賤，具戒有智慧，

是名為尊貴。

時二王子聞此語已，而作是言："汝示正道，即是我父，自今以往，敬承所誨。"即說偈言：

> 汝今說種姓，殊爲非法語，
> 因行無有定，知解無定方。
> 語議正解了，不名爲邊語，
> 如汝之所解，即是貴種族。

【校記】

（1）若：資本、金本、磧本、普本、洪本、南本、北本、徑本、清本脫。

（2）誨：普本、徑本作"欽"。

（3）患：資本、磧本、普本、洪本、南本、北本、徑本、清本作"惡"。

（4）爲無：資本、金本、磧本、普本、洪本、南本、北本、徑本、清本作"無所"。

（5）都：資本、金本、磧本、普本、洪本、南本、北本、徑本、清本作"覩"。

（6）過：徑本作"故"。

（7）昔：資本、金本、磧本、普本、洪本、南本、北本、徑本、清本作"甘"。

（8）無等無倫匹：資本、金本、磧本、普本、洪本、南本、北本、徑本、清本脫。

【注釋】

（一）花氏城：即華氏城。見卷一（二）"華氏城"條。

（二）末投羅：見卷一（一）"摩突羅"條。

（三）輪頭王太子：即佛陀。輪頭王爲輪頭檀王的略稱，即净飯王。慧琳《一切經音義》："輪頭檀王，此云净飯王也。"（卷二五，54/467c）具體可見卷八（四七）"閱頭檀王"條。

（七九）

復次，若欲觀察，知佛神變，視諸[1]塔寺，供養佛塔。

我昔曾聞，阿梨車毗伽國，於彼城門有佛髮[2]爪塔[一]，近有尼俱陀[二]樹，邊有井水。時婆羅門而白王言："若遊行時見於彼塔，是沙門冢，破王福德，王是大地作一蓋主，宜除此塔。"時王信婆羅門語故，即敕臣下令："速却此塔，明日我出時勿令復見。"時彼城神與諸民衆皆悉悲涕。時諸優婆夷施設供養，又然燈者，作如是語："我等今者是最後供養。"有優婆塞抱塔悲泣，即説偈言：

> 我今最後抱，汝之基塔足，
> 猶如須彌倒，今日皆破傷，
> 十力世尊塔，於今遂破滅。
> 我若有過失，聽我使懺悔，
> 衆生更不見，佛之所作業。

爾時諸優婆塞作如是言："我等今者可還歸家，不忍能看人壞此塔。"時王後自遣人持鍬欲除，往到其所，塔樹盡無，即説偈言：

> 嗚呼甚可怪，舉城大出聲，
> 猶如海濤波，不見十力塔，
> 尼拘陀及井，莫知其所在？
> 諸婆羅門等，深心生慚怪。
> 彼王聞是已，生於希有想，
> 時王作是念：誰持此塔去？
> 即自往詣塔，莫知其所在。

爾時彼王遣千餘人，乘象馳馬，四方[3]推覓。時有老母在於道傍，見彼諸人行來速疾，即問之言："何爲乃爾？"諸人答言："推覓塔樹。"彼老母言："我向於道見希有事，有塔飛空，并尼俱陁樹[4]，不憶其井。見諸人等首戴天冠，頭垂花鬘，身著諸花，持塔而去。我見去時生希有想，指示去處。"諸人聞已，具以事狀，還白於王。王聞歡喜，即説偈言：

> 彼塔自飛去，爲向天上耶？
> 我今心信敬，極生大歡喜，
> 若我破此塔，當墮於地獄。

爾時王即向彼塔處大設供養，此塔即今名曰自移，塔及樹井離毗伽城三十里住。

【校記】

(1) 視諸：資本、磧本、普本、洪本、南本、北本、徑本、清本作"親詣"。

(2) 髮：徑本作"鬘"。

(3) 方：資本、磧本、普本、洪本、南本、北本、徑本、清本作"散"。

(4) 樹：資本、磧本、普本、洪本、南本、北本、徑本、清本脱。

【注釋】

(一) 佛髮爪塔：即供養佛陀頭髮和指甲的佛塔。法顯《高僧法顯傳》記載在那竭國（即今阿富汗的賈拉拉巴德）中有佛的髮爪塔："那竭城南半由延有石室博山，西南向佛留影。（中略）影西四百步許，佛在時剃髮剪爪，佛自與諸弟子共造塔，高七八丈，以爲將來塔法。"（卷一，51/858a）

(二) 尼俱陀：樹名，又稱孟加拉榕樹。梵文 nyagrodha，巴利文 nigrodha。桑科榕樹屬植物，産於印度、錫蘭等地，其爲大型常緑喬木，花期每年五六月份，其果小，故佛典常用來比喻由小因而得大果報。唐·慧琳《一切經音義》："尼拘陀，梵語，西國中名也。此樹端直無節，圓滿可愛，去地三丈餘，方有枝葉。其子微細如柳花子。唐國無此樹，言是柳樹者，非也。"（卷一五，54/402a）

（八〇）

復次，佛塔有大威神，是故宜應供養佛塔。

我昔曾聞，竺[(1)]叉尸羅國彼有塔寺，波斯匿王以成[(2)]火燒之，佛復安一根，朽壞却之。時彼國王名枸[(3)]沙陀那，有一比丘求請彼王："我今爲塔作根，願王聽取，有大樹者王莫護惜。"王即語言："除我官内所有樹木，餘樹悉取。"得王教已，諸比丘等處處求覓，於一村[(4)]邊有大池水，上有大樹，名稱首伽樹，龍所護持，近惡龍故人無敢觸。其樹極大，若復有人取枝葉者，龍能殺之，以是之故，人無敢近。有人語言："彼有大樹。"時比丘即將諸人，齋持斧器，欲往斫伐。時復有人語比丘言："此龍極惡。"比丘語言："我爲佛事，不畏惡龍。"時有奉事婆羅門語比丘言："彼龍極惡，若伐此樹，多所傷害，莫斫破此樹。"婆羅門即説偈言：

汝不聞彼賊，慳貪故暫作[5]，

而能於[6]一切[7]。汝當憶此事，

常應自擁護，莫爲此樹故，

即[8]致於傷害。

比丘復説偈言：

汝爲毒龍故，而自生貢高，

我依人中龍，恃[9]彼亦自高，

觀汝力爲勝，如是我得勢，

令使衆人見。我爲敬佛故，

今當捨身命。諸[10]毒龍衆中，

汝爲作龍王，生大恭敬想，

佛爲柔調寂，及是衆中王，

我今亦恭敬，如來婆伽婆，

誰能降毒龍，而爲弟子者？

爾時比丘共婆羅門，各競道理，遂共鬥諍。于時比丘即伐其樹，

亦無雲雷變異之相。時婆羅門覩斯事已，而説偈言：

先若取枝葉，雲起雷霹靂，

汝爲咒所伏[11]，爲死至後世。

彼時婆羅門説是偈已，即便睡眠夢見毒龍，向己説偈：

汝莫起瞋恚，此名現[12]供養，

非爲輕毀我。吾身自負塔，

況樹作塔橝，而我能護惜？

十力[13]世尊塔，我當云何護？

此林自生樹，而爲佛塔故，

如是自生樹，云何得戀惜？

更有餘因緣，今當説善聽。

我亦無勢力，德叉迦龍王，

自來取此樹，我云何能護？

伊羅鉢龍王，及以毗沙門，

躬自來至此，我有何勢力，

而能距[14]捍彼，威德天龍等？

如來現在世，及以滅度後，

造立塔廟者，此二等無異。

諸有得道者，人天及夜叉，

名稱遍十方，世界無倫匹。

如此名聞故，塔根懸寶鈴，

其音甚和雅，遠近悉聞知。

時婆羅門聞是偈故，從睡眠寤，即便出家。

【校記】

（1）竺：資本、磧本、普本、洪本、南本、北本、徑本、清本作"哩"。

（2）成：資本、磧本、普本、洪本、南本、北本、徑本、清本作"薪"。

（3）枸：資本、金本、磧本、普本、洪本、南本、北本、徑本、清本、頻本作"拘"。

（4）村：資本、磧本、普本作"樹"。

（5）暫作：資本、磧本、普本、洪本、南本、北本、徑本、清本作"作惡"。

（6）能於：資本、磧本、普本、洪本、南本、北本、徑本、清本作"解脱"。

（7）而能於一切：金本脱。

（8）即：資本、金本、磧本、普本、洪本、南本、北本、徑本、清本作"自"。

（9）恃：金本、磧本、洪本、南本作"持"。

（10）諸：北本、徑本、清本作"龍"。

（11）伏：磧本、洪本、南本、北本、徑本、清本作"化"。

（12）現：資本、磧本、普本、洪本、南本、北本、徑本、清本作"見"。

（13）力：資本、磧本、普本、洪本、南本作"方"。

（14）距：資本、金本、磧本、普本、洪本、南本、北本、徑本、清本作"拒"。

（八一）

復次，我昔曾聞，有一老[1]母背負酥瓶[2][一]在路中行，見庵摩勒樹，即食其果。食已患[3]渴，尋時赴井，乞水欲飲。時汲水者即便與水，以先食庵摩勒果之勢力故，謂水甜美，味如石蜜，語彼人⁽⁴⁾：
"我以酥瓨，易汝瓨水。"爾時汲水人即隨其言，與一瓨水。老母得
已，負還歸家。既⁽⁵⁾至其舍，先所食庵羅摩熱⁽⁶⁾力已盡，取而飲之，
唯有水味，更無異味。即聚親屬，咸令嘗之，皆言："是水有朽敗爛
繩汁泥臭穢⁽⁷⁾，極爲可惡，汝今何故持來至此？"既聞斯語，自取飲
嘗，深生悔恨："我何以故乃以好酥貿此臭水？"

一切衆生凡夫之人亦復如是，以愚無智故，以未來世功德酥瓨，
貿易臭穢四顛倒瓨，謂之爲好。於後乃知非是真實，深生悔恨。咄
哉！何爲以功德酥瓨貿易顛倒臭穢之水？而説偈言：

> 咄哉我何爲，以三業净行，
>
> 貿易著諸有？如以净好酥⁽⁸⁾，
>
> 貿彼臭惡水。以食庵摩勒，
>
> 舌倒不覺味，臭水爲甘露。

【校記】

（1）老：資本、金本、磧本、普本、洪本、南本、北本、徑本、清本
作"羌老"。

（2）瓨：磧本、普本、洪本、南本作"坬"，金本作"瓶"。

（3）患：資本、磧本、普本、洪本、南本、北本、徑本、清本作"還"。

（4）人：資本、金本、磧本、普本、洪本、南本、北本、徑本、清本
作"人言"。

（5）既：資本、磧本、普本、洪本、南本、北本、徑本、清本作"即"。

（6）羅摩熱：資本、磧本、普本、洪本、南本、北本、徑本、清本作
"摩羅勢"，金本、頻本作"羅摩勢"。

（7）穢：資本、磧本、普本、洪本、南本、北本、徑本、清本作"穢
而"。

（8）酥：資本、磧本、普本、洪本、南本作"穌"。

【注釋】

（一）瓨：指長頸的甕罈類容器。東漢·許慎《説文解字》曰："瓨，

下江切。似罌，長頸，受十甕，罌也。"① 唐·慧琳《一切經音義》："瓨，項江反。《考聲》云：瓶類也。大者受一斗，今無大小之制也。《説文》：似罌，長頸也。從瓦，工聲。或作缸，罌音，厄耕反。" （卷三〇，54/509b）

（八二）

復次，我昔曾聞，有一長者婦爲姑所瞋，走入林中，自欲刑戮。既不能得，尋時上樹，以自隱身。樹下有池，影現水中。時有婢使擔瓨取水，見水中影，謂爲是已有。作如是言："我今面貌，端正如此，何故爲他持瓨取水？"即打瓨破，還至家中，語大家言："我今面貌端正如是，何故使我擔瓨取水？"于時大家作如是言："此婢或爲鬼魅所著，故作是事。"更與一瓨，詣池取水，猶見其影，復打瓨破。時長者婦，在於樹上，見斯事已，即便微笑。婢見影笑，即自覺悟⁽¹⁾，仰而⁽²⁾視之，見有婦女在樹上微笑。端正女人，衣服非已，方生慚耻。

以何因緣而説此喻？爲於倒見愚惑之衆。譬如蒼⁽³⁾蔔油香，用塗頂髮，愚惑不解，我頂出是香。即説偈言：

未⁽⁴⁾香以塗身，并熏衣纓⁽⁵⁾珞，

倒惑心亦爾，謂從己身出，

如彼醜陋婢，見影謂己有。

【校記】

（1）悟：資本、金本、磧本、普本、洪本、南本、北本、徑本、清本作"寤"。

（2）而：徑本作"面"。

（3）蒼：北本、徑本、清本作"瞻"。

（4）未：資本、金本、磧本、普本、洪本、南本、頻本作"末"，北本、徑本、清本作"秣"。

（5）纓：資本、金本、磧本、普本、洪本、南本、北本、徑本、清本、頻本作"瓔"。

---

① 〔漢〕許慎《説文解字》，〔宋〕徐鉉等校，上海：上海古籍出版社，2007年版，第643頁。

（八三）

復次，猫生兒，以小漸大，猫兒問母，當何所食？母答兒言："人自教汝。"夜至他家，隱甕器間，有人見已，而相約敕："酥乳肉等，極好覆蓋；雞雛高舉，莫使猫食。"猫兒即知，雞酥乳酪皆是我食。

以何因緣，說如此喻？佛成三藐三菩提道，十力具足，心願已滿，以大悲心，多所拯拔。爾時世尊作如是念言："當以何法，而化度之？"大悲答言："一切衆生，心行顯現，以他心智，觀察煩惱，一切諸行，貪欲瞋恚愚癡之等，長夜增長，常想樂想我想淨(1)想，展轉相承。作如是說，不能增長無常苦空(2)無我之法。"是故如來，知此事已，爲衆生說，諸倒(3)對治。如來說法，微妙甚深，難解難入，謂道解說，云何而能爲諸衆生說如斯法？以諸衆生有倒見想，觀察知已，隨其所應，爲說法要。衆生自有若干種行，是故知如來說對治法，破除顛倒，如爲猫兒覆肉酥乳。

【校記】

(1) 淨：資本、金本、磧本、普本、洪本、南本、北本、徑本、清本作"靜"。

(2) 苦空：資本、普本、徑本作"空苦"。

(3) 倒：資本、磧本、普本、洪本、南本、北本、徑本、清本作"倒見"。

（八四）

復次，我昔曾聞，有一國中施設石柱，極爲高大，除去梯隥檻櫨(1)(一)繩索，置彼工匠在於柱頭。何以故？彼若存活(2)，或更餘處，造立石柱，使勝於此。時彼石匠親族宗眷，於其夜中集聚柱邊，而語之言："汝今云何可得下耶？"爾時石匠，多諸方便，即摘衣縷，垂二縷綫，至於柱下。其諸宗眷，尋以粗綫，繫彼衣縷，匠即挽取，既至於上，手捉粗綫，語諸親族："汝等今者，更可繫著小粗繩索。"彼諸親族，即隨其語，如是展轉，最後得繫粗大繩索。爾時石匠，尋繩來下。言石柱者，喻於生死；梯隥檻櫨，喻過去佛已滅之法(3)；言親族者，喻聲聞衆；言衣縷者，喻過去佛定之與慧；言摘衣者，喻觀欲過去⁽⁴⁾味等法；縷從上下者，喻於信心；繫粗縷者，喻近善友得於多聞。細繩者，多聞縷，復懸⁽⁵⁾持戒縷，持戒縷懸禪定縷，禪定縷懸智慧繩⁽⁶⁾，以是粗繩堅牢。繫者喻縛生死，從上下⁽⁷⁾者，喻下生死。

　　　　以信爲縷綖，多聞及持戒，
　　　　猶如彼粗縷，戒定爲小繩，
　　　　智慧爲粗繩，生死柱來下⁽⁸⁾。

【校記】

（1）㮡櫨：資本、磧本、普本、洪本、南本、北本、徑本、清本作"粗盧"。

（2）活：資本、磧本、普本、洪本、南本、北本、徑本、清本作"治"。

（3）法：資本、磧本、普本、洪本、南本、北本、徑本、清本脱。

（4）去：資本、金本、磧本、普本、洪本、南本、北本、徑本、清本作"出"。

（5）懸：資本、磧本、普本、洪本、南本、北本、徑本、清本作"緣"。

（6）繩：資本、磧本、普本、洪本、南本、北本、徑本、清本作"縷"。

（7）下：資本、金本、磧本、普本、洪本、南本、北本、徑本、清本作"來下"。

（8）來下：資本、磧本、普本、洪本、南本、北本、徑本、清本作"下來"。

【注釋】

（一）㮡櫨：即轆轤，安裝在井上用以汲水的起重裝置。唐·慧琳《一切經音義》："㮡櫨，上聾谷反。律文從車，作轆，非也。下魯都反，《考聲》云：㮡櫨，圓轉稱也。顧野王云：汲水桔槔也。《文字典説》㮡，從木，鹿聲。《古今正字》櫨，從車，盧聲。"（卷六三，54/727a）

（八五）

復次，我昔曾聞，有一國中，王嗣欲絕。時有王種，先入山林，學道求仙，即强將來，立以爲王，從敷臥具人索於衣服，及以飲食。時敷臥具人，而白王言："各有所典，王於今者，不應事事盡隨我索，我唯知敷⁽¹⁾臥具事，洗浴衣食悉更有人，非我所當。"以此喻可知，一切諸業，如王敷臥具人，各有所典，業亦如是，各各不同。色無病者⁽²⁾，財物可愛，智等諸業，各各別異，有業得無病，有業能得端正色力。如彼仙人從敷臥具人索種種物，終不可得。若生上族，不必財富，諸業受報，各各差別，不以一業，得種種報。若作端正業，則得端正色力，財富應從餘業⁽³⁾索。是故智者，應當修習種種淨業，得種種報。

> 無病色種族，智能各異因，
> 如彼仙人王，索⁽⁴⁾備敷臥⁽⁵⁾者。

【校記】

（1）敷：南本作"臥"。

（2）者：資本、金本、磧本、普本、洪本、南本、北本、徑本、清本脫。

（3）業：資本、磧本、普本、洪本、南本、北本、徑本、清本作"事"。

（4）索：資本、磧本、普本、洪本、南本、北本、徑本、清本作"責"。

（5）臥：資本、金本、磧本、普本、洪本、南本、北本、徑本、清本作"敷"。

（八六）

復次，我昔曾聞，有一國王多養好馬，會有隣王，與共鬥戰，知此國王有好馬故，即便退散。爾時國王，作是思惟："我先養馬，規擬敵國，今皆退散，養馬何爲？當以此馬用給人力，令馬不損，於人有益。"作是念已，即敕有司，令諸馬群分布與人，常使用磨，經歷多年。其後隣國復來侵境，即敕取馬，共彼鬥戰，馬用磨故，旋轉而行，不肯前進，設加杖捶，亦不肯行。衆生亦爾，若得解脫，必由於心。謂受五欲，後得解脫，死敵既至，心意戀著五欲之樂，不能直⁽¹⁾進得解脫果。即說偈言：

> 智慧宜調心，勿令著五欲，
> 本不調心故，臨終生愛戀。
> 心既不調順，云何得寂靜？
> 心常耽五欲，迷荒不能覺，
> 心既不調順，云何得寂靜？
> 心常耽五欲，迷荒不能覺⁽²⁾，

如馬不習戰，對敵⁽³⁾而旋⁽⁴⁾行。

【校記】

（1）直：資本、磧本、普本、洪本、南本、北本、徑本、清本作“真”。

（2）心既不調順，云何得寂靜？心常耽五欲，迷荒不能覺：此四句二十字，資本、金本、磧本、普本、洪本、南本、北本、徑本、清本脱。

（3）敵：頻本作“戰”。

（4）旋：資本、金本、磧本、普本、洪本、南本、北本、徑本、清本作“遊”。

（八七）

復次，曾聞有一國王，身遇疾患，國中諸醫都不能治。時有良醫從遠處來，治王病差。王大歡喜，作是思惟：“我今得醫力，事須厚報。”作是念已，微遣侍臣多齎財物，詣於彼醫所住之處，爲造屋宅養生之具，人民田宅象馬牛羊奴婢僕使，一切資産無不備具。所造既辦，王便遣醫使還其家。時彼遠醫，見王目前初⁽¹⁾無所遣，空手還⁽²⁾歸，甚懷恨恨。既將至家，道逢牛羊象馬都所不識，問是誰許，並皆稱是彼醫名，是彼醫牛馬。遂到家已，見其屋舍壯麗嚴飾，床帳氍毹^{(3)(一)}氍毹金銀器物，其婦瓔珞種種衣服。時醫見已，甚生驚愕，猶如天宮。問其婦言：“如此盛事，爲何所得？”婦答夫言：“汝何不知？由汝爲彼國王治病差故，生⁽⁴⁾報汝恩。”夫聞是已，深生歡喜，作是念言：“王極有德，知恩報恩，過我本望。由我意短，初來之時，以無所得，情用恨然。”以此爲喻，義體今當説。醫喻諸善業，王無所與，喻未得現報，身無所得，如彼醫者，初不見物，謂無所得，心生恨恨，如彼今身，修善見未得報，心生恨恨，我無所⁽⁵⁾得。既得至家者，猶如捨身，向於後世。見牛羊象馬群，如至中陰身，見種種好相，方作是念：由我修善見是好報，必得生天。既至天上，喻到家中見種種盛事，方於王所生敬重心，知是報恩者，檀越施主。得生天已，方知施戒受如此報，始知佛語誠實不虛，修少善業，獲無量報。即説偈言：

施未見報時，心意有疑悔，

以爲徒疲勞，終竟無所得。

　　　　　既得生中陰，始⁽⁶⁾見善相貌，

　　　　　如醫到家已，方生大歡喜。

【校記】

（1）初：資本、金本、磧本、普本、洪本、南本、北本、徑本、清本作“交”。

（2）還：資本、磧本、普本、洪本、南本、北本、徑本、清本作“遠”。

（3）氎：徑本作“氎”。

（4）生：南本、北本、徑本、清本、頻本作“王”。

（5）所：資本、磧本、普本、洪本、南本、北本、徑本、清本脫。

（6）始：資本、磧本、普本、洪本、南本、北本、徑本、清本作“如”。

【注釋】

（一）氍毹：同“氍毹”，爲一種毛織或毛與其他材料混織的毯子。唐・玄應《一切經音義》云：“氍毹，又作㲮、氎二形。《字苑》作氍氎，同。强朱雙朱反。《聲類》云：毛席也。《釋名》作㲄、㲪。《通俗文》織毛蓐曰氍毹，細者謂之毹毾。”（卷一四，56/1031b）《説文解字》曰：“氍毹、毹毾，皆氈緂之屬。蓋方言也。”① 後因演出多在廳堂中鋪設的紅地毯上進行，“氍毹”也逐漸演變爲對舞台的稱呼。

（八八）

　　復次，曾聞有二女人，俱得庵羅果，其一女人食不留子，有一女人食果留子。其留子者，覺彼果美，於良好田下種著中，以時溉灌，大得好果。如彼世人，爲善根本⁽¹⁾，多修善業，後獲果報。合子食者，亦復如人不識善業，竟不修造，無所獲得，方生悔恨。即説偈言：

　　　　　如似得果食，竟不留種子，

　　　　　後見他食果，方生於悔恨。

　　　　　亦如彼女人，種子種得果，

　　　　　復生大歡喜。

_____

① 〔漢〕許慎《説文解字》，〔宋〕徐鉉等校，上海：上海古籍出版社，2007 年版，第 414頁。

【校記】

（1）本：資本、磧本、普本、洪本、南本作“木”。

（八九）

　　復次，曾聞往昔有比丘名須彌羅，善能戲笑，與一國王詣譁歡悦，稱適王意。爾時比丘即從乞地，欲立僧坊，王語比丘：“汝可疾走，不得休息，盡所極處，爾許之地，悉當相與。”爾時比丘更整衣服，即便疾走，雖復疲乏，以貪地故，猶不止住，後轉疾極，不能前進，即便卧地，宛轉而行。須臾復乏，即以一杖逆擲使去，作如是言：“盡此杖處，悉是我地。”已説譬喻，相應之義我今當説。如須彌羅爲取地故雖乏不止，佛亦如是，爲欲救濟一切衆生，作是思惟：云何當令一切衆生得人天樂及以解脱？如須彌羅走不休息，佛婆伽婆亦復如是，爲優樓頻螺迦葉、鴦掘摩[1]羅如是等人悉令調伏，有諸衆生可化度者，如來爾時即往化度。如須彌羅既疲乏已，即便卧地宛轉，佛亦如是，度諸衆生，既已疲苦，以此陰身於娑羅雙樹[一]倚息而卧，如迦尸迦樹斬伐其根悉皆墮落，唯在雙樹倚身而卧，猶故不捨精進之心，度拘尸羅[二]諸力士等及須跋陀羅。如須彌羅爲得地故擲杖使去，佛亦如是，入涅槃時爲濟衆生故，碎身舍利八斛四斗，利益衆生，所碎舍利雖復微小如芥子等，所至之處，人所供養，與佛無異，能使衆生得於涅槃。即説偈言：

如來躬自度，優樓頻螺等，

眷屬及徒黨，優伽鴦掘魔。

精進禪度力，最後倚卧時，

猶度諸力士[三]，須跋陀羅等。

欲爲濟拯[2]故，布散諸舍利，

乃至遺法滅，皆是供養我。

如彼須彌羅，擲杖使遠去[3]。

【校記】

（1）摩：北本、徑本、清本作“魔”。

（2）拯：資本、磧本、普本、洪本、南本、北本、徑本、清本作“極”。

（3）遠去：資本、磧本、普本、洪本、南本、北本、徑本、清本作

"來去"，金本作"遠近"。

【注釋】

（一）娑羅雙樹：佛涅槃之處有同根娑羅樹一雙。具體可見卷九（五一）"娑羅林"條。

（二）拘尸羅：梵文 Kuśinagara，爲末羅國的都城。相傳佛陀在此涅槃，是佛教的四大聖地之一。對於其名的來源，唐·玄應《一切經音義》云："拘尸，舊經中或作拘夷那竭，又作究拖那。城者，以梵言那伽囉，此云城也。譯言上茅城者，多有好茅故也。"（卷四四，54/603b）東晋·法顯《高僧法顯傳》中已有對此城的記述："拘夷那竭城，城北雙樹間希連禪河邊，世尊於此北首而般泥洹。"（卷一，51/858a）其約在今印度北方邦 Siddharthnagar 區 Piprahwa 或 TilauraKot 之地①。

（三）力士：指大力之族，即拘尸那揭羅城的末羅族。佛於此城涅槃，其時有此族抬佛棺木。

（九〇）

復次，我昔曾聞，竺[1]叉尸羅國有博羅吁羅村。有一估客，名稱伽拔吒。作僧伽藍，如今現在。稱伽拔吒先是長者子，居室素富，後因衰耗，遂至貧窮，其宗親眷屬，盡皆輕慢，不以爲人，心懷憂惱，遂弃家去。共諸伴黨，至大秦國（一）。大得財寶，還歸本國。時諸宗親聞是事已，各設飲食、香華、妓樂，於路往迎。時稱伽拔吒身著微服，在伴前行。先以貧賤，年歲又少，後得財寶，其年轉老，諸親迎者並皆不識。而問之言："稱伽拔吒爲何所在？"尋即語言："今猶在後。"至大伴中，而復問言："稱伽拔吒，爲何所在？"諸伴語言："在前去者，即是其人。"時宗親往到其所，而語之言："汝是稱伽拔吒，云何語我乃云在後？"稱伽拔吒語諸宗親言："稱伽拔吒，非我身是，乃在伴中駝驢駄上。所以然者，我身頃來，宗親輕賤，初不與語。聞有財寶，乃復見迎。由是之故，在後駄上。"宗親語言："汝道何事，不解汝語？"稱伽拔吒即答之言："我貧窮時，共汝等語，不見酬對。見我今者多諸財寶，乃設供具來迎逆我，乃爲財來，不爲我身。"發此喻者，喻如世尊，稱伽拔吒爲得財物，鄉曲宗眷設供來迎。佛亦如

① 屈大成《漢譯〈雜阿含〉地名考》，《中國佛學》2018 年第 2 期，第 44 頁。

是，既得成佛，人天鬼神諸龍王等悉來供養，非來供養我⁽²⁾，乃供養作佛功德。我未得道時、無功德時，諸衆生等，不共我語，况復供養？是故當知，供養功德，不供養我，雖復廣得一切諸天人等之所供養，亦無增减，以觀察故。

> 人天阿修羅，夜叉乾闥婆，
>
> 如是等諸衆，亦廣設供養。
>
> 佛無歡喜心，以善觀察故，
>
> 是供諸功德，非爲供養我。
>
> 如稱伽拔吒，指示諸眷屬，
>
> 稱己在後者，其喻亦如是。

大莊嚴論經⁽³⁾卷第十五

【校記】

（1）竺：資本、北本、徑本、清本作“哩”，磧本、普本、洪本、南本作“哩”。

（2）我：資本、金本、磧本、普本、洪本、南本、北本、徑本、清本脱。

（3）論經：磧本、洪本、南本、北本、徑本、清本作“經論”。

【注釋】

（一）大秦國：古國名。又名犁靬國，海西國，爲中國古代史書中對古羅馬帝國的稱呼。《後漢書》卷八八《西域傳》曰：“大秦國一名犁靬，以在海西，亦云海西國。地方數千里，有四百餘城。……其人民皆長大平正，有類中國，故謂之大秦。”①

---

① ［南朝宋］范曄撰《後漢書》卷八八《西域傳》，北京：中華書局，1965 年版，第 2919 頁。

附録 敦煌寫本《大莊嚴論》叙録

現知敦煌遺書中保存的《大莊嚴論》有 10 件，均以《大莊嚴論經》
爲名，分別是：國家圖書館藏 BD07701《大莊嚴論經卷一三》、BD08559
《大莊嚴論經卷一四》、BD09668《大莊嚴論經卷八》及背面《大莊嚴論經
卷一三》，英國國家圖書館藏 S.06830《大莊嚴論經卷一四》，Дx00415
《大莊嚴論經卷第十三》，Дx03638《大莊嚴論經卷第十一》，Дx07132
《大莊嚴論經卷第七》，Дx18498《大莊嚴論經卷第六》，Дx18574《大莊
嚴論經卷第五》。這十件寫本均爲殘片，但也是現存最早的一批《大莊嚴
論》寫本，因而雖是吉光片羽，亦彌足珍貴。這些寫本的數量和卷數的分
布，都表明《大莊嚴論》在敦煌曾頗爲流行。

一、BD07701《大莊嚴論經卷一三》

此件爲卷軸裝，存 1 紙，28 行，行 17 字，有烏絲欄。爲 8 世紀的唐
寫本，字體爲楷書。此件首尾均缺，起自"純金色相好，覩者即知真"，
訖於"世間極大苦，三惡道充滿"。

純金色相好　覩者即知真

若以金塗銅　差別知非實

爾時世尊深知尸利毱多心懷詐僞，如來世尊大悲憐愍，又復觀其
供養善根垂熟，世尊尋即嘿受其請。

時尸利毱多作是念："若是一切智者，云何不知我心便受我請？"
即説偈言：

何有一切智，而不修苦行，

　　樂著於樂事，不能知我心，

　　何名一切智？嗚呼世愚者，

　　不知其愚短，便生功德想。

　　實無有智慧，横讚嘆其德，

　　惑著相多偏，稱譽遍世界。

　　時尸利毱多説是偈已，即還其家，施設供具，於飲食中盡著毒藥，於中門內作大深坑，滿中盛伽陁羅炭使無煙焰，又以灰土用覆其上，上又覆草。時婦聞夫："造何等事劬勞乃爾？"其夫答言："今我所爲欲害？净家。"其婦問言："誰是？净家？"尸利毱多即説偈言：

　　好樂著諸樂，怖畏苦惱事，

　　不修諸苦行，欲求於解脱，

　　喜樂甘餚膳，又勇行辯説，

　　釋中種族子，此是我大怨。

　　時尸利毱多婦叉手白其夫言："可捨忿心，我昔曾於弟舍見佛如此大丈夫，何故生怨？"即説偈言：

　　彼牟能忍，斷除嫌恨相，

　　又滅慢貢高，捨離於鬥諍，

　　於彼生怨者，誰應可爲親？

　　觀彼大人相，无有瞋害心，

　　常出柔耎音，先言善慰問，

　　其鼻圓且直，无有諸漥曲，

　　直視不回顧，亦不左右眄，

　　言又不粗獷，惡口而兩舌，

　　和顏无瞋色，亦復不暴惡，

　　言无所傷觸，亦不使憂惱，

　　云何横於彼，生於瞋毒相？

　　面如秋滿月，目如青蓮敷，

　　行如師子王，垂臂過於膝，

　　身如真金山，汝值如是怨，

　　惡道悉空虚，若无此怨者，

　　世間極大苦，三惡道充滿。

二、BD08559《大莊嚴論經卷一四》

> 我等共出家，俱離无明暗，
> 我等今共往，涅槃安隱城，
> 生死苦惱衆，屬於有稠林，
> 云何而獨往，趣於甘露迹？
> 汝等於今者，云何盡涅槃？
> 汝若欲涅槃，我亦共汝去。

爾時瞿曇弥與五百比丘尼，從坐而起離於本屬，即與住屬神別："我今於冣，後與屋別去。"天神言："汝欲何去？"時比丘尼言："我欲詣彼不老不死无病无苦及愛憎屬，亦无愛別離，我欲往至涅槃屬。"時諸凡夫比丘尼即時發聲："嗚呼怰哉！"一刹那頃比丘尼僧坊皆悉虛空，譬如空中星流滅於四方，瞿曇弥比丘尼與五百比丘尼俱共往去，如恒伽河與五百河俱入大海。尔時（諸）優婆夷頂禮瞿曇弥足："願當憐愍，莫捨我等。"比丘尼安慰諸優婆夷（言）："汝等今者，非是憂時。"即説偈言：

> 我等已知苦，斷集之繫縛，
> 以脩八正道，得證於滅諦，
> 所作事已辨，汝等莫憂惱。
> 曇佛衆未闕，牟尼法藏住，
> 世尊在於世，我當入涅槃。
> 憍陳如比丘，及以阿冨等，
> 如是无垢人，未有墜落者，
> 我欲入涅槃。難陁羅睺羅，
> 阿難三摩陁，及與阿難陁，
> 如是等在世，我當入涅槃。
> 牟尼得安隱，比丘僧和合，
> 壞於外道翅，邪道亦退散，
> 一冣種未絶，我今入涅槃，

正是盛好時，我心願解脱，

今以得滿足，汝等今何故，

悲泣而墮淚？繫於歡喜皷，

其音未斷绝，我趣解脱坊，

今正是其時。汝等不應愁，

汝等若念我，應當勤護法，

使法久住者，即是念於我。

是故應精勤，當勤護正法。

佛以憐愍故，聽女人出家。

三、BD09668《大莊嚴論經卷八》及背面《大莊嚴論經卷一三》

此寫本包括正面《大莊嚴論經卷八》和背面《大莊嚴論經卷一三》。正面《大莊嚴論經卷八》爲經折裝，8行，行37~39字。有硃絲欄。爲8世紀的唐寫本，字體爲楷書。此件首尾均缺，起自"道，無有變異"，訖於"我今何爲而收"。

道，无有變異。佛説見諦終无毁破，四大可破，四不壞净終不可壞。

復次，心有憍慢无惡不造，慢雖自高名自卑下，是故應當斷於憍慢。

我昔曾聞，佛成道不久，度優樓頻嬴迦葉兄弟眷屬千人，煩惱既斷，鬚髮自落，隨從世尊往詣迦毗羅衛國，如佛本行中廣説。閲頭檀王受化調順，諸釋種等恃其族姓生於憍慢，佛婆伽婆，一身觀者无有猒足，身體豐滿不肥不瘦，婆羅門等苦行來久，身形嬴弊，雖内懷道外貌極惡，隨逐佛行甚可相稱。尔時父王作是念言："若使釋種出家以隨從佛，得相稱副。"作是念已，擊皷唱言："仰使釋種家遣一人令其出家。"即奉王勅，家遣一人度令出家。時優波離爲諸釋等剃鬚髮之時涕泣不樂，釋等語言："何故涕泣？"優波離言："今汝釋子盡皆出家，我何由活？"時諸釋等聞優波離語已，出家諸釋盡以所著衣服瓔珞嚴身之具成一寶聚，盡與優波離，語優波離言："以此雜物足用給汝終自供。"優波離聞是語已,即生猒離,而作是言:"汝等今皆猒患珎寶嚴身之具而皆散弃,我今何爲而收"。

四、BD09668 背《大莊嚴論經卷一三》

此件爲經折裝,8 行,行 37～39 字。爲 9—10 世紀歸義軍時期寫本,字體爲楷體。此件首尾均缺,起自"甚大,是故應當勤心供養",訖於"初如芥子,後轉"。

> 甚大,是故應當勤心供養。我昔曾聞,波斯匿王往詣佛所頂禮佛足,聞有異香殊於天香,以聞此香四向顧視莫知所在,即白世尊:"爲誰香耶?"佛告王曰:"汝今欲知此香**㢋**耶?"王即白言:"唯然欲聞。"尒時世尊以手指地,即有骨現,如赤栴檀長於五寸,如来語王:"所聞香者從此骨出。"時波斯匿王即白佛言:"以何因緣有此骨香?"佛告王曰:"宜善諦聽!"佛言:"過去有佛号迦葉,彼佛世尊化緣已訖入於涅槃。尒時彼王名曰伽翅,取佛舍利造七寶塔,高廣二由旬,又勅國内:'諸有華者不聽餘用,盡皆持往供養彼塔。'時彼國中有長者子與婬女通,專念欲事情不能離,一切諸華盡在佛塔,爲欲所盲,即入迦葉佛塔盜取一華持與婬女。時長者子知佛功德,爲欲所狂,造此非法,即生悔恨,婬欲情息,既至明日,生於猒惡,作是念言:'我爲不善,盜取佛華與彼婬女。'即時悔熱,身遍生創,初如芥子,後轉。"

五、S. 06830《大莊嚴論經卷一四》

此卷正面爲《妙法蓮華經》卷第一,首尾均缺。背面存《未曾有因緣經》卷下和此件。此件首尾完整,起原題"大莊嚴論經卷第十四",但正文起自"復次菩薩大王爲諸衆生,不惜身命",訖卷終"是故名此林,即名施鹿林"。此件雖原題"大莊嚴論經卷第十四",但不是從卷首開始抄寫,而是只抄寫了該卷尾部的一個故事。

> 大莊嚴論經卷第十四
> 復次,菩薩大王爲諸衆生不惜身命。
> 我昔曾聞,雪山之中,有二鹿王,各領群鹿,其數五百,於山食

草。爾時波羅柰城中有王名梵摩達，時彼圍王到雪山中，遣人張圍圍
彼雪山。時諸鹿等盡墮圍中，無可歸依得有脱**處**，乃至無有一鹿可得
脱者。爾時鹿王其色班駁，雜寶填。"作何方便使諸鹿等得免此難？"
復作是念："更無餘計，唯直趣王。"作是念已逕詣王所。時王見已
勅其左右："慎莫傷害，聽恣使來。"時彼鹿王既到王所，而作是言：
"大王！莫以遊戲殺諸群鹿用爲歡樂，勿爲此事。願王哀愍放捨群鹿，
王："我須鹿肉食。"鹿王答言："王若須肉，我當日日奉送一鹿。王
若頓殺，肉必臭敗，不得停久。日取一鹿，（鹿）日滋多，王不之
肉。"王即然可。爾時菩薩鹿王語彼鹿王提婆達多言："我今共爾日出
一**鹿**供彼王食，我於今日出送一鹿，汝於明日復送一鹿。"共爲言要，
迭乍送鹿至於多時。後於一時，提婆達多鹿王出一牸鹿，懷任**垂**産，
向提婆達多求哀請命，而作是言："我身今死，不敢辝托，（須）待我
産，供廚不恨。"時彼鹿王不聽其語："汝今但去，誰當代汝？"便生
瞋忿。時彼牸鹿既被瞋責，作是思惟："彼之鹿王極爲慈愍，我當歸
請，脱免兒命。"作是念已，往菩薩所，前膝跪坐，向菩薩鹿王，具
以上事向彼鹿王而説偈言：

> 我今無救護，唯願濟拔我，
> 多有諸衆生，我今獨怖迮。
> 願**垂**哀憐愍，拔濟我苦難，
> 我更無所恃，唯來歸依汝。
> 汝常樂利益，安樂諸衆生，
> 我今若就死，兩命俱不全，
> 今願救我胎，使得一全命。

菩薩鹿王聞此偈已，問彼鹿言："爲向汝王自陳説未？"牸鹿答
言："我已歸向，不聽我語，但見瞋責誰代汝者？"即説偈言：

> 彼見瞋呵責，無有救愍心，
> 見勅速往彼，誰有代汝者？
> 我今歸依汝，悲愍爲體者，
> 是故應令我，使得免一命。

菩薩鹿王語彼鹿言："汝莫憂惱，隨汝意去，我自思惟。"時鹿聞
已，踊躍歡喜，還詣本群。菩薩鹿王作是思惟："若遣餘鹿，當作是

語：我未應去，云何遣我？”作是念已，心即開悟，而説偈言：

我今躬自當，往詣彼王厨，
我於諸衆生，誓願必當救。
我若以己身，用貿蚊蟻命，
能作如是者，當有大利益。
所以畜身者，垂爲救濟故，
設得代一命，捨身猶草芥。

説是偈已，即集所領諸群鹿等，“我於汝等諸有不足，聽我懺悔。我欲捨汝，以代他命欲向王厨。”

尔時諸鹿聞是語已，盡各悲戀，而作是言：“願王莫往，我等代去。”鹿王答言：“我以立誓，自當身去。若送汝等，必生苦惱，今我歡喜，無有不悦。”即説偈言：

不離欲捨身，必當有生處，
我今爲救彼，捨身必轉勝。
我今知此身，必當有敗壞，
今爲救愍故，便是法捨身。
得爲法因者，云何不歡喜？

尔時諸鹿種種諫喻，遂至疲極，不能使彼令有止心。時彼鹿王往詣王厨，諸鹿舉群并提婆達多鹿群，盡逐王向波羅柰。既出林已，報謝群鹿，安所止，唯己一身詣王厨所。時彼厨兵先見鹿王者，即便識之，往白於王，稱彼鹿王自來詣厨。王聞是語，身自出來向鹿王所。王告之言：“汝鹿盡耶？云何自来？”鹿王荅言：“由王擁護，鹿倍衆多。所以来者，爲一任身牸鹿，欲代其命，身詣王厨。”即説偈言：

意欲有所求，不足滿其心，
我力所能辨，若當不爲者，
與木有何異？設於生死中，
捨此臭穢形，當自空敗壞，
不爲豪釐善。此身必歸壞，
捨已他得全，我爲得大利。

尔時梵應摩達王聞是語已，身毛皆竪，即説偈言：

我是⿸𠂆王形鹿，汝是鹿形⿸𠂆王，

> 具功德名玨，殘惡是畜生。
>
> 嗚呼有智者，嗚呼有勇猛，
>
> 嗚呼能悲愍，救濟衆生者。
>
> 汝作是志能，即是教示我。
>
> 汝今還歸去，及諸群鹿等，
>
> 莫生怖畏想。我今發誓願，
>
> 永更不復食，一切諸鹿肉。

爾時鹿王白王言："王若垂務，應自往詣彼群鹿所，躬自安慰，施與無畏。"王聞是語，身自詣林，到鹿群所，施鹿無畏，即説偈言：

> 是我圈界内，一切諸群鹿，
>
> 我已堅擁護，慎莫生恐怖。
>
> 我今此林木，及以諸泉池，
>
> 悉以施諸鹿，更不聽殺□。
>
> 是故名此林，即名施鹿林。

六、Дx00415《大莊嚴論經卷第十三》

此件存 3 殘行，行 3 至 4 字，首尾上下皆缺。所存文字從右至左依次爲"敷榮鮮明""□者有未開□""□汝先欲□"。本殘片《俄藏敦煌文獻》未予定名。《俄藏敦煌文獻叙録》考出其爲"大莊嚴論經卷第十三"[1]。今據殘存文字推斷，所存文字應出自《大莊嚴論》卷十三（六七）中的一段話[2]：

> 爾時世尊以相輪足躡火坑上，即變火坑爲清凉池，滿中蓮華其葉敷榮，鮮明潤澤遍布池中，其衆蓮華有開敷者，有未開者。尸利毱多覩斯事已，語富蘭那言："汝先欲與佛共捔一切智，汝可捨此語。"

七、Дx03638《大莊嚴論經卷第十一》

此件存 5 殘行，行 6 至 10 字，首尾上下皆缺。所存文字從右至左依

---

① 邰惠莉主編：《俄藏敦煌文獻叙録》，蘭州：甘肅教育出版社，2017 年版，第 82 頁。

② 《俄藏敦煌文獻叙録》言經文見《大正藏》第 4 册，第 331 頁 A 欄第 1 行至第 3 行。

次爲"意汝先死 我果""不作毀缺行 不遇如是""是則名爲難 爲鵝身受苦""彼爲賊所劫 慚愧爲草繫""猶如鸚鵡翅 又如祠天"。本殘片《俄藏敦煌文獻》未予定名。《俄藏敦煌文獻叙録》作"大莊嚴論選輯"①。今據殘存文字推斷，所存文字應出自《大莊嚴論》。其中，第1至第3行文字出自卷十一（六三）中②：

> 穿珠師語比丘言："何用多語？"遂加繫縛倍更搥打以繩急絞，耳眼口鼻盡皆血出。時彼鵝者即來飲血，珠師瞋忿打鵝即死。比丘問言："此鵝死活？"珠師答言："鵝今死活何足故問？"時彼比丘即向鵝所，見鵝既死涕泣不樂。即説偈言：

> > 我受諸苦惱，望使此鵝活，
> > 今我命未絶，鵝在我前死。
> > 我望護汝命，受是極辛苦，
> > 何意汝先死？我果報不成。

> 穿珠師問比丘言："鵝今於汝竟有何親，愁惱乃爾？"比丘答言："不滿我願，所以不樂。我先作心望代鵝命，今此鵝死願不滿足。"珠師問言："欲作何願？"比丘答言："佛作菩薩時，爲衆生故割截手足不惜身命。我欲學彼。"即説偈言：

> > 菩薩往昔時，捨身以貿鴿，
> > 我亦作是意，捨命欲代鵝。
> > 我得最勝心，欲全此鵝命，
> > 由汝殺鵝故，心願不滿足。

> 珠師問言："汝作是語我猶不解，汝當爲我廣説所由。"爾時比丘説偈答言：

> > 我著赤色衣，映珠似肉色，
> > 此鵝謂是肉，即便吞食之。
> > 我受此苦惱，爲護彼鵝故，
> > 逼切甚苦惱，望使得全命。

---

① 邰惠莉主編：《俄藏敦煌文獻叙録》，蘭州：甘肅教育出版社，2017年版，第283頁。
② 《俄藏敦煌文獻叙録》言第1句見《大正藏》第4册，第320頁c欄第9行；第2、3句見《大正藏》第4册，第321頁A欄第13行至第14行；第4、5句見《大正藏》第4册，第269頁B欄第14行至第15行。

一切諸世間，佛皆生子想，

都無功德者，佛亦生悲愍。

瞿曇是我師，云何害於物？

我是彼弟子，云何能作害？

時彼珠師聞是偈已，即開鵝腹而還得珠，即舉聲哭，語比丘言：
"汝護鵝命不惜於身，使我造此非法之事。"即說偈言：

汝藏功德事，如以灰覆火，

我以愚癡故，燒惱數百身。

汝於佛摽相，極爲甚相稱，

我以愚癡故，不能善觀察，

爲癡火所燒。願當暫留住，

少聽我懺悔，猶如腳跌者，

扶地還得起，待我得少供。

時彼珠師叉手合掌向於比丘，重說偈言：

南無清净行，南無堅持戒，

遭是極苦難，不作毀缺行，

不遇如是惡，持戒非希有。

要當值此苦，能持禁戒者，

是則名爲難。爲鵝身受苦，

不犯於禁戒，此事實難有。

第 4 至第 5 行文字出自卷三（一一）：

王今應當知，彼爲賊所劫，

慚愧爲草繫，如鈎制大象。

于時大王聞是事已，深生疑怪默作是念："我今宜往彼比丘所。"
作是念已，即說偈言：

青草所繫手，猶如鸚鵡翅，

又如祠天羊，不動亦不摇。

雖知處危難，默住不傷草，

如林爲火焚，□牛爲尾死。

八、Дx07132《大莊嚴論經卷第七》

此件存 6 殘行，行 2~5 字，首尾上下皆缺。所存文字從右至左依次爲 "□□通達□" "欲有所問□" "□浮沉得自在" "□尊告波斯" "王所疑鄙賤" "□地即"。本殘片《俄藏敦煌文獻》未予定名。《俄藏敦煌文獻叙録》考出其爲 "大莊嚴論經卷第七"①。今據殘存文字推斷，所存文字應出自《大莊嚴論》卷七（四三）中的一段話②：

> 佛智净無礙，無事不通達，
> 我欲所問者，佛已先知之，
> 先事且小住，我欲有所問。
> 向見一比丘，石上而出入，
> 如鷗在水中，浮沉得自在。

爾時世尊告波斯匿王言："向者比丘若欲知者，是王所疑鄙賤尼提即其人也。" 王聞是已悶絶躃地，即自悔責而作是言。

九、Дx18498《大莊嚴論經卷第六》

此件存 3 殘行，首尾上下皆缺。所存文字從右至左第一行爲 "如斯□"，第二行爲 "□禮佛塔"，第三行爲 "□來敬禮 佛亦無"。本殘片《俄藏敦煌文獻》未予定名。《俄藏敦煌文獻叙録》考出其爲 "大莊嚴論經卷第六"③。今據殘存文字推斷，所存文字應出自《大莊嚴論》卷六（三一）中④：

> 爾時彼王，以念如來功德之故稽首敬禮，當作禮時塔即碎壞，猶如暴風之所吹散。爾時彼王見是事已甚大驚疑，而作是言："今者此塔無觸近者，云何卒爾无事散壞？如斯變異必有因緣。" 即説偈言：
> > 帝釋長壽天，如是尊重者，

---

① 邰惠莉主編：《俄藏敦煌文獻叙録》，蘭州：甘肅教育出版社，2017 年版，第 509 頁。
② 《俄藏敦煌文獻叙録》言此段文字見《大正藏》第 4 册，第 296 頁 C 欄第 5 行至第 11 行。
③ 邰惠莉主編：《俄藏敦煌文獻叙録》，蘭州：甘肅教育出版社，2017 年版，第 962 頁。
④ 《俄藏敦煌文獻叙録》言此段文字見《大正藏》第 4 册，第 287 頁 B 欄第 12 行至第 16 行。

合掌禮佛塔，都無有異相。

十力大威德，尊重高勝人，

大梵來敬禮，佛亦無異相。

我身輕於彼，不應以我壞，

爲是咒術力，厭道之所作。

十、Дx18574《大莊嚴論經卷第五》

此件存 5 殘行，首尾及上部皆缺。所存文字從右至左依次爲"□主言我欲生天比丘問言□""□言我投火坑便得生天上比""□天道不答言不知比丘問言""□得去汝今行時從一聚落至""導而知途路況彼天上道路"。本殘片《俄藏敦煌文獻》未予定名。《俄藏敦煌文獻叙録》考出其爲"大莊嚴論經卷第五"①。今據殘存文字推斷，所存文字應出自《大莊嚴論》卷五（二四）②：

聚落主言："我欲生天。"比丘問言："汝云何去？"尋即答言："我投火坑便得生天。"比丘問言："汝頗知天道不？"答言："不知。"比丘問言："汝若不知，云何得去？汝今行時，從一聚落至一聚落，尚須引導而知途路，況彼天上道路長遠？忉利天上去此三百三十六萬里，無人引導，何由能得至彼天上？若天上樂者，彼上座婆羅門，年既老大貪於財物，其婦又老面首醜惡，何所愛樂？何不將去共向天上？"

以上敦煌遺書中的 10 件《大莊嚴論》寫本，均以"大莊嚴論經"爲名，而且，BD07701、BD09668 背面、Дx00415 所抄爲《大莊嚴論》卷 13 中的内容，BD08559、S.06830 所抄爲卷 14 中的内容，Дx03638 所抄爲卷 11 中的内容，這説明當時流行的是十五卷本的《大莊嚴論》，這與前文對《大莊嚴論》的經名與卷數的論述也是一致的。内容方面，敦煌寫本與《大藏經》所收《大莊嚴論》完全相同，儘個别地方用字稍異。如BD07701《大莊嚴論經卷一三》尸利毱多所説偈言"怖畏苦惱事""亦不

---

① 邰惠莉主編：《俄藏敦煌文獻叙録》，蘭州：甘肅教育出版社，2017 年版，第 967 頁。
② 《俄藏敦煌文獻叙録》言經文見《大正藏》第 4 册，第 281 頁第 A 欄第 9 行至第 14 行。

使憂惱", "惱"字,《大藏經》本作"惱";BD07701 中"垂臂過於膝",
S. 06830 中"願垂哀憐愍""垂臂過於膝","垂"字,《大藏經》本皆作
"垂";S. 06830 中"菩薩大㲿爲諸眾生不惜身命","我是㲿形鹿,汝是鹿
形㲿,具功德名㲿","㲿"字,《大藏經》本作"人"。這些俗體字對經
文内容並無影響,但對研究敦煌寫本中的用字習慣,應該有一定的借鑒
價值。

參考文獻

一、佛教典籍

[1]（後漢）安世高譯《長阿含十報法經》，《大正藏》第 1 冊。

[2]（後漢）支婁迦讖譯《道行般若經》，《大正藏》第 8 冊。

[3]（後漢）支婁迦讖譯《佛說伅真陀羅所問如來三昧經》，《大正藏》第
　　15 冊。

[4]（後漢）竺大力共康孟詳譯《修行本起經》，《大正藏》第 3 冊。

[5]（後漢）曇果共康孟詳譯《中本起經》，《大正藏》第 4 冊。

[6]（吳）支謙譯《菩薩本緣經》，《大正藏》第 3 冊。

[7]（吳）支謙譯《太子瑞應本起經》，《大正藏》第 3 冊。

[8]（吳）支謙譯《撰集百緣經》，《大正藏》第 4 冊。

[9]（吳）支謙譯《維摩詰經》，《大正藏》第 14 冊。

[10]（吳）康僧會譯《六度集經》，《大正藏》第 3 冊。

[11]（曹魏）康僧鎧譯《佛說無量壽經》，《大正藏》第 12 冊。

[12]（姚秦）鳩摩羅什《佛說阿彌陀經》，《大正藏》第 12 冊。

[13]（後秦）鳩摩羅什譯《妙法蓮華經》，《大正藏》第 9 冊。

[14]（姚秦）鳩摩羅什譯《禪法要解》，《大正藏》第 15 冊。

[15]（後秦）鳩摩羅什譯《十住毗婆沙論》，《大正藏》第 26 冊。

[16]（後秦）鳩摩羅什譯《大智度論》，《大正藏》第 25 冊。

[17]（姚秦）鳩摩羅什譯《摩訶般若波羅蜜經》，《大正藏》第 8 冊。

[18]（後秦）鳩摩羅什譯《梵網經》，《大正藏》第 24 冊。

[19]（姚秦）鳩摩羅什譯《中論》，《大正藏》第 30 冊。

[20]（姚秦）鳩摩羅什譯《百論》，《大正藏》第 30 冊。

[21]（姚秦）鳩摩羅什譯《成實論》，《大正藏》第 32 冊。

[22]（後秦）鳩摩羅什譯《馬鳴菩薩傳》，《大正藏》第 50 冊。

[23]（姚秦）鳩摩羅什譯《坐禪三昧經》，《大正藏》第 15 冊。

[24]（姚秦）鳩摩羅什譯《思惟略要法》，《大正藏》第 15 冊。

［25］（後秦）佛陀耶舍共竺佛念譯《長阿含經》，《大正藏》第 1 冊。

［26］（後秦）弗若多羅共羅什譯《十誦律》，《大正藏》第 23 冊。

［27］（姚秦）佛陀耶舍共竺佛念等譯《四分律》，《大正藏》第 22 冊。

［28］（北涼）曇無讖譯《佛所行讚》，《大正藏》第 4 冊。

［29］（西晉）法炬譯《頂生王故事經》，《大正藏》第 1 冊。

［30］（西晉）竺法護譯《普曜經》，《大正藏》第 3 冊。

［31］（西晉）竺法護譯《正法華經》，《大正藏》第 9 冊。

［32］（西晉）安法欽譯《阿育王傳》，《大正藏》第 50 冊。

［33］（東晉）僧伽提婆譯《增壹阿含經》，《大正藏》第 2 冊。

［34］（東晉）僧伽提婆譯《中阿含經》，《大正藏》第 1 冊。

［35］（東晉）佛陀跋陀羅譯《佛說觀佛三昧海經》，《大正藏》第 15 冊。

［36］（東晉）佛馱跋陀羅譯《大方廣佛華嚴經》，《大正藏》第 9 冊。

［37］（東晉）慧遠問、羅什答《鳩摩羅什法師大義》，《大正藏》第 45 冊。

［38］（東晉）瞿曇僧伽提婆譯《中阿含經》，《大正藏》第 1 冊。

［39］（劉宋）良耶舍譯《佛說觀無量壽佛經》，《大正藏》第 12 冊。

［40］（劉宋）求那跋陀羅譯《雜阿含經》，《大正藏》第 2 冊。

［41］（梁）寶唱等集《經律異相》，《大正藏》第 53 冊。

［42］（梁）真諦譯《合部金光明經》，《大正藏》第 16 冊。

［43］（梁）真諦譯《大乘起信論》，《大正藏》第 32 冊。

［44］（梁）僧伽婆羅譯《阿育王經》，《大正藏》第 50 冊。

［45］（北魏）曇鸞批注《無量壽經優婆提舍願生偈注》，《大正藏》第 40 冊。

［46］（北魏）曇鸞撰《略論安樂淨土義》，《大正藏》第 47 冊。

［47］（元魏）慧覺等譯《賢愚經》，《大正藏》第 4 冊。

［48］（元魏）吉迦夜共曇曜譯《雜寶藏經》，《大正藏》第 4 冊。

［49］（元魏）吉迦夜共曇曜譯《付法藏因緣傳》，《大正藏》第 50 冊。

［50］（後魏）菩提流支譯《十地經論》，《大正藏》第 26 冊。

［51］（隋）闍那崛多譯《佛本行集經》，《大正藏》第 3 冊。

［52］（隋）闍那崛多共笈多譯《添品妙法蓮華經》，《大正藏》第 9 冊。

［53］（隋）吉藏撰《勝鬘寶窟》，《大正藏》第 37 冊。

［54］（隋）達磨笈多譯《菩提資糧論》，《大正藏》第 23 冊。

［55］（隋）智顗撰《法界次第初門》，《大正藏》第 46 冊。

［56］（隋）智顗述《修習止觀坐禪法要》，《大正藏》第 46 冊。

［57］（隋）智顗説、灌頂記《摩訶止觀》，《大正藏》第 46 冊。

［58］（隋）闍那崛多譯《大方等大集經賢護分》，《大正藏》第 10 冊。

［59］（隋）慧遠撰《大乘義章》，《大正藏》第 44 冊。

［60］（隋）法經《衆經目録》，《大正藏》第 55 冊。

［61］（隋）彦琮《衆經目録》，《大正藏》第 55 冊。

［62］（隋）費長房撰《歷代三寶紀》，《大正藏》第 49 冊。

［63］（隋）吉藏撰《華嚴遊意》，《大正藏》第 35 冊。

［64］（隋）吉藏撰《法華義疏》，《大正藏》第 34 冊。

［65］（隋）灌頂撰《隋天臺智者大師別傳》，《大正藏》第 50 冊。

［66］（隋）智顗説，門人灌頂記《净土十疑論》，《大正藏》第 47 冊。

［67］（唐）玄奘譯《大般若波羅蜜多經》，《大正藏》第 7 冊。

［68］（唐）菩提流支譯《大寶積經》，《大正藏》第 11 冊。

［69］（唐）玄奘譯《瑜伽師地論》，《大正藏》第 30 冊。

［70］（唐）波羅頗蜜多羅譯《大乘莊嚴經論》，《大正藏》第 31 冊。

［71］（唐）道世撰《法苑珠林》，《大正藏》第 53 冊。

［72］（唐）智升撰《開元釋教録》，《大正藏》第 55 冊。

［73］（唐）道宣撰《續高僧傳》，《大正藏》第 50 冊。

［74］（唐）道宣撰《釋迦方志》，《大正藏》第 51 冊。

［75］（唐）道宣撰《廣弘明集》，《大正藏》第 52 冊。

［76］（唐）静泰撰《衆經目録》，《大正藏》第 55 冊。

［77］（唐）釋靖邁撰《古今譯經圖紀》，《大正藏》第 55 冊。

［78］（唐）智升撰《續古今譯經圖紀》，《大正藏》第 55 冊。

［79］（唐）澄觀述《大方廣佛華嚴經隨疏演義鈔》，《大正藏》第 36 冊。

［80］（唐）湛然述《止觀輔行傳弘決》，《大正藏》第 46 冊。

［81］（唐）道世集《諸經要集》，《大正藏》第 54 冊。

［82］（唐）道世撰《法苑珠林》，《大正藏》第 53 冊。

［83］（唐）善導撰《觀念法門》，《大正藏》第 47 冊。

［84］（唐）道綽撰《安樂集》，《大正藏》第 47 冊。

［85］（唐）窺基撰《成唯識論述記》，《大正藏》第 43 冊。

［86］（唐）道宣撰《大唐内典録》，《大正藏》第 55 冊。

[87]（唐）道宣撰《廣弘明集》，《大正藏》第 52 冊。

[88]（唐）明佺等撰《大週刊定衆經目録》，《大正藏》第 55 冊。

[89]（唐）圓照撰《貞元新定釋教目録》，《大正藏》第 55 冊。

[90]（唐）湛然述《法華玄義釋籤》，《大正藏》第 33 冊。

[91]（唐）窺基撰《阿彌陀經通贊疏》，《大正藏》第 37 冊。

[92]（唐）李師政撰《法門名義集》，《大正藏》第 54 冊。

[93]（唐）僧詳《法華傳記》，《大正藏》第 51 冊。

[94]（唐）慧琳撰《一切經音義》，《大正藏》第 54 冊。

[95]（唐）玄應撰《一切經音義》，《大正藏》第 56、57 冊。

[96]（後晋）可洪撰《新集藏經音義隨函録》，《大正藏》第 34 冊。

[97]（宋）延壽集《宗鏡録》，《大正藏》第 48 冊。

[98]（宋）道誠集《釋氏要覽》，《大正藏》第 54 冊。

[99]（宋）法雲編《翻譯名義集》，《大正藏》第 54 冊。

[100]（宋）宗鑑集《釋門正統》，《大正藏》第 75 冊。

二、古典文獻

[1]（漢）司馬遷《史記》，北京：中華書局，1998 年。

[2]（漢）孔安國傳，（唐）孔穎達正義《尚書正義》，上海：上海古籍出版社，2007 年。

[3]（漢）班固《漢書》，北京：中華書局，1962 年。

[4]（漢）許慎撰，（宋）徐鉉等校《説文解字》，上海：上海古籍出版社，2007 年。

[5]（漢）高誘注，（清）畢沅校，徐小蠻標點《吕氏春秋》，上海：上海古籍出版社，2014 年。

[6]（漢）劉安撰，何寧集釋《淮南子集釋》，北京：中華書局，1998 年。

[7]（魏）王弼、韓康伯注，（唐）孔穎達等正義《周易正義》，上海：上海古籍出版社，1990 年。

[8]（魏）王弼注，樓宇烈校釋《老子道德經注校釋》，北京：中華書局，2008 年。

[9]（後秦）僧肇等注《注維摩詰所説經》，上海：上海古籍出版社，2011 年。

[10] （晋）張華《博物志》，上海：上海古籍出版社，1990 年。

[11] （晋）杜預集解《春秋經傳集解》，上海：上海古籍出版社，
1988 年。

[12] （晋）陳壽《三國志》，北京：中華書局，1997 年。

[13] （晋）干寶撰，汪紹楹校注《搜神記》，北京：中華書局，1979 年。

[14] （晋）袁宏《後漢紀》，長春：吉林出版集團，2005 年。

[15] 〔晋〕法顯撰，章撰校注《法顯傳校注》，上海：上海古籍出版社，
1985 年。

[16] （南朝宋）劉義慶，（梁）劉孝標注，王根林標點《世説新語》，上
海：上海古籍出版社，2012 年。

[17] （南朝宋）范曄《後漢書》，北京：中華書局，1965 年。

[18] （梁）蕭子顯《南齊書》，北京：中華書局，1972 年。

[19] （梁）蕭統撰，（唐）李善注《文選》，上海：上海古籍出版社，
1986 年。

[20] （梁）沈約《宋書》，北京：中華書局，1974 年。

[21] （梁）釋僧祐撰，蘇晋仁、蕭鍊子點校《出三藏記集》，北京：中華
書局，1995 年。

[22] （梁）释慧皎撰，汤用彤校注，汤一介整理《高僧传》，北京：中華
書局，1992 年。

[23] （梁）徐陵《玉臺新詠》，上海：上海古籍出版社，2013 年。

[24] （北齊）魏收《魏書》，北京：中華書局，1974 年。

[25] （北魏）楊衒之撰，范祥雍校注《洛陽伽藍記》，上海：上海古籍出
版社，1958 年。

[26] （唐）房玄齡《晋書》，北京：中華書局，1974 年。

[27] （唐）姚思廉《梁書》，北京：中華書局，1973 年。

[28] （唐）孫思邈撰，魯兆麟主校《備急千金要方》，沈陽：遼寧科學技
術出版社，1997 年。

[29] （唐）李延壽《南史》，北京：中華書局，1975 年。

[30] （唐）李百藥《北齊書》，北京：中華書局，1972 年。

[31] （唐）魏徵《隋書》，北京：中華書局，1973 年。

[32] （唐）玄奘撰，章撰點校《大唐西域記》，上海：上海人民出版社，

1977 年。

[33]（唐）杜佑《通典》，北京：中華書局，1996 年。

[34]（唐）李林甫等撰，陳仲夫點校《唐六典》，北京：中華書局，
1992 年。

[35]（宋）李昉《太平廣記》，天津：天津古籍出版社，1994 年。

[36]（宋）歐陽修《新唐書》，北京：中華書局，1975 年。

[37]（宋）朱熹撰《四書章句集注》，北京：中華書局，1983 年。

[38]（宋）劉昫等《舊唐書》，北京：中華書局，1975 年。

[39]（宋）歐陽修等《新五代史》，北京：中華書局，1976 年。

[40]（宋）司馬光《資治通鑒》，北京：中華書局，1956 年。

[41]（宋）《册府元龜》，北京：中華書局，1960 年。

[42]（宋）沈括撰，施適校點《夢溪筆談》，上海：上海古籍出版社，
2015 年。

[43]（宋）晁公武《郡齋讀書志》，《景印文淵閣四庫全書》。

[44]（宋）鄭樵《通志二十略》，北京：中華書局，1995 年。

[45] （宋）趙元衛撰，傅根清點校《雲麓漫鈔》，北京：中華書局，
1996 年。

[46]（元）脱脱等《宋史》，北京：中華書局，1986 年。

[47]（元）脱脱《遼史》，北京：中華書局，1974 年。

[48]（元）脱脱《金史》，北京：中華書局，1975 年。

[49]（元）馬端臨《文獻通考》，北京：中華書局，2006 年。

[50]（明）宋濂等《元史》，北京：中華書局，1976 年。

[51]（明）李時珍《本草綱目》 （校點本），北京：人民衛生出版社，
1981 年。

[52]（明）張溥編，（清）吳汝綸選《漢魏六朝百三家集選》，長春：吉林
人民出版社，1998 年。

[53]（清）董誥等《全唐文》，上海：上海古籍出版社，1990 年。

[54]（清）王先慎撰，鍾哲點校《韓非子集解》，北京：中華書局，
1998 年。

[55]（清）郭慶藩輯，王孝魚點校《莊子集釋》，北京：中華書局，
2012 年。

[56]（清）張廷玉等《明史》，北京：中華書局，1974 年。

[57]（清）畢沅《續資治通鑒》，北京：中華書局，1957 年。

[58]（清）阮元《十三經注疏》，北京：中華書局，2008 年。

[59]（清）王念孫《廣雅書證》，北京：中華書局，1983 年。

[60]（清）賀長齡輯《皇朝經世文編》，國家圖書館藏清光緒二十四年
　　（1898）鉛印本。

[61]（清）嵇璜等纂修《欽定皇朝文獻通考》，《景印文淵閣四庫全書》。

[62] 梁啓雄《荀子簡釋》，北京：中華書局，1983 年。

[63] 黎翔鳳撰，梁運華整理《管子校注》，北京：中華書局，2004 年。

[64] 楊伯峻輯《列子集釋》，北京：中華書局，2013 年。

[65] 周振甫《文心雕龍今譯》，北京：中華書局，1995 年。

[66] 周振甫注《詩經譯注》，北京：中華書局，2013 年。

[67] 劉寶楠《論語正義》，北京：中華書局，1990 年。

[68] 嚴可均校輯《全上古三代秦漢三國六朝文》，北京：中華書局，
　　1958 年。

[69] 趙爾巽等《清史稿》，北京：中華書局，1998 年。

三、近人專著

[1]（法）保羅·戴密微（Paul Demiéville）著，劉楚華譯《維摩在中
　　國》，臺北：華宇出版社，1987 年。

[2]（英）彼得·哈威著，李建欣、周廣榮譯《佛教倫理學導論：基礎、
　　價值與問題》，上海：上海古籍出版社，2012 年。

[3]（英）查理斯·伊里亞德著，李榮熙譯《印度教和佛教史綱》，北京：
　　商務印書館，1982 年。

[4] 陳明《文本與語言——出土文獻與早期佛經比較研究》，蘭州：蘭州
　　大學出版社，2013 年。

[5] 陳明《印度佛教神話：書寫與流傳》，北京：中國大百科全書出版社，
　　2016 年。

[6] 陳秀蘭《敦煌變文詞彙研究》，成都：四川民族出版社，2002 年。

[7] 陳義孝《佛學常見詞彙》，文津出版社，1988 年。

[8] 陳寅恪《金明館叢稿初編》，上海：上海古籍出版社，1980 年。

［9］ 陳寅恪《金明館叢稿二編》，上海：上海古籍出版社，1980 年。

［10］ 陳寅恪《陳寅恪史學論文選集》，上海：上海古籍出版社，1992 年。

［11］ 陳垣《明季滇黔佛教考》，北京：中華書局，1962 年。

［12］ 崔連仲《從佛陀到阿育王》，遼寧大學出版社，1991 年。

［13］ （印）D. D. 高善必（D. D. Kosambi）著《印度古代文化與文明史綱》，北京：商務印書館，1998 年。

［14］ 丁敏《佛教譬喻文學研究》，臺北：東初出版社，1996 年。

［15］ 董志翹《〈入唐求法巡禮行記〉詞彙研究》，北京：中國社會科學出版社，1999 年。

［16］ 杜斗城《北涼譯經論》，蘭州：甘肅文化出版社，1995 年。

［17］ 杜繼文《佛教史》，南京：江蘇人民出版社，2008 年。

［18］ 杜繼文《漢譯佛教經典哲學》，南京：江蘇人民出版社，2008 年。

［19］ （日）多羅那它著，張建木譯《印度佛教史》，成都：四川民族出版社，1988 年。

［20］ 方廣錩《印度初期佛教研究》，北京：中國社會科學出版社，2004 年。

［21］ 方一新《東漢魏晋南北朝史書詞語箋釋》，合肥：黃山書社，1997 年。

［22］ 佛光山文教基金會《中國佛教學術論典（60）中古漢譯佛經叙述文學研究》，高雄：佛光山文教基金會，2002 年。

［23］ （日）高楠順次郎、木村泰賢著，高觀廬譯《印度哲學宗教史》，北京：商務印書館，1935 年。

［24］ 顧紹伯《謝靈運集校注》，鄭州：中州古籍出版社，1987 年。

［25］ 郭良鋆《佛陀和原始佛教思想》，北京：中國社會科學出版社，1997 年。

［26］ 郭在貽《訓詁叢稿》，上海：上海古籍出版社，1985 年。

［27］ （德）赫爾曼·庫爾克、迪特瑪爾·羅特蒙特著《印度史》，北京：中國青年出版社，2008 年。

［28］ 何劍平《中國中古維摩詰信仰研究》，成都：巴蜀書社，2009 年。

［29］ （日）和遷哲郎《佛教倫理思想史》，東京：岩波書店，1985 年。

［30］ （日）和遷哲郎著，世界佛學名著譯叢編委會譯《原始佛教的實踐哲

學》，臺北：華宇出版社，1988 年。

[31] 侯傳文《中印佛教文學比較研究》，北京：中華書局，2018 年。

[32] 侯傳文《佛經的文學性解讀》，北京：中華書局，2004 年。

[33] 胡適《白話文學史》，上海：上海古籍出版社，1999 年。

[34] 黃寶生譯《毗耶娑·摩訶婆羅多（2）》，北京：社會科學出版社，
2005 年。

[35] 季羨林《印度古代文學史》，北京：北京大學出版社，1991 年。

[36] 季羨林《佛教十五題》，北京：中華書局，2007 年。

[37] 季羨林《季羨林文集》，南昌：江西教育出版社，1996 年。

[38] 季羨林《中印文化關係史論文集》，北京：生活·讀書·新知三聯書
店，1982 年。

[39] （斯里蘭卡）加魯帕赫那著，陳銚鴻譯《佛教哲學：一個歷史的分
析》，臺北：華宇出版社，1985 年。

[40] 蔣禮鴻《敦煌變文字義通釋增補定本》，上海：上海古籍出版社，
1997 年。

[41] 蔣紹愚《古漢語詞彙綱要》，北京：北京大學出版社，1989 年。

[42] 蔣述卓《佛經傳譯與中古文學思潮》，江西：江西人民出版社，
1990 年。

[43] 金克木著，張大明等選編《梵語文學史》，南昌：江西教育出版社，
1999 年。

[44] 金克木《梵佛探》，南昌：江西教育出版社，1999 年。

[45] 李崇峰《佛教考古：從印度到中國》，上海：上海古籍出版社，
2014 年。

[46] 李小榮《漢譯佛典文體及其影響研究》，上海：上海古籍出版社，
2010 年。

[47] 李煒《早期漢譯佛經的來源與翻譯方法初探》，北京：中華書局，
2011 年。

[48] 李維琦《佛經釋詞》，長沙：岳麓書社，1993 年。

[49] 李維琦《佛經續釋詞》，長沙：岳麓書社，1999 年。

[50] 李維琦《佛經詞語匯釋》，長沙：湖南師範大學出版社，2004 年。

[51] 梁麗玲《〈雜寶藏經〉及其故事研究》，臺北：法鼓文化事業公司，

1998 年。

[52] 梁啓超《佛學研究十八篇》，瀋陽：遼寧教育出版社，1998 年。

[53] 梁啓超《中國佛教研究史》，上海：上海三聯書店，1988 年。

[54] 梁啓超《飲冰室合集》，上海：中華書局，1936 年。

[55] 梁漱溟《印度哲學史》，上海：上海人民出版社，2005 年。

[56] 梁曉虹《佛教詞語的構造與漢語詞彙的發展》，北京：北京語言學院出版社，1994 年。

[57] 林承節《印度史》，北京：人民出版社，2004 年。

[58] 劉淑芬《中古的佛教與社會》，上海：上海古籍出版社，2008 年。

[59] 龍昌黃編著《印度文明》，北京：北京出版社，2008 年。

[60] 逯欽立輯校《先秦漢魏晋南北朝詩》，北京：中華書局，1983 年。

[61] 呂澂《中國佛學源流略講》，北京：中華書局，1979 年。

[62] 呂澂《印度佛學源流略講》，上海：上海人民出版社，1982 年。

[63] 呂澂《新編漢語大藏經目録》，濟南：齊魯書社，1980 年。

[64] （英）麥克斯·繆勒《宗教的起源和發展》，上海：上海人民出版社，1989 年。

[65] （羅馬尼亞）米爾恰·伊利亞德（Mircea Eliade）著，王建光譯《神聖與世俗》，北京：華夏出版社，2002 年。

[66] （日）明石惠達《印度佛教史論集》，臺北：華宇出版社，1989 年。

[67] （日）木村泰賢《原始佛教思想論》，歐陽瀚存譯，上海：商務印書館，1933 年。

[68] （日）平川彰著，顯如法師等譯《印度佛教史》，貴陽：貴州大學出版社，2013 年。

[69] 冉雲華《從印度佛教到中國佛教》，臺北：東大圖書出版社，1995 年。

[70] 饒宗頤《梵學集》，上海：上海古籍出版社，1993 年。

[71] 饒宗頤《中印文化關係史論集》，北京：生活·讀書·新知三聯書店，1990 年。

[72] 任繼愈《中國佛教史》，北京：中國社會科學出版社，1985 年。

[73] 榮新江《辨僞與存真：敦煌學論集》，上海：上海古籍出版社，2010 年。

[74] （日）三枝充悳著，劉欣如譯《印度佛教思想史》，臺北：大展出版社，1998 年。

[75] （日）山田龍城著，許洋主譯《梵語佛典導論》，臺北：華宇出版社，1988 年。

[76] （日）水野弘元著，劉欣如譯《佛典成立史》，臺北：東大圖書股份有限公司，2007 年。

[77] 孫昌武《中國佛教文化史》，北京：中華書局，2010 年。

[78] 孫晶著《印度六派哲學》，北京：中國社會科學出版社，2015 年。

[79] 孫尚勇《佛教經典詩學研究》，北京：高等教育出版社，2013 年。

[80] 孫英剛、何平著《犍陀羅文明史》，北京：生活・讀書・新知三聯書店，2018 年。

[81] （法）Sylvain Lévi 著，馮承鈞譯《〈大莊嚴論經〉探源》，北京：商務印書館，1900 年。

[82] 湯用彤《漢魏兩晉南北朝佛教史》，北京：中華書局，1955 年。

[83] 湯用彤《印度哲學史略》，上海：上海古籍出版社，2006 年。

[84] 湯用彤《隋唐佛教史稿》，北京：中華書局，2016 年。

[85] 王邦維《大唐西域求法高僧傳校注》，北京：中華書局，1988 年。

[86] 王邦維《南海寄歸内法傳校注》，北京：中華書局，1995 年。

[87] 王邦維《華梵問學集——佛教與中印文化關係研究》，蘭州：蘭州大學出版社，2014 年。

[88] 王重民、王慶菽、向達、周一良、啓功、曾毅公編《敦煌變文集》，北京：人民文學出版社，1957 年。

[89] 王力《漢語詞彙史》，濟南：山東教育出版社，《王力文集》，1980 年。

[90] 王雲路、方一新《中古漢語語詞例釋》，長春：吉林教育出版社，1992 年。

[91] 王仲犖《敦煌石室地志殘卷考釋》，上海：上海古籍出版社，1993 年。

[92] （德）韋伯著，康樂、簡美慧譯《印度的宗教》，桂林：廣西師範大學出版社，2005 年。

[93] （英）渥德爾著，王世安譯《印度佛教史》，北京：商務印書館，2000 年。

［94］吳海勇《中古漢譯佛教叙事文學研究》，北京：學苑出版社，2004 年。

［95］吳汝鈞《佛教的概念與方法》，北京：世界圖書出版公司，2015 年。

［96］（日）武邑尚邦著，釋印海譯《十住毗婆沙論研究》，臺北：嚴寬祜基金會，2003 年。

［97］（荷）許理和著，李四龍、裴勇等譯《佛教征服中國：佛教在中國中古早期的傳播與適應》，南京：江蘇人民出版社，2005 年。

［98］顏洽茂《佛教語言闡釋——中古佛教詞彙研究》，杭州：杭州大學出版社，1997 年。

［99］楊寶玉《敦煌本佛教靈驗記校注並研究》，蘭州：甘肅人民出版社，2009 年。

［100］姚衛群編譯《古印度六派哲學經典》，北京：商務印書館，2003 年。

［101］印順《佛法概論》，上海：上海古籍出版社，1998 年。

［102］印順《印度佛教思想史》，北京：中華書局，2010 年。

［103］印順《印順法師佛學著作系列》，北京：中華書局，2011 年。

［104］尹錫南《印度文論史》，成都：巴蜀書社，2015 年。

［105］（日）宇井伯壽等著，印海等譯《中印佛教思想史》，臺北：華宇出版社，1987 年。

［106］俞理明《佛經文獻語言》，成都：巴蜀書社，1993 年。

［107］于凌波《釋迦牟尼與原始佛教》，臺北：東大發行，1993 年。

［108］曾良《敦煌佛經字詞與校勘研究》，廈門：廈門大學出版社，2010 年。

［109］湛如《净法與佛塔，印度早期佛教史研究》，北京：中華書局，2006 年。

［110］張曼濤主編《原始佛教研究》，臺北：大乘文化出版社，1987 年。

［111］張相《詩詞曲語辭彙釋》，北京：中華書局，1979 年。

［112］張涌泉《敦煌文獻整理導論》，杭州：浙江大學出版社，2015 年。

［113］張涌泉《敦煌寫本文獻學》，蘭州：甘肅教育出版社，2013 年。

［114］鄭鬱卿《鳩摩羅什研究》，臺北：文津出版社，1988 年。

［115］朱慶之《佛典與中古漢語詞彙研究》，臺北：文津出版社，

1992 年。

[116]（日）佐佐木教悟等著，楊曾文、姚長壽譯《印度佛教史概說》，上
海：復旦大學出版社，1989 年。

四、工具書

[1] 陳士強《大藏經總目提要》，上海：上海古籍出版社，2008 年。

[2] 荻原雲來《漢譯對照梵和大辭典》，臺北：新文豐出版社，1979 年。

[3] 丁福保編《佛學大辭典》，臺北：佛陀教育基金會，1998 年。

[4] 高觀盧編《實用佛學辭典》，臺北：佛陀教育基金會，2001 年。

[5] 藍吉富主編《中華佛教百科全書》，臺南：中華佛教百科文獻基金會，
1994 年。

[6] 李斯·大衛斯（Rhys Davids）《巴厘語詞典》（*Pali Dictionary*）。

[7] 羅竹鳳主編《漢語大詞典》，上海：漢語大詞典出版社，1994 年。

[8] 任繼愈主編《佛教大辭典》，南京：江蘇古籍出版社，2002 年。

[9] 釋慈怡主編《佛教史年表》，臺北：佛光出版社，1987 年。

[10] 釋慈怡主編《佛光大辭典》，高雄：佛光出版社，1988 年。

[11] 邰惠莉主編《俄藏敦煌文獻叙錄》，蘭州：甘肅教育出版社，
2017 年。

[12]（日）望月信亨《望月佛教大辭典》，京都：世界聖典刊行協會，
1954 年。